MINISTÈRE DU TRAVAIL,
DE L'HYGIÈNE, DE L'ASSISTANCE
ET DE LA PRÉVOYANCE SOCIALES

# RAPPORT

SUR L'APPLICATION

## DE LA LOI DES RETRAITES OUVRIÈRES

### ET PAYSANNES EN 1925 ET 1926

(STATISTIQUES DU 1ᵉʳ JANVIER 1925 AU 31 DÉCEMBRE 1926;
MESURES PRISES PENDANT CES DEUX ANNÉES POUR L'APPLICATION DE LA LOI)

PRÉSENTÉ

## À M. LE PRÉSIDENT DE LA RÉPUBLIQUE

PAR

## M. L. LOUCHEUR,

MINISTRE DU TRAVAIL,
DE L'HYGIÈNE, DE L'ASSISTANCE
ET DE LA PRÉVOYANCE SOCIALES

PARIS

## IMPRIMERIE NATIONALE

MDCCCCXXVII

# RAPPORT

SUR L'APPLICATION

## DE LA LOI DES RETRAITES OUVRIÈRES

## ET PAYSANNES EN 1925 ET 1926

(STATISTIQUES DU 1ᵉʳ JANVIER 1925 AU 31 DÉCEMBRE 1926;

MESURES PRISES PENDANT CES DEUX ANNÉES POUR L'APPLICATION DE LA LOI)

MINISTÈRE DU TRAVAIL,
DE L'HYGIÈNE, DE L'ASSISTANCE
ET DE LA PRÉVOYANCE SOCIALES

# RAPPORT

## SUR L'APPLICATION

## DE LA LOI DES RETRAITES OUVRIÈRES

## ET PAYSANNES EN 1925 ET 1926

(STATISTIQUES DU 1ᵉʳ JANVIER 1925 AU 31 DÉCEMBRE 1926;
MESURES PRISES PENDANT CES DEUX ANNÉES POUR L'APPLICATION DE LA LOI)

PRÉSENTÉ

## À M. LE PRÉSIDENT DE LA RÉPUBLIQUE

PAR

## M. L. LOUCHEUR,

MINISTRE DU TRAVAIL,
DE L'HYGIÈNE, DE L'ASSISTANCE
ET DE LA PRÉVOYANCE SOCIALES

## PARIS

## IMPRIMERIE NATIONALE

·MDCCCCXXVIII

Monsieur le Président,

Conformément aux dispositions de l'article 25 de la loi du 5 avril 1910, j'ai l'honneur de vous adresser, ci-après, un rapport résumant les résultats de toutes les opérations effectuées en exécution de la loi au cours des années 1925 et 1926.

Comme dans les précédents rapports et pour des motifs analogues à ceux indiqués par mes divers prédécesseurs j'ai maintenu la réunion dans une même publication des statistiques afférentes à deux années.

Les commentaires accompagnant ces statistiques permettront de faire ressortir les résultats relativement satisfaisants qui ont été obtenus. Cette constatation est d'autant plus intéressante que la loi des Retraites ouvrières et paysannes, dont les dispositions tant en ce qui concerne le taux dés versements que celui des pensions ne sont plus en harmonie avec les circonstances économiques actuelles est appelée à être remplacée dans un avenir prochain par la nouvelle loi sur les assurances sociales qui a été promulguée le 5 avril 1928 pour être mise en application au début de l'année 1930.

Pendant la période qui nous sépare encore de cette mise en application, mon administration va avoir une tache importante et délicate à remplir : c'est tout d'abord la préparation du règlement général d'administration publique qui doit fixer les conditions d'exécution des nouvelles dispositions légales; c'est ensuite l'organisation des Offices et des Caisses qui devront en assurer le fonctionnement.

# CHAPITRE PREMIER.

## Assurés et employeurs.

### A. Inscriptions sur les listes.

Malgré la mise en application de la loi du 18 avril 1922, qui a élevé les maxima des salaires des bénéficiaires de la loi, un certain nombre d'assurés dont la rémunération annuelle en raison de l'augmentation du prix de la vie, a dépassé le chiffre de 12.000 francs ont du être radiés des listes d'assurés. C'est ce qui explique le très léger fléchissement du nombre total des assurés au cours des deux années 1925 et 1926, ainsi que le montrent les chiffres suivants :

Le nombre des assurés obligatoires qui était le 1er janvier 1925 de 7.476.895 et qui était passé le 1er janvier 1926 à 7.485.224, est revenu au 31 décembre 1926 à 7.470.228.

Celui des assurés facultatifs a oscillé de 258.278 au 1er janvier 1925, à 244.206 le 1er janvier 1926 pour s'établir à 235.820 au 31 décembre 1926.

Le nombre total des inscrits qui était en janvier 1925 de 7.735.173 est passé à 7.729.430 en janvier 1926 pour s'établir en décembre 1926 à 7.706.048.

Quant aux différentes causes de diminution du nombre des assurés, elles s'établissent comme suit :

En 1925 :

1° Demandes de liquidation de pensions :

| | |
|---|---|
| Assurés obligatoires...................... | 41.723 |
| Assurés facultatifs...................... | 10.605 |
| Soit au total...................... | 53.128 |

2° Décès signalés comme survenus au cours de l'année et portant sur :

Assurés obligatoires........................ 36.588
Assurés facultatifs......................... 2.033

Soit au total............................. 38.621

3° Radiations effectuées dans chaque département à la suite de changement de résidence des intéressés hors de ces départements, s'élevant à :

Assurés obligatoires........................ 39.664
Assurés facultatifs......................... 757

Soit au total............................. 40.421

4° Radiation des listes d'assurés de pensionnés indûment inscrits :

Assurés obligatoires........................ 102.216
Assurés facultatifs......................... 3.769

Soit au total............................. 105.985

## En 1926 :

1° Demandes de liquidation de pensions :

Assurés obligatoires........................ 42.901
Assurés facultatifs......................... 9.537

Soit au total............................. 52.438

2° Décès signalés comme survenus au cours de l'année et portant sur :

Assurés obligatoires........................ 29.724
Assurés facultatifs......................... 1.852

Soit au total............................. 31.576

3° Radiations effectuées dans les départements à la suite du changement de résidence des intéressés hors de ces départements et s'élevant à :

Assurés obligatoires........................ 36.471
Assurés facultatifs......................... 876

Soit au total............................. 37.347

4° Enfin, radiations des listes d'assurés des pensionnés indûment inscrits :

Assurés obligatoires...................... 173.635
Assurés facultatifs...................... 2.397

Soit au total ...................... 176.032

## B. Interprétations judiciaires.

Dans les rapports antérieurs, mes prédécesseurs ont fait un exposé de la jurisprudence des tribunaux en ce qui concerne les recours formés jusqu'au 1er janvier 1925.

Je me bornerai donc à indiquer le sens des décisions intéressantes survenues depuis la publication du précédent rapport jusqu'au 31 décembre 1926.

1° *Arrêts de la Cour de Cassation.* — Pendant les années 1925 et 1926, aucun arrêt concernant les inscriptions sur les listes des assurés de la loi du 5 avril 1910 qui sont de la compétence de la Cour de Cassation, n'a été rendu par cette Haute Assemblée.

2° *Arrêts du Conseil d'État.* — Le Conseil d'État qui, aux termes de l'article 22 de la loi du 5 avril 1910, statue sur les réclamations relatives aux allocations prévues par ladite loi, a rendu deux arrêts à citer :

Par le premier, rendu le 6 janvier 1926, il a décidé que les inscriptions figurant sur la carte d'identité d'un assuré ne pouvaient avoir pour effet de modifier les droits que cet assuré tenait de son inscription quand les tribunaux judiciaires n'avaient apporté aucun changement à ladite inscription. Il s'agissait en l'espèce d'une assurée facultative inscrite comme femme d'assuré et dont la carte d'identité portait par erreur « a droit au bénéfice de la période transitoire ».

Par le deuxième arrêt en date du 7 avril 1926, le Conseil d'État a confirmé ses précédents arrêts relatifs à l'application des dispositions de l'article 14 du décret du 25 mars 1911, et estime que lorsque les cartes annuelles n'ont pas été présentées à domicile et qu'aucun avis n'a été adressé aux intéressés pour les inviter à retirer leurs cartes à la mairie, les assurés ne peuvent être rendus responsables des irrégularités constatées dans leurs comptes respectifs.

### C. GESTION DU COMPTE « FONDS DES TIMBRES ».

*Produit de la vente des timbres-retraite.*

Au cours des deux années 1925 et 1926 et plus spécialement au cours de cette dernière année, on peut constater une augmentation assez importante dans le produit de la vente des timbres-retraite, puisque de 28.446.650 fr. 41 en 1923 et 29.141.695 fr. 21 en 1924 ce produit a passé à 30.299.626 fr. 83 en 1925 et à 33.476.413 fr. 29 en 1926.

Il ne faudrait pas cependant en conclure à une augmentation importante du nombre des assurés, mais plus spécialement au fait que l'attention des assurés a été appelée sur l'intérêt que présentaient pour l'importance de leur retraite les versements supplémentaires qu'ils ont la possibilité d'opérer. De ce fait un grand nombre d'assurés ont effectué des versements sensiblement supérieurs aux minima fixés par la loi.

*Gestion du compte « Fonds des timbres ».*

Le fonds des timbres dont la gestion est assurée par la Caisse des dépôts et consignations est alimenté :

1° Par le produit de la vente des timbres qui lui est versé par les receveurs des postes;

2° Par les reversements par les caisses d'assurance des sommes qui leur auraient été indûment attribuées;

3° Par le remboursement des bons et obligations de la Défense Nationale, du Trésor et des prêts sur titres;

4° Par les intérêts des sommes disponibles en compte courant au Trésor.

Ce fonds est destiné à permettre le payement aux caisses d'assurance intéressées du montant de la valeur des timbres apposés sur les cartes annuelles qu'elles ont reçues. Les sommes non employées à cet usage sont versées à un compte courant spécial ouvert au Trésor.

Le produit des placements que la Caisse des dépôts et consignations effectue au moyen des sommes disponibles sur le « Fonds des timbres » est encaissé à un compte spécial intitulé « Revenu provenant de l'emploi du produit non imputé de la vente des timbres ». Il est réparti à la fin de chaque année entre les diverses caisses d'assurance au prorata des sommes attribuées à chacune d'elles pendant ladite année.

Au 31 décembre 1924, le solde du compte « Ministère du Travail. — Produit de la vente des timbres pour les retraites ouvrières » s'élevait à.......................... 1.033.058$^f$ 88$^c$

En 1925 le produit de la vente des timbres s'est élevé à........ 30.299.626$^f$ 83$^c$

Le reversement par les organismes d'assurance de sommes indûment transférées s'est élevé à............... 30.773 81

A reporter...

Report.....

Le montant du remboursement des bons et obligations du Trésor et de prêts sur titres à...    32.500.000 00

Les intérêts des sommes disponibles en compte courant au Trésor à..............    19.058$^f$ 99$^c$

Le total des recettes pour l'année s'est donc élevé à...........    62.849.459 63    62.849.459 63

auquel il convient d'ajouter la somme de    1.033.058 88
représentant le solde au 31 décembre 1924,

soit au total........................    63.882.518 51

Les dépenses de l'année 1925 se répartissent comme suit :

Les transferts au compte des divers organismes d'assurances et du fonds de réserve se sont élevés à la somme de. ...........    29.369.552$^f$ 72$^c$

Une somme de...................    32.500.000 00
a été employée en acquisition de bons du Trésor, de la Défense nationale ou de bons du Crédit municipal de Paris.

Une somme de...................    19.058 99
a été transportée au compte « Revenu provenant de l'emploi non imputé de la vente des timbres-retraite » et représentait les intérêts des fonds en compte courant.

A reporter...

Report.....

Le remboursement d'une somme de....      6.928 94
provenant de versements irréguliers.

Soit au total........................    61.895.540 65

Le solde du compte ressortait donc au
31 décembre 1925 à.................    1.986.977 86

Le portefeuille comprenait à la même date,
tant en bons du Trésor qu'en bons du Crédit
municipal de Paris la somme de........    27.800.000 00

Au 31 décembre 1925 le solde du compte « Ministère du Travail. — Produit de la vente des timbres-retraite pour les retraites ouvrières » s'élevait à...................    1.986.977$^f$ 86$^c$

En 1926 le produit
de la vente des timbres
s'est élevé à.........    33.476.413$^f$ 29$^c$

Le reversement par les
organismes d'assurance
des sommes indûment
transférées s'est élevé à.    30.602 08

Le montant des rem-
boursements des bons
du Crédit municipal et
versements du Trésor
atteint.............    2.500.000 00

Les intérêts des som-
mes disponibles en
compte courant au Tré-
sor à..............    32.628$^f$ 04$^c$

A reporter...

Report.....

Le total des recettes
pour l'année 1926 s'est
donc élevé à........    36.039.643 41        36.039.643 41

auquel il convient d'ajouter la somme représentant le solde au 31 décembre 1925.     1.986.977 86

soit au total.....................    38.026.621 27

Les dépenses de l'année 1926 se répartissent comme suit :

Les transferts au compte des divers organismes d'assurances et du fonds de réserve se
sont élevés à.....................    34.801.956$^f$ 52

Une somme de...................    2.000.000 00
a été employée à l'achat de bons de la
Défense nationale.

Une somme de...................    32.628 04
a été transférée au compte « Revenu provenant de l'emploi du produit non imputé de
la vente des timbres » et représentait les
intérêts des fonds en compte courant.

Le remboursement d'une somme de.....    5.860 25
provenant de versements irréguliers.

Soit au total.....................    36.840.344 81

Le solde du compte ressortait donc au
31 décembre 1926 à................    1.186.276 46

Le montant des valeurs en portefeuille
à la même date en bons du Trésor transportés
en compte courant et en bons du Crédit
municipal de Paris s'élevait au total à.......    29.300.000$^f$ 00$^c$

*Gestion du compte « Revenu provenant de l'emploi du produit
non imputé de la vente des timbres-retraite ».*

Ce compte a fourni, en 1925, des recettes s'élevant à la somme
de. . . . . . . . . . . . . . . . . . . . . . . . . . . . . . . . . . . . .    1.512.603$^{f}$ 98$^{c}$

et se décomposant comme suit :

Revenu des placements du fonds des timbres
et intérêts du compte « Ministère du Travail. —
Produit de la vente des timbres ». . . . . . . . . . . .    1.504.197 88

Intérêts liquidés au 31 décembre 1925 sur
les sommes reçues au compte « Revenus ». . . . .    8.406 10

Total. . . . . . . . . : . . . . . . . . . . . .    1.512.603 98

Cette somme a été répartie entre les divers organismes d'assurance conformément à l'article 105 du règlement d'Administration
publique.

Le même compte a fourni en 1926 des
recettes s'élevant à la somme de. . . . . . . . . . . .    1.580.629$^{f}$ 43$^{c}$

se décomposant comme suit :

Revenus des placements du fonds des timbres et intérêts du
compte « Ministère du Travail. — Produit de la vente des
timbres ». . . . . . . . . . . . . . . . . . . . . . . . . . . . . .    1.572.628$^{f}$ 04$^{c}$

Intérêts liquidés au 31 décembre 1926 sur
les sommes reçues au compte « Revenus ». . . . .    8.001 39

Total . . . . . . . . . . . . . . . . . . . . . . .    1.580.629 43

| | | |
|---|---|---|
| En 1911, il avait été réparti....... | | 37.674ᶠ 12ᶜ |
| En 1912, | — | ....... 542.447 65 |
| En 1913, | — | ....... 537.445 76 |
| En 1914, | — | ....... 650.991 18 |
| En 1915, | — | ....... 836.595 56 |
| En 1916, | — | ....... 2.069.711 85 |
| En 1917, | — | ....... 3.294.437 72 |
| En 1918, | — | ....... 1.360.658 80 |
| En 1919, | — | ....... 1.194.461 77 |
| En 1920, | — | ....... 1.193.757 20 |
| En 1921, | — | ....... 1.437.667 94 |
| En 1922, | — | ....... 1.490.460 57 |
| En 1923, | — | ....... 1.388.508 08 |
| En 1924, | — | ....... 1.415.138 38 |
| En 1925, | — | ....... 1.512.603 98 |
| En 1926, | — | ....... 1.580.629 43 |

### D. Mesures législatives.

1° *Loi du 11 juillet 1925.* — Cette loi dispense des versements exigés par la loi du 5 avril 1910, les assurés de la loi des retraites ouvrières et paysannes, ainsi que les ouvriers mineurs, réformés de guerre, pendant la durée de leur séjour dans les centres de rééducation.

Les détails d'application de cette loi ont été fixés par un arrêté interministériel du 9 mars 1926.

2° *Loi de finances du 13 juillet 1925.* — Cette loi a consacré trois articles à la législation des retraites ouvrières et paysannes :

Dans un premier (art. 265), elle complète les dispositions de l'article 23 en ce qui concerne l'obligation du versement patronal pour les salariés retraités ou âgés de plus de 60 ans.

Dans un second (art. 266), elle fixe un délai de 5 ans pour la production par les assurés des demandes de transfert à leur compte individuel des versements qui ont pu être effectués à leur nom au fonds de réserve.

Dans un troisième (art. 267), elle crée, sous certaines conditions, une obligation pour les employeurs ayant effectué des travaux pour l'État, les départements et les communes, d'opérer le versement de leur contribution au fonds de réserve.

3° *Loi de finances du 29 avril 1926.* — Cette loi prévoit tout d'abord (art. 157), le doublement des allocations et bonifications de l'État figurant sur les titres de pension des retraités obligatoires et facultatifs.

Elle permet ensuite (art. 161) le cumul entre le « montant total des pensions accordées en exécution de la loi des retraites ouvrières et paysannes » et les allocations d'assistance, alors que précédemment les allocations et bonifications de la loi de 1910 étaient prises en considération pour fixer les secours d'assistance auxquels pouvaient prétendre les intéressés.

4° *Loi du 31 juillet 1925.* — Cette loi a eu pour objet de compléter la loi du 7 avril 1918 dispensant de versement pendant la durée de leur séjour dans les régions envahies les ouvriers mineurs mobilisés ou restés en pays envahis.

## CHAPITRE II.

### Mairies et préfectures.

A. Rôle des mairies dans l'application de la loi des retraites.

La loi des Retraites ouvrières et paysannes et le règlement d'administration publique du 25 mars 1911 ont réservé une place particulièrement importante aux mairies. Ces organismes sont, en effet, chargés, notamment, d'établir les listes d'assurés, de les transmettre à la Préfecture et de procéder aux opérations de délivrance et d'échange des cartes annuelles. C'est également par l'intermédiaire des mairies que les intéressés sont mis en rapport avec les Préfectures, l'Administration centrale et les caisses d'assurances pour les divers actes de leur vie d'assuré, qu'il s'agisse d'un changement de résidence, d'une modification en ce qui concerne la réserve ou l'aliénation du montant des versements opérés, d'une demande de liquidation de pension ou d'une demande d'allocation au décès.

A l'occasion de ces divers travaux, les mairies sont en rapport direct et constant avec les services des retraites des préfectures dont le fonctionnement se trouve dans une large mesure être subordonné à leur activité; il est donc essentiel que le service des retraites dans les mairies soit assuré de façon satisfaisante.

Pour les rémunérer des divers travaux qui leur incombent dans l'application de la loi des retraites, une allocation de o fr. 15 par tête d'assuré, qui a le caractère d'une subvention forfaitaire et entre en recette dans le budget communal, est accordée aux municipalités.

Les dépenses qui en résultent sont imputées sur le budget du Ministère du Travail. Elles s'étaient élevées en 1924 à 464.779 fr. 45. Elles ont atteint à 440.822 fr. 35 en 1925 et 280.803 fr. 05 en 1926.

*Inscriptions, revision annuelle des listes, commissions locales.* — Les mairies, assistées des commissions locales, doivent tenir à jour les listes d'assurés en proposant les inscriptions nouvelles et les radiations, en établissant les listes d'assurés, de retraités, de décédés. Les services des retraites des Préfectures ne peuvent assurer une bonne application de la loi si ces diverses opérations ne sont pas effectuées avec soin et régularité. Or, ainsi que le constataient les précédents rapports, malgré les efforts faits par mon Département pour faciliter la tâche des mairies — notices éditées spécialement à l'usage des mairies, tournées spéciales effectuées par les agents des services préfectoraux — les résultats n'ont jamais été entièrement satisfaisants.

*Échange des cartes.* — De même, en ce qui concerne l'échange des cartes, les mairies, en général, n'ont pu s'acquitter avec toute la régularité désirable de la tâche qui leur avait été primitivement confiée.

Aussi, un de mes prédécesseurs, après entente avec l'Administration des Postes, a-t-il confié, depuis 1922, dans la plupart des communes, le soin de cette partie importante de l'application de la loi, à cette administration.

Le pourcentage de l'échange des cartes transmises aux caisses, par rapport au nombre des assurés inscrits a été le suivant :

<pre>
    En 1925 à........................  21,50 p. 100
    En 1926 à........................  21 p. 100
</pre>

Ce pourcentage a varié de la façon suivante depuis la mise en vigueur de la loi :

<pre>
1912..................................  29 p. 100
1913..................................  44,58 p. 100
1914..................................  29,57 p. 100
1915..................................  21,91 p. 100
1916..................................  20,81 p. 100
1917..................................  22,18 p. 100
1918..................................  20,29 p. 100
1919..................................  21,15 p. 100
1920..................................  21,35 p. 100
1921..................................  21,35 p. 100
1922..................................  22,44 p. 100
1923..................................  21,92 p. 100
1924..................................  21,72 p. 100
</pre>

### B. Services des retraites des préfectures.

Le rôle qui incombe aux Préfets dans l'application de la loi des Retraites ouvrières et paysannes est particulièrement important. C'est en effet, le Préfet qui arrête les listes d'assurés préparées pa les mairies, qui fait procéder au décompte des cartes échangées, les transmet aux caisses et prononce l'attribution des sommes figurant sur ces cartes aux caisses d'assurances. C'est également lui qui procède aux liquidations d'allocations au décès, et qui prépare les dossiers de liquidations, d'allocations et de bonifications de vieillesse et d'invalidité. L'importance et la complexité de cette tâche exigeaient un organisme spécialisé. Tel a été l'objet du décret du 21 avril 1913 qui a institué, dans chaque Préfecture, un service d'État dont le fonctionnement est assuré à l'aide de crédits inscrits au budget du Ministre du travail.

Ces services sont dirigés par un chef de service assisté, dans certains départements, d'un ou de plusieurs adjoints. Ces chefs et adjoints sont recrutés à la suite d'un concours et nommés par le ministre. Les services comprennent, en outre, des auxiliaires permanents et des auxiliaires temporaires, nommés par les préfets.

Les précédents rapports ont fait ressortir les améliorations apportées à la situation de ce personnel depuis sa création à la suite des réformes successives des traitements des agents des services publics.

Les tableaux ci-après permettent de se rendre compte des relèvements qui ont été successivement accordés aux diverses catégories du personnel, jusqu'au 31 décembre 1926.

### 1° *Chefs de services.*

| CLASSES. | DÉCRETS. | | | |
| --- | --- | --- | --- | --- |
| | 21 mai 1920. | 25 mars 1926. | 29 décembre 1926. | 18 août 1927. |
| | Effet du 1er juillet 1919. | Effet du 1er janvier 1925. | Effet du 1er août 1926. | Effet du 1er août 1926. |
| 5° classe .......... | 6.000f | 8.500f | 9.700f | 10.000f |
| 4° classe .......... | 7.000 | 9.500 | 11.025 | 12.000 |
| 3° classe .......... | 8.000 | 10.500 | 12.350 | 14.000 |
| 2° classe .......... | 9.000 | 11.500 | 13.675 | 16.000 |
| 1re classe .......... | 10.000 | 12.500 | 15.000 | 18.000 |

## 2° *Adjoints.*

| CLASSES. | DÉCRETS. | | | |
|---|---|---|---|---|
| | 21 mai 1920. | 19 juillet 1921. | 25 mars 1926. | 28 août 1927. |
| | Effet du 1ᵉʳ juillet 1919. | Effet du 14 juillet 1921. | Effet du 1ᵉʳ janvier 1925. | Effet du 1ᵉʳ août 1926. |
| 7ᵉ classe . . . . . . . . . . . | 4.000ᶠ | " | " | 8.000ᶠ |
| 6ᵉ classe . . . . . . . . . . . | 4.500 | " | " | 9.250 |
| 5ᵉ classe . . . . . . . . . . . | 5.000 | 5.000ᶠ | 7.200ᶠ | 10.500 |
| 4ᵉ classe . . . . . . . . . . . | 5.500 | 5.500 | 7.750 | 11.750 |
| 3ᵉ classe . . . . . . . . . . . | 6.000 | 6.000 | 8.300 | 13.000 |
| 2ᵉ classe . . . . . . . . . . . | 6.500 | 6.500 | 8.850 | 14.250 |
| 1ʳᵉ classe . . . . . . . . . . . | 7.000 | 7.000 | 9.500 | 15.600 |

## 3° *Commis.*

| DÉCRETS. | | |
|---|---|---|
| 19 juillet 1921. | 15 mars 1926. | 18 juin 1927. |
| Effet du 19 juillet 1921. | Effet du 1ᵉʳ janvier 1925. | Effet du 1ᵉʳ août 1926. |
| 4ᵉ classe . . . . . . . . 3.800ᶠ | 4ᵉ classe . . . . . . . . 6.000ᶠ | 5ᵉ classe . . . . . . . 7.300ᶠ |
| 3ᵉ classe . . . . . . . . 4.200 | 3ᵉ classe . . . . . . . . 6.500 | 4ᵉ classe . . . . . . . 8.400 |
| 2ᵉ classe . . . . . . . . 4.600 | 2ᵉ classe . . . . . . . . 7.000 | 3ᵉ classe . . . . . . . 9.400 |
| 1ʳᵉ classe . . . . . . . . 5.000 | 1ʳᵉ classe . . . . . . . . 7.500 | 2ᵉ classe . . . . . . . 10.400 |
| Principaux . . . . . . 5.500 | Principaux 2ᵉ . . . . 8.000 | 1ʳᵉ classe . . . . . . . 11.400 |
| | Principaux 1ʳᵉ . . . . 8.500 | Principaux 2ᵉ . . . 12.400 |
| | | Principaux 1ʳᵉ . . . 13.500 |

## 4° *Auxiliaires permanents.*

| DÉCRETS. | | | |
|---|---|---|---|
| 21 avril 1912. | 21 mai 1920. | 15 mars 1926. | 28 août 1927. |
| | Effet du 1ᵉʳ juillet 1919. | Effet du 1ᵉʳ janvier 1925. | Effet du 1ᵉʳ août 1926. |
| 4 ou 5 francs à 8 francs par 1 franc. | Paris : 12 à 18 francs par 1 franc.<br>Province : 12 à 14 francs par 1 franc. | Paris : 18 à 25 francs par 1 fr. 50.<br>Province : 18 à 20 francs par 1 franc. | Paris : 24 francs à 34 fr. 50 par 1 fr. 75.<br>Province : 24 francs à 27 fr. 50 par 1 fr. 05. |

## 5° *Auxiliaires temporaires.*

Quand aux auxiliaires temporaires, dont le salaire, à l'origine, n'était pas déterminé par le décret constitutif des services, mais variait en fait de 3 à 5 francs par jour suivant les départements, il a été porté successivement aux taux suivants :

8 à 12 francs (décret du 21 mai 1920, effet du 1ᵉʳ juillet 1919);
13 à 17 francs (décret du 25 mars 1926, effet du 1ᵉʳ janvier 1925).

Dans un autre ordre d'idées, un règlement d'administration publique, en date du 18 mars 1926, a admis les chefs de services, adjoints et commis, qui n'étaient pas placés sous le régime de la loi de 1853 sur les pensions civiles, au bénéfice de la loi du 14 avril 1924 portant réforme desdites pensions.


# CHAPITRE III.

## Caisses d'assurance.

---

### A. Constitution des caisses d'assurance.

L'article 14 de la loi des retraites ouvrières et paysannes énumère les différentes catégories de caisses qui peuvent être créées et auxquelles peuvent librement adhérer les assurés.

Les caisses existant au 31 décembre 1926 se répartissaient de la façon suivante :

| | |
|---|---|
| Caisse nationale des retraites (section spéciale des retraites ouvrières)..................................... | 1 |
| Caisses départementales ou régionales................ | 9 |
| Caisses créées par des sociétés ou unions de sociétés de secours mutuels...................................... | 31 |
| Caisses patronales ou syndicales de retraites........... | 6 |
| Total.................................... | 47 |

Les modifications survenues en 1925 et 1926 dans l'existence des caisses sont les suivantes :

Une nouvelle caisse syndicale a été autorisée à constituer les retraites ouvrières, sous le nom de « Caisse de retraites et de prévoyance intercorporative de la Soie », par décret du 15 janvier 1925 ;

Le rattachement de la caisse patronale de l'usine Saint-Hubert à la caisse fédérale mutualiste de l'Est a été autorisé par décret du 4 juillet 1925 ;

La caisse du Plateau central a été autorisée à fusionner avec la aisse fédérale mutualiste du Puy-de-Dôme et de la région, par décret du 27 novembre 1926.

Signalons aussi que la caisse fédérale mutualiste de Nice a été autorisée à comprendre la Corse dans sa circonscription par arrêté du 6 novembre 1926.

Au point de vue de leur champ d'action, les caisses peuvent être classées en trois catégories :

*1° Caisses dont la circonscription comprend toute la France :*

Caisse nationale des retraites pour la vieillesse.

Caisse syndicale de retraites des forges de France.

Caisse syndicale des industries du papier.

Caisse syndicale de retraites du bâtiment et des travaux publics.

Boule de Neige.

France prévoyante.

Caisse centrale autonome de retraites de l'enseignement libre.

Caisse fédérale des Coopératives de France.

Caisse de retraite et de prévoyance intercorporative de la Soie.

2° *Caisses dont la circonscription comprend plusieurs départements :*

Caisse fédérale mutualiste de Nice : Alpes-Maritimes, Basses-Alpes, Corse et Var.

Caisse régionale des Bouches-du-Rhône : Bouches-du-Rhône, Var, Alpes-Maritimes, Corse, Basses-Alpes, Hautes-Alpes, Drôme, Ardèche, Vaucluse, Gard.

Caisse fédérale mutualiste de la vallée du Rhône : Vaucluse et départements limitrophes.

Union régionale mutualiste du Sud-Est : Bouches-du-Rhône et départements du Sud-Est.

Caisse de la Fédération régionale des unions mutualistes de l'Est : Aube, Côte-d'Or, Doubs, Marne, Haute-Marne, Meuse, Meurthe-et-Moselle, Haut-Rhin, Saône-et-Loire, Haute-Saône, Seine-et-Marne, Vosges et Yonne.

Caisse centrale mutualiste de Franche-Comté : Doubs, Jura, Haute-Saône et Territoire de Belfort.

Caisse de la Fédération comtoise des sociétés de secours mutuels : Doubs, Territoire de Belfort, Haute-Saône et Jura.

Caisse de la fédération régionale mutualiste du Midi : Ariège, Haute-Garonne et Tarn.

Caisse de la Fédération régionale mutualiste du Sud-Ouest : Charente, Charente-Inférieure, Dordogne, Gironde, Landes, Lot-et-Garonne et Basses-Pyrénées.

Caisse régionale de Rennes : Mayenne, Sarthe, Ille-et-Vilaine, Côtes-du-Nord, Morbihan et Finistère.

Caisse mutualiste d'Ille-et-Vilaine et de la région : Ille-et-Vilaine, Manche, Côtes-du-Nord, Morbihan, Loire-Inférieure, Maine-et-Loire et Mayenne.

Caisse de l'Union de la mutualité provinciale de l'Orléanais :
Loiret, Loir-et-Cher et Eure-et-Loir.

Caisse de l'Union des sociétés de secours mutuels de l'Ouest :
Maine-et-Loire, Indre-et-Loire, Sarthe, Mayenne, Ille-et-Vilaine,
Côtes-du-Nord, Finistère, Morbihan, Loire-Inférieure, Vendée,
Deux-Sèvres, Vienne, Charente et Charente-Inférieure.

Caisse lorraine de retraites : Meurthe-et-Moselle, Meuse et Vosges.

Caisse de l'Union régionale des sociétés de secours mutuels du
Nord, du Pas-de-Calais et des Ardennes.

Caisse fédérale mutualiste du Puy-de-Dôme et de la région :
Puy-de-Dôme, Allier, Haute-Loire, Indre, Haute-Vienne, Vienne,
Loir-et-Cher, Nièvre, Cher, Aveyron, Creuse, Corrèze et Cantal.

Caisse fédérale mutualiste de l'Aisne, de l'Oise et de la Somme.

3° *Caisses dont la circonscription n'excède pas les limites d'un
département :*

Caisse départementale de la Côte-d'Or.

Caisse départementale de la Gironde.

Caisse départementale de Meurthe-et-Moselle.

Caisse départementale de la Meuse.

Caisse départementale du Nord.

Caisse départementale de la Seine.

Caisse départementale des Vosges.

Caisse mutuelle de retraites ouvrières et paysannes pour le
département de l'Aude.

Caisse de la Société philanthropique des commis et employés de
la ville de Marseille (Bouches-du-Rhône).

Caisse de l'Union des sociétés mutualistes du Gard.

Caisse mutualiste de retraites de l'Hérault.

Caisse de l'Union départementale des mutualités d'Indre-et-Loire.

Caisse mutualiste de l'Isère.

Caisse de l'Union des sociétés de secours mutuels de la Loire-Inférieure.

Caisse de l'Union départementale des sociétés de secours mutuels de la Loire.

Caisse de l'Union des sociétés de secours mutuels du Loiret.

Caisse de l'Union générale de la mutualité du Rhône.

Caisse mutualiste de Seine-et-Marne.

Caisse de l'Association départementale des unions des sociétés de secours mutuels et de retraites de Seine-et-Oise.

Caisse syndicale de retraites du commerce et de l'industrie extiles de Tourcoing (Nord).

Caisse syndicale de retraites du commerce et de l'industrie textiles d'Armentières (Nord).

### B. — Mesures administratives concernant le fonctionnement des caisses d'assurance.

Par une circulaire du 3 février 1925, l'Administration a appelé l'attention des caisses sur l'initiative prise par la Caisse départementale des retraites ouvrières de la Seine, en matière d'habitation à bon marché. Dans un contrat de prêt consenti à l'Office public d'habitations à bon marché du département de la Seine ladite caisse a inséré une clause aux termes de laquelle doivent être réservés à ceux de ses adhérents qui réuniront les conditions exigées des autres candidats, un certain nombre de logements dans les habitations de l'office.

Il y a là un excellent moyen pour les caisses de participer à l'aide de leurs fonds d'assurance au développement des œuvres sociales, tout en faisant bénéficier directement leurs adhérents des avantages consentis par ces œuvres.

Un décret du 7 mars 1925 a apporté au mode d'élection des membres des comités de direction des caisses départementales et régionales certaines simplifications qui avaient été demandées par les organismes intéressés. Ces modifications ont été portées à la connaissance des caisses par une circulaire du 6 juin 1925.

Une circulaire du 28 août 1925 a signalé aux caisses l'intérêt qu'elles avaient à souscrire des nouvelles rentes perpétuelles 4 % émises par l'État français.

Dans le précédent rapport (p. 37), il était indiqué qu'en vertu de l'article 175 de la loi de finances du 30 juin 1923, les illettrés pouvaient toucher leur retraite ouvrière, en présence de deux témoins, sur présentation d'une carte d'identité photographique, chaque fois que les sommes dues ne dépassaient pas 150 francs.

Une circulaire du 20 septembre 1925 a eu pour objet de faire savoir que, conformément à l'article 322 de la loi de finances du 13 juillet 1925, les sommes ne dépassant pas 500 francs pouvaient être payées aux illettrés dans les conditions précitées.

La loi du 6 mars 1926, portant ouverture et annulation de crédits au titre de l'exercice 1925, a prévu, dans son article 32, un relèvement temporaire du montant des indemnités de gestion allouées aux caisses d'assurance. Aux termes de cet article, il est accordé aux caisses de retraites ouvrières, à compter de l'exercice 1925, une indemnité supplémentaire de 1 franc par compte individuel d'assurance pour les 15.000 premiers comptes ayant donné lieu, dans l'année, à une opération de recettes ou de dépenses. Toutefois ce supplément d'allocation n'est attribué par ladite loi que dans la mesure où il n'a pas pour effet de porter le montant total des indemnités de gestion allouées à chaque caisse au cours d'un même exercice au-dessus de 50.000 francs. Ces dispositions, qui étaient vivement réclamées par les caisses en raison des difficultés qu'elles éprouvaient à équilibrer leur budget administratif, ont fait l'objet d'une circulaire du 27 mars 1926.

L'Administration a, par une circulaire du 15 juin 1926, appelé l'attention des caisses sur les modalités des contrats de prêts consentis aux communes, notamment sur les mesures à prendre en vue d'éviter une perte d'intérêts, au cas où la prise de possession des fonds par les communes se trouve retardée. Dans cette circulaire se trouve inséré un modèle de délibération à proposer aux conseils municipaux pour la réalisation des emprunts communaux contractés auprès des caisses de retraites ouvrières et paysannes.

Aux termes de l'article 2 de l'arrêté interministériel du 24 juin 1913, le montant d'un mandat-retraite qui, pour un motif quelconque, n'avait pas été payé, ne pouvait en aucun cas être remboursé à la caisse d'assurance qui en avait demandé l'émission. Cette disposition a été modifiée par l'arrêté interministériel du 7 août 1925. En vertu de cet arrêté, les mandats-retraite sont remboursés aux caisses d'assurance expéditrices toutes les fois que l'avis accompagnant le titre n'a pu être distribué pour une cause quelconque autre que le décès du bénéficiaire. Deux circulaires des 1er et 20 octobre 1926 ont été envoyées aux caisses à ce sujet. La première a précisé les conditions d'application de l'arrêté du 7 août 1925. La deuxième a indiqué les écritures à passer en cas de remboursement d'un mandat de l'espèce.

C. Échange des cartes annuelles. — Versements et majorations.

Le précédent rapport, tout en signalant un fléchissement assez sensible en 1923, par rapport aux années précédentes qui marquaient une progression très nette tant du nombre de cartes échangées que des versements effectués, faisait cependant ressortir pour l'année 1924 une reprise du montant des versements.

Cette reprise s'est accentuée assez fortement en 1925 et 1926. Le montant des versements constatés sur les cartes échangées au cours de ces deux années dépasse, comme en 1922, 30 millions de francs. Toutefois le nombre des cartes échangées tant par les assurés obligatoires que par les assurés facultatifs est en décroissance.

*Cartes transmises aux Caisses d'assurance.*

Le tableau ci-dessous (1) indique, pour les années 1912 à 1926, le mouvement d'échange des cartes pour les assurés obligatoires et facultatifs, ainsi que le montant des versements constatés sur les cartes et le montant des majorations de versements des assurés facultatifs :

| ANNÉES. | ASSURÉS OBLIGATOIRES. | ASSURÉS FACULTATIFS. | TOTAL DES CARTES. | MONTANT DES VERSEMENTS constatés. | MAJORATION DES VERSEMENTS des assurés facultatifs. |
|---|---|---|---|---|---|
| 1911-1912. | 1.964.506 | 316.067 | 2.281.173 | 24.581.901ᶠ 90ᶜ | » |
| 1913..... | 2.700.646 | 736.738 | 3.437.384 | 51.874.693 08 | 5.063.148ᶠ 62ᶜ |
| 1914..... | 1.597.772 | 400.892 | 1.998.664 | 30.022.510 77 | 2.946.574 06 |
| 1915..... | 1.139.885 | 310.798 | 1.450.683 | 10.634.968 82 | 2.015.046 90 |
| 1916..... | 1.184.433 | 288.936 | 1 473.369 | 20.360.430 27 | 1.875.291 40 |
| 1917..... | 1.393.789 | 240.433 | 1.634.222 | 22.631.672 93 | 1.559.715 32 |
| 1918..... | 1.446.343 | 201.405 | 1.647.748 | 21.982.142 81 | 1.373.761 21 |
| 1919..... | 1.545.370 | 205.739 | 1.751.109 | 23.124.075 12 | 1.349.654 01 |
| 1920..... | 1.589.380 | 199.266 | 1.788.646 | 24.899.411 21 | 1.333.753 19 |
| 1921..... | 1.601.938 | 185.472 | 1.787.410 | 28.428.058 28 | 1.366.807 87 |
| 1922..... | 1.561.833 | 166.628 | 1.728.461 | 30.705.699 02 | 1.160.744 71 |
| 1923..... | 1.548.902 | 154.539 | 1.703.441 | 28.030.657 57 | 1.086.986 53 |
| 1924..... | 1.543.383 | 142.739 | 1.686.122 | 28.823.935 63 | 1.010.339 33 |
| 1925..... | 1.525.521 | 131.995 | 1.657.516 | 30.215.804 92 | 954 365 65 |
| 1926..... | 1.506.451 | 122.356 | 1.628.807 | 30.266.764 25 | 904.200 82 |

La diminution dans le nombre total des cartes échangées, qu'on a constatée en 1922 par rapport aux années précédentes, et qui

(1) Voir également graphique n° 4, page 30.

s'était poursuivie en 1923 et 1924, s'est manifestée encore en 1925 et en 1926.

Cette dégression paraît résulter tout d'abord du fait que la loi du 22 juillet 1922 a placé, à compter du 1er janvier 1923, les agents des chemins de fer d'intérêt général secondaires, d'intérêt local et des tramways, sous un régime spécial de retraites. Sans doute, ces agents se trouvaient antérieurement soustraits en principe au régime général des retraites ouvrières, aux termes de l'article 10 de la loi du 5 avril 1910. Mais, effectivement, beaucoup d'entre eux, en l'absence des règlements particuliers que les compagnies auraient dû établir en leur faveur, par application de l'article 126 de la loi du 8 avril 1910, bénéficiaient purement et simplement du régime général des retraites ouvrières. Les agents dont il s'agit ont été radiés des listes d'assurance au cours de l'année 1923. D'autre part, depuis 1922 notamment, un assez grand nombre de collectivités publiques ont institué au profit de eur personnel un régime spécial de retraites, conformément à l'article 10, § 4, de la loi du 5 avril 1910 et ce personnel a dû être par cela même radié des listes d'assurés.

Au surplus, le nombre des assurés facultatifs ne cesse pas de décroître. L'assurance facultative a perdu depuis 1913 plus de 600.000 bénéficiaires sur un total de 736.738. La diminution, par rapport à l'année 1922, se chiffre en 1926 par 44.272 unités et par rapport à l'année 1924 à 20.383. C'est un argument sérieux en faveur de la thèse de l'obligation en matière d'assurances sociales.

Les versements effectués sur les cartes ont, par contre, très sensiblement augmenté en 1925 par rapport au chiffre de l'année 1924 et cette augmentation s'est maintenue en 1926. La moyenne des versements inscrits sur chaque carte se trouve portée en 1925 à 18 fr. 23 et en 1926 à 18 fr. 58 contre 16 fr. 45 en 1923 et 17 fr. 09 en 1924.

Les moyennes par assuré des versements des années 1925 et

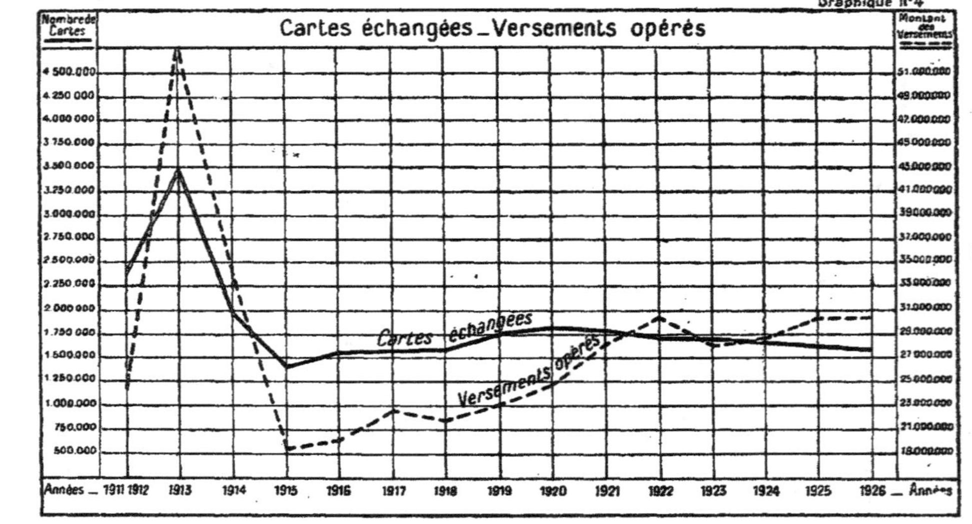


Graphique N°4
Nombre de Cartes
Montant des Versements
Cartes échangées _ Versements opérés
4 500.000
4.250 000
4.000 000
3 750.000
3.500 000
3.250.000
3.000.000
2.750.000
2.500.000
2.250.000
2 000 000
1.750 000
1.500.000
1.250.000
1.000.000
750.000
500.000
51.000.000
49.000.000
47.000.000
45.000.000
43.000.000
41.000.000
39.000.000
37.000.000
35.000.000
33.000.000
31.000.000
29.000.000
27.000.000
25.000.000
23.000.000
21.000.000
18.000.000
Cartes échangées
Versements opérés
Années _ 1911 1912 1913 1914 1915 1916 1917 1918 1919 1920 1921 1922 1923 1924 1925 1926 _ Années

1926 se trouvent sensiblement supérieures à celle de l'année 1924 et dépassent même la moyenne la plus forte qui a été atteinte depuis 1914, celle de 1922. L'effort de prévoyance personnelle des assurés se poursuit donc d'une façon progressive en 1925 et 1926.

Le tableau ci-dessous fait d'ailleurs ressortir, depuis 1914, la moyenne des versements inscrits sur chaque carte échangée :

| ANNÉES. | MOYENNE DES VERSEMENTS inscrits. |
|---|---|
| 1914.. | 15,10 |
| 1915 | 13,53 |
| 1916 | 13,82 |
| 1917 | 13,84 |
| 1918 | 13,40 |
| 1919 | 13,20 |
| 1920 | 13,97 |
| 1921 | 15,84 |
| 1922 | 17,75 |
| 1923 | 16,45 |
| 1924 | 17,09 |
| 1925 | 18,23 |
| 1926 | 18,56 |

*Majoration des versements des assurés facultatifs.*

Au nouveau fléchissement que présente le nombre des cartes échangées par les assurés facultatifs en 1925 et 1926, correspond une diminution parallèle du montant des majorations attribuées pour les versements des intéressés et indiquées ci-dessous :

| ANNÉES. | MAJORATION DES VERSEMENTS des assurés facultatifs. |
|---|---|
| 1911-1912 (1) | 1.192.371ᶠ |
| 1913 | 5.063.148 |
| 1914 | 2.946.574 |
| 1915 | 2.015.946 |
| 1916 | 1.875.291 |
| 1917 | 1.559.715 |
| 1918 | 1.373.761 |
| 1919 | 1.349.654 |
| 1920 | 1.333.753 |
| 1921 | 1.366.807 |
| 1922 | 1.160.744 |
| 1923 | 1.086.986 |
| 1924 | ˮ.010.339 ″ |
| 1925 | 954.305 |
| 1926 | 904.200 |

(1) Jusqu'au 1ᵉʳ août 1912, les versements des assurés facultatifs étaient majorés du tiers. Depuis, en application de la loi du 27 février 1912, la majoration est de moitié.

*Assurés de la loi des retraites ouvrières travaillant dans les départements recouvrés. Bénéficiaires des institutions d'assurance-invalidité d'Alsace et de Lorraine travaillant dans les autres départements.*

On sait que la loi du 19 avril 1921 et l'arrêté du 3 septembre suivant ont réglé transitoirement la situation des assurés dont il s'agit. Les assurés de la loi des retraites ouvrières qui travaillent dans les départements recouvrés et les bénéficiaires des institutions d'assurance-invalidité d'Alsace et de Lorraine qui travaillent dans les autres départements ont la faculté soit de conserver leur régime d'assurance d'origine, soit d'opter pour le régime d'assurance local; toutefois ils sont soumis, en ce qui concerne les versements, au régime local.

En application de ces dispositions, un certain nombre d'assurés ont continué à échanger leurs cartes sous leur régime d'assurance d'origine.

Au cours de l'année 1925, 855 cartes d'assurés de la loi des retraites ouvrières travaillant dans les départements du Bas-Rhin, du Haut-Rhin et de la Moselle ont été transmises par l'Institut d'assurance-invalidité de Strasbourg au préfet de la Seine, chargé, aux termes de l'arrêté du 3 septembre 1921, de les centraliser et de les faire parvenir dans les conditions habituelles aux caisses d'assurance auxquelles sont affiliés ces assurés. D'autre part, au cours de la même année, 1.386 cartes de bénéficiaires d'institutions d'assurance-invalidité d'Alsace et de Lorraine travaillant dans les anciens départements ont été transmises à l'Institut d'assurance de Strasbourg par l'intermédiaire du préfet de la Seine.

Le montant des versements constatés sur les cartes échangées pendant cette période par les assurés des retraites ouvrières a atteint le chiffre de 113.403 fr. 54 et le montant des sommes représentées en timbres « retraites ouvrières » sur les cartes des assurés soumis au régime d'assurance-invalidité travaillant dans les anciens départements s'est élevé à 14.478 fr. 58. Il résulte de ces chiffres, que le versement moyen des 855 assurés de la loi des retraites ouvrières et paysannes travaillant en Alsace et Lorraine a été, pour l'année 1925, de 132 francs, alors que le versement moyen des 1.036 assurés des départements recouvrés, venus dans les autres départements, a atteint seulement 10 fr. 46, soit 12 fois moins.

Les chiffres correspondants pour l'année 1926 sont les suivants : 960 cartes d'assurés de la loi des retraites ouvrières et paysannes ont été échangées dans les départements du Bas-Rhin, du Haut-Rhin et de la Moselle; de même, 1.587 cartes de bénéficiaires d'institutions d'assurance-invalidité d'Alsace et de Lorraine ont donné lieu à un échange dans les anciens départements. Les versements constatés sur les cartes des assurés de la première catégorie se sont élevés, pour l'année 1926, à 157.748 fr. 19, ce qui représente un versement moyen de 164 francs, alors que les sommes représentées en timbres « retraites ouvrières » sur les cartes des bénéficiaires du régime d'assurance-invalidité ont atteint le chiffre de 17.530 fr. 22, soit un versement moyen de 11 fr. 10.

Le nombre des assurés affiliés au régime d'assurance-invalidité travaillant dans les anciens départements et conservant leur régime d'assurance d'origine est donc sensiblement supérieur à celui des bénéficiaires de la loi du 5 avril 1910 allant travailler dans les départements recouvrés. D'une façon générale le nombre des assurés demandant le bénéfice de leur régime d'assurance est resté, au cours des exercices susvisés, très peu élevé, tout en accusant une légère progression.

Conformément à l'arrêté du 3 septembre 1921, l'Institut d'assurance de Strasbourg a versé au fonds des timbres « retraites ouvrières », sur l'ordre du Ministre du Travail, le solde de la différence entre le montant des sommes encaissées par le fonds des timbres « Alsace-Lorraine », et celui des sommes encaissées par le fonds des timbres « retraites ouvrières », soit pour 1925 la somme de 98.924 fr. 96 et pour 1926 celle de 140.217 fr. 97, au total : 239.142 fr. 93.

Les opérations d'échange de cartes prévues par l'arrêté du 3 septembre 1921, ainsi que les opérations de versement des sommes représentant le solde des arrêtés trimestriels de régularisation, se sont effectuées normalement et n'appellent aucune observation spéciale.

Il y a lieu de noter que par suite de la suppression en 1925 du Commissariat de la République à Strasbourg et de la création à Paris de la Direction générale d'Alsace-Lorraine, les décisions concernant la régularisation des opérations prévues par l'arrêté susvisé doivent être concertées entre le Ministre du Travail et le Président du Conseil de qui relève la Direction générale d'Alsace-Lorraine.

*Répartition, par catégorie de caisses d'assurance,*
*des cartes d'assurés obligatoires et facultatifs échangées annuellement.*

Comment se répartissent entre les diverses caisses d'assurance les cartes qui leur sont transmises annuellement ? Si l'on se reporte au début de l'application de la loi, on constate que la Caisse nationale des Retraites absorbait 92 p. 100 des cartes échangées, les caisses mutualistes ne recevant que 3.4 p. 100 desdites cartes et les caisses départementales 2.4 p. 100. La propagande exercée par les caisses de l'initiative privée pour augmenter le nombre de leurs adhérents a eu pour résultat de modifier sensiblement les proportions susindiquées. Depuis 1912, ces caisses ont gagné progressivement du terrain; en dix ans, elles sont parvenues à grouper plus du quart des assurés cotisants. Elles ont dû, pour ce faire, intervenir spécialement auprès des nouveaux assurés, et, tandis que chaque année les nouvelles promotions de retraités faisaient perdre des effectifs de cotisants à certains organismes, certains autres attiraient à eux la majeure partie des éléments entrant dans l'assurance.

Le tableau ci-après permet de suivre annuellement le développement progressif de l'action des caisses mutualistes, des caisses départementales et des caisses patronales, qui rassemblaient res-

3.

pectivement, en 1926 12 p. 100, 11 p. 100 et 5 p. 100 des assurés échangeant leur carte.

| ANNÉES. | C. N. R. V. | | CAISSES régionales et départementales. | | CAISSES mutualistes. | | CAISSES patronales et syndicales. | | TOTAUX. | |
|---|---|---|---|---|---|---|---|---|---|---|
| | Nombre de cartes reçues. | Proportion p. 100. | Nombre de cartes reçues. | Proportion p. 100. | Nombre de cartes reçues. | Proportion p. 100. | Nombre de cartes reçues. | Proportion p. 100. | Nombre de cartes reçues. | Proportion p. 100. |
| 1911-1912.. | 2.100.910 | 92,1 | 55.508 | 2,4 | 76.765 | 3,4 | 47.990 | 2,1 | 2.281.173 | 100 |
| 1913...... | 3.081.734 | 89,6 | 130.184 | 3,8 | 150.895 | 4,4 | 74.571 | 2,2 | 3.437.384 | 100 |
| 1914...... | 1.732.190 | 86,7 | 79.631 | 4,0 | 138.149 | 6,9 | 48.694 | 2,4 | 1.998.664 | 100 |
| 1915...... | 1.260.337 | 86,9 | 51.698 | 3,6 | 118.112 | 8,1 | 20.536 | 1,4 | 1.450.683 | 100 |
| 1916...... | 1.250.967 | 84,9 | 64.264 | 4,4 | 129.129 | 8,8 | 29.009 | 1,9 | 1.473.369 | 100 |
| 1917...... | 1.313.958 | 80,3 | 113.769 | 7,0 | 166.038 | 10,2 | 40.457 | 2,5 | 1.634.222 | 100 |
| 1918...... | 1.274.138 | 77,3 | 114.438 | 7,0 | 182.692 | 11,1 | 76.480 | 4,6 | 1.647.748 | 100 |
| 1919...... | 1.321.252 | 75,5 | 126.986 | 7,3 | 184.994 | 10,6 | 115.877 | 6,6 | 1.749.109 | 100 |
| 1920...... | 1.333.135 | 74,5 | 162.477 | 9,1 | 200.786 | 11,2 | 92.248 | 5,2 | 1.788.646 | 100 |
| 1921...... | 1.333.254 | 74,6 | 159.726 | 8,9 | 199.873 | 11,2 | 94.557 | 5,3 | 1.787.410 | 100 |
| 1922...... | 1.275.077 | 73,8 | 157.394 | 9,1 | 201.319 | 11,6 | 94.671 | 5,5 | 1.728.461 | 100 |
| 1923...... | 1.261.651 | 74,1 | 168.008 | 9,9 | 196.474 | 11,5 | 77.308 | 4,5 | 1.703.441 | 100 |
| 1924...... | 1.234.948 | 73,2 | 184.836 | 11,0 | 194.698 | 11,5 | 71.640 | 4,3 | 1.686.122 | 100 |
| 1925...... | 1.201.602 | 72,5 | 184.166 | 11,1 | 195.999 | 11,9 | 75.749 | 4,5 | 1.657.516 | 100 |
| 1926...... | 1.165.085 | 72,0 | 190.406 | 11,0 | 195.849 | 12,0 | 77.467 | 5,0 | 1.628.887 | 100 |

*Proportion des cartes échangées par rapport au nombre*
*des assurés inscrits.*

Il est intéressant de rapprocher le nombre des cartes échangées de celui des assurés inscrits, et de se rendre compte des variations que présente suivant les départements la proportion des échanges. Pour faciliter cet examen, la carte reproduite ci-contre a été établie; elle donne la physionomie en 1926 de l'application réelle de la loi dans chacun des anciens départements.

Si l'on jette les yeux sur cette carte, on est frappé du fait que la proportion des échanges est singulièrement plus forte dans les départements de toute la partie Est de la France. Il semble que le territoire soit partagé à ce point de vue par une ligne partant de l'Aisne et rejoignant l'Ariège.

# RETRAITES OUVRIÈRES

Proportion % des Cartes échangées par rapport au nombre des Inscrits.

## Année 1926

## Légende

Départements dans lesquels la proportion est :

Inférieure à .............. 15 % ................................

Comprise entre 15 et 19 %. inclus .......................

________ dº ______ 20 et 24 % inclus .....................

________ dº ______ 25 et 36 % inclus .....................

Égale ou supérieure à 35 % ...............................

(Territoire de Belfort : 26 %                    Moyenne générale : 21 %

On peut remarquer que l'application de la loi est en raison inverse, d'une part, du développement de la prévoyance libre, d'autre part, de la concentration urbaine et ouvrière.

C'est ainsi que dans les départements où les institutions de prévoyance individuelle étaient déjà fortement organisées au moment où l'assurance-vieillesse a été rendue obligatoire, tels le Pas-de-Calais, la Loire-Inférieure, la Gironde, la Haute-Garonne, l'Hérault, les Bouches-du-Rhône, la proportion des assurés cotisants est le plus souvent inférieure à 20 p. 100. Au contraire, là où les mêmes organisations faisaient défaut, la proportion des cotisants dépasse généralement 35 p. 100. Il est compréhensible que partout où s'est exercée la prévoyance libre et où des institutions d'assurance répondaient aux besoins, l'assurance obligatoire n'ait pas rencontré la même faveur.

Dans les départements où il existe de grandes villes ou des centres industriels importants, on constate le même phénomène. La population ouvrière, qui dès le début de l'application de la loi sur les retraites ouvrières, n'avait pas fait un accueil empressé à la nouvelle législation, paraît être restée quelque peu indifférente à une institution qui avait pour but de lui venir en aide.

Dans l'ensemble, ce sont les départements de l'Est, et ceux où le sol montagneux raréfie la population et rend plus rude le labeur, qui présentent le plus d'attachement aux retraites ouvrières. Dans les Ardennes, le Doubs, les Vosges, le Lot, la proportion des assurés qui échangent régulièrement leur carte est supérieure à 45 p. 100 et atteint parfois près de 60 p. 100.

Le nombre des départements où la proportion des cotisants était au moins égale à 35 p. 100, n'est plus que de 13 en 1926 contre 17 en 1924 mais encore supérieur à 1922 (12). Les départements des Côtes-du-Nord, de l'Aisne, de la Meuse et du Tarn, qui se classaient en 1924, dans cette catégorie, ont perdu quelques points. Par contre, parmi les 13 départements dans lesquels la proportion a atteint ou dépassé 35 p. 100, certains ont encore pro-

gressé, notamment : le Doubs qui atteint 6o, les Hautes-Alpes et
les Vosges. Il faut noter en outre que bien des départements où la
proportion des cotisants était faible ou très faible ont amélioré leur
situation; parmi eux, on peut citer : le Cantal, la Haute-Garonne,
le Gers, l'Ille-et-Vilaine, les Landes, le Maine-et-Loire, la Marne,
La Mayenne, le Pas-de-Calais, les Pyrénées-Orientales, la Haute-
Savoie.

### D. Mouvement comparé des assurés et des retraités
#### dans les caisses d'assurance.

Pour bien apprécier la marche des caisses d'assurance, il ne
suffit pas d'examiner la situation de chaque organisme à une époque
donnée. Il est indispensable de comparer cette situation dans le
temps, en rapprochant les étapes successives de l'évolution d'une
même caisse et en comparant entre elles les étapes parcourues par
les différents organismes.

Il convient, d'autre part, de ne pas séparer les deux éléments
qui composent les caisses d'assurance, les assurés et les retraités,
et de suivre le développement progressif des uns et des autres ou
plutôt la proportion de chacun de ces éléments dans l'effectif total
des organismes. La prospérité d'une caisse dépend en effet de l'accroissement continu de ses éléments actifs, et par conséquent de
la supériorité constante du nombre de ses nouvelles recrues
annuelles sur celui des assurés arrivant à l'âge de la retraite.

*Variation de la proportion des assurés et des retraités.*

Le graphique ci-après (1) indique pour la Caisse nationale des
retraites, les caisses mutualistes, les caisses départementales et les
caisses syndicales la variation annuelle depuis 1914 de la proportion entre les assurés cotisants d'une part, et, d'autre part, la totalité
de l'effectif de ces caisses, comprenant les assurés cotisants et les

---

(1) Graphique n° 5.

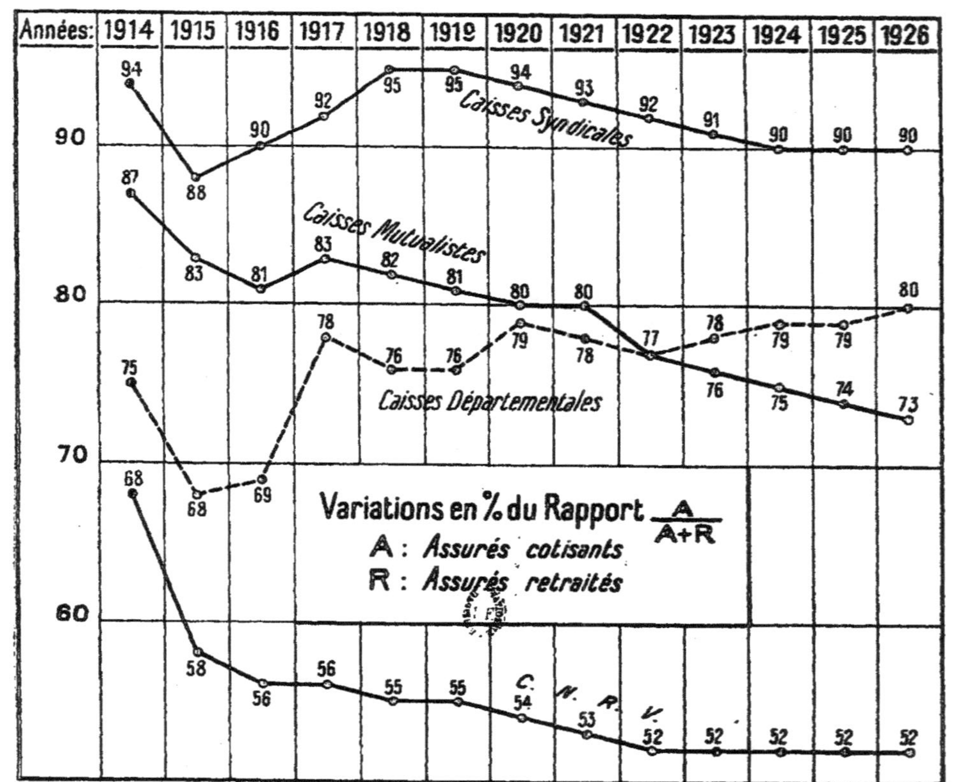

Années: 1914 1915 1916 1917 1918 1919 1920 1921 1922 1923 1924 1925 1926
Caisses Syndicales
Caisses Mutualistes
Caisses Départementales
Variations en % du Rapport A / A+R
A : Assurés cotisants
R : Assurés retraités
C. N. R. V.

retraités qui ont donné lieu, chaque année, à une opération de recettes ou de dépenses.

Au 31 décembre 1924, la situation de ces caisses était la suivante : les caisses syndicales avaient la plus forte proportion d'assurés cotisants (90 p. 100), les caisse départementales venaient ensuite, avec une proportion de 79 p. 100, puis les caisses mutualistes : 75 p. 100, enfin la Caisse nationale des retraites n'avait que 52 p. 100 de cotisants.

Les résultats des années 1925 et 1926 n'ont pas apporté de modifications à cette situation en ce qui concerne les caisses syndicales et la C. N. R.; le pourcentage des cotisants est demeuré respectivement dans ces caisses : de 90 et de 52 p. 100. Par contre, l'amélioration déjà constatée dans le précédent rapport pour les caisses départementales s'est poursuivie (80 p. 100 en 1926). D'autre part les caisses mutualistes qui étaient en dégression à ce point de vue depuis 1917 accusent en 1925 et 1926 un pourcentage encore plus faible qu'en 1924 (73 p. 100 en 1926). La différence de 4 p. 100 qui séparait en 1924 ces deux catégories d'organismes se trouve ainsi portée en 1926 à 7 p. 100.

On peut conclure de ces chiffres que les caisses départementales et régionales ont fait un effort considérable pour augmenter le nombre de leurs adhérents. Par contre, les caisses syndicales et, surtout, les caisses mutualistes ne semblent pas avoir réussi à combler, par de nouvelles recrues, les pertes qu'elles ont subies du fait du passage d'une partie de leurs cotisants dans le contingent des retraités.

Il convient d'ajouter toutefois que si les caisses mutualistes, ainsi que la Caisse nationale des retraites, n'ont pas une proportion d'assurés cotisants plus élevée, c'est en raison du fort contingent de retraités dont elles ont la charge du fait de l'adhésion ou de l'inscription d'office des assurés de 50 à 65 ans qui, en 1911, n'ont pas manqué de se conformer à la loi pour bénéficier des avantages de la période transitoire.

*Développement comparé des effectifs des caisses.*

On aura un aperçu d'ensemble de la marche respective des caisses de retraites ouvrières, en complétant les considérations précédentes qui concernent la composition de chaque caisse, par des indications touchant l'accroissement des effectifs cotisants suivant les organismes, abstraction faite de toute comparaison avec le nombre des retraités.

Différentes caisses ont vu baisser le nombre de leurs membres en 1925 et 1926, notamment la Caisse nationale des retraites; mais, par contre, il est intéressant de constater qu'un certain nombre de caisses, qui s'étaient signalées auparavant par leur activité, n'ont pas cessé de prospérer. Cette progression constante met en lumière les résultats qui peuvent être obtenus par une action personnelle des caisses, poursuivie avec méthode et régularité.

A titre d'exemple, nous indiquons ci-après les progrès constatés dans quelques caisses :

| | CARTES REÇUES | | |
| --- | --- | --- | --- |
| | en 1922. | en 1924. | en 1926. |
| Caisse départementale du Nord.. | 16.548 | 25.116 | 26.467 |
| Caisse départementale des Vosges. | 51.223 | 59.425 | 63.116 |
| Caisse mutualiste de Seine-et-Marne................. | 10.114 | 11.413 | 15.024 |
| Caisse mutualiste de l'Isère..... | 8.862 | 10.141 | 10.938 |
| Caisse mutuelle de l'Aude..... | 3.374 | 4.540 | 5.260 |
| Caisse syndicale directe de l'industrie textile à Armentières.. | 1.554 | 3.654 | 5.695 |

## E. Placement des capitaux.

Aux termes de l'article 15 de la loi des Retraites ouvrières et paysannes, les caisses peuvent employer leurs fonds, soit, après avis favorable du Conseil supérieur des retraites ouvrières, en acquisitions de terrains incultes à reboiser, en prêts à des institutions de prévoyance ou en obligations de sociétés d'habitations à bon marché, soit librement en valeurs d'État ou garanties par l'État, en prêts aux départements, communes, chambres de commerce, etc. Depuis la loi du 17 août 1915, la proportion du dixième pour les prêts aux institutions de prévoyance a été portée au cinquième. De plus, les caisses peuvent souscrire à des actions complètement libérées des sociétés de crédit immobilier, constituées conformément à la loi du 10 avril 1908.

En vertu de l'article 19, § 7, de la loi du 5 avril 1910, les caisses patronales ou syndicales peuvent, en outre, effectuer leurs placements en prêts garantis par premières hypothèques sur les immeubles appartenant aux entreprises auxquelles correspondent lesdites caisses et jusqu'à concurrence de la moitié seulement de leur valeur.

D'après le paragraphe 8 du même article 19, tous les actes relatifs à ces derniers prêts sont exempts des droits de timbre, d'enregistrement et de toutes autres taxes.

Les caisses de retraites ouvrières, à l'exception des caisses départementales et régionales, ne sont tenues de suivre aucune règle particulière pour le placement des fonds destinés au service de gestion et représentés notamment par les indemnités forfaitaires qu'elles reçoivent de l'Etat. Si elles réalisent des bénéfices sur ces indemnités, elles peuvent en opérer le placement et en disposer comme bon leur semble.

En ce qui concerne les caisses départementales et régionales, les disponibilités de leurs fonds de gestion doivent, aux termes de l'article 12 du décret du 24 août 1911, être placées en valeurs de l'État ou jouissant de la garantie de l'État représentées par des certificats ou titres nominatifs. Les valeurs ainsi acquises sont conservées par la Caisse, dont elles constituent la fortune personnelle. En cas de besoin, le Comité de Direction peut en autoriser l'aliénation par le directeur (1).

Les tableaux suivants indiquent d'une part la valeur des placements des caisses d'assurance au 31 décembre 1925 et au 31 décembre 1926, d'autre part la nature de ces placements. Les disponibilités en numéraire, que possèdent lesdits organismes soit en caisse, soit en compte courant à la Caisse des Dépôts et Consignations, ne sont pas comprises dans les chiffres indiqués ci-après. Par contre, ces chiffres s'appliquent à toutes les valeurs mobilières ou immobilières, négociables ou non, que possédaient les caisses. Dans les deux premiers tableaux, on a jugé bon de faire ressortir, à côté du prix d'achat de ces valeurs, l'estimation pour laquelle elles doivent entrer en compte dans l'actif du bilan d'après les règles fixées par l'arrêté interministériel du 18 juillet 1912, règles consistant à retenir l'évaluation minimum résultant de la comparaison des cours de la Bourse au 31 décembre et de la capitalisation au taux moyen d'intérêt des placements pendant l'antépénultième exercice.

---

(1) L'article 12 du décret précité du 24 août 1911 a été complété par un décret du 17 décembre 1921. Désormais, en vertu de ce nouveau décret, le comité de direction des caisses départementales ou régionales peut décider d'employer la fortune personnelle de la caisse, jusqu'à concurrence des deux tiers, à l'acquisition ou à la construction des immeubles nécessaires à l'installation des services.

*Valeur des placements des Caisses d'assurance au 31 décembre 1925.*

| DÉSIGNATION DES CAISSES. | VALEUR d'après LA COMPTABILITÉ financière (1). | VALEUR D'INVENTAIRE (2). |
|---|---|---|
| | fr. c. | fr. c. |
| CAISSE NATIONALE DES RETRAITES POUR LA VIEILLESSE. (Section spéciale des retraites ouvrières et paysannes.)...................... | 304.066.780 93 | 304.811.171 06 |
| CAISSES RÉGIONALES ET DÉPARTEMENTALES. | | |
| Caisse régionale des Bouches-du-Rhône. (Décrets du 20 novembre 1911 et du 11 août 1921.)..... | 1.577.100 85 | 1.211.207 60 |
| Caisse départementale des retraites ouvrières et paysannes pour le département de la Côte-d'Or. (Décret du 21 août 1911.)........... | 1.716.006 49 | 1.371.255 03 |
| Caisse départementale des retraites pour le département de la Gironde. (Décret du 3 septembre 1911.)............................. | 1.610.415 25 | 1.178.323 07 |
| Caisse régionale des retraites ouvrières et paysannes pour les départements d'Ille-et-Vilaine, Côtes-du-Nord, Morbihan, Mayenne, Sarthe et Finistère. (Décret du 8 août 1911.)............. | 5.108.209 62 | 4.005.640 19 |
| Caisse départementale des retraites ouvrières et paysannes pour le département de Meurthe-et-Moselle. (Décret du 21 août 1911.)........ | 4.177.760 91 | 3.449.117 55 |
| Caisse départementale des retraites ouvrières et paysannes pour le département de la Meuse. (Décret du 25 septembre 1911.)........... | 2.224.200 92 | 1.575.226 12 |
| Caisse départementale des retraites ouvrières et paysannes pour le département du Nord. (Décret du 21 août 1911.).................. | 3.383.219 90 | 2.438.394 46 |
| Caisse départementale des retraites ouvrières et paysannes pour le département de la Seine. (Décret du 6 mars 1912.)................. | 2.589.314 57 | 2.166.791 88 |
| Caisse départementale des retraites ouvrières et paysannes des Vosges et des départements limitrophes. (Décrets du 19 décembre 1911 et du 7 avril 1923.)....................... | 8.804.337 70 | 6.787.809 56 |
| TOTAUX.................. | 31.191.556 21 | 24.183.855 46 |

(1) Prix d'achat.
(2) Estimation d'après les règles de l'arrêté interministériel du 18 juillet 1912.

| DÉSIGNATION DES CAISSES. | VALEUR d'après LA COMPTABILITÉ financière (1). | VALEUR D'INVENTAIRE (2). |
|---|---|---|
| | fr. c. | fr. c. |
| **CAISSES MUTUALISTES.** | | |
| Caisse fédérale mutualiste de Nice et de la région. (Décret du 7 octobre 1911.)................ | 1.992.392 09 | 1.535.739 21 |
| Caisse mutuelle des retraites ouvrières et paysannes pour le département de l'Aude. (Décret du 26 juillet 1912.)........................ | 833.931 70 | 785.241 89 |
| Caisse du Plateau central. (Décret du 11 octobre 1912.)............................... | 296.185 57 | 235.390 10 |
| Caisse de la Société philanthropique des commis et employés de la Ville de Marseille. (Décret du 12 novembre 1911.)..................... | 343.957 75 | 237.403 01 |
| Union régionale mutualiste du Sud-Est. (Décret du 15 janvier 1913.)..................... | 518.509 68 | 393.510 01 |
| Caisse de la Fédération régionale des Unions mutualistes de l'Est. (Décret du 7 octobre 1911.).... | 2.438.776 93 | 1.903.362 18 |
| Caisse centrale mutualiste de Franche-Comté et du Territoire de Belfort. (Décret du 20 mai 1912.) | 3.259.082 68 | 2.487.759 77 |
| Caisse de la Fédération comtoise des sociétés de secours mutuels. (Décret du 13 mai 1913.)... | 491.452 08 | 372.372 90 |
| Caisse de l'Union des sociétés mutualistes du Gard. (Décret du 30 septembre 1911.)........... | (*) | (*) |
| Caisse de la Fédération régionale mutualiste du Midi. (Décret du 19 janvier 1912.)......... | 4.867.778 50 | 4.569.841 01 |
| Caisse de la Fédération régionale mutualiste du Sud-Ouest. (Décret du 24 août 1911.)...... | 1.682.895 18 | 1.433.822 40 |
| Caisse de retraites ouvrières et paysannes du département de l'Hérault. (Décret du 26 octobre 1911.) | 1.714.424 44 | 1.692.058 53 |
| Caisse mutualiste d'Ille-et-Vilaine et de la région. (Décret du 18 juillet 1912.)................ | 776.506 21 | 552.836 84 |
| Caisse de l'Union départementale des mutualités d'Indre-et-Loire. (Décret du 13 septembre 1911.) | 926.124 33 | 710.272 02 |
| Caisse mutualiste de l'Isère. (Décret du 3 juillet 1913.)................................. | 1.745.192 42 | 1.429.925 94 |

(*) Manquent les renseignements concernant la Caisse de l'Union des sociétés mutualistes du Gard qui n'ont pu être arrêtés en temps utile pour être insérés dans le présent rapport.

| DÉSIGNATION DES CAISSES. | VALEUR d'après LA COMPTABILITÉ financière (1). | VALEUR D'INVENTAIRE (2). |
|---|---|---|
| | fr. c. | fr. c. |
| CAISSES MUTUALISTES (suite). | | |
| Caisse de l'Union départementale des sociétés de secours mutuels de la Loire. (Décret du 3 septembre 1911.) | 1.290.738 34 | 1.102.040 57 |
| Caisse de l'Union des sociétés de secours mutuels de la Loire-Inférieure. (Décret du 13 octobre 1911.) | 2.585.343 20 | 1.285.704 76 |
| Caisse de l'Union des sociétés de secours mutuels du Loiret. (Décret du 23 septembre 1911.) | 579.257 65 | 406.213 18 |
| Caisse de l'Union de la mutualité provinciale de l'Orléanais. (Décret du 23 octobre 1911.) | 664.427 45 | 466.969 10 |
| Caisse de l'Union des sociétés de secours mutuels de l'Ouest. (Décret du 15 janvier 1913.) | 485.629 08 | 353.676 67 |
| Caisse lorraine de retraites. (Décret du 4 mars 1912.) | 1.159.542 41 | 848.483 67 |
| Union régionale des sociétés de secours mutuels du Nord, du Pas-de-Calais et des Ardennes. (Décrets des 13 novembre 1911 et 12 juin 1920.) | 2.154.912 32 | 1.526.031 19 |
| Caisse fédérale mutualiste du Puy-de-Dôme et de la région. (Décret du 22 octobre 1913.) | 4.004.796 87 | 2.799.926 30 |
| Union générale de la Mutualité du Rhône. (Décrets des 13 septembre 1912 et 21 août 1923.) | 2.420.614 95 | 1.991.351 25 |
| La Boule de neige. (Décrets du 19 décembre 1911 et du 2 septembre 1922.) | 1.003.619 15 | 804.898 58 |
| La France prévoyante. (Décret du 31 décembre 1911.) | 607.570 35 | 403.553 13 |
| Caisse centrale autonome de l'Enseignement libre. (Décret du 24 septembre 1913.) | 819.686 25 | 618.662 94 |
| Caisse fédérale des Coopératives de France. (Décret du 16 mai 1914.) | 1.033.406 62 | 760.465 93 |
| Caisse mutualiste de retraite et de prévoyance de Seine-et-Marne. (Décret du 22 octobre 1913.) | 3.030.038 07 | 2.820.756 62 |

| DÉSIGNATION DES CAISSES. | VALEUR d'après LA COMPTABILITÉ financière (1). | VALEUR D'INVENTAIRE (2). |
|---|---|---|
| | fr. c. | fr. c. |
| **CAISSES MUTUALISTES** (suite). | | |
| Caisse de l'Association départementale des unions des sociétés de secours mutuels et de retraite de Seine-et-Oise. (Décret du 3o décembre 1911.). | 289.744 53 | 202.037 66 |
| Caisse fédérale mutualiste de l'Aisne, de l'Oise et de la Somme. (Décret du 26 octobre 1911.). . | 1.281.092 14 | 971.007 59 |
| Caisse fédérale mutualiste de la Vallée du Rhône. (Décret du 21 novembre 1912.). . . . . . . . . . . | 514983 15 | 407.869 77 |
| Totaux (*) . . . . . . . . . . . . . . . | 45.812.612 09 | 36.109.144 72 |
| **CAISSES PATRONALES OU SYNDICALES.** | | |
| Caisse syndicale de retraite du commerce et de l'industrie textiles de Tourcoing et de ses cantons. (Décret du 29 août 1911.). . . . . . . . . . | 1.677.534 35 | 703.974 42 |
| Caisse syndicale du commerce et de l'industrie textiles d'Armentières et de ses environs. (Décret du 22 juin 1912.). . . . . . . . . . . . . . . . . . . . | 593.344 20 | 426.497 84 |
| Caisse syndicale de retraite des forges, de la construction mécanique, des industries électriques et de celles qui s'y rattachent. (Décret du 4 août 1911.). . . . . . . . . . . . . . . . . . . . . . . . . . . | 12.685.935 54 | 8.523.405 03 |
| Caisse syndicale des industries du papier. (Décret du 13 novembre 1911.). . . . . . . . . . . . . . . . | 644.507 55 | 455.992 29 |
| Caisse syndicale de retraites du bâtiment, des travaux publics et industries annexes. (Décret du 6 mars 1912.). . . . . . . . . . . . . . . . . . . . | 176.755 46 | 121.430 82 |
| Totaux. . . . . . . . . . . . . . . . . . | 15.178.077 10 | 10.231.300 40 |
| Totaux généraux pour l'ensemble des caisses (*) | 486.249.036 33 | 375.335.472 24 |

(*) Non comprise la Caisse mutualiste du Gard.

*Valeur des placements des Caisses d'assurance au 31 décembre 1926.*

| DÉSIGNATION DES CAISSES. | VALEUR d'après LA COMPTABILITÉ financière (1). | VALEUR D'INVENTAIRE (2). |
|---|---|---|
| | fr. c. | fr. c. |
| **Caisse nationale des retraites pour la vieillesse.** (Section spéciale des retraites ouvrières et paysannes.).......................... | 416.967.858 99 | 354.915.207 43 |
| **Caisses régionales et départementales.** | | |
| Caisse régionale des Bouches-du-Rhône. (Décrets des 20 novembre 1911 et 11 août 1921.).... | 1.834.467 73 | 1.587.582 93 |
| Caisse départementale des retraites ouvrières et paysannes pour le département de la Côte-d'Or. (Décret du 21 août 1911.)................ | 1.909.031 44 | 1.621.226 29 |
| Caisse départementale des retraites pour le départment de la Gironde. (Décret du 3 septembre 1911.)................................ | 1.783.986 25 | 1.482 382 29 |
| Caisse régionale des retraites ouvrières et paysannes pour les départements d'Ille-et-Vilaine, Côtes-du-Nord, Morbihan, Mayenne, Sarthe et Finistère. (Décret du 8 août 1911.)............ | 5.582.400 31 | 4.724.226 53 |
| Caisse départementale des retraites ouvrières et paysannes pour le département de Meurthe-et-Moselle. (Décret du 21 août 1911.)......... | 4.953.964 70 | 4.573.280 46 |
| Caisse départementale des retraites ouvrières et paysannes pour le département de la Meuse. (Décret du 25 septembre 1911.)........... | 2.511.065 47 | 2.022.036 33 |
| Caisse départementale des retraites ouvrières et paysannes pour le département du Nord. (Décret du 21 août 1911.)................. | 3.930.925 75 | 3.338.457 01 |
| Caisse départementale des retraites ouvrières et paysannes pour le département de la Seine. (Décret du 6 mars 1912.)................. | 3.151.204 96 | 2.905.449 37 |
| Caisse départementale des retraites ouvrières et paysannes des Vosges et des départements limitrophes. (Décrets du 19 décembre 1911 et du 7 avril 1923.)........................ | 10.634.353 86 | 9.180.644 56 |
| **Totaux**.................. | 36.292.030 47 | 31.495.285 77 |

(1) Valeur d'achat.
(2) Estimation d'après les règles de l'arrêté interministériel du 18 juillet 1912.

| DÉSIGNATION DES CAISSES. | VALEUR d'après LA COMPTABILITÉ financière (1). | VALEUR D'INVENTAIRE (2). |
|---|---|---|
| | fr. c. | fr. c. |
| **CAISSES MUTUALISTES.** | | |
| Caisse fédérale mutualiste de Nice et de la région. (Décret du 7 octobre 1911.)............. | 2.229.049 09 | 1.723.728 88 |
| Caisse mutuelle des retraites ouvrières et paysannes pour le département de l'Aude. (Décret du 26 juillet 1912.)...................... | 969.163 93 | 930.441 52 |
| Caisse du Plateau central. (Décret du 11 octobre 1912.)................................ | " | " |
| Caisse de la Société philanthropique des commis et employés de la Ville de Marseille. (Décret du 12 novembre 1911.)..................... | 379.897 65 | 317.297 18 |
| Union régionale mutualiste du Sud-Est. (Décret du 15 janvier 1913.)................... | 574.509 68 | 490.882 17 |
| Caisse de la Fédération régionale des Unions mutualistes de l'Est. (Décret du 7 octobre 1911.) | 2.779.179 22 | 2.365.607 93 |
| Caisse centrale mutualiste de Franche-Comté et du Territoire de Belfort. (Décret du 20 mai 1912.). | 3.917.214 29 | 3.436.823 08 |
| Caisse de la Fédération comtoise des sociétés de secours mutuels. (Décret du 13 mai 1913.)... | 570.252 08 | 485.030 15 |
| Caisse de l'Union des sociétés mutualistes du Gard. (Décret du 30 septembre 1911.)............ | (1) | (1) |
| Caisse de la Fédération régionale mutualiste du Midi. (Décret du 19 janvier 1912.).......... | 5.387.307 66 | 5.143.522 23 |
| Caisse de la Fédération régionale mutualiste du Sud-Ouest. (Décret du 24 août 1911.)...... | 1.772.090 73 | 1.565.016 69 |
| Caisse de retraites ouvrières et paysannes du département de l'Hérault. (Décret du 26 octobre 1911.)................................ | 1.993.528 05 | 1.071.570 65 |
| Caisse mutualiste d'Ille-et-Vilaine et de la région. (Décret du 18 juillet 1912.).............. | 901.125 66 | 749.725 35 |
| Caisse de l'Union départementale des mutualités d'Indre-et-Loire. (Décret du 13 septembre 1911.) | 950.320 51 | 831.481 01 |
| Caisse mutualiste de l'Isère. (Décret du 3 juillet 1913.)................................ | 2.014.237 42 | 1.822.145 86 |

(1) Manquent les renseignements concernant la Caisse de l'Union des sociétés mutualistes du Gard qui n'ont pu arrêtés en temps utile pour être insérés dans le présent rapport.

| DÉSIGNATION DES CAISSES. | VALEUR d'après la comptabilité financière (1). | VALEUR d'inventaire (2). |
|---|---|---|
| | fr. c. | fr. c. |
| CAISSES MUTUALISTES (suite). | | |
| Caisse de l'Union départementale des sociétés de secours mutuels de la Loire. (Décret du 3 septembre 1911.)........................ | 1.455.298 31 | 1.280.116 45 |
| Caisse de l'Union des sociétés de secours mutuels de la Loire-Inférieure. (Décret du 13 octobre 1911.)................................ | 3.031.573 95 | 2.577.857 51 |
| Caisse de l'Union des sociétés de secours mutuels du Loiret. (Décret du 23 septembre 1911.)... | 577 288 98 | 444.523 06 |
| Caisse de l'Union de la Mutualité provinciale de l'Orléanais. (Décret du 23 octobre 1911.).... | 735.840 95 | 587.083 89 |
| Caisse de l'Union des sociétés de secours mutuels de l'Ouest. (Décret du 15 janvier 1913.)..... | 481.590 05 | 402.454 45 |
| Caisse lorraine de retraites. (Décret du 4 mars 1912.)................................ | 1.297.122 88 | 1.012.907 31 |
| Union régionale des sociétés de secours mutuels du Nord, du Pas-de-Calais et des Ardennes. (Décrets des 13 novembre 1911 et 12 juin 1920.)................................ | 2.433.831 23 | 2.005.654 50 |
| Caisse fédérale mutualiste du Puy-de-Dôme et de la région. (Décret du 22 octobre 1913.)...... | 4.780.244 10 | 3.960.756 11 |
| Union générale de la Mutualité du Rhône. (Décrets des 13 septembre 1912 et 21 août 1923.)................................ | 2.597.699 67 | 2.291.433 14 |
| La Boule de neige. (Décrets du 19 décembre 1911 et du 2 septembre 1922.)................. | 5.710.224 11 | 1.556.728 25 |
| La France prévoyante. (Décret du 31 décembre 1911.)................................ | 647.034 90 | 485.874 59 |
| Caisse centrale autonome de l'enseignement libre. (Décret du 24 septembre 1913.)........... | 1.048.462 25 | 903.973 07 |
| Caisse fédérale des Coopératives de France. (Décret du 16 mai 1914.)....................... | 1.311.911 21 | 1.129.954 28 |
| Caisse mutualiste de retraite et de prévoyance de Seine-et-Marne. (Décret du 22 octobre 1913.). | 3.522.501 81 | 3.487.689 81 |

| DÉSIGNATION DES CAISSES. | VALEUR d'après LA COMPTABILITÉ financière (1). | VALEUR d'inventaire (2). |
|---|---|---|
| | fr. c. | fr. c. |
| CAISSES MUTUALISTES (suite). | | |
| Caisse de l'Association départementale des unions des sociétés de secours mutuels et de retraite de Seine-et-Oise. (Décret du 30 décembre 1911.). | 315.658 28 | 281.582 15 |
| Caisse fédérale mutualiste de l'Aisne, de l'Oise et de la Somme. (Décret du 26 octobre 1911.).. | 1.449.700 90 | 1.180.452 46 |
| Caisse fédérale mutualiste de la vallée du Rhône. (Décret du 21 novembre 1912.)............ | 552.808 21 | 462.788 31 |
| Totaux(*)................. | 52.386.777 26 | 44.340.162 04 |
| CAISSES PATRONALES OU SYNDICALES. | | |
| Caisse syndicale de retraites du commerce et de l'industrie textiles de Tourcoing et de ses cantons. (Décret du 29 août 1911.)............ | 1.228.756 85 | 850.544 19 |
| Caisse syndicale du commerce et de l'industrie textiles d'Armentières et de ses environs. (Décret du 22 juin 1912.)..................... | 707.528 30 | 508.068 36 |
| Caisse syndicale de retraites des forges, de la construction mécanique, des industries électriques et de celles qui s'y rattachent. (Décret du 4 août 1911.)............................... | 14.758.572 77 | 11.619.546 72 |
| Caisse syndicale des industries du papier. (Décret du 13 novembre 1911.)................... | 706.902 55 | 552.190 88 |
| Caisse syndicale des retraites du bâtiment, des travaux publics et industries annexes. (Décret du 6 mars 1912.)....................... | 188.349 84 | 155.161 30 |
| Totaux................. | 17.590.110 31 | 13.745.511 45 |
| Totaux généraux pour l'ensemble des caisses(*). | 523.236.777 13 | 444.496.166 69 |

(* Non comprise la Caisse mutualiste du Gard.

*Détail des placements des Caisses d'assurance au 31 décembre 1925 (*).*

| CAISSES. | FONDS D'ÉTAT. | OBLIGATIONS de CAISSES DE FER. | OBLIGATIONS du CRÉDIT FONCIER. | PRÊTS AUX DÉPARTEMENTS, communes, colonies, établissements publics et chambres de commerce (1). | OBLIGATIONS ET ACTIONS des sociétés d'habitations à bon marché. | TOTAL. |
|---|---|---|---|---|---|---|
| Caisse nationale des retraites pour la vieillesse........ | 308.046.159 50 | 35.484.737 79 | " | 48.439.893 64 | 2.096.000 00 | 394.006.790 93 |
| Caisses départementales ou régionales........ .... | 21.598.210 77 | 1.950.150 95 | 155.067 05 | 7.488.126 84 | " | 31.191.556 21 |
| Caisses mutualistes(2)... | 27.504.460 57 | 2.692.175 55 | 800.975 25 | 14.706.000 72 | 10.000 00 | 48.312.612 09 |
| Caisses syndicales........ | 8.439.690 39 | 6.515.974 71 | 222.412 00 | " | " | 15.178.077 10 |
| TOTAUX........ | 365.588.521 23 | 46.643.039 00 | 1.247.454 90 | 70.634.021 20 | 2.136.000 00 | 480.249.036 33 |

(1) Déduction faite du capital remboursé.
(2) Non comprise la Caisse mutualiste du Gard.

(*) Valeur au cours d'achat.

Détail des placements des Caisses d'assurance au 31 décembre 1926 (*).

| CAISSES. | FONDS D'ÉTAT. | OBLIGATIONS de CHEMINS DE FER. | OBLIGATIONS du CRÉDIT FONCIER. | PRÊTS aux départements, communes, colonies, établissements publics et chambres de commerce (1). | OBLIGATIONS et actions des sociétés d'habitations à bon marché. | TOTAL. |
|---|---|---|---|---|---|---|
| Caisse nationale des retraites pour la vieillesse........ | 320.751.160 25 | 41.730.956 77 | » | 52.458.741 97 | 2.627.000 00 | 416.967.858 99 |
| Caisses départementales ou régionales............ | 23.157.651 81 | 2.023.009 83 | 315.365 15 | 10.319.943 78 | 476.659 90 | 36.292.030 47 |
| Caisses mutualistes (2)...... | 29.469.244 63 | 2.983.711 70 | 918.980 35 | 18.911.702 64 | 103.218 0' | 52.386.777 36 |
| Caisses syndicales........ | 10.326.866 86 | 6.527.785 45 | 735.458 00 | » | » | 17.590.110 31 |
| Totaux........ | 383.704.323 55 | 53.265.463 75 | 1.969.723 50 | 81.690.388 39 | 2.606.877 94 | 523.236.777 13 |

(1) Déduction faite du capital remboursé.
(2) Non comprise la Caisse mutualiste du Gard.

(*) Valeur au cours d'achat.

### F. Tarifs des Caisses d'assurance.

Les Caisses de retraites ouvrières fixent chaque année le taux du tarif qui sera appliqué aux versements dont la capitalisation commencera l'année suivante.

Le tarif au taux uniforme de 3 p. 100 avait été imposé aux Caisses par l'article 129 du décret du 25 mars 1911 pour les trois premières années d'application de la loi : 1911, 1912, 1913. D'après le même article, les tarifs de toute Caisse d'assurance nouvellement créée sont calculés, jusqu'à l'expiration de la deuxième année complète de son fonctionnement, d'après un taux d'intérêt égal à celui qui est appliqué à la même époque par la Caisse Nationale des Retraites pour la Vieillesse.

A part ces deux cas spéciaux, le taux d'intérêt servant à l'établissement des tarifs annuels des Caisses est, aux termes de l'article 127 du décret précité, fixé par chaque Caisse d'assurance, d'après le taux moyen d'intérêt de l'ensemble des placements de fonds effectués pendant l'année précédant le dernier inventaire, mais doit être inférieur à ce taux : l'écart est au moins égal à 10 centimes si le taux moyen d'intérêt des placements ne dépasse pas 3 p. 100; si ce taux est supérieur à 3 p. 100, cet écart minimum est augmenté de la moitié de la différence entre le taux de 3 p. 100 et le taux moyen effectif d'intérêt des placements, sans que cette règle puisse, toutefois, rendre obligatoire l'adoption d'un écart supérieur à 40 centimes.

Actuellement, le taux moyen d'intérêt des placements des Caisses étant sensiblement supérieur à 3,40 p. 100, seule la règle qui prévoit un écart minimum entre ce taux et celui du tarif est appelée à jouer.

Il convient toutefois de remarquer que cet écart constitue simplement un minimum obligatoire, et que les Caisses de retraites ouvrières ne sont nullement tenues de ne pas le dépasser. Toutefois, en raison de la baisse actuelle du loyer de l'argent, il leur appartient de se montrer circonspectes dans le choix du taux d'intérêt servant de base au calcul de leur tarif et de laisser entre ce taux et le taux moyen d'intérêt de leurs placements une marge beaucoup plus grande que celle qui a été prévue par la loi.

La plupart des caisses départementales, mutualistes et syndicales ont élevé en 1925 et 1926 le taux d'établissement de leurs tarifs. La Caisse nationale des retraites a adopté le taux de 5,30 p. 100 pendant ces deux années.

Les autres caisses ont adopté, en général, un taux variant entre 5 et 5,50 p. 100. Cinq caisses en 1925 et trois en 1926 ont fait usage du tarif au taux de 4,50 p. 100.

Le tableau ci-après indique le taux des tarifs successifs adoptés par chaque caisse de 1920 à 1926.

*Tarifs des Caisses d'assurance de 1920 à 1926.*

| DÉSIGNATION DES CAISSES. | 1920. | 1921. | 1922. | 1923. | 1924. | 1925. | 1926. |
|---|---|---|---|---|---|---|---|
| | p. 100. | p. 100. | p. 100. | p. 100. | p. 100. | p. 100. | p. 100. |
| CAISSE NATIONALE DES RETRAITES POUR LA VIEILLESSE. (Section spéciale des retraites ouvrières et paysannes.)................ | 4.50 | 4.50 | 5.00 | 5.00 | 5.00 | 5.30 | 5.30 |
| CAISSES RÉGIONALES OU DÉPARTEMENTALES. | | | | | | | |
| Caisse Régionale des Bouches-du-Rhône. (Décrets des 20 novembre 1911 et 11 août 1921.)........ | 4.30 | 4.30 | 5.20 | 5.20 | 5.20 | 5.20 | 5.50 |
| Caisse départementale des retraites ouvrières et paysannes pour le département de la Côte-d'Or. (Décret du 21 août 1911.)................ | 4.50 | 4.50 | 5.20 | 5.20 | 5.20 | 5.20 | 5.50 |
| Caisse départementale des retraites pour le département de la Gironde. (Décret du 3 septembre 1911.)................ | 4.30 | 4.50 | 4.50 | 4.50 | 4.50 | 4.50 | 5.00 |
| Caisse régionale des retraites ouvrières et paysannes pour les départements d'Ille-et-Vilaine, Côtes-du-Nord, Morbihan, Mayenne, Sarthe et Finistère. (Décret du 8 août 1911.)........... | 4.50 | 4.50 | 5.00 | 5.00 | 5.00 | 5.30 | 5.30 |
| Caisse départementale des retraites ouvrières et paysannes pour le département de Meurthe-et-Moselle. (Décret du 21 août 1911.)........... | 4.50 | 4.30 | 5.00 | 5.00 | 5.00 | 5.30 | 5.30 |
| Caisse départementale des retraites ouvrières et paysannes pour le département de la Meuse. (Décret du 25 septembre 1911................ | 4.30 | 4.50 | 5.00 | 5.00 | 5.00 | 5.30 | 5.30 |
| Caisse départementale des retraites ouvrières et paysannes pour le département du Nord. (Décret du 21 août 1911.)................ | 3.70 | 3.50 | 4.50 | 4.50 | 5.30 | 5.50 | 5.50 |
| Caisse départementale des retraites ouvrières et paysannes pour le département de la Seine. (Décret du 6 mars 1912.)................ | 3.50 | 4.50 | 5.00 | 5.00 | 5.00 | 5.30 | 5.00 |
| Caisse départementale des retraites ouvrières et paysannes pour le département des Vosges. (Décret du 19 décembre 1911.)............ | 4.50 | 4.50 | 5.00 | 5.00 | 5.00 | 5.30 | 5.30 |
| CAISSES MUTUALISTES. | | | | | | | |
| Caisse fédérale mutualiste de Nice et de la région. (Décret du 7 octobre 1911.)................ | 4.50 | 4.50 | 5.00 | 5.00 | 5.20 | 5.20 | 5.50 |
| Caisse mutuelle des retraites ouvrières et paysannes pour le département de l'Aude. (Décret du 26 juillet 1912.)................ | 4.50 | 4.50 | 5.00 | 5.00 | 5.00 | 5.20 | 5.20 |

| DÉSIGNATION DES CAISSES. | 1920. | 1921. | 1922. | 1923. | 1924. | 1925. | 1926. |
|---|---|---|---|---|---|---|---|
| | p. 100. | p. 100. | p. 100. | p. 100. | p. 100. | p. 100. | p. 100. |
| **CAISSES MUTUALISTES.** (Suite.) | | | | | | | |
| Caisse du Plateau central. (Décret du 12 octobre 1912.) | 4.50 | 4.50 | 5.00 | 5.00 | 5.00 | 5.00 | 5.00 |
| Caisse de la Société philanthropique des commis et employés de la ville de Marseille. (Décret du 12 novembre 1911.) | 4.30 | 4.30 | 5.00 | 5.00 | 5.00 | 5.00 | 5.00 |
| Union régionale mutualiste du Sud-Est. (Décret du 15 janvier 1913.) | 4.50 | 4.50 | 5.00 | 5.00 | 5.20 | 5.50 | 5.50 |
| Caisse de la Fédération régionale des Unions mutualistes de l'Est. (Décret du 7 octobre 1911.). | 4.50 | 4.50 | 4.50 | 5.00 | 5.20 | 5.20 | 5.50 |
| Caisse centrale mutualiste de Franche-Comté et du Territoire de Belfort. (Décret du 20 mai 1912.). | 4.50 | 4.50 | 4.50 | 5.00 | 5.00 | 5.00 | 5.00 |
| Caisse de la Fédération comtoise des sociétés de secours mutuels. (Décret du 13 mai 1913.).... | 4.50 | 4.50 | 4.50 | 5.00 | 5.00 | 5.30 | 5.30 |
| Caisse de l'Union des sociétés mutualistes du Gard. (Décret du 30 septembre 1911.) | 4.50 | 4.50 | 5.00 | 5.00 | 5.00 | 4.50 | 5.00 |
| Caisse de la Fédération régionale mutualiste du Midi. (Décret du 19 janvier 1912.) | 4.50 | 5.00 | 5.00 | 5.20 | 5.20 | 5.50 | 5.50 |
| Caisse de la Fédération régionale mutualiste du Sud-Ouest. (Décret du 24 août 1911.) | 4.50 | 4.30 | 4.30 | 5.00 | 5.00 | 5.00 | 5.00 |
| Caisse des retraites ouvrières et paysannes du département de l'Hérault. (Décret du 26 octobre 1911.) | 4.50 | 4.50 | 5.00 | 5.00 | 5.20 | 5.50 | 5.50 |
| Caisse mutualiste de l'Isère. (Décret du 3 juillet 1913.) | 4.50 | 5.00 | 5.00 | 5.20 | 5.20 | 5.00 | 5.00 |
| Caisse mutualiste d'Ille-et-Vilaine et de la région. (Décret du 18 juillet 1912.) | 4.50 | 4.50 | 5.00 | 5.00 | 5.00 | 4.50 | 4.50 |
| Caisse de l'Union départementale des mutualités d'Indre-et-Loire. (Décret du 13 septembre 1911.) | 4.50 | 4.50 | 4.50 | 4.50 | 4.50 | 3.50 | 5.50 |
| Caisse de l'Union départementale des sociétés de secours mutuels de la Loire. (Décret du 3 septembre 1911.) | 4.30 | 4.50 | 4.50 | 5.00 | 5.00 | 5.00 | 5.30 |
| Caisse de l'Union des sociétés de secours mutuels de la Loire-Inférieure. (Décret du 13 octobre 1911.) | 4.30 | 4.30 | 4.50 | 5.00 | 5.00 | 5.00 | 5.00 |
| Caisse de l'Union des sociétés de secours mutuels du Loiret. (Décret du 23 septembre 1911.).... | 4.30 | 4.30 | 4.30 | 5.00 | 4.50 | 4.50 | 4.50 |
| Caisse de l'Union de la mutualité provinciale de l'Orléanais. (Décret du 23 octobre 1911.) | 4.50 | 4.50 | 4.50 | 5.00 | 5.00 | 5.00 | 5.00 |
| Caisse de l'Union des sociétés de secours mutuels de l'Ouest. (Décret du 15 janvier 1913.) | 4.50 | 4.50 | 5.00 | 5.00 | 5.00 | 5.00 | 5.30 |
| Caisse lorraine de retraites. (Décret du 4 mars 1912.) | 4.50 | 4.50 | 4.50 | 5.00 | 5.00 | 5.30 | 5.30 |
| Caisse de l'Union régionale des sociétés de secours mutuels du Nord, du Pas-de-Calais et des Ardennes. (Décrets du 13 novembre 1911 et du 11 juin 1910) | 4.50 | 4.70 | 5.00 | 5.00 | 5.50 | 5.50 | 5.50 |

| DÉSIGNATION DES CAISSES. | 1920. | 1921. | 1922. | 1923. | 1924. | 1925. | 1926. |
|---|---|---|---|---|---|---|---|
| | p. 100. | p. 100. | p. 100. | p. 100. | p. 100. | p. 100. | p. 100. |
| **CAISSES MUTUALISTES. (Suite.)** | | | | | | | |
| Caisse fédérale, mutualiste du Puy-de-Dôme et de la région. (Décret du 22 octobre 1913.)....... | 4.50 | 4.50 | 5.00 | 5.00 | 5.00 | 5.00 | 5.00 |
| Union générale de la mutualité du Rhône. (Décrets du 13 septembre 1912 et du 21 août 1913.).... | 4.50 | 4.70 | 5.20 | 5.20 | 5.20 | 5.20 | 5.20 |
| Caisse fédérale mutualiste de Paris. (Décret du 21 octobre 1911.)........................... | 4.50 | 4.50 | 4.50 | » | » | » | » |
| La Boule de neige. (Décret du 19 décembre 1911.). | 4.50 | 4.50 | 4.50 | 5.00 | 5.20 | 5.20 | 5.20 |
| La France prévoyante. (Décret du 31 décembre 1911.)................................... | 4.50 | 4.30 | 5.00 | 5.00 | 5.00 | 5.30 | 5.30 |
| Caisse centrale autonome de l'Enseignement libre. (Décret du 24 septembre 1913.)............. | 4.30 | 4.50 | 5.00 | 4.70 | 5.20 | 5.20 | 5.50 |
| Caisse fédérale des Coopératives de France. (Décret du 16 mai 1914.)..... ................ | 4.50 | 5.00 | 5.00 | 5.00 | 5.00 | 5.30 | 5.30 |
| Caisse mutualiste de retraite et de prévoyance de Seine-et-Marne. (Décret du 22 octobre 1913.)... | 4.50 | 4.50 | 5.00 | 5.00 | 5.00 | 5.50 | 5.50 |
| Caisse de l'Association départementale des unions des sociétés de secours mutuels et de retraite de Seine-et-Oise. (Décret du 30 décembre 1911.).. | 4.50 | 4.50 | 4.50 | 4.50 | 4.50 | 4.50 | 4.50 |
| Caisse fédérale mutualiste de l'Aisne, de l'Oise et de la Somme. (Décret du 26 octobre 1911.)..... | 4.50 | 4.50 | 5.00 | 5.00 | 5.00 | 5.00 | 5.30 |
| Caisse fédérale mutualiste de la vallée du Rhône (Décret du 21 novembre 1913.) .............. | 4.50 | 4.50 | 5.20 | 5.20 | 5.20 | 5.20 | 5.20 |
| **CAISSES PATRONALES OU SYNDICALES.** | | | | | | | |
| Caisse syndicale de retraite du commerce et de l'industrie textiles de Tourcoing et de ses cantons. (Décret du 29 août 1911.).............. | 4.50 | 4.50 | 5 00 | 5.20 | 5.20 | 5.20 | 5.20 |
| Caisse syndicale du commerce et de l'industrie textiles d'Armentières et de ses environs. (Décret du 22 juin 1912.)......................... | 3.20 | 4.50 | 4.50 | 5.00 | 5.00 | 5.00 | 5.00 |
| Caisse syndicale de retraite des forges, de la construction mécanique, des industries électriques et de celles qui s'y rattachent. (Décret du 4 août 1911.)................................... | 4.50 | 4.50 | 5.00 | 5.00 | 5.00 | 5.00 | 5.50 |
| Caisse syndicale des industries du papier. (Décret du 13 novembre 1911.)..................... | 4.30 | 4.50 | 4.50 | 5.00 | 5.00 | 5.00 | 5.00 |
| Caisse syndicale de retraite du bâtiment, des travaux publics et industries annexes. (Décret du 6 mars 1912.)...... ................ | 4.30 | 4.30 | 4.30 | 4.30 | 4.30 | 5.00 | 5.00 |
| Caisse patronale de l'usine Saint-Hubert. (Décret du 6 mars 1912.) .. ...................... | 4.30 | 4.30 | 4.30 | 4.30 | 5.00 | 5.00 | » |

### G. Situation financière des Caisses d'assurance.

Les tableaux ci-dessous présentent respectivement, pour les années 1925 et 1926, la situation financière des diverses Caisses d'assurance, telle qu'elle ressort de leurs bilans.

Cette situation, qui, pour les motifs indiqués dans le dernier rapport, laissait apparaître, pour la plupart des caisses, soit une insuffisance d'actif, soit une forte diminution de leurs excédents d'actifs, a commencé à s'améliorer au cour de l'année 1926. Cette amélioration est due à l'élévation du cours des valeurs.

*Situation financière des Caisses d'assurance au 31 décembre 1925.*

| DÉSIGNATION DES CAISSES. | ACTIF DU BILAN. | PASSIF DU BILAN. | EXCÉDENT D'ACTIF. | INSUF-FISANCE D'ACTIF. |
|---|---|---|---|---|
| CAISSE NATIONALE DES RETRAITES POUR LA VIEILLESSE. (Section spéciale des retraites ouvrières et paysannes.).... | 321.900.619 26 | 291.874.136 45 | 30.026,482 81 | » |
| CAISSES RÉGIONALES OU DÉPARTEMENTALES. | | | | |
| Caisse régionale des Bouches-du-Rhône. (Décrets des 30 novembre 1911 et 11 août 1921.)..................... | 1.342.520 03 | 1.337.365 15 | 5.154 88 | » |
| Caisse départementale des retraites ouvrières et paysannes pour le département de la Côte-d'Or. (Décret du 21 août 1911.)..................... | 1.489.772 39 | 1.424.304 26 | 65.468 13 | » |
| Caisse départementale des retraites pour le département de la Gironde. (Décret du 3 septembre 1911.)............... | 1.271.267 88 | 1.361.217 18 | » | 89.949 30 |
| Caisse régionale des retraites ouvrières et paysannes pour les départements d'Ille-et-Vilaine, Côtes-du-Nord, Morbihan, Mayenne, Sarthe et Finistère. (Décret du 8 août 1911.).......... | 4.107.794 16 | 3.569.971 72 | 537.822 44 | » |
| Caisse départementale des retraites ouvrières et paysannes pour le département de Meurthe-et-Moselle. (Décret du 21 août 1911.)................. | 3.711.036 26 | 3.532,076 91 | 178,959 35 | » |
| Caisse départementale des retraites ouvrières et paysannes pour le département de la Meuse. (Décret du 25 septembre 1911.)..................... | 1.687.533 41 | 1.621,362 92 | 66.170 49 | » |
| Caisse départementale des retraites ouvrières et paysannes pour le département du Nord. (Décret du 21 août 1911.)..................... | 2.621.670 97 | 2.479.332 33 | 142.338 64 | » |
| Caisse départementale des retraites ouvrières et paysannes pour le département de la Seine. (Décret du 6 mars 1912.)..................... | 2.365.970 43 | 2.100.423 26 | 265.547 17 | » |
| Caisse départementale des retraites ouvrières et paysannes des Vosges et des départements limitrophes. (Décrets du 19 décembre 1911 et du 7 avril 1923.) | 7.457.340 92 | 7.230.300 66 | 227.040 26 | » |
| TOTAUX.............. | 26.059.906 45 | 24.656.354 39 | 1.488.501 36 | 89.949 30 |
| CAISSES MUTUALISTES. | | | | |
| Caisse fédérale mutualiste de Nice et de la région. (Décret du 7 octobre 1911.) | 1.571.268 88 | 1.564.242 03 | 7.026 85 | » |
| Caisse mutuelle des retraites ouvrières et paysannes pour le département de l'Aude. (Décret du 26 juillet 1912.).. | 837.679 64 | 689.819 14 | 147.860 50 | » |
| Caisse du Plateau central. (Décret du 11 octobre 1912.)................. | 287.949 73 | 289.973 41 | » | 2.023 68 |
| Caisse de la Société philanthropique des commis et employés de la Ville de Marseille. (Décret du 12 novembre 1911.)..................... | 205.697 31 | 283.257 57 | » | 17.560 26 |

| DÉSIGNATION DES CAISSES. | ACTIF<br>DU BILAN. | PASSIF<br>DU BILAN. | EXCÉDENT<br>D'ACTIF. | INSUF-<br>FISANCE<br>D'ACTIF. |
|---|---|---|---|---|
| CAISSES MUTUALISTES. (Suite.) | | | | |
| Union régionale mutualiste du Sud-Est. (Décret du 15 janvier 1913.)........ | 429.370 62 | 423.763 27 | 5.607 35 | » |
| Caisse de la Fédération régionale des Unions mutualistes de l'Est. (Décret du 7 octobre 1911.)............... | 2.145.242 95 | 1.932.963 70 | 192.279 25 | » |
| Caisse centrale mutualiste de Franche-Comté et du Territoire de Belfort. (Décret du 20 mai 1912.).......... | 2.725,868 76 | 2.608,947 13 | 116.921 63 | » |
| Caisse de la Fédération comtoise des sociétés de secours mutuels. (Décret du 13 mai 1913.)................. | 405.061 90 | 400.725 30 | 4.336 60 | » |
| Caisse de l'Union des sociétés mutualistes du Gard. (Décret du 30 septembre 1911.)................... | (1) » | (1) » | (1) » | (1) » |
| Caisse de la Fédération régionale mutualiste du Midi. (Décret du 19 janvier 1912.)... ............... | 4.906.356 43 | 4.113.097 16 | 793.259 27 | » |
| Caisse de la Fédération régionale mutualiste du Sud-Ouest. (Décret du 24 août 1911.) ................. | 1.502.392 78 | 1.355.781 75 | 146.611 03 | » |
| Caisse de retraites ouvrières et paysannes du département de l'Hérault. (Décret du 26 octobre 1911.)............. | 1.735.689 39 | 1.287.624 22 | 498.015 17 | » |
| Caisse mutualiste d'Ille-et-Vilaine et de la région. (Décret du 18 juillet 1912.) | 597.753 90 | 376.840 17 | 20.913 73 | » |
| Caisse de l'Union départementale des mutualités d'Indre-et-Loire. (Décret du 13 septembre 1911.)............... | 783.051 16 | 818.717 83 | » | 35.666 67 |
| Caisse mutualiste de l'Isère. (Décret du 3 juillet 1913.)................. | 1.598.986 28 | 1.482,957 83 | 116.028 45 | » |
| Caisse de l'Union départementale des sociétés de secours mutuels de la Loire. (Décret du 3 septembre 1911.). | 1.265.477 37 | 1.115.933 55 | 149.543 82 | » |
| Caisse de l'Union des sociétés de secours mutuels de la Loire-Inférieure. (Décret du 13 octobre 1911.).......... | 2.069.542 31 | 2.060.024 85 | 9.517 46 | » |
| Caisse de l'Union des sociétés de secours mutuels du Loiret. (Décret du 23 septembre 1911.). .............. | 440.768 89 | 489.168 27 | » | 48,399 38 |
| Caisse de l'Union de la Mutualité provinciale de l'Orléanais. (Décret du 23 octobre 1911.).......... | 493.534 00 | 502.466 16 | » | 8.932 16 |
| Caisse de l'Union des sociétés de secours mutuels de l'Ouest. (Décret du 15 janvier 1913.)................. | 380.671 74 | 409.583 66 | » | 28.911 92 |
| Caisse lorraine de retraites. (Décret du 4 mars 1912.)................. | 801.693 94 | 852.418 61 | 42.275 33 | » |
| Union régionale des sociétés de secours mutuels du Nord, du Pas-de-Calais et des Ardennes (Décrets des 13 novembre 1911 et 12 juin 1920.)............... | 1.629.698 52 | 1.528.127 98 | 101.570 54 | » |
| Caisse fédérale mutualiste du Puy-de-Dôme et de la région. (Décret du 22 octobre 1913.)................. | 2.977.711 23 | 3.341.440 68 | » | 363.729 45 |

(1) Manquent les renseignements concernant la Caisse de l'Union des sociétés mutualistes du Gard qui n'ont pu être arrêtés en temps utile pour être insérés dans le présent rapport.

| DÉSIGNATION DES CAISSES. | ACTIF DU BILAN. | PASSIF DU BILAN. | EXCÉDENT D'ACTIF. | INSUF-FISANCE D'ACTIF. |
|---|---|---|---|---|
| CAISSES MUTUALISTES. (Suite.) | | | | |
| Union générale de la Mutualité du Rhône. (Décrets du 13 septembre 1912 et du 21 août 1923)............ | 2.106.237 26 | 2.036.058 91 | 70.178 35 | » |
| La Boule de Neige. (Décrets du 19 décembre 1911 et du 2 septembre 1922). | 1.580.461 10 | 1.524.616 98 | 55.844 12 | » |
| La France prévoyante. (Décret du 31 décembre 1911.)..................... | 416.666 70 | 447.651 40 | » | 30.984 70 |
| Caisse centrale autonome de l'Enseignement libre. (Décret du 24 septembre 1913.)........................ | 735.068 38 | 748.744 33 | » | 13.675 95 |
| Caisse fédérale des Coopératives de France. (Décret du 16 mai 1914.).... | 850.140 67 | 924.207 59 | » | 74.066 92 |
| Caisse mutualiste de retraite et de prévoyance de Seine-et-Marne. (Décret du 22 octobre 1913.)............... | 2.884.810 57 | 2.342.326 14 | 542.484 43 | » |
| Caisse de l'Association départementale des unions des sociétés de secours mutuels et de retraite de Seine-et-Oise. (Décret du 30 décembre 1911.). | 223.384 14 | 219.377 23 | 4.006 91 | » |
| Caisse fédérale mutualiste de l'Aisne, de l'Oise et de la Somme. (Décret du 26 octobre 1911.)................... | 997.544 95 | 936.938 24 | 60.606 91 | » |
| Caisse fédérale mutualiste de la vallée du Rhône. (Décret du 21 novembre 1912.)............................ | 462.656 77 | 437.082 71 | 25.574 06 | » |
| TOTAUX (1)........... | 40.251.388 27 | 37.764.877 80 | 3.110.461 56 | 623.951 00 |
| CAISSES PATRONALES OU SYNDICALES. | | | | |
| Caisse syndicale de retraite du commerce et de l'industrie textiles de Tourcoing et de ses cantons. (Décret du 29 août 1911.).......................... | 774.971 57 | 744.902 83 | 30.068 74 | » |
| Caisse syndicale du commerce et de l'industrie textiles d'Armentières et de ses environs. (Décret du 22 juin 1912.) | 432.973 36 | 424.836 92 | 8.136 44 | » |
| Caisse syndicale de retraite des forges, de la construction mécanique, des industries électriques et de celles qui s'y rattachent. (Décret du 4 août 1911.). | 9.230.985 76 | 10.340.157 25 | » | 1.109.171 49 |
| Caisse syndicale des industries du papier. (Décret du 13 novembre 1911.)...... | 481.735 10 | 490.222 85 | » | 8.487 75 |
| Caisse syndicale de retraites du bâtiment, des travaux publics et industries annexes. (Décret du 6 mars 1912.)..... | 128.619 72 | 123.781 22 | 4.838 48 | » |
| TOTAUX............ | 11.049.285 49 | 12 123.901 07 | 43.043 66 | 1.217.659 24 |
| TOTAUX GÉNÉRAUX pour l'ensemble des Caisses (1)................ | 399.256.199 17 | 366.419.209 71 | 347.668.489 39 | 1.831.559 63 |

(1) Non comprise la Caisse mutualiste du Gard.

*Situation financière des Caisses d'assurance au 31 décembre 1926.*

| DÉSIGNATION DES CAISSES. | ACTIF DU BILAN. | PASSIF DU BILAN. | EXCÉDENT D'ACTIF. | INSUF-FISANCE D'ACTIF. |
|---|---|---|---|---|
| CAISSE NATIONALE DES RETRAITES POUR LA VIEILLESSE. (Section spéciale des retraites ouvrières et paysannes.).... | 385.939.892 35 | 320.341.250 63 | 65.598.641 72 | » |
| CAISSES RÉGIONALES OU DÉPARTEMENTALES. | | | | |
| Caisse régionale des Bouches-du-Rhône (Décrets des 20 novembre 1911 et 11 août 1921)................. | 1.732.674 63 | 1.481.397 25 | 251.277 38 | » |
| Caisse départementale des retraites ouvrières et paysannes pour le département de la Côte-d'Or. (Décret du 21 août 1911.)................. | 1.733.525 84 | 1.509.554 63 | 223.071 31 | » |
| Caisse départementale des retraites pour le département de la Gironde. (Décret du 3 septembre 1911.).............. | 1.611.331 78 | 1.388.724 84 | 222.006 94 | » |
| Caisse régionale des retraites ouvrières et paysannes pour les départements d'Ille-et-Vilaine, Côtes-du-Nord, Morbihan, Mayenne, Sarthe et Finistère. (Décret du 8 août 1911.)........... | 4.849.364 46 | 3.929.427 14 | 919.937 32 | » |
| Caisse départementale des retraites ouvrières et paysannes pour le département de Meurthe-et-Moselle. (Décret du 21 août 1911.)................. | 4.930.23 , 73 | 4.290.534 68 | 639.699 03 | » |
| Caisse départementale des retraites ouvrières et paysannes pour le département de la Meuse. (Décret du 25 septembre 1911.)................. | 2.114.793 06 | 1.830,610 28 | 284.183 78 | » |
| Caisse départementale des retraites ouvrières et paysannes pour le département du Nord. (Décret du 21 août 1911.)................. | 3.564.104 77 | 2.968.330 17 | 595.774 60 | » |
| Caisse départementale des retraites ouvrières et paysannes pour le département de la Seine. (Décret du 6 mars 1912.)................. | 3.082.896 48 | 2.490.109 01 | 592.487 47 | » |
| Caisse départementale des retraites ouvrières et paysannes des Vosges et des département limitrophes. (Décrets du 19 décembre 1911 et du 7 avril 1923.) | 9.846.607 92 | 8.754.994 12 | 1.091.613 80 | » |
| TOTAUX............... | 31.732.859 04 | 27.102.584 77 | 4.570.274 27 | |
| CAISSES MUTUALISTES. | | | | |
| Caisse fédérale mutualiste de Nice et de la région. (Décret du 7 octobre 1911.) | 1.842.246 33 | 1.722.850 99 | 119.395 34 | » |
| Caisse mutuelle des retraites ouvrières et paysannes pour le département de l'Aude. (Décret du 26 juillet 1912.).. | 1.000.285 83 | 821.917 42 | 178.368 41 | » |
| Caisse du Plateau central. (Décret du 11 octobre 1912.)................ | » | · | » | » |
| Caisse de la Société philanthropique des commis et employés de la Ville de Marseille. (Décret du 12 novembre 1911.)................. | 377.534 83 | 341.323 23 | 36.211 60 | » |

| DÉSIGNATION DES CAISSES. | ACTIF du bilan. | PASSIF du bilan. | EXCÉDENT d'actif. | INSUF-FISANCE d'actif. |
|---|---|---|---|---|
| CAISSES MUTUALISTES. (Suite.) | | | | |
| Union régionale mutualiste du Sud-Est. (Décret du 15 janvier 1913.)........ | 544.049 41 | 189,995 99 | 54.653 42 | . |
| Caisse de la Fédération régionale des Unions mutualistes de l'Est. (Décret du 7 octobre 1911.)................. | 2.573.196 30 | 2.105.423 10 | 467.773 20 | . |
| Caisse centrale mutualiste de Franche-Comté et du Territoire de Belfort.. (Décret du 20 mai 1912.)........... | 3.492.148 19 | 997.941 56 | 494.206 03 | . |
| Caisse de la Fédération comtoise des sociétés de secours mutuels. (Décret du 13 mai 1913.) .................... | 522.828 29 | 479.538 37 | 43.289 92 | . |
| Caisse de l'Union des sociétés mutualistes du Gard. (Décret du 30 septembre 1911.) .................... | (1) | (1) | (1) | (1) |
| Caisse de la Fédération régionale mutualiste du Midi. (Décret du 19 janvier 1912.) ................................ | 5.675.983 11 | 4.723.945 33 | 952.037 78 | . |
| Caisse de la Fédération régionale mutualiste du Sud-Ouest. (Décret du 24 août 1911.) ................................ | 1.698.105 69 | 1.474.687 78 | 223.417 91 | . |
| Caisse de retraites ouvrières et paysannes du département de l'Hérault. (Décret du 26 octobre 1911.)................. | 2.018.735 82 | 1.472.727 27 | 546.008 55 | . |
| Caisse mutualiste d'Ille-et-Vilaine et de la région. (Décret du 18 juillet 1912.). | 766.816 70 | 652.107 12 | 114 709 58 | . |
| Caisse de l'Union départementale des mutualités d'Indre-et-Loire. (Décret du 13 septembre 1911.)................. | 1.019.420 39 | 958.503 06 | 60.917 33 | . |
| Caisse mutualiste de l'Isère. (Décret du 3 juillet 1913.).................... | 2.034.952 61 | 1.755.397 22 | 279.555 39 | . |
| Caisse de l'Union départementale des sociétés de secours mutuels de la Loire. (Décret du 3 septembre 1911.)...... | 1.413.497 98 | 1.153.115 42 | 260.332 56 | . |
| Caisse de l'Union des sociétés de secours mutuels de la Loire-Inférieure. (Décret du 13 octobre 1911.)........... | 2.680.176 74 | 2.457,239 86 | 222.936 88 | . |
| Caisse de l'Union des sociétés de secours mutuels du Loiret. (Décret du 23 septembre 1911.) ................... | 544.412 91 | 545.624 97 | . | 1.212 06 |
| Caisse de l'Union de la Mutualité provinciale de l'Orléanais. (Décret du 23 octobre 1911.)..................... | 611.859 41 | 559.062 37 | 52.797 04 | . |
| Caisse de l'Union des sociétés de secours mutuels de l'Ouest. (Décret du 15 janvier 1913.)..................... | 449.823 54 | 427.993 64 | 21.829 90 | . |
| Caisse lorraine de retraites. (Décret du 4 mars 1912.)..................... | 1.034.181 00 | 945.786 41 | 88.394 59 | . |
| Union régionale des sociétés de secours mutuels du Nord, du Pas-de-Calais et des Ardennes. (Décrets des 13 novembre 1911 et 12 juin 1920.) ....... | 2.103.337 37 | 1.736 454 69 | 366.882 68 | . |
| Caisse fédérale mutualiste du Puy-de-Dôme et de la région. (Décret du 22 octobre 1913.).................... | 4.106.918 55 | 4.090.173 62 | 96.413 03 | . |

(1) Manquent les renseignements concernant la Caisse de l'Union des sociétés mutualistes du Gard qui n'ont pu être fournis en temps utile pour insérés dans le présent rapport!

| DÉSIGNATION DES CAISSES. | ACTIF DU BILAN. | PASSIF DU BILAN. | EXCÉDENT D'ACTIF. | INSUF-FISANCE D'ACTIF. |
|---|---|---|---|---|
| CAISSES MUTUALISTES. (Suite.) | | | | |
| Union générale de la Mutualité du Rhône. (Décrets du 13 septembre 1912 et du 21 août 1923).......... | 2.490.971 78 | 2.267.037 52 | 223.937 26 | » |
| La Boule de neige. (Décrets du 19 décembre 1911 et du 2 septembre 1922). | 1.914.204 23 | 1.701.411 09 | 212.792 54 | » |
| La France prévoyante. (Décret du 31 décembre 1911.)...................... | 552.886 79 | 320.564 48 | 26.321 31 | » |
| Caisse centrale autonome de l'Enseignement libre. (Décret du 24 septembre 1913.)........................ | 1.060.858 00 | 974.173 19 | 86.684 81 | » |
| Caisse fédérale des Coopératives de France. (Décret du 16 mai 1914.)... | 1.161.314 88 | 1.121.961 23 | 39.351 63 | » |
| Caisse mutualiste de retraite et de prévoyance de Seine-et-Marne. (Décret du 22 octobre 1913.).............. | 3.557.306 32 | 2.779.139 42 | 778.116 90 | » |
| Caisse de l'Association départementale des unions des sociétés de secours mutuels et de retraite de Seine-et-Oise. (Décret du 30 décembre 1911.). | 281.232 38 | 215.145 02 | 16.087 36 | » |
| Caisse fédérale mutualiste de l'Aisne, de l'Oise et de la Somme. (Décret du 26 octobre 1911.)................. | 1.218.873 00 | 1.088.028 68 | 130.844 32 | » |
| Caisse fédérale mutualiste de la vallée du Rhône. (Décret du 21 novembre 1912.)............................. | 523.057 50 | 480.005 13 | 42.992 37 | » |
| TOTAUX (1).......... | 49.272.821 09 | 43.005.658 77 | 6.267.375 28 | 1.212 06 |
| CAISSES PATRONALES OU SYNDICALES. | | | | |
| Caisse syndicale de retraite du commerce et de l'industrie textiles de Tourcoing et de ses cantons. (Décret du 19 août 1911.)........................... | 922.911 25 | 852.745 13 | 70.166 12 | » |
| Caisse syndicale du commerce et de l'industrie textiles d'Armentières et de ses environs. (Décret du 22 juin 1912.).. | 574.299 75 | 524.091 13 | 50.208 62 | » |
| Caisse syndicale de retraite des forges, de la construction mécanique, des industries électriques et de celles qui s'y rattachent. (Décret du 4 août 1911.). | 11.903.156 96 | 10.541.652 33 | 1.451.504 63 | » |
| Caisse syndicale des industries du papier. (Décret du 13 novembre 1911.)...... | 607.968 55 | 565.538 31 | 42.430 24 | » |
| Caisse syndicale de retraites du bâtiment, des travaux publics et industries annexes. (Décret du 6 mars 1912.)..... | 177.174 29 | 145.113 42 | 32.060 87 | » |
| TOTAUX.......... | 14.273.510 80 | 12.629.140 32 | 1.646.370 48 | 1.212 06 |
| TOTAUX GÉNÉRAUX pour l'ensemble des Caisses (1)................ | 481.220.084 18 | 403.138.634 49 | 78.082.661 75 | 1.212 06 |

(1) Non compris la caisse mutualiste du Gard.

## H. Fonds de réserve.

Le fonds de réserve, tel qu'il a été institué par le législateur, a un double objet :

Il est destiné tout d'abord à recevoir, à titre de dépôt, les versements effectués, en application de l'article 23, § 2, de la loi, par les employeurs qui désirent se libérer des versements qu'ils ont été dans l'impossibilité d'opérer, sous forme de timbres, sur les cartes de leurs ouvriers ou employés.

Il constitue d'autre part un fonds de concours, doté de ressources spéciales, sur lequel doivent être imputées les allocations forfaitaires allouées aux caisses de retraites ouvrières pour le fonctionnement de l'assurance vieillesse et aux organismes de collecte pour l'encaissement des contributions ouvrière et patronale (art. 12, § 7, de la loi).

Les ressources spéciales affectées au fonds de réserve par la loi sur les retraites ouvrières et le décret du 25 mars 1911 sont :

1° Les versements insuffisants constatés sur les cartes d'assurance facultative et non complétés (décret, art. 121);

2° Les contributions patronales versées pour les salariés dont la retraite ouvrière est liquidée ou en instance de liquidation (décret, art. 167);

3° Les contributions patronales versées pour les assurés étrangers (décret, art. 168);

4° Les amendes prévues à l'article 23 de la loi;

5° La portion non employée annuellement du revenu visé à l'article 4 de la loi du 31 décembre 1895 (loi, art. 16, § 4);

6° Les dons et legs faits à l'État pour le fonds de réserve;

7° Les intérêts dudit fonds.

L'article 16, § 3, de la loi avait également affecté au fonds de réserve les arrérages retenus aux rentiers en application de la prescription quinquennale, mais la loi du 17 août 1915 ne contient plus cette disposition qui n'a jamais été mise en application.

La loi de finances du 13 juillet 1925 (art. 265 et 266) a doté le fonds de réserve de deux nouvelles catégories de ressources, destinées également au payement des allocations forfaitaires dues aux divers organismes. Elle a, d'une part, imposé le versement de la contribution patronale pour l'emploi de salariés non soumis aux obligations de la loi des retraites ouvrières, en tant que bénéficiaires d'une retraite acquise sous un régime résultant d'une loi, ou d'un décret, ou âgés de plus de 60 ans sans bénéfice d'une retraite légale ou réglementaire (art. 265). Elle a frappé, d'autre part, de prescription au profit du fonds de réserve les versements opérés au greffe par les employeurs en application de l'article 23 de la loi, lorsqu'ils n'étaient pas réclamés par les assurés intéressés dans un délai de cinq années (1).

Le fonds de réserve est déposé, aux termes de la loi, à la Caisse des dépôts et consignations, qui le gère et en tient un compte de gestion où elle inscrit au jour le jour les différentes recettes et dépenses qui le concernent au cours d'une année. Ce compte se compose : 1° d'un compte courant; 2° d'un compte de valeurs. La Caisse des dépôts et consignations fait en effet emploi, conformément aux prescriptions de l'article 16, § 2, de la loi de 1910, d'une partie des ressources du fonds de réserve, l'autre partie étant placée en compte courant au Trésor, au taux de 1 p. o/o, par application des dispositions de l'article 15, § 4, de la loi précitée.

La situation d'ensemble du fonds de réserve résulte de la réunion des deux comptes envisagés. Les rapports précédents ont présenté, résumés année par année, les comptes de gestion, tels qu'ils ressortaient des écritures de la Caisse des dépôts et consignations.

Les tableaux suivants résument les comptes des années 1925 et 1926, fournis par cette administration.

(1) Voir ci-après, page 82, le développement concernant ces dispositions.

# RÉSUMÉ DU COMPTE ANNUEL

## DU FONDS DE RÉSERVE DES RETRAITES OUVRIÈRES TENU PAR LA CAISSE DES DÉPÔTS ET CONSIGNATIONS.

### ANNÉE 1925.

## I. COMPTE COURANT.

| RECETTES. | | | DÉPENSES. | | |
|---|---|---|---|---|---|
| Solde créditeur au 31 décembre 1924 ........ | 934.992f 56c | | Achat de bons du Crédit municipal et de bons de la Défense nationale.................. | 800.000f 00c | |
| Versements insuffisants constatés sur les cartes d'assurance facultative et non complétés (D. art. 121.)....................... | 108 03 | | Transferts au compte individuel d'assurés. (D. art 170.).......................... | 7.309 28 | |
| Contributions patronales versées pour les { salariés dont la retraite est liquidée ou en instance de liquidation. (D. art. 167.) | 319.198 94 | | Transferts au compte individuel d'assurés, de contributions patronales attribuées à tort au fonds de réserve. (D. art. 168.)........... | 4.131 67 | |
| { assurés étrangers. (D. art. 168.)............... | 122.826 98 | 1.071.255f 02c | Remboursements de sommes versées à tort au fonds de réserve................... | 1.723 19 | 3.351.460f 05c |
| Versements effectués par les employeurs aux greffes de la justice de paix ou entre les mains des comptables publics. (D. art. 170.)...... | 658.062 68 | | Versement au Trésor public des ressources disponibles du fonds de réserve pour l'année 1924. (D. art. 172.) ..................... | 1.021.959 28 | |
| Divers. (Régularisations. — Art. 168 et 170.).. | 187 48 | | Versement au Trésor public des ressources disponibles années 1911 à 1919 (art. 266 de la loi de finances du 13 juillet 1925).......... | 1.500.000 00 | |
| Remboursement de bons Crédit municipal..... | 300.000 00 | | Intérêts sur bons D. N. cédés à C. N. R. V...... | 15.696 44 | |
| Cession de bons D. N. à C. N. R. V. (Loi 1886)..... | 1.000.000 00 | | Divers, régularisations. (D. art. 167, 168.)... | 582 89 | |
| Portion non employée du revenu visée à l'art. 4 de la loi du 31 décembre 1895. (L. art. 16, § 4.) | 153.991 96 | | Solde créditeur au 31 décembre 1925 ............ | | 722.794 07 |
| Amendes. (L. art. 23.)......................... | » » | | | | 1.071.255 02 |
| Intérêts des fonds placés...... 546.770f 00c Intérêts du compte courant ... 8.116 19 | 554.886 19 | | | | |

## II. COMPTE DE VALEURS.

| ENTRÉES. | | | SORTIES. | | |
|---|---|---|---|---|---|
| Solde créditeur au 31 décembre 1924 (capital représentatif des fonds placés).. .. ........ | 9.829.500f | 10.629.500f | Remboursement de bons municipaux........ | 300.000f | 10.629.500f |
| Achat de bons du Trésor et de bons municipaux....................... | 800.000 | | Cession à C. N. R. V. de bons D. N............. | 1.000.000 | |
| | | | Solde créditeur au 31 décembre 1925 (capital représentatif des fonds placés)............. | 9.329.500 | |

| | | |
|---|---|---|
| Avoir net du fonds de réserve au 31 décembre 1925....... { | Solde créditeur du compte courant au 31 décembre 1925 ... | 722.794f 07c |
| | Solde créditeur du compte de valeurs au 31 décembre 1925 (capital représentatif des fonds placés).................. | 9.329.500 00 |
| | Total......................... | 10.052.294 07 |

# RÉSUMÉ DU COMPTE ANNUEL

## DU FONDS DE RÉSERVE DES RETRAITES OUVRIÈRES TENU PAR LA CAISSE DES DÉPÔTS ET CONSIGNATIONS.

### ANNÉE 1926.

## I. COMPTE COURANT.

| RECETTES. | | | DÉPENSES. | | |
|---|---|---|---|---|---|
| Solde créditeur au 31 décembre 1925...... | 722.794f 07c | | Achat de bons du Trésor et de bons de la Défense nationale...................... | 1.000.000f 00c | |
| Contributions patronales versées pour les { salariés dont la retraite est liquidée ou en instance de liquidation. (D. art. 167.)........ | 935.806 12 | | Transfert au compte individuel d'assurés. (D. art. 170.).................... | 18.913 97 | |
| { assurés étrangers. (D. art. 168.)........... | 140.807 15 | | Transfert au compte individuel d'assurés de contributions patronales attribuées à tort au fonds de réserve. (D. art. 168.).. | 5.411 74 | |
| Versements effectués par les employeurs au greffe de la justice de paix (D. art. 170.). | 4.746.996 10 | | Remboursement de sommes versées à tort au fonds de réserve.................... | 313 00 | |
| Divers, régularisations.................... | 214 67 | 8.081.679f 30c | Versement au Trésor public des ressources disponibles du fonds de réserve pour l'année 1925. (D. art. 172.)............. | 1.175.790 38 | 4.532.651f 32c |
| Remboursement de bons du Crédit municipal. | 300.000 00 | | Versement au Trésor public des ressources disponibles, année 1911 à 1920 (art. 266 de la loi de finances du 13 juillet 1925).......... | 2.300.000 00 | |
| Remboursement de bons du Trésor........ | 500.000 00 | | Divers, régularisations .................... | 32.192 23 | |
| Portion non employée du revenu visé à l'article 4 de la loi du 31 décembre 1895. | 142.078 18 | | Solde créditeur au 31 décembre 1926 ........... | | 3.549.027 98 |
| Intérêts des fonds placés .. 563.572 08 Intérêts du compte courant. 29.410 63 } | 592.982 71 | | | | 8.081.679 30 |

## II. COMPTE DE VALEURS.

| ENTRÉES. | | | SORTIES. | | |
|---|---|---|---|---|---|
| Solde créditeur au 31 décembre 1925 (capital représentatif des fonds placés)........... | 9.329.500f | | Remboursement de bons Crédit municipal. | 300.000f | |
| Achat de bons du Trésor, et de bons de la Défense nationale...................... | 1.000.000 | 10.329.500f | Remboursement de bons du Trésor........ | 500.000 | 10.329.500f |
| | | | Solde créditeur au 31 décembre 1926 (capital représentatif des fonds placés)........... | 9.529.500 | |

| | | |
|---|---|---|
| Avoir net du fonds de réserve au 31 décembre 1926........ { | Solde créditeur du compte courant au 31 décembre 1926.... | 3.549.027f 98c |
| | Solde créditeur du compte de valeurs au 31 décembre 1926 (capital représentatif des fonds placés).................... | 9.529.500 00 |
| | Total.................................... | 13.078.527 98 |

Pris dans son ensemble, le fonds de réserve présentait un avoir net :

Au 31 décembre 1911 de................. 6.931ᶠ oo

Au 31 décembre 1912 de................. 1.073.489 37

Au 31 décembre 1913 de................. 2.129.951 38

Au 31 décembre 1914 de................. 2.853.740 09

Au 31 décembre 1915 de................. 3.506.312 48

Au 31 décembre 1916 de................. 2.628.561 99 (1)

Au 31 décembre 1917 de................. 3.333.782 44

Au 31 décembre 1918 de................. 4.095.557 82

Au 31 décembre 1919 de................. 5.023.235 92

Au 31 décembre 1920 de................. 6.341.376 15

Au 31 décembre 1921 de................. 8.162.293 04

Au 31 décembre 1922 de................. 9.106.959 74

Au 31 décembre 1923 de................. 9.854.254 26

Au 31 décembre 1924 de................. 10.764.492 56

Au 31 décembre 1925 de................. 10.052.294 07

Au 31 décembre 1926 de................. 13.078.527 98

Si l'on fait abstraction d'une part de l'emploi des capitaux, c'est-à-dire des achats et remboursements de valeurs, d'autre part du versement au Trésor public des ressources spéciales disponibles, la balance des recettes et des dépenses annuelles du fonds de réserve s'établit de la manière suivante pour les six dernières années.

---

(1) Cette diminution résulte du versement au Trésor public en 1916 d'une somme de 1.695.695 fr. 52 représentant le montant des ressources disponibles pour les années 1911, 1912, 1913, 1914 et 1915.

| RECETTES ET DÉPENSES ANNUELLES DU FONDS DE RÉSERVE. | 1921. | 1922. | 1923. | 1924. | 1925. | 1926. |
|---|---|---|---|---|---|---|
| | fr. c. | fr. c. | fr. c. | fr. c. | fr. c. | fr. c. |

I. — RECETTES. (1)

| Désignation | 1921. | 1922. | 1923. | 1924. | 1925. | 1926. |
|---|---|---|---|---|---|---|
| Versements insuffisants constatés sur les cartes d'assurance facultative et non complétés (décret, art. 121)... | » | 555 92 | 115 38 | 18 20 | 108 03 | » |
| Contributions patronales versées pour les salariés dont la retraite est liquidée ou en instance de liquidation (décret, art. 167)... | 226.242 95 | 190.960 70 | 205.097 15 | 203.400 69 | 349.198 94 | 935.806 42 |
| Contributions patronales versées pour des assurés étrangers (décret, art. 168)... | 158.913 34 | 121.574 86 | 97.162 78 | 135.453 91 | 122.826 98 | 140.807 15 |
| Versements effectués par les employeurs au greffe de la justice de paix ou entre les mains des comptables publics (décret, art. 170)... | 1.666.506 12 | 951.630 47 | 727.862 41 | 762.881 24 | 638.062 88 | 4.746.996 10 |
| Reversements après transfert... | » | » | » | » | » | » |
| Amendes (loi, art. 23)... | » | » | » | » | » | » |
| Portion non employée du revenu visé à l'article 4 de la loi du 31 décembre 1895 (loi, art. 16, §4)... | 89.510 64 | 108.595 80 | 98.995 89 | 126.688 37 | 153.991 96 | 142.078 18 |
| Dons et legs (loi, art. 16, §5)... | » | » | » | » | » | » |
| Intérêts... | 379.851 54 | 439.304 53 | 474.593 92 | 561.974 28 | 554.886 19 | 577.982 71 |
| Divers... | 5 15 | 2 25 | 12 00 | 25 16 | 187 48 | 214 07 |
| TOTAUX... | 2.521.029 74 | 1.812.624 53 | 1.603.839 53 | 1.790.441 85 | 1.839.262 46 | 6.543.885 23 |

II. — DÉPENSES. (1)

| Désignation | 1921. | 1922. | 1923. | 1924. | 1925. | 1926. |
|---|---|---|---|---|---|---|
| Transferts au compte individuel d'assurés (décret, art. 170)... | 2.558 29 | 5.720 76 | 5.894 63 | 3.206 20 | 7.369 28 | 18.913 97 |
| Transferts au compte individuel d'assurés de contributions patronales attribuées à tort au fonds de réserve (décret, art. 168)... | 5.084 27 | 5.007 30 | 4.185 98 | 2.548 95 | 4.131 87 | 5.441 74 |
| Remboursements de sommes versées à tort au fonds de réserve (art. 167-170)... | 18 | 5 71 | 31 53 | 4 50 | 1.723 19 | 313 00 |
| Divers, régularisations (décret art. 167, 168)... | 2.168 80 | 9.953 51 | 399 62 | 3.052 38 | 582 89 | 32.192 23 |
| TOTAUX... | 9.829 36 | 20.687 28 | 10.511 76 | 8.812 03 | 13.807 23 | 56.860 94 |

(1) Pour les années 1911 à 1920, voir les rapports précédents.

Le total des recettes s'est élevé, non compris le solde créditeur de chaque année écoulée :

| | |
|---|---|
| En 1911 à........................... | 6.921ᶠ 00ᶜ |
| En 1912 à........................... | 1.077.442 94 |
| En 1913 à........................... | 1.066.018 53 |
| En 1914 à........................... | 733.648 93 |
| En 1915 à........................... | 655.713 80 |
| En 1916 à........................... | 819.960 11 |
| En 1917 à........................... | 1.250.044 41 |
| En 1918 à........................... | 1.275.038 47 |
| En 1919 à........................... | 1.512.455 15 |
| En 1920 à........................... | 2.012.528 10 |
| En 1921 à........................... | 2.521.029 74 |
| En 1922 à........................... | 1.812.624 53 |
| En 1923 à........................... | 1.603.839 53 |
| En 1924 à........................... | 1.790.441 85 |
| En 1925 à........................... | 1.839.262 46 |
| En 1926 à........................... | 6.543.885 23 |

Le total des dépenses a été :

| | |
|---|---|
| En 1911 de........................... | " |
| En 1912 de........................... | 10.874ᶠ 57ᶜ |
| En 1913 de........................... | 9.556 52 |
| En 1914 de........................... | 9.860 22 |
| En 1915 de........................... | 3.141 41 |
| En 1916 de........................... | 2.015 08 |
| En 1917 de........................... | 5.402 92 |
| En 1918 de........................... | 4.568 71 |
| En 1919 de........................... | 3.064 40 |
| En 1920 de........................... | 13.411 33 |
| En 1921 de........................... | 9.829 36 |
| En 1922 de........................... | 20.687 28 |
| En 1923 de........................... | 10.511 76 |
| En 1924 de........................... | 9.262 03 |
| En 1925 de........................... | 13.807 23 |
| En 1926 de........................... | 56.860 94 |

Mais il convient d'ajouter aux dépenses des onze dernières années les sommes qui ont été versées au Trésor public, en vertu de l'article 12 de la loi, pour le payement des allocations forfaitaires dues aux caisses d'assurance et aux organismes d'encaissement.

Ces sommes correspondent aux ressources spéciales du fonds de réserve pour chaque année. Elles ont été :

En 1916, pour les années 1911 à 1915 inclus, de. 1.695.695ᶠ 52
En 1917, pour l'année 1916, de.............. 539.421 04
En 1918, pour l'année 1917, de..............  508.694 38
En 1919, pour l'année 1918, de.............. 581.712 65
En 1920, pour l'année 1919, de.............. 680.976 51
En 1921, pour l'année 1920, de.............. 690.283 49
En 1922, pour l'année 1921, de.............. 847.270 55
En 1923, pour l'année 1922, de.............. 846.033 25
En 1924, pour l'année 1923, de.............. 871.391 52
En 1925, pour l'année 1924, de.............. 1.021.959 28
En 1926, pour l'année 1925, de.............. 1.175.790 38

Lesdites sommes comprennent, en outre, depuis 1925, celles qui ont été prélevées sur le montant des versements opérés par les employeurs au titre de l'article 23 de la loi et atteints par la prescription quinquennale (1) à savoir :

Pour 1925................................. 1.500.000ᶠ
Pour 1926................................. 2.300.000

Comme les ressources spéciales qui alimentent le fonds de réserve doivent être rattachées annuellement au budget, ce fonds ne se trouve composé, en fin d'année, que de deux éléments :

1° Les fonds en dépôt, provenant des versements effectués par les employeurs en application de l'article 23 de la loi pour les salariés n'ayant pas présenté de carte d'assuré et non prescrites (1) ou non transférées à des comptes individuels;

_______________

(1) Article 266 de la loi de finances du 13 juillet 1925. Voir ci-après les développements concernant cette disposition (page 82).

2° Les ressources spéciales de l'année courante qui, après imputation des dépenses se rapportant à cette catégorie de recettes (transferts, etc.), sont disponibles et doivent être versées au Trésor public l'année suivante pour le payement des allocations forfaitaires.

3° Depuis 1925, les sommes devenues disponibles et devant recevoir la même destination sur les versements opérés par les employeurs conformément à l'article 23 de la loi et non réclamés par les assurés intéressés dans un délai de cinq années (1).

Les états ci-après donnent le détail des différentes catégories de ressources qui composaient l'avoir net du fonds de réserve au 31 décembre 1925 et au 31 décembre 1926.

---

(1) Article 266 de la loi de finances du 13 juillet 1925. Voir ci-après les développements concernant cette disposition (page 83).

# ÉTAT DES RESSOURCES
## COMPOSANT L'AVOIR NET DU FONDS DE RÉSERVE
### AU 31 DÉCEMBRE 1925.

### I. FONDS EN DÉPÔT.

Réserve nette résultant de l'application de l'article 170 du décret (versements effectués par les employeurs au greffe de la justice de paix et non atteints par la prescription quinquennale) :

| | | |
|---|---:|---:|
| 1920 | 1.308.833ᶠ 25ᶜ | |
| 1921 | 1.663.929 83 | |
| 1922 | 945.904 00 | 6.049.244ᶠ 28ᶜ |
| 1923 | 721.936 25 | |
| 1924 | 759.670 54 | |
| 1925 | 648.970 41 | |

### II. RESSOURCES DISPONIBLES.

| | | |
|---|---:|---:|
| Versements insuffisants constatés sur les cartes d'assurance facultative et non complétés (décret, art. 121). — 1925. | 108 03 | |
| Contributions patronales versées pour les salariés dont la retraite est liquidée ou en instance de liquidation (décret, art. 167). — 1925 | 348.827 11 | |
| Contributions patronales versées pour des assurés étrangers (décret, art. 168). — 1925 | 118.671 53 | |
| Amendes (loi, art. 23). — 1925.. | » | |
| Portion non employée annuellement du revenu visé à l'article 4 de la loi du 31 décembre 1895 (loi, art. 16, § 4). — 1925 | 153.991 96 | 4.003.049 79ᶜ |
| Dons et legs (loi, art. 16, § 5). — 1925 | » | |
| Intérêts. — 1925 | 539.191 75 | |
| Versements provenant des fonds déposés par les employeurs en application de l'article 23 de la loi et atteints par la prescription quinquennale (art. 266 de la loi du 13 juillet 1925) | 2.842.259 41 | |

AVOIR NET TOTAL ............ 10.052.294ᶠ 07ᶜ

# ÉTAT DES RESSOURCES
## COMPOSANT L'AVOIR NET DU FONDS DE RÉSERVE
## AU 31 DÉCEMBRE 1926.

### I. FONDS EN DÉPÔT.

Réserve nette résultant de l'application de l'article 170 du décret (versements effectués par les employeurs au greffe de la justice de paix et non
atteints par la prescription quinquennale) :

| | | |
|---|---:|---|
| 1921..................... | 1.663.929 | 83 |
| 1922..................... | 945.904 | 00 |
| 1923..................... | 721.936 | 25 |
| 1924..................... | 759.670 | 54 |
| 1925..................... | 648.970 | 41 |
| 1926..................... | 4.696.984 | 01 |

9.437.395 04

### II. RESSOURCES DISPONIBLES.

Versements insuffisants constatés sur les cartes d'assurance facultative et non complétés (décret, art. 121). — 1926.  "

Contributions patronales versées pour les salariés dont la retraite est liquidée ou en instance de liquidation (décret, art. 167). — 1926..............  934.610 68

Contributions patronales versées pour des assurés étrangers (décret, art. 168). — 1926......................  135.368 71

Amendes (loi, art. 23). — 1926...  "

Portion non employée annuellement du revenu visé à l'article 4 de la loi du 31 décembre 1895 (loi, art. 16, § 4). — 1926......................  142.078 18

Dons et legs (loi, art. 16, § 5). — 1926.........................  "

Intérêts. — 1926.............  577.982 71

Versements provenant des fonds dépo-sés par les employeurs en application de l'article 23 de la loi et atteints par la prescription quinquennale (art. 266 de la loi de finances du 13 juillet 1925)..  1.851.092 66

3.641.132 94

AVOIR NET TOTAL.............  13.078.527 98

Ce dernier tableau fait apparaître qu'après déduction des transferts, le total des sommes restant en dépôt au fonds de réserve, pour les salariés qui n'avaient pas présenté leur carte annuelle (art. 23, § 2, de la loi), s'élevait au 31 décembre 1926 à 9.437.395 fr. 04. A cette date, une somme de 1.790.040 fr. 28 provenant des ressources spéciales et une somme de 1.851.092 fr. 66 provenant de la prescription quinquennale étaient disponible et devaient être rattachées au budget.

Le tableau ci-dessous récapitule, par département, les versements effectués tant par les employeurs que par l'État, les départements et les communes, aux greffes de justices de paix au cours des années 1925 et 1926.

*VERSEMENTS encaissés par les greffiers de justices de paix en application de l'article 23, § 2, de la loi des Retraites ouvrières et paysannes et transmis au Ministère du Travail.*

| DÉPARTEMENTS | 1925. | 1926. |
|---|---|---|
| | fr. c. | fr. c. |
| Ain | " | " |
| Aisne | 23.296 29 | 76.228 22 |
| Allier | 521 67 | 79.087 07 |
| Alpes (Basses-) | 251 04 | 533 05 |
| Alpes (Hautes-) | 334 59 | 6.112 98 |
| Alpes-Maritimes | 8.462 19 | 24.780 65 |
| Ardèche | 1.337 16 | 14.635 91 |
| Ardennes | 12.020 67 | 30.159 19 |
| Ariège | 1.364 45 | 3.285 84 |
| Aube | 2.199 49 | 14.600 25 |
| Aude | 237 09 | 6.971 83 |
| Aveyron | 825 84 | 3.456 85 |
| Bouches-du-Rhône | 17.085 69 | 762.146 91 |
| Calvados | 2.814 52 | 18.588 04 |
| Cantal | 409 97 | 859 44 |
| Charente | 426 03 | 3.801 37 |
| Charente-Inférieure | 1.695 73 | 12.751 10 |
| Cher | 466 58 | 22.522 84 |

| DÉPARTEMENTS. | 1925. | | 1926. | |
|---|---|---|---|---|
| | fr. | c. | fr. | c. |
| Corrèze | 370 | 92 | 1.212 | 25 |
| Corse | 507 | 74 | 1.075 | 01 |
| Côte-d'Or | 2.365 | 91 | 35.958 | 35 |
| Côtes-du-Nord | 6.547 | 04 | 5.964 | 18 |
| Creuse | 107 | 23 | 856 | 72 |
| Dordogue | 634 | 90 | 253 | 82 |
| Doubs | 8.969 | 50 | 37.707 | 56 |
| Drôme | 2.285 | 99 | 5.432 | 58 |
| Eure | 5.011 | 30 | 33.410 | 88 |
| Eure-et-Loir | 803 | 73 | 3.044 | 90 |
| Finistère | 1.200 | 74 | 2.536 | 86 |
| Gard | 5.732 | 25 | 12.504 | 83 |
| Garonne (Haute-) | 2.487 | 46 | 5.208 | 84 |
| Gers | 963 | 34 | 1.007 | 52 |
| Gironde | 13.341 | 45 | 50.831 | 45 |
| Hérault | 6.814 | 11 | 14.863 | 34 |
| Ille-et-Vilaine | 2.427 | 11 | 8.890 | 86 |
| Indre | 353 | 90 | 29.551 | 98 |
| Indre-et-Loire | " | | " | |
| Isère | 6.557 | 86 | 136.089 | 51 |
| Jura | 11.430 | 14 | 23.068 | 70 |
| Landes | 3.115 | 89 | 5.975 | 92 |
| Loir-et-Cher | 234 | 39 | 30.084 | 79 |
| Loire | 679 | 89 | 187.512 | 42 |
| Loire (Haute-) | 337 | 31 | 905 | 46 |
| Loire-Inférieure | 2.916 | 70 | 56.327 | 04 |
| Loiret | 5.427 | 46 | 48.820 | 16 |
| Lot | 1.265 | 06 | 2.743 | 71 |
| Lot-et-Garonne | 1.428 | 66 | 1.833 | 13 |
| Lozère | 192 | 45 | 369 | 22 |
| Maine-et-Loire | 1.576 | 38 | 39.543 | 00 |
| Manche | 803 | 53 | 2.261 | 61 |
| Marne | 6.088 | 05 | 17.088 | 05 |
| Marne (Haute-) | 5.736 | 97 | 13.788 | 85 |
| Mayenne | 274 | 33 | 23.370 | 48 |
| Meurthe-et-Moselle | 22.357 | 60 | 42.697 | 52 |
| Meuse | 6.631 | 84 | 18.252 | 96 |
| Morbihan | 2.216 | 44 | 4.944 | 60 |
| Nièvre | 1.068 | 95 | 15.731 | 27 |

| DÉPARTEMENTS. | 1925. | 1926. |
|---|---|---|
| | fr. c. | fr. c. |
| Nord | 189.537 03 | 252.043 04 |
| Oise | 7.350 67 | 94.021 52 |
| Orne | 715 08 | 9.734 63 |
| Pas-de-Calais | 19.270 57 | 46.056 71 |
| Puy-de-Dôme | 3.628 43 | 15.934 90 |
| Pyrénées (Basses-) | 2.035 11 | 4.800 25 |
| Pyrénées (Hautes-) | 897 77 | 8.595 68 |
| Pyrénées Orientales | 245 11 | 906 58 |
| Territoire de Belfort | 337 28 | 580 32 |
| Rhône | 22.735 76 | 162.418 12 |
| Saône (Haute-) | 2.803 07 | 7.547 04 |
| Saône-et-Loire | 262 89 | 29.775 51 |
| Sarthe | 2.849 79 | 55.160 45 |
| Savoie | 3.243 18 | 47.043 42 |
| Savoie (Haute-) | 1.548 43 | 11.796 18 |
| Seine | 105.213 80 | 1.202.122 37 |
| Seine-Inférieure | 25.927 45 | 282.459 14 |
| Seine-et-Marne | 3.343 33 | 27.493 36 |
| Seine-et-Oise | 24.097 24 | 64.718 32 |
| Sèvres (Deux-) | 1.496 45 | 1.470 18 |
| Somme | 9.798 23 | 101.969 83 |
| Tarn | 4.376 26 | 4.939 28 |
| Tarn-et-Garonne | 478 56 | 4.491 52 |
| Var | 1.740 06 | 81.820 68 |
| Vaucluse | 3.501 86 | 7.530 56 |
| Vendée | 254 61 | 3.582 21 |
| Vienne | 237 59 | 15.176 72 |
| Vienne (Haute-) | 1.884 24 | 10.595 62 |
| Vosges | 2.394 74 | 76.022 60 |
| Yonne | 685 07 | 23.347 89 |
| Totaux | 658.062 88 | 4.746.996 10 |

Il ressort des chiffres qui précèdent que la diminution constatée par les derniers rapports dans les versements effectués au greffe des Justices de paix, en exécution de l'article 23 de la loi du 5 avril 1910, non seulement a été enrayée, mais que ces versements se sont au contraire accrus, dans une proportion sensible, au cours de l'année 1926 : de 762.881 fr. 24 pour 1924, ces versements ont atteint le chiffre de 4.746.996 fr. 10 en 1926. Ce chiffre de 4.746.996 fr. 10 est de beaucoup le plus élevé qui ait été atteint depuis le début d'application de la loi sur les retraites ouvrières et paysannes. En effet, le chiffre le plus fort constaté jusqu'alors était celui de 1.310.591 fr. 60 pour l'année 1920. La différence en plus, ainsi réalisée en 1926, soit 3.436.404 fr. 50, constitue un accroissement de plus de 360 p. 100 sur 1920.

Cette augmentation est due aux mesures qui ont été prises en vue d'assurer l'application de l'article 267 de la loi de finances du 13 juillet 1925.

Déjà dans le dernier rapport, il avait été parlé par anticipation de cet article 267 qui est venu renforcer, dans un cas particulier, les obligations énoncées par l'article 23 de la loi du 5 avril 1910. On sait qu'aux termes de la jurisprudence de la Cour de cassation, l'employeur, si l'ouvrier ne lui présente pas sa carte d'assurance, a la faculté de déposer au greffe de la Justice de paix, dans les conditions de l'article 23 susvisé, le montant de sa contribution patronale, mais n'est nullement astreint à ce dépôt. Il peut conserver par devers lui cette contribution, dont il demeure néanmoins comptable. Aussi, malgré la jurisprudence de la Cour de cassation, est-il de l'intérêt bien compris de l'employeur d'opérer volontairement le dépôt de sa contribution au greffe. Il évite ainsi de se voir exposé à des réclamations de la part de ses anciens ouvriers et employés pour les sommes dont il pourrait être redevable, réclamation en vue desquelles il est dans la nécessité de conserver ses archives.

Ce dépôt facultatif au greffe, l'article 267 de la loi de finances du 13 juillet 1925 l'a rendu obligatoire dans le cas suivant. Pendant la guerre, dans la plupart des cahiers des charges relatifs aux travaux de l'État, des départements et des communes, se trouvait insérée une clause, aux termes de laquelle, lorsqu'un ouvrier occupé auxdits travaux ne présenterait pas sa carte à l'employeur, celui-ci serait tenu, soit de verser le montant de sa contribution patronale au greffe, soit de l'inscrire à un compte spécial de sa comptabilité et au passif de ses bilans.

Les contributions que l'employeur avait ainsi inscrites ou aurait dû inscrire dans sa comptabilité, l'article 267 de la loi de finances du 13 juillet 1925 a décidé qu'elles devraient être versées au greffe de la Justice de paix dans un délai de 6 mois.

L'administration, en raison de l'intérêt financier que présentait cette disposition, a cru devoir prendre toutes les mesures de publicité et de contrôle susceptibles d'en assurer la plus stricte application. Dès la promulgation de la loi du 13 juillet 1925, les préfets étaient invités, par une circulaire du 17 août 1925, d'une part, à faire connaître aux employeurs, notamment par la voie de la presse, les obligations auxquelles ils étaient astreints, et, d'autre part, à adresser au Ministère la liste de ceux des employeurs de leur département qui, à leur connaissance, avaient bénéficié de marchés avec les collectivités publiques. La plupart des employeurs intéressés étant ceux qui avaient travaillé pendant les hostilités pour le compte des services de la Guerre, il a été demandé, en outre, aux différentes directions de l'administration de la Guerre, de fournir la liste des marchés, comportant ladite clause.

En possession de ces documents, l'administration du Travail a adressé aux employeurs bénéficiaires des marchés sus visés une circulaire leur rappelant à quelles obligations les astreignait l'article 267 du 13 juillet 1925 et leur demandant de se libérer du versement auquel ils se trouvaient tenus.

L'Administration dut, d'autre part, soit renseigner verbalement un grand nombre d'employeurs venant personnellement consulter, sur place, les services compétents, soit répondre, par lettres individuelles, à des demandes de renseignements, fort nombreuses, émanant d'employeurs dont certains, ayant négligé de tenir dans leur comptabilité le compte de réserve que prévoyaient leurs cahiers des charges, se trouvaient embarrassés pour effectuer la détermination des sommes dues pour l'emploi de salariés ayant participé à l'exécution de travaux passés à une époque déjà lointaine. Il fut d'autant plus difficile de répondre à toutes ces demandes que les cahiers des charges ne comportaient pas toujours par eux-mêmes la clause de mise en réserve des contributions patronales, et se référaient simplement à des instructions ou des cahiers généraux qui stipulaient cette mise en réserve.

L'Administration dut, dans ces conditions, engager une correspondance considérable, mais elle eut la satisfaction d'obtenir le versement au fonds de réserve pour la seule année 1926 de près de 5 millions au titre de l'article 267 de la loi de finances du 13 juillet 1925.

Le montant des versements opérés aux greffes de justice de paix en 1926 est ainsi tout à fait exceptionnel. L'article 267 de la loi précitée, se référant à une situation particulière, aura bientôt reçu sa pleine application; les versements effectués à partir de l'année 1927 tendront ainsi à se rapprocher des chiffres constatés pour les années antérieures à 1925.

Les dispositions des articles 265 et 266 de la loi précitée ont eu également pour effet d'accroître les ressources du fonds de réserve.

L'article 265 de ladite loi du 13 juillet 1925 tend à placer tous les employeurs en face des mêmes obligations pour l'emploi des salariés non soumis aux prescriptions de la loi sur les retraites ouvrières.

Antérieurement, à la loi précitée, n'étaient versées à la caisse du percepteur, pour être attribuées au fonds de réserve, conformément à l'article 11, § 4, de la loi du 5 avril 1910, que les contributions patronales correspondant à l'emploi des salariés qui avaient obtenu ou demandé la liquidation de leur retraite ouvrière. Ce versement n'était pas dû pour l'emploi, d'une part, des salariés qui, n'ayant pas été inscrits sur les listes avant l'âge de 60 ans, ne pouvaient être titulaires d'une retraite ouvrière, d'autre part, des salariés qui, titulaires d'une pension accordée en vertu d'un régime spécial de retraite résultant de la loi ou d'un décret, ne pouvaient de ce fait bénéficier de la législation sur les retraites ouvrières.

L'article 265 susvisé impose le versement de la contribution patronale pour l'emploi de tout salarié, ne gagnant pas plus de 10,000 francs par an, qui est titulaire soit d'une retraite ouvrière, soit d'une pension servie en vertu d'un régime établi par une loi ou un décret, ou qui, à l'âge de 60 ans, ne se trouve bénéficier d'aucun régime de retraite.

L'article 266 de la loi de finances du 13 juillet 1925 limite d'autre part, en ce qui concerne les versements qui sont effectués au fonds de réserve par les employeurs conformément à l'article 23, § 2, de la loi du 5 avril 1910, le délai dans lequel ils peuvent être réclamés par les salariés au profit desquels ils ont été opérés. D'après cet article, les assurés des ret..ites ouvrières qui n'ont pas présenté leur carte à l'employeur au moment du payement de leur salaire et en faveur desquels celui-ci a versé au greffe de la justice de paix les contributions patronales afférentes à leur emploi, n'ont qu'un délai de cinq années à compter de la date des versements dont ils ont été l'objet pour en demander l'attribution à leur compte individuel d'assurance. Passé ce délai, les versements non réclamés sont acquis définitivement au fonds de réserve.

Du fait de l'application de l'article 266 de la loi de finances du 13 juillet 1925, les versements effectués au greffe de la justice de paix pendant les années comprises entre 1911 et 1919 inclus se sont trouvés *ipso facto* atteints par la prescription quinquennale, et ont été ainsi définitivement acquis au fonds de réserve. Sur le montant de ces ressources disponibles, ont été versées au Trésor public par décision du 23 octobre 1925 une somme de 1.500.000 francs et par décision du 20 novembre 1926 une somme de 2.300.000 francs.

L'article 265 de la loi de finances du 13 juillet 1925 nécessitait une modification des articles 165 et 167 du décret du 25 mars 1911, portant règlement d'administration publique pour l'exécution de la loi du 5 avril 1910. Ces modifications ont été réalisées par le décret du 2 septembre 1926. En vertu de ce décret, la liste des retraités, dont l'établissement est prévu à l'article 165 dudit décret, doit comprendre, en plus des assurés de la loi du 5 avril 1910, retraités ou en instance de liquidation de pension, les personnes qui sont titulaires d'une retraite constituée sous un régime établi par une loi ou un décret ou qui sont en instance pour obtenir la liquidation d'une telle retraite, et celles qui, âgées de 60 ans ou plus, ne bénéficieraient pas ou ne seraient pas appelées à bénéficier d'une retraite par application des régimes susindiqués.

D'autre part, le même décret comporte une disposition ne découlant pas de l'article 265 de la loi de finances du 13 juillet 1925 et donnant aux employeurs des facilités de versement pour l'accomplissement des obligations résultant dudit article. Ceux-ci qui, aux termes de l'article 167 du décret du 25 mars 1911, devaient effectuer *à la fin de chaque mois* le versement à la caisse du percepteur des contributions dues pour l'emploi de salariés retraités, ont la faculté de se libérer de ces contributions et de celles dues pour l'emploi des autres catégories de personnes énumérées à l'article 265 de la loi de finances du 13 juillet 1925, *à la fin de chaque*

*trimestre*, et même, *s'ils occupent moins de cinq ouvriers ou employés,
à la fin de chaque semestre.*

Les dispositions des articles 265 et 266 de la loi de finances du
13 juillet 1925, ainsi que celles du décret du 2 septembre 1926,
ont été portées à la connaissance des préfets par circulaires des
24 juillet et 17 août 1925, et du 10 septembre 1926.

### I. Concours de la mutualité dans l'application de la loi sur les retraites ouvrières et paysannes.

#### 1. *Encaissement opéré par l'intermédiaire des sociétés de secours mutuels (Art. 12 de la loi).*

Au 31 décembre 1924, on comptait 3.229 sociétés de secours
mutuels autorisées à effectuer l'encaissement des versements de
leurs membres assurés de la loi des retraites ouvrières et paysannes.
Le nombre de ces sociétés s'est accru au cours des années 1925
et 1926 de deux unités, ce qui porte le total des sociétés autorisées, au 31 décembre 1926, à 3.231.

Le tableau ci-après indique, depuis le début de l'application
de la loi jusqu'à l'année 1916, quelle a été la participation des
sociétés de secours mutuels au service dont il s'agit.

| ANNÉES. | NOMBRE DE SOCIÉTÉS autorisées. | NOMBRE DE SOCIÉTÉS ayant fait l'encaissement. | CARTES ÉCHANGÉES. | VERSEMENTS ENCAISSÉS. |
|---|---|---|---|---|
| 1912............... | 3.140 | 1.360 | 77.284 | 526.351 |
| 1913............... | 3.198 | 2.188 | 110.899 | 1.020.932 |
| 1914............... | 3.212 | 2.151 | 69.403 | 646.255 |
| 1915............... | 3.212 | 1.749 | 51.320 | 436.204 |

On remarquera que le nombre des sociétés qui ont participé effectivement au service de l'encaissement est loin de correspondre à celui des sociétés autorisées.

Depuis 1916, le nombre de sociétés autorisées a très peu progressé; quant aux organismes dont la collaboration a été effective, après avoir été en dégression au cours de la guerre du fait du trouble apporté par la mobilisation dans le fonctionnement des sociétés de secours mutuels, ils ont accusé un nouveau fléchissement.

Au vrai, il s'est produit une sélection parmi les organismes d'encaissement; seuls ceux qui ont une base solide ont continué à collaborer à l'application de la loi des retraites ouvrières. Il est d'ailleurs compréhensible que les sociétés importantes soient les seules qui puissent assumer, après la crise qu'elles ont traversée pendant la guerre, la charge d'un service demandant, pour être rémunérateur, à être organisé sur de larges bases et à reposer sur une administration mutualiste toute préparée. Et, en effet, bien que la loi du 17 août 1915 ait prévu l'attribution d'une remise de 1 p. 100 pour l'encaissement des contributions patronales, remise s'ajoutant à celle de 5 p. 100, fixée à l'article 12 de la loi du 5 avril 1910 pour l'encaissement des contributions ouvrières, et bien que la moyenne des versements se soit élevée, lesdites remises couvrent de plus en plus difficilement les frais auxquels les organismes d'encaissement doivent faire face.

A la suite de la loi du 17 août 1915, un certain nombre de sociétés de secours mutuels, profitant de l'autorisation qui leur était accordée, ont opéré l'encaissement des contributions patronales. De même, quelques caisses de retraites ouvrières, répondant également à l'invitation du législateur, qui avait admis les caisses départementales et mutualistes au bénéfice des remises de 5 et de 1 p. 100, ont encaissé les cotisations de leurs adhérents et les contributions correspondantes des employeurs.

Le tableau ci-dessous indique les opérations d'encaissement auxquelles ont procédé les caisses et sociétés susvisées depuis 1916.

| ANNÉES. | NOMBRE DE SOCIÉTÉS de secours mutuels ayant fait l'encaissement | | NOMBRE de CAISSES D'ASSURANCE ayant fait l'encaissement | | NOMBRE de CARTES échangées. | MONTANT des VERSEMENTS. | |
|---|---|---|---|---|---|---|---|
| | des versements des assurés. | des contributions patronales. | des versements des assurés. | des contributions patronales. | | Versements des assurés. | Contributions patronales. |
| 1916......... | 1.631 | 52 | " | " | 44.617 | 419.674 | 11.825 |
| 1917......... | 1.471 | 121 | 4 | 9 | 38.581 | 385.549 | 41.165 |
| 1918......... | 1.352 | 206 | 6 | 11 | 41.856 | 396.926 | 81.626 |
| 1919......... | 1.492 | 240 | 6 | 11 | 48.553 | 415.523 | 99.922 |
| 1920......... | 1.406 | 292 | 8 | 11 | 66.131 | 547.624 | 179.248 |
| 1921......... | 1.346 | 330 | 8 | 11 | 70.066 | 651.340 | 233.808 |
| 1922......... | 1.184 | 297 | 8 | 11 | 77.138 | 711.329 | 302.340 |
| 1923......... | 1.038 | 316 | 9 | 12 | 73.442 | 781.486 | 354.585 |
| 1924......... | 974 | 340 | 10 | 10 | 79.066 | 895.332 | 394.675 |
| 1925........ | 914 | 334 | 9 | 11 | 83.381 | 976.912 | 460.538 |
| 1926........ | 859 | 340 | 9 | 11 | 87.912 | 1.102.930 | 473.572 |

On remarquera que si le nombre des sociétés ayant effectué l'encaissement a notablement diminué, par contre le montant des versements et contributions encaissés s'est accru d'une façon sensible. Cette augmentation résulte notamment des versements supplémentaires opérés par les assurés auprès desquels une propagande active a été exercée au cours des dernières années.

En 1925 et en 1926 neuf caisses de retraites ouvrières : la Caisse régionale mutualiste du Midi, la Caisse Lorraine, la Caisse mutuelle de l'Aude, la Caisse départementale de Meurthe-et-Moselle, la Caisse de l'Hérault, la Caisse de l'Union de la Loire-Inférieure, la Caisse départementale des Vosges, la Caisse mutualiste de Seine-et-Marne et la Caisse centrale autonome de l'enseignement libre ont participé au service de l'encaissement.

Ces caisses d'assurance ont reçu ensemble en 1925 : 485.967 francs de cotisations ouvrières et 306.865 francs de contributions patronales, soit au total : 792.832 francs.

En 1926, les dix Caisses qui ont assuré l'encaissement ont recueilli 508.993 francs de cotisations ouvrières et 302.545 francs de contributions patronales, soit au total : 811.538 francs.

L'augmentation des versements et contributions encaissés en 1926 par rapport au chiffre de 1925 est de 18.706 francs.

Il importe de signaler que les Caisses d'assurance dont il s'agit ont encaissé à elles seules plus de la moitié des versements et contributions patronales ayant fait l'objet d'un encaissement en 1926.

Il y a lieu d'ajouter que quelques caisses effectuent indirectement l'encaissement des cotisations de leurs membres par l'intermédiaire de la société de secours mutuels qui leur sert de base légale. C'est ainsi que la Mutualité provinciale de l'Orléanais, l'Union départementale des sociétés de secours mutuels de la Loire, l'Union des sociétés de secours mutuels du Loiret et l'Union de l'Aisne, de l'Oise et de la Somme ont encaissé ensemble en 1926 18.520 francs de contributions ouvrières et 4.160 francs de contributions patronales.

En 1926, 859 sociétés de secours mutuels ont fait le service de la collecte; 340 d'entre elles ont encaissé les contributions des employeurs.

Les 859 sociétés qui ont servi d'intermédiaires pour le versement des cotisations de leurs adhérents ont encaissé ensemble 537.871 francs de contributions ouvrières, soit 626 francs en moyenne par société. Le montant des encaissements des 914 sociétés ayant assuré ce même service en 1925 avait été seulement de 493.255 francs, soit 539 francs par société. La moyenne par société a donc augmenté de 87 francs.

Si on classe les 859 sociétés dont il s'agit suivant l'importance des versements ouvriers reçus par chacune d'elles, on constate que

72 d'entre elles ont encaissé plus de 1.000 francs (70 en 1925), savoir :

| | | | |
|---|---|---|---|
| 39 qui ont encaissé de | 1.000 à 2.000 francs.... | (39 en 1925). |
| 10 | — | 2.000 à 3.000 francs.... | ( 8 en 1925). |
| 7 | — | 3.000 à 4.000 francs.... | ( 8 en 1925). |
| 6 | — | 4.000 à 5.000 francs.... | ( 4 en 1925). |
| 10 | — | 5.000 francs et au-dessus.. | (11 en 1925). |

Ces derniers organismes sont mentionnés ci-dessous par ordre d'importance :

Cantonniers du service vicinal du Puy-de-Dôme, à Clermont-Ferrand;

Cantonniers du service vicinal de la Haute-Saône, à Vesoul;

Société de secours mutuels de Beaulieu, à Mandeuvre (Doubs);

Mutualité provinciale de l'Orléanais;

Cantonniers du service vicinal de la Creuse, à Guéret;

Société de secours mutuels de Valentigney (Doubs);

Cantonniers du service vicinal de la Haute-Marne, à Chaumont;

Société de secours mutuels de l'École libre des instituteurs, institutrices et professeurs libres de la Loire et des départements limitrophes, à Saint-Étienne;

Société de secours mutuels des Usines de Terre-Blanche, à Hérimoncourt (Doubs);

Cantonniers du service vicinal de la Vendée, à la Roche-sur-Yon.

Ces 10 sociétés ont encaissé ensemble en 1926 : 265.655 francs de versements ouvriers, soit près de la moitié des versements de cette nature reçus par les sociétés de secours mutuels. Les mêmes sociétés n'avaient encaissé en 1925 que 209.089 francs.

Les 340 sociétés qui ont encaissé les contributions des employeurs en 1926 ont recueilli ensemble 133.550 francs, soit 393 francs par société. Les 334 sociétés qui avaient participé en 1925 au même service, avaient recueilli 113.105 francs, soit 332 francs par société. La moyenne est en 1926 supérieure de 61 francs par société à celle de l'année précédente; bien que nombre des sociétés effectuant l'encaissement des contributions patronales ait légèrement augmenté. Le service d'encaissement de ces contributions est donc notablement en progrès.

Sur les 340 sociétés qui ont participé à l'encaissement des contributions patronales en 1926, 25 ont reçu des sommes supérieures à 1.000 francs (27 en 1925) et parmi elles :

10 ont encaissé de 1.000 à 2.000 francs........ (9 en 1925).
5     —      2.000 à 3.000 francs........ (8 en 1925).
10    —      plus de 3.000 francs........ (10 en 1925).

Ces dix organismes sont mentionnés ci-dessous :

| | | |
|---|---|---|
| Société de secours mutuels de Beaulieu, à Mandeuvre (Doubs) | 19.245$^f$ | (18.620$^f$ en 1925). |
| Société de secours mutuels de Valentigney (Doubs) | 9.385 | ( 9.180 en 1925). |
| Cantonniers du service vicinal du Puy-de-Dôme | 8.350 | ( 8.155 en 1925). |
| Société de secours mutuels des usines de Terre-Blanche, à Hérimoncourt (Doubs) | 6.675 | ( 6.275 en 1925). |
| Cantonniers du service vicinal de la Haute-Marne | 5.655 | ( 6.565 en 1925). |
| Société de secours mutuels de la Roche-Bart à Bart (Doubs) | 4.725 | ( 4.845 en 1925). |
| Société de secours mutuels « l'Industrie gazière », à Nantes (Loire-Inférieure) | 4.530 | ( 3.315 en 1925). |
| Cantonniers du service vicinal de la Haute-Saône | 3.910 | ( 2.410 en 1925). |
| Société de secours mutuels des employés et ouvriers des services municipaux de la ville de Nantes (Loire-Inférieure) | 3.610 | ( 5.870 en 1925). |
| Cantonniers du service vicinal de la Haute-Savoie | 3.065 | ( 3.005 en 1925). |
| | 69.150$^f$ | (67.345 en 1925 |

pour les mêmes sociétés).

Si l'on examine, au point de vue départemental, les opérations d'encaissement de 1926, on constate que les départements peuvent être classés pour ces opérations de la manière suivante, en ce qui concerne les *versements ouvriers :*

*Départements où le montant des versements ouvriers encaissés*
*a atteint plus de 20.000 francs.*

| | | |
|---|---|---|
| Vosges.................. | 241.164ᶠ | (251.617ᶠ en 1925). |
| Puy-de-Dôme ........... | 146.800 | (114.352 en 1925). |
| Seine.................. | 98.823 | ( 67.581 en 1925). |
| Seine-et-Marne........... | 63.659 | ( 61.460 en 1925). |
| Meurthe-et-Moselle........ | 60.798 | ( 61.824 en 1925). |
| Doubs ................. | 42.241 | ( 42.507 en 1925). |
| Loire-Inférieure........... | 39.099 | ( 42.058 en 1925). |
| Loire.................. | 37.918 | ( 39.862 en 1925). |
| Haute-Saône ............. | 35.591 | ( 14.434 en 1925). |
| Hérault................ | 29.472 | ( 25.915 en 1925). |
| Loiret................. | 23.552 | ( 22.467 en 1925). |
| Haute-Garonne........... | 22.907 | ( 26.288 en 1925). |

*Départements où le montant des versements ouvriers encaissés*
*a atteint de 10.000 à 20.000 francs.*

| | | |
|---|---|---|
| Nord.................. | 14.951 | (17.948ᶠ en 1925) |
| Indre-et-Loire............ | 12.457 | (11.223 — ) |
| Creuse................. | 11.536 | (11.336 — ) |
| Côte-d'Or.............. | 10.111 | (10.307 — ) |

*Départements où le montant des versements ouvriers encaissés
a été inférieur à 300 francs.*

| | | |
|---|---|---|
| Ariège | 263ᶠ | (287ᶠ en 1925) |
| Gers | 252 | (243 — ) |
| Pyrénées-Orientales | 252 | (318 — ) |
| Marne | 240 | (321 — ) |
| Aisne | 236 | (379 — ) |
| Morbihan | 210 | (153 — ) |
| Dordogne | 162 | (258 — ) |
| Finistère | 129 | (167 — ) |
| Corrèze | 117 | (159 — ) |
| Ain | 82 | (372 — ) |
| Alpes-Maritimes | 80 | ( 74 — ) |
| Hautes-Pyrénées | 18 | ( 0 — ) |

Enfin, dans les 12 départements ci-après (12 en 1925), aucun
versement ouvrier n'a été encaissé : Hautes-Alpes, Calvados, Cantal, Corse, Haute-Loire, Lot, Lozère, Mayenne, Nièvre, Territoire
de Belfort, Savoie, Haute-Vienne.

Par contre, dans les départements de la Loire et de la Loire-
Inférieure plus de 50 sociétés ont assuré la collecte desdits
versements.

La classification des départements suivant l'importance des
*contributions patronales* encaissées dans chacun d'eux est la suivante :

*Départements où le montant des contributions patronales encaissées
a dépassé 10.000 francs :*

| | | |
|---|---|---|
| Vosges | 185.330ᶠ | (188.785ᶠ en 1925) |
| Meurthe-et-Moselle | 59.420 | ( 57.675 — ) |
| Doubs | 42.245 | ( 42.720 — ) |
| Loire-Inférieure | 40.905 | ( 48.815 — ) |
| Seine | 38.590 | ( 12.485 — ) |
| Haute-Garonne | 18.515 | ( 18.795 — ) |
| Seine-et-Marne | 18.120 | ( 14.980 — ) |

*Départements où le montant des contributions patronales encaissées
a atteint de 5.000 à 10.000 francs.*

Nord . . . . . . . . . . . . . . . . . . . . . . .    9.495$^f$ (10.740$^f$ en 1925)
Puy-de-Dôme. . . . . . . . . . . . . . . .    8.625  ( 8.265    —  )
Haute-Marne. . . . . . . . . . . . . . .    6.190  ( 6.290    —  )
Loiret. . . . . . . . . . . . . . . . . . . . .    5.795  ( 6.195    —  )
Haute-Saône. . . . . . . . . . . . . . .    5.465  ( 3.940    —  )

*Départements où le montant des contributions patronales encaissées
a été inférieur à 100 francs.*

Saône-et-Loire. . . . . . . . . . . . . . . . . . . .    95$^f$  ( 85$^f$ en 1925)
Cher. . . . . . . . . . . . . . . . . . . . . . . . . .    90  (115    —    )
Côtes-du-Nord. . . . . . . . . . . . . . . . . .    90  ( 70    —    )
Alpes-Maritimes. . . . . . . . . . . . . . . . .    50  ( 55    —    )
Gard. . . . . . . . . . . . . . . . . . . . . . . . .    40  ( 0    —    )
Seine-Inférieure. . . . . . . . . . . . . . . . .    30  ( 40    —    )
Aisne. . . . . . . . . . . . . . . . . . . . . . . . .    25  ( 30    —    )
Dordogne. . . . . . . . . . . . . . . . . . . . .    25  ( 40    —    )
Loire. . . . . . . . . . . . . . . . . . . . . . . . .    15  ( 0    —    )
Charente. . . . . . . . . . . . . . . . . . . . . .    10  ( 0    —    )
Charente-Inférieure. . . . . . . . . . . . . .    10  ( 0    —    )
Tarn. . . . . . . . . . . . . . . . . . . . . . . . .    5  (255    —    )

Enfin dans 31 départements (33 en 1925) aucune société ou caisse n'a procédé à l'encaissement des contributions patronales.

Il y a lieu de signaler par contre que dans les 9 départements suivants (9 en 1925) plus de 10 sociétés ou caisses ont reçu des contributions patronales : Aude, Haute-Garonne, Gironde, Hérault, Loire-Inférieure, Loiret, Nord, Oise, Seine.

L'attribution aux organismes d'encaissement des remises prévues à l'article 12 de la loi a donné lieu aux dépenses suivantes
qui ont été imputées sur les crédits des budgets successifs :

| | |
|---|---|
| 1911-1912............................ | 14.771ᶠ 72ᶜ |
| 1913................................. | 60.828 15 |
| 1914................................. | 32.140 35 |
| 1915................................. | 21.413 45 |
| 1916................................. | 21.173 25 |
| 1917................................. | 19.843 45 |
| 1918................................. | 20.865 10 |
| 1919................................. | 22.386 30 |
| 1920................................. | 29.460 70 |
| 1921................................. | 34.910 80 |
| 1922................................. | 37.858 00 |
| 1923................................. | 42.635 55 |
| 1924................................. | 48.779 95 |
| 1925................................. | 53.491 90 |
| 1926................................. | 57.045 85 |

En résumé, si le nombre des organismes ayant participé effectivement au service d'encaissement en 1926 a diminué par rapport à celui des années précédentes, par contre les caisses d'assurance et les sociétés de secours mutuels qui ont continué à
recueillir les contributions ouvrières et patronales ont étendu
considérablement le champ de leurs opérations. Les progrès constatés résultent surtout du développement des services des caisses
d'assurance, notamment des caisses départementales (Vosges,
Meurthe-et-Moselle). Il convient, d'autre part, de remarquer qu'il
se produit pour le service d'encaissement le même phénomène
noté pour le service de gestion des caisses d'assurance en général.
Plus les organismes sont importants, plus ils tendent à développer
leurs opérations. C'est là certes une indication à retenir pour l'organisation future des assurances sociales.

### J. Institutions patronales de retraites.
#### (Article 98 du décret du 25 mars 1911.)

L'article 98 du décret du 25 mars 1911 a permis aux institutions de retraites fondées par les employeurs pour le personnel de leurs établissements et utilisant le livret individuel de la Caisse Nationale des Retraites, de continuer à fonctionner, quel que soit le nombre de leurs adhérents, sous réserve de se conformer à certaines prescriptions.

Les assurés, appartenant aux institutions dont il s'agit, se trouvent dispensés d'adhérer à une caisse de retraites ouvrières proprement dite. Les versements qu'ils effectuent comme adhérents de ces institutions, de même que les sommes versées par les employeurs en leur faveur à la Caisse Nationale des Retraites, valent au point de vue de l'application de la loi sur les retraites ouvrières. Les intéressés ont ainsi tous les droits des autres assurés, et ils participent éventuellement aux allocations, bonifications et majorations de l'Etat. Ils sont pourvus de cartes annuelles d'assurance mentionnant les versements opérés pour eux à la Caisse Nationale des Retraites (loi de 1886). Ces cartes sont échangées dans les conditions ordinaires.

Il convient, par conséquent, pour déterminer le nombre total des assurés qui échangent leur carte, d'ajouter à l'effectif des adhérents des caisses de retraites ouvrières, celui des institutions patronales de retraites.

L'autorisation prévue à l'article 98 précité a été accordée à 68 institutions patronales. Les circonstances particulières dans lesquelles se sont trouvées placées certaines de ces institutions du fait de la guerre les ont obligées à renoncer au bénéfice de l'autorisation dont elles avaient été l'objet. 50 d'entre elles continuaient à fonctionner en 1926.

Conformément à l'article 8 du décret type d'autorisation intervenu au sujet de chacune des institutions patronales de retraites, celles-ci sont tenues de fournir annuellement un compte rendu de leurs opérations. Les renseignements relevés sur les documents que lesdites institutions ont été invitées à faire parvenir pour l'année 1926 sont récapitulés ci-après. Ils ont trait, d'une part, aux retraites constituées à l'aide du livret individuel de la Caisse Nationale des Retraites, d'autre part, aux avantages complémentaires assurés aux adhérents et à leur famille.

### I. Retraites par le livret individuel.

#### A. Résultats généraux.

**Année 1925.**

| *Nombre d'adhérents* | Assurés obligatoires. | 12.765 | |
|---|---|---|---|
| *au 31 décembre :* | Assurés facultatifs.. | 14 | 12.779 |

*Montant des versements effectués :* 3.654.027 fr. 62.

**Année 1926.**

| *Nombre d'adhérents* | Assurés obligatoires.. | 13.077 | |
|---|---|---|---|
| *au 31 décembre :* | Assurés facultatifs.. | 11 | 13.088 |

*Montant des versements effectués :* 4.057.525 fr. 80.

**B. Taux des versements effectués à la Caisse Nationale des Retraites et âge d'entrée en jouissance des rentes correspondantes.**

| DÉSIGNATION des institutions patronales de retraites. | QUOTITÉ de la retenue opérée sur les salaires. | QUOTITÉ de la contribution patronale correspondante. | ÂGE de la retraite. |
|---|---|---|---|
| Institution Lufbéry et Chardonnier, à Chauny (Aisne). | 4 %. | 4 % pendant les 5 premières années de service. 5 % au delà de la 5ᵉ année. 6 % au delà de la 10ᵉ année. 7 % au delà de la 15ᵉ année. | 60-65 ans. |
| Assurances mutuelles de l'Allier. | 4 %. | 4 %, jusqu'à 5 années de services. 5 %, jusqu'à 10 années de services. 6 %, jusqu'à 15 années de services. 7 %, au-dessus de 15 années. | 60-65 — |
| Caisse d'épargne de Sedan... | 5 %. | 5 %. | 55 — |
| Charbonnages des Bouches-du-Rhône. | 4 %. | 4 %. | 55 — |
| Caisse d'épargne de Caen..... | 5 %. | 10 %. | 55 — |
| Caisse d'épargne de Montbéliard. | Versement R. O. P. | Contribution patronale R. O. P. | 60 — |
| Caisse d'épargne de Dreux... | 5 % sur les traitements inférieurs à 1.200ᶠ. 6 % pour ceux de 1.201 à 2.400 francs. 7 % pour les traitements supérieurs à 2.400ᶠ. | 6,5 % pour les traitements inférieurs à 1.500 francs. 5,5 % pour ceux de 1.501 à 2.999 francs. 5 % pour ceux de 3.000 à 5.000 francs et 4 % pour ceux au-dessus de 5.000 francs. | 55-60 — |
| Syndicat des digues du Rhône de Beaucaire à la Mer. | 5 %. | 5 %. | 60-65 — |
| Syndicat du Canal de Gignac. | 5 %. | 10 %. | 55 — |
| Société des ciments Vicat.... | 5 %. | 5 %. | 60 — |
| Caisse d'épargne de Roanne.. | 5 %. | 5 %. | 55 — |
| Caisse d'épargne de Gien..... | 4 %. | 20 %. | 55 ans pour les rentes résultant des versements minima prévus par la loi sur les R. O. P — 60 ans pour les rentes produites par le surplus des versements. |

| DÉSIGNATION des institutions patronales de retraites. | QUOTITÉ de la retenue opérée sur les salaires. | QUOTITÉ de la contribution patronale correspondante. | ÂGE de la retraite. |
|---|---|---|---|
| Usines Solvay et Cⁱᵉ......... | 2 1/2 %. | 6 %. | 60 ans. |
| Caisse d'épargne de Commercy | 5 %. | 5 %. | 55-65 — |
| Chambre de commerce de Dun- kerque. | 5 %. | 5 %. | 55 — |
| Coopérative des mineurs d'An- zin. | 2 %. | 2 %. | 55-60 — |
| Compagnie hydro - électrique d'Auvergne. | 5 %. | 5 %. | 60-65 — |
| Chambre de commerce de Bayonne. | 5 %. | 5 %. | 55 — |
| Compagnie du gaz de Lyon... | 7 % sur fraction des sa- laires inférieure à 15.000. | Égale à celle de l'agent. 7 %. | 55 — |
| Jorio Désiré.............. | Versement R. O. P. | Contribution R.O.P., aug- mentées de donations éventuelles. | 55 — |
| Banque de l'Union Parisienne. | 5 %. | 5 % pour l'agent, 3 % pour son conjoint. | 55 — |
| Cercle national des Armées de terre et de mer. | 4 %. | 4 %. | 65 — |
| Institut Pasteur de Paris .... | 4 %. | 4 %. | 55 — |
| La Séquanaise-Capitalisation.. | 5 %. | 5 %. | 55 — |
| Maison des Fils d'Émile Dey- rolle. | Cotisation prévue par la loi du 5 avril 1910. | Contribution prévue par la loi du 5 avril 1910. | 55 — |
| Poliet et Chausson.......... | 4 francs par mois. | Variable chaque année. En 1926 : 32 fr. 50 par année de présence jus- qu'à concurrence de 10. | 60 — |
| Docks et Entrepôts de Mar- seille. | 4 %. | 4 %. | 55-65 — |
| Banque de Paris et des Pays- Bas. | 5 %. | 5 % pour l'agent. 3 % pour son conjoint. | 55 — |
| Maison Roumagnac et Cⁱᵉ.... | Versements R. O. P. | Variable. | 50-55 — |
| Société d'électricité de Mar- seille. | 5 %. | 8 %. | 55 — |
| Cristalleries de Saint-Louis... | 2,50 %. | 2,50 %, augmenté d'un supplément, suivant l'ancienneté de services. | 60 — |
| Compagnie parisienne de l'Air comprimé. | 6 %. | 7,50 %. | 55 — |
| Maison Menier, Paris........ | Versements R. O. P. | 4 % des salaires. | 60 — |
| Chemin de fer de l'Ouest.... | 4 % sur partie des salaires annuels allant de 4.800ᶠ à 10.000 francs. | 12 % des salaires sujets à retenues. | 55 — |

RAPPORT. — Retraites ouvrières.

7

| DÉSIGNATION DES INSTITUTIONS PATRONALES de retraites. | QUOTITÉ de la RETENUE OPÉRÉE sur les salaires. | QUOTITÉ de la CONTRIBUTION PATRONALE correspondante. | ÂGE de la RETRAITE. |
|---|---|---|---|
| Banque Privée............. | 5 %. | 5 %. | 55 ans. |
| Employés et ouvriers des chemins de fer français. | 5 %. | 8 %. | 55 — |
| Société d'électricité de Paris.. | 6 %. | 7,50 %. | 55 — |
| Société du Gaz et de l'électricité de Marseille. | 5 %. | 8 %. | 55 — |
| Didot-Bottin.............. | 3 %. jusqu'à 5 ans de présence. 4 %. de 5 à 10 ans. 5 %. au dessus de 10 ans sur une somme maximum de 10.000 francs. | Somme égale aux retenues faites aux adhérents. | 55 — |
| Chambre des Commissaires-priseurs de Paris. | 5 %. | 5 %. | 60 — |
| Compagnie générale des Eaux. | 3 %. | 14 %. | 55 ans pour les rentes résultant des versements minima prévus par la loi du 5 avril 1910. — 50 ans pour les rentes produites par le surplus des versements. |
| Chambre de commerce de Dieppe. | 2 1/2 %. | 2 1/2 %. | 60 ans. |
| Caisse d'épargne de Rouen... | 5 %. | 10 %. | 55 — |
| Harrouard...... ......... | Versement R. O. P. | Au moins 20 fr. par an. | 60 — |
| Usine à papier de la Banque de France. | 5 %. | 9 %. | 55 ans pour les rentes résultant des versements minima prévus par la loi du 5 avril 1910. — 50 ans pour les rentes produites par le surplus des versements. |
| Institut Pasteur de Garches... | 4 %. | 4 %. | 55 ans. |
| Fondation Brignolle-Gallièra, à Fleury-Meudon. | 5 %. | 5 %. | 60 — |
| Compagnie d'électricité de Limoges. | 5 %. | 10 %. | 55 — |
| Fromagerie de Tholy........ | Versements R. O. P. | 1re année : Contrib. R.O.P. années suiv : de 1 à 5 %. suiv. l'ancienneté. | 55 — |

### II. Avantages complémentaires.

Outre les avantages ci-dessus indiqués, certaines institutions patronales assurent à leurs adhérents soit des soins ou des allocations en cas de maladie, soit des allocations aux ayants droit en cas de décès, soit des allocations pour charges de famille, soit des compléments de pension pour ancienneté de services, des pensions de veuves et d'orphelins.

Les usines Solvay, à Dombasle-sur-Meurthe, soignent gratuitement les adhérents et leur famille et leur allouent soit, s'ils sont blessés, le salaire complet pendant la durée de l'incapacité de travail, soit, s'ils sont malades, la moitié du salaire pendant un temps proportionnel à l'ancienneté.

10 institutions ont prévu le versement de contributions spéciales affectées à la constitution d'un capital, sous le régime de l'assurance vie entière, de l'assurance décès ou de l'assurance mixte. Les capitaux ainsi assurés varient de 500 à 6.000 francs.

17 institutions accordent à leurs adhérents des allocations pour charges de famille ou des primes à la naissance des enfants. Les allocations varient de 30 à 150 francs par enfant et par mois et les primes de 50 à 1.000 francs. Les avantages de cette nature alloués par les usines Solvay sont les suivants : payement des frais d'accouchement; prime de naissance : 200 francs à 1.000 francs suivant le nombre d'enfants; allocation d'allaitement : 15 francs par mois pendant un an; remises de loyer; avances pour achat de maison, etc.

Conformément au décret du 12 janvier 1922, qui est intervenu sur le rapport des Ministres du Travail et de l'Intérieur, en exécution de la loi du 29 décembre 1917 concernant les entrepôts, et qui a fixé les avantages que la Compagnie des docks et entrepôts de Marseille était tenue d'assurer à son personnel, cette compagnie accorde aux adhérents de son institution patronale des compléments de pension après 3o ans de services pour porter la retraite à la moitié du traitement moyen des six dernières années, des retraites d'invalidité après 15 ans de services, des pensions aux veuves et aux orphelins égales à la moitié de celles dont bénéficiaient les agents décédés. Ces avantages sont assurés au moyen de versements effectués à un fonds spécial déposé à la Caisse des dépôts et consignations dans les conditions de la loi du 27 décembre 1895.

L'énumération ci-dessous indique pour chaque institution patronale la nature des avantages complémentaires accordés aux adhérents.

### *Assurances mutuelles de l'Allier.*

*Allocations pour charges de famille :* premier enfant, 4o francs par mois; deuxième, 9o francs; troisième et suivants, 1oo francs.

### *Caisse d'Épargne de Roanne.*

*Allocations pour charges de famille :* 3o francs par mois par enfant de moins de 15 ans.

### *Caisse d'Epargne de Gien.*

Une association amicale et de « secours immédiat » a été fondée pour le personnel de la Caisse d'Epargne.

### *Syndicat des Digues du Rhône.*

Assurances-décès souscrites auprès d'une Compagnie privée d'assurances.

### *Usines Solvay.*

*Allocations familiales :* 1 fr. 5o par jour de travail pour la femme; 1 franc pour chacun des deux premiers enfants; 2 francs pour le troisième et les suivants. En cas de *blessure :* salaire complet pendant la durée de l'incapacité. En cas de *maladie* : demi-salaire pendant un temps proportionnel à l'ancienneté. *Soins médicaux gratuits* pour ouvriers et leur famille. *Médicaments payés* en totalité ou partie suivant l'ancienneté de l'ouvrier. *Frais d'accouchement payés. Prime de naissance* : 200 francs pour chacun des 3 premiers enfants, 1.000 francs à partir du quatrième. *Allaitement :* 15 francs par mois pendant un an. Layette donnée à partir du quatrième enfant. *Remises de loyer* (jusqu'à 100 p. 100 suivant l'ancienneté et les charges de famille). *Avances* pour achat ou construction de maisons. Terrains loués à bas prix. *Remises pour fournitures scolaires* des enfants (jusqu'à 100 p. 100). Secours aux veuves. De plus la société prélève 4 p. 100 sur la contribution patronale pour créer en faveur de l'ouvrier un pécule qui est remis soit à lui-même à l'époque de sa mise à la retraite normale ou anticipée (cas de maladie), soit à sa veuve et à ses enfants s'il décède avant cette époque. En cas de départ avant 60 ans, le pécule est versé à son profit à la C. N. R. V.

Ces avantages sont accordés directement par la société Solvay et *indépendants du fonctionnement de l'institution patronale.*

### Compagnie hydro-électrique d'Auvergne.

1° *Assurance vie entière* : 3.000 francs, réduite de 125 francs par année au-dessus de 30 ans. Pas d'assurance au-dessus de 45 ans; (facultative pour célibataires et les femmes).

2° *Assurance de capital différé :* 5.000 francs, réduite de 250 francs par année au-dessus de 30 ans. Pas d'assurance au-dessus de 45 ans (échéance 60 ans, condition de réserve des versements).

Montant des primes en 1926, à titre de versements : 14.004 fr. 40 à titre de contributions patronales : 14.004 fr. 40.

Ces assurances sont contractées à la Caisse nationale d'assurance

en cas de décès. *Les primes sont prélevées sur les retenues et contributions patronales de 5 p. 100. Allocations pour charges de famille*
servies par une caisse de compensation régionale dont fait partie la
société hydro-électrique d'Auvergne.

### Chambre de Commerce de Bayonne.

*Allocations pour charges de famille*, un enfant : 35 francs par
mois; deux : 70 francs; trois : 117 fr. 50; quatre : 165 francs;
47 fr. 50 pour chaque enfant en plus du quatrième. (Prélevées
sur recettes du service de l'outillage du port.).

### Compagnie du gaz de Lyon.

Allocations aux agents ne pouvant plus assurer leur service avant
l'âge de la retraite. *Allocations pour charges de famille :* 25 francs
par mois par enfant de moins de 16 ans et 20 francs par mois par
enfant de moins de 18 ans. Participation à l'œuvre de la natalité
lyonnaise. Primes de naissance et d'allaitement échelonnées sur
7 mois et d'un ensemble de 795 francs par enfant pour tout agent
ayant au moins 10 mois de présence à la compagnie.

### Banque de l'Union parisienne.

*Assurance vie entière* (2.000 fr.). *Allocations pour charges de
famille.* — Un enfant : 55 francs par mois; deux enfants :
130 francs; trois enfants : 240 francs; quatre enfants : 390 francs;
pour chacun des suivants : 150 francs. Gratification pour mariage :
400 francs. *Prime de natalité :* 750 francs. *Ressources :* frais généraux.

### La Séquanaise.

*Allocations pour charges de famille* et pour maternité.

*Compagnie parisienne de l'air comprimé.*

1° *Assurance de capital différé :*

    5.000 francs pour les agents de moins de 30 ans.
    3.750 francs pour les agents de 30 à 35 ans.
    2.500 francs pour les agents de 35 à 40 ans.
    1.250 francs pour les agents de 40 à 45 ans.

2° *Assurance vie entière :*

    3.000 francs pour les agents de moins de 30 ans.
    2.375 francs pour les agents de 30 à 35 ans.
    1.750 francs pour les agents de 35 à 40 ans.
    1.125 francs pour les agents de 40 à 45 ans.

*Poliet et Chausson.*

*Assurance décès* contractée auprès de la Caisse nationale d'assurance en cas de décès. — *Allocation de naissance* servies par une caisse de natalité alimentée par les membres participants et honoraires de la Société de secours mutuels.

*Compagnie des Docks et Entrepôts de Marseille.*

1° *Complément de pension* nécessaire pour parfaire jusqu'à 1/60ᵉ du traitement moyen par année de service la rente servie par la C. N. R. V. — 2° *Allocations au décès* (300 fr. par année de service, 1.500 fr. au minimum). — 3° *Pensions de réversion* en faveur des femmes et des enfants de moins de 16 ans (1/2 de la pension du mari ou du père). — 4° *Majorations de pensions.* Ressources : retenue de 3,50 p. 100 et contribution patronale égale, versées à la Caisse des dépôts et consignations.

*Maison Roumagnac et Cⁱᵉ :*

*Allocations aux familles nombreuses* (pour les enfants de moins de 16 ans). — 40 francs par mois au premier enfant; 60 francs

au deuxième; 80 francs au troisième; 100 francs au quatrième.
— *Allocation en cas de maternité.* — 1.000 francs à chaque naissance.

### Maison Menier.

*Primes de naissance :* 250 francs pour le premier, 150 francs pour chacun des suivants. *Mensualités.* — Un enfant : 30 francs; deux : 70 francs; trois : 120 francs; 80 francs par enfant en plus (jusqu'à l'âge de 14 ans). Allaitement : 50 francs par mois jusqu'à 6 mois (75 fr. pour jumeaux).

### Chemin de fer de l'Ouest.

*Allocations pour familles nombreuses* (enfants de moins de 18 ans). *Ressources :* fonds de la compagnie.

### Ouvriers et employés des chemins de fer français.

*Allocations :* 100 francs pour mariage et 30 francs pour chaque naissance d'enfant. *Ressources :* frais généraux.

### Société d'électricité de Marseille.

*Assurances de capitaux différées* (dépense en 1926 : 22.049 francs);
*Retraites d'invalidité* (dépense en 1926 : 2.067 francs);
*Allocations familiales* (dépense en 1926 : 488.386 fr. 55);
*Primes de naissance* (dépense en 1926 : 11.600 francs).

### Société du gaz et de l'électricité de Marseille.

Assurances facultatives de capitaux différés dont les primes sont prélevées sur les retenues et contributions de la Société.

*Caisse d'épargne de Rouen.*

Indemnité pour charges de famille. — Allocation pour mariage et maternité. — Ressources imputées sur les frais généraux de la Caisse.

*Société d'électricité de Paris.*

1° *Assurance de capital différé à l'âge de 55 ans :*

5.000 francs pour les agents affiliés avant l'âge de 30 ans.
3.750 francs pour les agents affiliés entre 30 et 35 ans.
2.500 francs pour les agents affiliés entre 35 et 40 ans.
1.250 francs pour les agents affiliés entre 40 et 45 ans.

2° *Assurance vie entière :*

3.000 francs pour les agents affiliés avant l'âge de 30 ans.
2.375 francs pour les agents affiliés entre 30 et 35 ans.
1.750 francs pour les agents affiliés entre 35 et 40 ans.
1.125 francs pour les agents affiliés entre 40 et 45 ans.

Les primes de ces assurances sont prélevées sur les retenues et contributions de la Société; elles se sont élevées en 1926 à 28.586 fr. 55. La Société accorde en outre des indemnités en cas de maladie et des allocations pour charges de famille.

*Institut Pasteur Garches.*

Allocation par enfant de moins de 16 ans : 45 francs par mois. — Allocation de 300 francs à la naissance d'un enfant. — 2 mois de congé payés pour la femme employée dans l'établissement. — Prime d'allaitement de 60 francs par mois pendant un an.

*Électricité Limoges.*

Assurance en cas de décès.

*Fromagerie du Tholy.*

*Allocations pour charges de famille.* — Un enfant : 10 francs par mois; deux : 30 francs; trois : 60 francs; quatre : 90 francs, cinq : 120 francs. *Ressources :* contribution patronale.

### K. Régimes spéciaux de retraites.

(Article 10 de la loi.)

L'article 10 de la loi du 5 avril 1910 a laissé certaines catégories d'employés ou d'ouvriers en dehors du cadre des retraites ouvrières.

Restent soumis aux législations spéciales qui les régissent les agents, employés et ouvriers des grandes compagnies de chemins de fer et de l'Administration des chemins de fer de l'État, les ouvriers et employés des mines (1), et les inscrits maritimes.

Il en est de même des agents, employés et ouvriers des chemins de fer d'intérêt général secondaires, des chemins de fer d'intérêt local et des tramways (2).

Les paragraphes 3 et 4 de l'article 10 prévoient, en outre, que les caisses de retraites ou les règlements de retraites dont bénéficient les salariés de l'État qui ne sont pas placés sous le régime des pensions civiles ou des pensions militaires, et les salariés des départements, des communes ou des caisses d'épargne, peuvent être maintenus ou institués par décrets rendus sur la proposition des Ministres du Travail et des Finances et du Ministre compétent.

Le tableau ci-après indique pour chacune des catégories visées à l'alinéa précédent, le nombre de régimes spéciaux de retraites, institués ou maintenus en faveur des salariés dont il s'agit.

---

(1) Sont assimilés aux ouvriers mineurs depuis la loi du 30 avril 1920 les ouvriers et employés des carrières d'ardoises. Aux termes de la loi du 28 décembre 1923 des arrêtés des Ministres du Travail et des Travaux publics peuvent prononcer la même assimilation à l'égard du personnel des industries annexes des exploitations minières.

(2) La loi du 22 juillet 1922 a institué un régime spécial de retraite en faveur de ces agents.

    — 167 —



*Régimes spéciaux de retraites, institués ou maintenus en faveur des salariés de l'État, des départements, des communes et des caisses d'épargne par application de l'article 10 de la loi du 5 avril 1910, paragraphes 3 et 4.*

| DÉPARTEMENTS. | RÉGIMES ÉTABLIS POUR LES SALARIÉS | | | | | | | TOTAUX. |
| | DE L'ÉTAT. | | DES DÉPARTEMENTS. | | DES COMMUNES. | | des CAISSES d'épargne. | |
| | Services généraux. | Établissements spéciaux. | Services généraux. | Établissements spéciaux. | Services généraux. | Établissements spéciaux. | | |
|---|---|---|---|---|---|---|---|---|
| Ain | » | » | 1 | 1 | 3 | 1 | » | 6 |
| Aisne | » | » | » | 1 | 5 | » | » | 6 |
| Allier | » | » | 1 | » | 8 | 1 | » | 10 |
| Alpes (Basses-) | » | » | 1 | » | 2 | » | » | 3 |
| Alpes (Hautes-) | » | » | 1 | » | 1 | » | » | 2 |
| Alpes-Maritimes | » | » | 1 | » | 5 | 7 | » | 13 |
| Ardèche | » | » | 1 | » | 2 | » | 1 | 4 |
| Ardennes | » | » | 1 | » | 5 | 2 | » | 8 |
| Ariège | » | » | 1 | » | 1 | » | » | 2 |
| Aube | » | » | 1 | » | 4 | 1 | » | 6 |
| Aude | » | » | 1 | » | 2 | » | » | 3 |
| Aveyron | » | » | 1 | » | 4 | » | 1 | 6 |
| Bouches-du-Rhône | » | » | 1 | » | 20 | 2 | » | 23 |
| Calvados | » | » | 1 | » | 9 | » | » | 10 |
| Cantal | » | » | 1 | » | 1 | » | » | 2 |
| Charente | » | » | 1 | » | 5 | » | » | 6 |
| Charente-Inférieure | » | » | 1 | 1 | 5 | 3 | » | 10 |
| Cher | » | » | 1 | 1 | 15 | » | » | 17 |
| Corrèze | » | » | 1 | » | 3 | » | » | 4 |
| Corse | » | » | 1 | » | 1 | » | » | 2 |
| Côte-d'Or | » | » | 1 | 1 | 5 | 4 | 1 | 12 |
| Côte-du-Nord | » | » | 1 | 1 | 3 | » | 1 | 6 |
| Creuse | » | » | 1 | » | » | » | » | 1 |
| Dordogne | » | » | 1 | » | 3 | 1 | » | 4 |
| Doubs | » | » | 1 | » | 2 | » | » | 3 |
| Drôme | » | » | 1 | 1 | 10 | 3 | » | 12 |
| Eure | » | » | 1 | » | 3 | 2 | » | 5 |
| Eure-et-Loir | » | » | 1 | » | 11 | 2 | » | 14 |
| Finistère | » | » | 1 | » | 6 | 1 | » | 6 |
| Gard | » | » | 1 | » | 14 | 3 | » | 10 |
| Garonne (Haute-) | » | » | 1 | » | 1 | 6 | » | 7 |
| Gers | » | » | » | » | 1 | » | » | 1 |
| Gironde | » | » | 1 | » | 3 | 2 | 1 | 6 |

| DÉPARTEMENTS. | RÉGIMES ÉTABLIS POUR LES SALARIÉS | | | | | | | TOTAUX. |
| | DE L'ÉTAT. | | DES DÉPARTEMENTS. | | DES COMMUNES. | | des caisses d'Épargne | |
| | Services généraux. | Établissements spéciaux. | Services généraux. | Établissements spéciaux. | Services généraux. | Établissements spéciaux. | | |
|---|---|---|---|---|---|---|---|---|
| Hérault | » | » | 1 | » | 5 | 1 | 1 | 8 |
| Ille-et-Vilaine | » | » | 1 | » | 7 | » | » | 8 |
| Indre | » | » | 1 | » | 4 | » | » | 5 |
| Indre-et-Loire | » | » | 1 | » | 4 | 1 | » | 6 |
| Isère | » | » | 1 | » | 1 | 5 | » | 7 |
| Jura | » | » | 1 | » | » | » | 1 | 2 |
| Landes | » | » | 1 | » | 1 | » | » | 2 |
| Loir-et-Cher | » | » | 1 | 1 | 3 | » | 1 | 6 |
| Loire | » | » | 1 | 1 | 9 | 3 | » | 14 |
| Loire (Haute-) | » | » | 1 | » | 1 | » | » | 2 |
| Loire-Inférieure | » | » | 1 | » | 3 | 3 | » | 7 |
| Loiret | » | » | 1 | » | 3 | 2 | 1 | 7 |
| Lot | » | » | 1 | » | 1 | » | » | 2 |
| Lot-et-Garonne | » | » | 1 | » | 2 | » | » | 3 |
| Lozère | » | » | 1 | » | : | » | » | 1 |
| Maine-et-Loire | » | » | 1 | » | 4 | 1 | » | 6 |
| Manche | » | » | 1 | » | 6 | 1 | » | 8 |
| Marne | » | » | 1 | » | 6 | » | » | 7 |
| Marne (Haute-) | » | » | 1 | » | 2 | 1 | » | 4 |
| Mayenne | » | » | 1 | » | 5 | » | » | 6 |
| Meurthe-et-Moselle | » | » | 1 | » | 5 | » | » | 6 |
| Meuse | » | » | 1 | 1 | 3 | 1 | » | 6 |
| Morbihan | » | » | 1 | » | 10 | 1 | » | 12 |
| Nièvre | » | » | 1 | 2 | 3 | » | » | 6 |
| Nord | » | » | 1 | » | 51 | 14 | 2 | 68 |
| Oise | » | » | 1 | 1 | 4 | » | » | 6 |
| Orne | » | » | 1 | » | 2 | » | » | 3 |
| Pas-de-Calais | » | » | 1 | » | 23 | 2 | » | 26 |
| Puy-de-Dôme | » | » | 1 | » | 3 | 2 | » | 6 |
| Pyrénées (Basses-) | » | » | 1 | » | 4 | » | » | 5 |
| Pyrénées (Hautes-) | » | » | 1 | » | 2 | » | » | 3 |
| Pyrénées-Orientales | » | » | 1 | » | 3 | 3 | » | 7 |
| Territ. de Belfort | » | » | 1 | » | 1 | » | » | 2 |
| Rhône | » | » | 3 | 1 | 5 | 6 | 1 | 16 |
| Saône (Haute-) | » | » | 1 | » | 4 | » | » | 5 |
| Saône-et-Loire | » | » | 1 | » | 5 | 2 | » | 8 |
| Sarthe | » | » | 1 | 2 | 11 | 1 | 1 | 16 |
| Savoie | » | » | 1 | 1 | 4 | 2 | » | 8 |

| DÉPARTEMENTS. | RÉGIMES ÉTABLIS POUR LES SALARIÉS | | | | | | | TOTAUX. |
| --- | --- | --- | --- | --- | --- | --- | --- | --- |
| | DE L'ÉTAT. | | DES DÉPARTEMENTS. | | DES COMMUNES. | | des CAISSES d'Épargne | |
| | Services généraux. | Établissements spéciaux. | Services généraux. | Établissements spéciaux. | Services généraux. | Établissements spéciaux. | | |
| Savoie (Haute-). | » | » | 1 | » | 1 | 1 | » | 3 |
| Seine........ | 73 | 24 | 4 | 15 | 17 | 20 | » | 153 |
| Seine-Inférieure. | » | » | 1 | » | 18 | 4 | 2 | 25 |
| Seine-et-Marne., | » | » | » | » | 5 | » | 2 | 7 |
| Seine-et-Oise... | » | » | 1 | 1 | 31 | 4 | 1 | 38 |
| Sèvres (Deux-). | » | » | 1 | » | 3 | 2 | » | 6 |
| Somme....... | » | » | 1 | » | 1 | 1 | » | 3 |
| Tarn........ | » | » | 1 | » | 4 | » | » | 5 |
| Tarn-et-Garonne | » | » | 1 | » | 2 | 1 | » | 4 |
| Var......... | » | » | 1 | » | 6 | » | » | 7 |
| Vaucluse...... | » | » | 1 | 1 | 4 | 1 | » | 7 |
| Vendée........ | » | » | 1 | » | 6 | » | » | 7 |
| Vienne........ | » | » | 1 | » | 4 | » | 1 | 6 |
| Vienne (Haute-) | » | » | 1 | » | 5 | 2 | » | 8 |
| Vosges........ | » | » | 1 | » | 8 | » | » | 9 |
| Yonne........ | » | » | 1 | 1 | 2 | 3 | » | 7 |
| Totaux .. | 73 | 24 | 93 | 86 | 449 | 117 | 19 | 861 |

Le nombre des régimes de retraites, dont le maintien ou l'institution a été autorisé en application de l'article 10, paragraphes 3 et 4, de la loi sur les retraites ouvrières, s'est de nouveau accru. Il a passé de 734 à 861.

# CHAPITRE IV.

## LIQUIDATIONS.

—

### I. Liquidation des pensions de vieillesse.

*1° Statistique des liquidations de pensions
effectuées du 1ᵉʳ janvier au 31 décembre 1925.*

Pendant l'année 1925, il a été procédé à la liquidation de
53.659 pensions au profit d'assurés de la loi des retraites ouvrières et paysannes. En outre, 1.363 mineurs, soumis à la loi du
15 février 1914 sur les retraites des ouvriers mineurs, ont obtenu
l'allocation de l'État prévue à l'article 8 de cette loi. Les nouveaux
retraités de 1925, au titre de la législation des retraites ouvrières
ou de la législation des mines, sont donc au nombre de 55.022.

#### A. LOI SUR LES RETRAITES OUVRIÈRES ET PAYSANNES.

Les 53.659 (1) assurés de la loi des retraites ouvrières et paysannes qui ont fait liquider leur retraite en 1925 se répartissent
ainsi :

| | | |
|---|---|---|
| Assurés obligatoires dont la retraite a été liquidée à l'âge normal de 60 ans .................... | 42.096 | (78,45 p. 100) |
| Assurés obligatoires ayant obtenu la liquidation de leur retraite entre 55 et 59 ans................ | 768 | (1,43 p. 100) |

---

(1) Les tableaux n°ˢ 9 à 14 inclus, insérés à la suite du présent rapport, indiquent
la répartition, par département, par année de naissance et par catégorie d'assurance, des 53.659 retraités dont il s'agit.

Assurés facultatifs, non compris les
métayers et les petits fermiers
payant moins de 600 francs de fer-
mage...................... 10.436 (19,45 p. 100)

Assurés facultatifs, métayers et petits
fermiers payant moins de 600 francs
de fermage................ 359 (0,67 p. 100)

Parmi ces 53.659 retraités, 39.861, soit 74,29 p. 100, ont
reçu une allocation ou une bonification complète; ils comprennent :

31.905 assurés obligatoires dont la retraite a été liquidée
à l'âge normal de 60 ans;

768 assurés obligatoires ayant obtenu la liquidation de
leur retraite entre 55 et 59 ans (voir page 188);

6.858 assurés facultatifs (non compris les métayers et petits
fermiers);

330 assurés facultatifs, métayers et petits fermiers.

1.531 assurés, soit 2,85 p. 100 (112 assurés obligatoires,
1,390 assurés facultatifs, 20 métayers ou petits fermiers), avaient
opéré des versements inférieurs aux versements réglementaires
et n'ont eu, en conséquence, qu'une allocation ou une bonification réduite.

12.267 assurés, soit 22,86 p. 100 (10.079 assurés obligatoires et
2.188 assurés facultatifs), n'avaient pas été admis aux avantages de
la période transitoire et ont donc vu leur retraite liquidée sans
contribution de l'Etat.

11.387 retraités, soit 21,22 p. 100 du nombre total des nouveaux pensionnés de l'année, ont obtenu, en raison de ce qu'ils
avaient élevé trois enfants jusqu'à l'âge de 16 ans, une bonification
complémentaire égale au 1/10$^e$ de l'allocation ou, en ce qui concerne les assurés facultatifs, au 1/10$^e$ de la bonification principale

et de la rente produite par les majorations. Ces 11.387 assurés se répartissent ainsi :

> Assurés obligatoires dont la retraite a été liquidée à l'âge
> normal de 60 ans.................................... 8.251
>
> Assurés obligatoires ayant obtenu la liquidation de leur
> retraite entre 55 et 59 ans..................... 221
>
> Assurés facultatifs (non compris les métayers et petits
> fermiers)..................................... 2.780
>
> Assurés facultatifs (métayers et petits fermiers)........ 135

En outre, 5 assurés obligatoires dont la retraite avait été liquidée avant le 1er août 1912 ont justifié qu'ils avaient élevé trois enfants jusqu'à l'âge de 16 ans et ont reçu, par suite, la bonification complémentaire du dixième, par application des dispositions de l'article 62 de la loi de finances du 27 février 1912.

Enfin, 344 assurés obligatoires, 55 assurés facultatifs, n'avaient pas produit, au moment de leur demande de retraite, les pièces justificatives de leur droit à la bonification du dixième : n'ayant présenté ces pièces qu'en 1925, leur pension a été revisée dans le cours de l'année.

Par suite, le nombre de rentiers qui ont bénéficié, en 1925, de la bonification complémentaire accordée aux assurés ayant élevé trois enfants jusqu'à l'âge de 16 ans s'est élevé à 11.791.

Parmi les 53,659 nouveaux bénéficiaires, 1.323 seulement (1) [comprenant 1.044 assurés obligatoires, 273 assurés facultatifs et 6 métayers et petits fermiers] ont ajourné la liquidation de la rente acquise par leurs versements pour en augmenter le montant et ont simplement demandé la liquidation à leur profit de l'allocation ou de la bonification de l'Etat, par application des prescriptions

---

(1) Le tableau n° 15, inséré à la suite du présent rapport, indique la répartition par département et par catégorie d'assurance, des 1.323 assurés dont il s'agit.

de l'article 5, § 4, de la loi des Retraites ouvrières et paysannes;
un titre spécial leur permettant de toucher la contribution de
l'Etat a été établi à leur nom.

285 de ces assurés (213 assurés obligatoires et 72 assurés
facultatifs) avaient élevé trois enfants jusqu'à l'âge de 16 ans et ont
obtenu de ce chef la bonification du dixième de l'allocation ou de
la bonification de l'État.

Enfin, 1,014 assurés (1), déjà titulaires d'un titre spécial, ont,
pendant l'année 1925, fait liquider définitivement leur retraite.
Ils se répartissent en :

    761 assurés obligatoires,

    253 assurés facultatifs (non compris les métayers et petits
        fermiers),

213 d'entre eux (166 assurés obligatoires et 47 assurés facultatifs) avaient élevé trois enfants jusqu'à l'âge de 16 ans.

*Liquidations anticipées.* — 768 assurés obligatoires ont usé en
1925 de la faculté que leur donnait l'article 5, §§ 2 et 3, de la
loi du 5 avril 1910 modifiée, de faire liquider leur retraite par
anticipation entre 55 et 59 ans. Ils ont obtenu une allocation allant
de 60 fr. 80 à 90 francs, suivant leur âge au moment de leur
demande de liquidation; 221 de ces assurés, soit 28,78 p. 100,
avaient élevé trois enfants au moins jusqu'à 16 ans et ont reçu,
par suite, une bonification complémentaire égale au dixième de
l'allocation principale.

Le tableau n° 17, inséré à la suite du présent rapport, indique, par département, l'année de naissance des 768 assurés
en question.

---

(1) Le tableau n° 16, inséré à la suite du présent rapport, indique la répartition
par département et par catégorie d'assurance, des 1.014 retraités dont il s'agit.

*Revisions de pensions.* — En 1925, le Ministre du Travail a été saisi d'un certain nombre de demandes de revision de pensions formées par des assurés qui n'avaient pas reçu l'allocation ou la bonification de l'État, ou qui, ayant obtenu la bonification de l'assurance facultative, réclamaient l'allocation réservée aux assurés obligatoires.

Pour l'examen de ces demandes, l'Administration s'est conformée à la jurisprudence du Conseil d'Etat, d'après laquelle le Ministre du Travail ne peut se faire juge de la régularité d'une inscription sur les listes et doit liquider la retraite suivant la qualité que l'assuré tient de son inscription, sauf toutefois en cas d'erreur matérielle, de fraude ou de faux. En ce qui concerne les déchéances encourues pour irrégularités constatées dans les versements, l'Administration a recherché, pour chaque cas particulier, si ces irrégularités provenaient d'une faute des services municipaux ou départementaux.

<h3 style="text-align:center">B. Loi sur les retraites des ouvriers mineurs.</h3>

(Loi du 25 février 1914.)

Pendant l'année 1925, 1.363 ouvriers mineurs ont obtenu l'allocation de l'État visée à l'article 8 de la loi du 25 février 1914. Sur ces 1.363 ayants droit, 394 (soit 28,91 p. 100) avaient élevé trois enfants jusqu'à l'âge de 16 ans et ont reçu, en conséquence, la bonification complémentaire de 10 francs.

Ainsi, l'effectif des mineurs bénéficiaires de l'allocation est inférieur en 1925 à celui des années précédentes, exception faite pour l'année 1924 : cette diminution provient de ce qu'aux termes de la loi du 24 décembre 1923 qui, notamment, a abrogé le premier alinéa de l'article 8 de la loi du 25 février 1914, l'allocation de 100 francs, attribuée précédemment par l'État aux ouvriers mineurs, est comprise maintenant dans la retraite servie par la Caisse autonome de retraites des ouvriers mineurs. Comme conséquence, depuis le 1ᵉʳ juin 1923, date à partir de laquelle la loi du 24 décembre 1923 a pris effet, l'allocation est exclusivement accordée aux mineurs qui, n'ayant pas accompli 30 années de services miniers, remplissent les conditions prévues à la loi des retraites ouvrières.

Les tableaux n°° 18 et 19, insérés à la suite du présent rapport, donnent la répartition, par département et par âge, des 1.363 bénéficiaires. L'âge normal de la retraite de l'ouvrier mineurs étant fixée à 55 ans, allocataires de 1925 comprennent des mineurs nés à partir de l'année 1870.

2° Statistique des liquidations de pensions<br>effectuées du 1<sup>er</sup> janvier au 31 décembre 1926.

Pendant l'année 1926, il a été procédé à la liquidation de 48.878 pensions au profit d'assurés de la loi des Retraites ouvrières et paysannes. En outre, 1.192 mineurs, soumis à la loi du 25 février 1914 sur les retraites des ouvriers mineurs, ont obtenu l'allocation de l'État prévue à l'article 8 de cette loi. Les nouveaux retraités de 1926, au titre de la législation des retraites ouvrières ou de la législation des mines, sont donc au nombre de 50.070.

A. Loi sur les retraites ouvrières et paysannes.

Les 48.878 (1) assurés de la loi des Retraites ouvrières et paysannes qui ont fait liquider leur retraite en 1924 se répartissent ainsi :

Assurés obligatoires dont la retraite
a été liquidée à l'âge normal de
60 ans...................... 38.922   (79,64 p. 100)

---

(1) Les tableaux n°° 9 à 14 inclus, insérés à la suite du présent rapport, indiquent la répartition, par département, par année de naissance et par catégorie d'assurance, des 48.878 retraités dont il s'agit.

8.

Assurés obligatoires ayant obtenu la
liquidation de leur retraite entre
55 et 59 ans................     680     (1,39 p. 100)

Assurés facultatifs, non compris les
métayers et petits fermiers payant
moins de 600 francs de fermage..    8.992    (18,39 p. 100)

Assurés facultatifs, métayers et petits
fermiers payant moins de 600 fr.
de fermage.................     284     (0,58 p. 100)

Parmi ces 48.878 retraités, 34.813, soit 71,23 p. 100, ont reçu
une allocation ou une bonification complète; ils comprennent :

28.067 assurés obligatoires dont la retraite a été liquidée à l'âge
normal de 60 ans;

680 assurés obligatoires ayant obtenu la liquidation de leur
retraite entre 55 et 59 ans (voir page    );

5.798 assurés facultatifs (non compris les métayers et petits
fermiers);

278 assurés facultatifs, métayers et petits fermiers.

1.273 assurés, soit 2,60 p. 100 (70 assurés obligatoires,
1.187 assurés facultatifs, 16 métayers ou petits fermiers), avaient
opéré des versements inférieurs aux versements réglementaires
et n'ont eu, en conséquence, qu'une allocation ou une bonification réduite.

12.792 assurés, soit 26,17 p. 100 (10.785 assurés obligatoires
et 2.007 assurés facultatifs), n'avaient pas été admis aux avantages
de la période transitoire et ont donc vu leur retraite liquidée sans
contribution de l'État.

9.058 retraités, soit 18,53 p. 100 du nombre total des nouveaux pensionnés de l'année, ont obtenu, en raison de ce qu'ils
avaient élevé trois enfants jusqu'à l'âge de 16 ans, une bonification
complémentaire égale au 1/10$^e$ de l'allocation ou, en ce qui concerne les assurés facultatifs, au 1/10$^e$ de la bonification princi-

pale et de la rente produite par les majorations. Ces 9.058 assu
rés se répartissent ainsi :

| | |
|---|---:|
| Assurés obligatoires dont la retraite a été liquidée à l'âge normal de 60 ans.......................... | 6.662 |
| Assurés obligatoires ayant obtenu la liquidation de leur retraite entre 55 et 59 ans.................... | 110 |
| Assurés facultatifs (non compris les métayers et petits fermiers)................................. | 2.175 |
| Assurés facultatifs (métayers et petits fermiers)....... | 111 |

En outre, 4 assurés obligatoires, dont la retraite avait été liquidée avant le 1ᵉʳ août 1912, ont justifié qu'ils avaient élevé trois
enfants jusqu'à l'âge de 16 ans et ont reçu, par suite, la bonification complémentaire du dixième, par application des dispositions de l'article 62 de la loi de finances du 27 février 1912.

Enfin, 311 assurés obligatoires, et 78 assurés facultatifs,
n'avaient pas produit au moment de leur demande de retraite les
pièces justificatives de leur droit à la bonification du dixième :
n'ayant présenté ces pièces qu'en 1926, leur pension a été revisée
dans le cours de l'année.

Par suite, le nombre de rentiers qui ont bénéficié en 1926 de
la bonification complémentaire accordée aux assurés ayant élevé
trois enfants jusqu'à l'âge de 16 ans s'est élevé à 9.451.

Parmi les 48.878 nouveaux bénéficiaires, 1.272 seulement (1)
[comprenant 1.042 assurés obligatoires, 222 assurés facultatifs et
8 métayers et petits fermiers] ont ajourné la liquidation de la rente
acquise par leurs versements pour en augmenter le montant et ont
simplement demandé la liquidation à leur profit de l'allocation ou
de la bonification de l'État, par application des prescriptions de
l'article 5, § 4 de la loi des retraites ouvrières et paysannes ; un

---

(1) Le tableau n° 15, inséré à la suite du présent rapport, indique la répartition
par département et par catégorie d'assurance, des 1.272 assurés dont il s'agit.

titre spécial leur permettant de toucher la contribution de l'État a été établi à leur nom.

215 de ces assurés (181 assurés obligatoires et 34 assurés facultatifs) avaient élevé trois enfants jusqu'à l'âge de 16 ans et ont obtenu de ce chef la bonification du dixième de l'allocation ou de la bonification de l'État.

Enfin, 734 assurés (1), déjà titulaires d'un titre spécial, ont, pendant l'année 1926, fait liquider définitivement leur retraite. Ils se répartissent en :

542 assurés obligatoires;

192 assurés facultatifs (y compris métayers et petits fermiers);

137 d'entre eux (103 assurés obligatoires et 34 assurés facultatifs) avaient élevé trois enfants jusqu'à l'âge de 16 ans.

*Liquidations anticipées.* — 680 assurés obligatoires ont usé en 1926 de la faculté que leur donnait l'article 5, §§ 2 et 3, de la loi du 5 avril 1910 modifiée de faire liquider leur retraite par anticipation entre 55 et 59 ans. Ils ont obtenu une allocation allant de 60 fr. 80 à 90 francs, suivant leur âge au moment de leur demande de liquidation; 110 de ces assurés, soit 16,17 p. 100, avaient élevé 3 enfants au moins jusqu'à 16 ans et ont reçu, par suite, une bonification complémentaire égale au dixième de l'allocation principale.

Le tableau n° 17, inséré à la suite du présent rapport, indique, par département, l'année de naissance des 680 assurés en question.

---

(1) Le tableau n° 16, inséré à la suite du présent rapport, indique la répartition par département et par catégorie d'assurance, des 734 retraités dont il s'agit.

*Revisions de pensions.* — En 1926, le Ministre du Travail a été saisi d'un certain nombre de demandes de revision de pensions formées par des assurés qui n'avaient pas reçu l'allocation ou la bonification de l'Etat, ou qui, ayant obtenu la bonification de l'assurance facultative, réclamaient l'allocation réservée aux assurés obligatoires.

Pour l'examen de ces demandes, l'Administration s'est conformée aux mêmes principes qu'au cours des années précédentes, qu'en 1925 notamment; ces principes ont été exposés dans le présent rapport à la statistique de l'année 1925 (voir page      ).

En 1926, le Service a statué sur 1.071 demandes de revisions de pensions : 489 ont été accueillies, soit 45,66 p. 100 et 582 ont été rejetées, soit 54,34 p. 100.

*Majoration de la loi du 29 avril 1926.* — L'article 157 de la loi de finances du 29 avril 1926 attribué, à compter de l'année 1926, aux retraités obligatoires et facultatifs de la loi des Retraites ouvrières et paysannes, une majoration égale au montant de l'allocatiou ou de la bonification à la charge de l'État inscrite sur le titre de pension de chaque intéressé. La majoration est, par exemple, de 100 francs pour un assuré obligatoire bénéficiaire de l'allocation de 100 francs; de 110 francs pour un assuré obligatoire bénéficiaire de l'allocation de 100 francs et de la bonification pour enfants de 10 francs; de 47 fr. 60 pour un assuré facultatif bénéficiaire d'une bonification de pareille somme.

Ladite majoration a été payée pour la première fois à l'échéance du 1er août 1926, date à laquelle ont également été payées, à titre de rappels, les arrérages des échéances des 1er février et 1er mai 1926.

Tous les assurés obligatoires et facultatifs titulaires d'une allocation ou d'une bonification de l'État ont touché cette majoration.

On peut évaluer à 1.250.000 (1), avec les ouvriers mineurs, le nombre des retraités qui se sont présentés aux Caisses d'assurance en 1926; sur ce nombre, 150.000 environ n'étaient titulaires ni de l'allocation ni de la bonification; ce sont donc 1.100.000 retraités environ qui, en 1926, ont perçu la majoration de la loi du 29 avril 1926 et ont vu, de ce chef, leur retraite doublée, tout au moins en ce qui concerne la contribution de l'État. Les arrérages d'allocations et de bonifications qu'ils ont touchés peuvent être évalués, avec les majorations, à 200 millions environ.

### B. Loi sur les retraites des ouvriers mineurs.
#### (Loi du 25 février 1914.)

Pendant l'année 1926, 1.192 ouvriers mineurs ont obtenu l'allocation de l'Etat visée à l'article 8 de la loi du 25 février 1914. Sur ces 1.192 ayants droit, 322 (soit 27,01 p. 100) avaient élevé trois enfants jusqu'à l'âge de 16 ans et ont reçu, en conséquence, la bonification complémentaire de 10 francs.

Les statistiques de 1925 (p. 192) indiquent les motifs pour lesquels le nombre des mineurs bénéficiaires de l'allocation de l'État, est, depuis 1924, inférieur à celui des exercices précédents.

Les tableaux n°° 18 et 19, insérés à la suite du présent rapport, donnent la répartition, par département et par âge, des 1.192 bénéficiaires. L'âge normal de la retraite de l'ouvrier mineur étant fixé à 35 ans, les allocataires de 1926 comprennent des mineurs nés à partir de l'année 1871.

---

(1) Le nombre de 1.250.000 est inférieur à celui de l'effectif réel des retraités vivants en raison de ce que certains pensionnés négligent parfois de toucher pendant une année ou même davantage les sommes qui leur sont dues. On peut évaluer, d'après les statistiques, à 1.300.000 le nombre des retraités vivants au 1ᵉʳ janvier 1927.

### 3° *Statistique générale des liquidations de pensions effectuées du 3 juillet 1911 au 31 décembre 1926.*

Il a été procédé, du 3 juillet 1911 au 31 décembre 1926, à la liquidation de 2.078.699 pensions au titre de la loi des Retraites ouvrières et paysannes et de la loi du 25 février 1914 sur les retraites des ouvriers mineurs. Une statistique spéciale concerne les pensions constituées au titre de chacune de ces législations.

#### A. Loi sur les retraites ouvrières et paysannes.

Les tableaux ci-après indiquent la répartition, par catégorie et par année de naissance, des 2.048.456 assurés qui ont fait liquider leur pension de retraite depuis la date de mise en application de la loi (3 juillet 1911) jusqu'au 31 décembre 1926.

NOMBRE D'ASSURÉS DE CHAQUE CATÉGORIE
AYANT OBTENU LA LIQUIDATION DE LEUR RETRAITE
DU 3 JUILLET 1911 AU 31 DÉCEMBRE 1926.

| ASSURÉS DE LA LOI DES RETRAITES OUVRIÈRES ET PAYSANNES. | | NOMBRE D'ASSURÉS | | | |
|---|---|---|---|---|---|
| | | OBLI-GATOIRES. | FACULTATIFS. | MÉTAYERS et petits FERMIERS. | ENSEMBLE. |
| Assurés ayant reçu une allocation ou bonification complète | n'ayant pas élevé 3 enfants jusqu'à 16 ans | 894.262 | 334.015 | 18.169 | 1.246.446 |
| | ayant élevé 3 enfants jusqu'à 16 ans | 414.108 | 174.953 | 19.280 | 608.341 |
| Assurés n'ayant reçu qu'une allocation ou bonification réduite | | 10.324 | 18.161 | 719 | 92.204 |
| Assurés non bénéficiaires du régime transitoire | | 91.048 | 73.417 | *"* | 164.465 |
| TOTAUX | | 1.409.742 | 600.546 | 38.168 | 2.048.456 (2) |

(1) Y compris les assurés qui ont obtenu par anticipation la liquidation de leur pension (voir page 119).
(2) Non compris les ouvriers mineurs qui font l'objet d'une statistique spéciale.

NOMBRE D'ASSURÉS, PAR ANNÉE DE NAISSANCE ET PAR CATÉGORIE, AYANT OBTENU LA LIQUIDATION DE LEUR RETRAITE DU 3 JUILLET 1911 AU 31 DÉCEMBRE 1926.

| ANNÉES DE NAISSANCE. | NOMBRE D'ASSURÉS | | | |
|---|---|---|---|---|
| | OBLI-GATOIRES. | FACULTATIFS. | MÉTAYERS et petits FERMIERS. | ENSEMBLE. |
| 1846.............................. | 35.301 | 17.223 | 1.057 | 53.581 |
| 1847.............................. | 78.421 | 41.072 | 2.740 | 122.233 |
| 1848.............................. | 88.647 | 46.562 | 3.274 | 138.483 |
| 1849.............................. | 95.885 | 48.304 | 3.512 | 147.701 |
| 1850.............................. | 97.061 | 46.627 | 3.247 | 146.935 |
| 1851.............................. | 102.254 | 48.316 | 3.561 | 154.131 |
| 1852.............................. | 106.472 | 50.467 | 3.927 | 160.866 |
| 1853.............................. | 97.519 | 45.642 | 3.551 | 146.712 |
| 1854.............................. | 82.590 | 38.251 | 2.732 | 123.573 |
| 1855.............................. | 71.937 | 33.319 | 2.077 | 107.333 |
| 1856.............................. | 67.916 | 30.464 | 1.806 | 100.186 |
| 1857.............................. | 61.990 | 25.426 | 1.344 | 88.760 |
| 1858.............................. | 59.567 | 22.895 | 1.238 | 83.700 |
| 1859.............................. | 59.110 | 20.987 | 986 | 81.083 |
| 1860.............................. | 53.931 | 18.465 | 793 | 73.189 |
| 1861.............................. | 50.571 | 15.946 | 578 | 67.095 |
| 1862.............................. | 46.711 | 13.584 | 414 | 60.709 |
| 1863.............................. | 45.056 | 12.344 | 448 | 57.348 |
| 1864.............................. | 42.271 | 10.459 | 425 | 53.155 |
| 1865.............................. | 39.036 | 9.074 | 305 | 48.415 |
| 1866.............................. | 24.891 | 5.119 | 153 | 30.163 |
| 1867 (2).............................. | 665 | " | " | 665 |
| 1868.............................. | 587 | " | " | 587 |
| 1869.............................. | 611 | " | " | 611 |
| 1870.............................. | 522 | " | " | 522 |
| 1871.............................. | 220 | " | " | 220 |
| Totaux............. | 1.409.742 | 600.546 | 38.168 | 2.048.456 |

(1) Les assurés nés de 1867 à 1871 inclus, c'est-à-dire âgés de 59 à 55 ans au 31 décembre 1926, ont obtenu, par anticipation, la liquidation de leur retraite (voir page 146).
(2) Non compris les ouvriers mineurs qui font l'objet d'une statistique spéciale.

RÉCAPITULATION, PAR ANNÉE DE LIQUIDATION, DU NOMBRE DES ASSURÉS
AYANT OBTENU LEUR RETRAITE DE 1911 À 1926.

| RETRAITES LIQUIDÉES. | NOMBRE D'ASSURÉS | | | |
|---|---|---|---|---|
| | OBLI-GATOIRES. | FACULTATIFS. | MÉTAYERS et petits FERMIERS. | ENSEMBLE. |
| En 1911 et 1912 .......................... | 145.007 | 39.749 | 1,246 | 186.002 |
| 1913 ........................... | 464.251 | 224.516 | 17,947 | 706.714 |
| 1914 ........................... | 129.627 | 84.710 | 6,588 | 220.925 |
| 1915 ........................... | 72.835 | 39.498 | 2,693 | 115.026 |
| 1916 ........................... | 64.534 | 31.495 | 1,813 | 97.842 |
| 1917 ........................... | 58.457 | 26.992 | 1,568 | 87.017 |
| 1918 ........................... | 51.371 | 21.813 | 1,206 | 74.390 |
| 1919 ........................... | 62.348 | 23.888 | 1,259 | 87.495 |
| 1920 ........................... | 71.624 | 24.748 | 1,051 | 97.423 |
| 1921 ........................... | 63.822 | 21.059 | 756 | 85.637 |
| 1922 ........................... | 50.034 | 16.064 | 492 | 66.590 |
| 1923 ........................... | 51.233 | 15.321 | 483 | 67.037 |
| 1924 ........................... | 42.043 | 11.205 | 423 | 53.731 |
| 1925 ........................... | 42.804 | 10.436 | 539 | 53.659 |
| 1926 ........................... | 39.602 | 8.992 | 284 | 48.878 |
| TOTAUX ............ | 1.409.742 | 600.546 | 33.168 | 2.048.455 (1) |

(1) Non compris les ouvriers mineurs qui font l'objet d'une statistique spéciale.

Ces chiffres ne sauraient, dans leur valeur absolue, être comparés entre eux. Ceux de 1911 et de 1912 ne comprennent que des assurés âgés de 65 ans, âge normal de la retraite fixé par la loi du 5 avril 1910, alors en vigueur. Par suite de l'abaissement à 60 ans à partir du 1er août 1912 de l'âge d'entrée en jouissance de la retraite, le nombre des pensions liquidées chaque année représente, depuis cette époque, la promotion des assurés ayant atteint dans l'année leur soixantième anniversaire. Mais le chiffre de 1913 comprend aussi les ayants droit qui, âgés au 1er août 1912 de 65 à 60 ans, c'est-à-dire nés du 1er août 1847 au 31 juillet 1852, étaient susceptibles d'obtenir la liquidation immédiate de leur retraite. C'est ce qui explique l'importance du nombre des pensions liquidées durant cette année. Certains assurés appartenant à la période août 1847 et juillet 1852 n'ont fait valoir leurs droits que postérieurement : leur nombre a diminué naturellement d'année en année. Enfin, le contingent des pensionnés de 1915 à 1918 a été inférieur à ce qu'il aurait dû être, la guerre ayant empêché certains assurés, notamment ceux domiciliés dans les régions alors envahies, de se mettre en instance de retraite.

Parmi les 2.048.456 assurés qui ont fait liquider leur retraite du 3 juillet 1911 à fin décembre 1926, 90,55 p. 100 ont reçu l'allocation ou la bonification complète de l'État; 1.42 p. 100 n'ont eu qu'une allocation ou une bonification réduite; enfin 8.03 p. 100 n'avaient pas été admis au bénéfice de la période transitoire et n'ont donc obtenu aucune contribution de l'État.

Ces chiffres sont, d'ailleurs, reproduits dans le tableau suivant qui indique le pourcentage afférent à chaque catégorie d'assurés.

| ASSURÉS DE LA LOI DES RETRAITES OUVRIÈRES ET PAYSANNES. | ASSURÉS | | | |
|---|---|---|---|---|
| | OBLI-GATOIRES. | FACULTATIFS. | MÉTAYERS et petits FERMIERS. | ENSEMBLE. |
| | p. 100. | p. 100. | p. 100. | p. 100. |
| Assurés ayant reçu une allocation ou bonification complète — n'ayant pas élevé 3 enfants jusqu'à 16 ans | 43,66 | 16,90 | 0,89 | 60,85 |
| Assurés ayant reçu une allocation ou bonification complète — ayant élevé 3 enfants jusqu'à 16 ans | 20,22 | 8,54 | 0,94 | 29,70 |
| Assurés n'ayant reçu qu'une allocation ou bonification réduite | (*) 0,51 | 0,89 | 0,03 | 1,42 |
| Assurés non bénéficiaires du régime transitoire | 4,45 | 3,58 | » | 8,03 |
| POURCENTAGE des assurés par catégorie | 68,83 | 29,31 | 1,86 | 100,00 |

(*) Y compris les assurés qui ont obtenu par anticipation la liquidation de leur retraite (voir page 129).

Le relevé précédent montre que l'effectif des assurés retraités au titre de l'assurance obligatoire représente plus des deux tiers du contingent total des rentiers.

La proportion pour cent des assurés de chaque promotion qui ont demandé la liquidation de leur retraite à leur 60e année est la suivante :

| ANNÉES DE NAISSANCE. | ASSURÉS | | | |
|---|---|---|---|---|
| | OBLI-GATOIRES. | FACULTATIFS. | MÉTAYERS et petits FERMIERS. | ENSEMBLE. |
| | p. 100. | p. 100. | p. 100. | p. 100. |
| 1846............................... | 1,72 | 0,84 | 0,05 | 2,61 |
| 1847............................... | 3,83 | 2,00 | 0,13 | 5,96 |
| 1848............................... | 4,33 | 2,27 | 0,16 | 6,76 |
| 1849............................... | 4,69 | 2,36 | 0,17 | 7,22 |
| 1850............................... | 4,74 | 2,28 | 0,16 | 7,18 |
| 1851............................... | 5,00 | 2,37 | 0,18 | 7,55 |
| 1852............................... | 5,20 | 2,47 | 0,20 | 7,87 |
| 1853............................... | 4,77 | 2,24 | 0,17 | 7,18 |
| 1854............................... | 4,04 | 1,87 | 0,13 | 6,04 |
| 1855............................... | 3,52 | 1,63 | 0,10 | 5,25 |
| 1856............................... | 3,32 | 1,49 | 0,09 | 4,90 |
| 1857............................... | 3,03 | 1,24 | 0,07 | 4,34 |
| 1858............................... | 2,91 | 1,12 | 0,06 | 4,09 |
| 1859............................... | 2,89 | 1,03 | 0,05 | 3,97 |
| 1860............................... | 2,64 | 0,90 | 0,04 | 3,58 |
| 1861............................... | 2,47 | 0,78 | 0,03 | 3,28 |
| 1862............................... | 2,28 | 0,66 | 0,02 | 2,96 |
| 1863............................... | 2,20 | 0,60 | 0,02 | 2,82 |
| 1864............................... | 2,07 | 0,51 | 0,02 | 2,60 |
| 1865............................... | 1,91 | 0,44 | 0,01 | 2,36 |
| 1866............................... | 1,22 | 0,25 | 0,01 | 1,48 |
| Toutes années réunies..... | 68,78 | 20,35 | 1,87 | 100,00 (1) |

(1) Ce tableau ne comprend pas les assurés qui ont fait liquider leur retraite par anticipation entre 55 et 60 ans. C'est pour ce motif que les totaux sont différents des totaux du tableau précédent qui, lui, fait état des assurés ayant obtenu leur retraite anticipée.

Comme on l'a déjà fait observer dans les précédents rapports, la très faible proportion des retraités nés en 1846 s'explique par ce fait que, seuls, ont bénéficié de la loi des retraites les assurés nés dans le second semestre de cette année. La proportion des retraités nés en 1866 se trouve également inférieure en raison de ce qu'un certain nombre d'assurés qui ont atteint leur soixantième année en 1926, principalement dans les derniers mois, n'avaient pas encore formé leur demande de liquidation au 31 décembre de la même année.

*Liquidations anticipées* (1). — L'article 5, § 3, de la loi des Retraites ouvrières et paysannes permet aux assurés obligatoires de la période transitoire de réclamer à partir de 55 ans la liquidation anticipée de leur pension si, pendant les cinq années qui ont précédé cette liquidation, ils ont appartenu à la catégorie de l'article 1er de la loi susvisée et s'ils ont versé, chaque année, pendant cette période, des sommes au moins égales au montant des versements réglementaires prévus à l'article 2 de ladite loi.

Les assurés devant, pour faire liquider par anticipation leur retraite, avoir versé pendant 5 années, les demandes de liquidation anticipée ont pu être présentées utilement à partir du 3 juillet 1916, puisque la loi est entrée en vigueur le 3 juillet 1911.

Seuls, les assurés obligatoires sont susceptibles d'obtenir la liquidation de leur pension entre 55 et 59 ans. Aucune disposition légale n'est prévue pour les assurés facultatifs; ceux-ci ne peuvent prétendre, en dehors du cas d'invalidité, qu'à la liquidation de leur retraite à l'âge normal.

L'allocation accordée aux assurés en cas de liquidation anticipée est réduite d'après l'âge auquel elle est attribuée, en prenant pour base l'allocation complète de 100 francs à 60 ans. Ce calcul est effectué avec le coefficient de réduction employé pour les rentes servies par les caisses d'assurance. En vue de simplifier et d'unifier les opérations, il a été admis que ce coefficient serait établi à l'aide du taux en vigueur à la Caisse nationale des retraites pour la vieillesse (section spéciale des retraites ouvrières et paysannes) au moment du point de départ de la pension.

---

(1) Les assurés qui ont obtenu la liquidation anticipée de leur retraite sont déjà compris dans la « Statistique générale des liquidations de pensions effectuées du 3 juillet 1911 au 31 décembre 1926 », p. 121 à 124.

Or, le taux d'intérêt adopté par la Caisse nationale des retraites a été fixé à 4 fr. 30 p. 100 pour 1917 et 1918 : l'allocation accordée durant ces deux années a donc été calculée à ce taux. Le tableau ci-après en indique le montant. Par mesure de simplification, la même allocation a été attribuée aux assurés qui avaient formé leur demande de liquidation anticipée entre le 3 juillet 1916 et le 31 décembre 1916.

| ÂGE SERVANT DE BASE DE LIQUIDATION. | ALLOCATION réduite. | BONIFICATION complémentaire du dixième pour enfants. |
|---|---|---|
| | fr. c. | fr. c. |
| 55 ans.............................. | 63 20 | 6 40 |
| 56 ans.............................. | 69 00 | 6 80 |
| 57 ans.............................. | 75 40 | 7 60 |
| 58 ans.............................. | 82 60 | 8 20 |
| 59 ans.............................. | 90 80 | 9 00 |

En 1919, le taux d'intérêt de la Caisse nationale a été porté à 4 fr. 50 p. 100 : le montant de l'allocation accordée aux assurés qui ont souscrit leur demande en 1919 s'est de ce chef trouvé ainsi fixé :

| ÂGE SERVANT DE BASE DE LIQUIDATION. | ALLOCATION réduite. | BONIFICATION complémentaire du dixième pour enfants. |
|---|---|---|
| | fr. c. | fr. c. |
| 55 ans.............................. | 62 80 | 6 20 |
| 56 ans.............................. | 68 60 | 6 80 |
| 57 ans.............................. | 75 00 | 7 40 |
| 58 ans.............................. | 82 40 | 8 20 |
| 59 ans.............................. | 90 60 | 9 00 |

Le taux de 4 fr. 50 pour 100 ayant été maintenu en 1920 et en 1921, le barème ci-dessus a continué à être appliqué durant lesdites années.

En 1922, le taux d'intérêt adopté par la Caisse nationale des retraites a été élevé à 5 p. 100 et est demeuré en usage en 1923 et 1924 : l'allocation attribuée durant ces trois années a été ainsi fixée à :

| AGE SERVANT DE BASE DE LIQUIDATION. | ALLOCATION réduite. | BONIFICATION complémentaire du dixième pour enfants. |
|---|---|---|
| | fr.   c. | fr.   c. |
| 55 ans............................ | 61 60 | 6 20 |
| 56 ans............................ | 67 60 | 6 80 |
| 57 ans............................ | 74 20 | 7 40 |
| 58 ans............................ | 81 80 | 8 20 |
| 59 ans............................ | 90 20 | 9 00 |

Enfin, le tableau ci-dessous indique le chiffre de l'allocation accordée en 1925 et 1926 et calculée aux taux de 5,30 p. 100 en usage pendant ces deux années :

| AGE SERVANT DE BASE DE LIQUIDATION. | ALLOCATION réduite. | BONIFICATION complémentaire. du dixième pour enfants. |
|---|---|---|
| | fr.   c. | fr.   c. |
| 55 ans............................ | 60 80 | 6 00 |
| 56 ans............................ | 67 00 | 6 60 |
| 57 ans............................ | 73 60 | 7 40 |
| 58 ans............................ | 81 40 | 8 20 |
| 59 ans............................ | 90 00 | 9 00 |

Les premiers dossiers ne sont parvenus au Ministère du Travail qu'au commencement de 1917. C'est donc en 1917 qu'ont été liquidées pour la première fois les retraites anticipées. L'état ci-après indique le nombre de pensions liquidées chaque année depuis 1917 et l'âge des bénéficiaires.

| ANNÉES. | RETRAITES ANTICIPÉES. | | | | | | | |
| --- | --- | --- | --- | --- | --- | --- | --- | --- |
| | NOMBRE D'ASSURÉS | | | ÂGE AU MOMENT DE LA DEMANDE DE LIQUIDATION. | | | | |
| | n'ayant pas élevé 3 enfants jusqu'à 16 ans. | ayant élevé 3 enfants jusqu'à 16 ans. | Ensemble. | 55 ans. | 56 ans. | 57 ans. | 58 ans. | 59 ans. |
| 1917.... | 179 | 24 | 203 | 58 | 42 | 46 | 35 | 22 |
| 1918.... | 243 | 26 | 269 | 39 | 45 | 60 | 70 | 55 |
| 1919.... | 305 | 56 | 361 | 109 | 86 | 55 | 58 | 53 |
| 1920.... | 374 | 119 | 493 | 129 | 151 | 86 | 66 | 61 |
| 1921.... | 536 | 156 | 692 | 181 | 207 | 108 | 78 | 118 |
| 1922.... | 566 | 157 | 723 | 195 | 190 | 129 | 95 | 114 |
| 1923.... | 594 | 154 | 748 | 238 | 224 | 97 | 99 | 90 |
| 1924.... | 615 | 140 | 755 | 80 | 88 | 115 | 212 | 260 |
| 1925.... | 547 | 221 | 768 | 279 | 255 | 83 | 64 | 87 |
| 1926.... | 570 | 110 | 680 | 220 | 243 | 96 | 54 | 67 |
| TOTAUX.. | 4.529 | 1.163 | 5.692 | 1.528 | 1.531 | 875 | 831 | 927 |

*Titres spéciaux délivrés par application de l'art. 5, § 4, de la loi des retraites ouvrières et paysannes* (1). — Les premières demandes de liquidation d'allocation de l'Etat formées en vertu du paragraphe 4 de l'article 5 de la loi des retraites ouvrières par des assurés qui, ayant atteint leur soixantième année, désiraient continuer leurs versements jusqu'à 65 ans, ne sont parvenues au Ministère du Travail qu'à la fin de l'année 1912. Ce n'est donc qu'à partir de 1913 qu'ont été établis les titres spéciaux destinés à permettre aux assurés, soit de toucher l'allocation ou la bonification de l'État à l'exclusion de la rente produite par leurs versements à la charge de la Caisse d'assurance.

Les tableaux suivants donnent le nombre d'assurés qui, chaque

---

(1) Les assurés qui ont obtenu un titre spécial sont déjà compris dans les tableaux des pages 121 à 124.

année, de 1913 à 1926, ont obtenu un titre spécial, et classent les 32.208 bénéficiaires suivant leur situation de famille.

| ANNÉES. | NOMBRE D'ASSURÉS | | | |
|---|---|---|---|---|
| | OBLIGATOIRES. | FACULTATIFS. | MÉTAYERS et petits fermiers. | ENSEMBLE. |
| 1913.............. | 4.942 | 2,257 | 1 | 7.200 |
| 1914.............. | 3.395 | 5 013 | 316 | 8.724 |
| 1915.............. | 1.132 | 1,158 | 42 | 2.332 |
| 1916.............. | 723 | 391 | 14 | 1.128 |
| 1917.............. | 654 | 303 | 6 | 963 |
| 1918.............. | 461 | 185 | 8 | 654 |
| 1919.............. | 760 | 299 | 2 | 1.061 |
| 1920.............. | 1.199 | 338 | 9 | 1.546 |
| 1921.............. | 1.160 | 434 | 3 | 1.597 |
| 1922.............. | 1.132 | 333 | 5 | 1.470 |
| 1923.............. | 1.097 | 306 | 16 | 1.419 |
| 1924.............. | 1.167 | 343 | 9 | 1.510 |
| 1925.............. | 1.044 | 273 | 6 | 1.323 |
| 1926.............. | 1.042 | 222 | 8 | 1.272 |
| Totaux...... | 19.908 | 11.855 | 445 | 32.208 |

| ASSURÉS DE LA LOI des RETRAITES OUVRIÈRES ET PAYSANNES. | NOMBRE D'ASSURÉS | | | |
|---|---|---|---|---|
| | OBLIGATOIRES. | FACULTATIFS. | MÉTAYERS et petits fermiers. | ENSEMBLE. |
| Assurés n'ayant pas élevé 3 enfants jusqu'à 16 ans.............. | 14.818 | 8.929 | 260 | 24.007 |
| Assurés ayant élevé 3 enfants jusqu'à 16 ans................. | 5.090 | 2.926 | 185 | 8.201 |
| Totaux............ | 19.908 | 11.855 | 445 | 32.208 |

*Liquidation définitive de la retraite après délivrance d'un titre spécial.* — 22.910 assurés titulaires d'un titre spécial ont demandé depuis 1914 la liquidation définitive de leur retraite. Le tableau suivant indique le nombre de liquidations ainsi ordonnées chaque année :

| ANNÉES. | NOMBRE D'ASSURÉS | | | |
| --- | --- | --- | --- | --- |
| | OBLIGATOIRES. | FACULTATIFS. | MÉTAYERS et petits fermiers. | ENSEMBLE. |
| 1914................. | 1.096 | 1.626 | 83 | 3.765 |
| 1915............... | 1.944 | 1.816 | 95 | 3.855 |
| 1916............... | 1.506 | 1.588 | 50 | 3.144 |
| 1917............... | 1.108 | 1.102 | 38 | 2.248 |
| 1918............... | 690 | 525 | 15 | 1.230 |
| 1919............... | 1.015 | 698 | 18 | 1.731 |
| 1920............... | 775 | 416 | 16 | 1.207 |
| 1921............... | 826 | 378 | " | 1.204 |
| 1922............... | 609 | 306 | " | 915 |
| 1923............... | 724 | 252 | " | 976 |
| 1924............... | 598 | 284 | 5 | 887 |
| 1925............... | 761 | 251 | 2 | 1.014 |
| 1926............... | 542 | 192 | " | 734 |
| Totaux...... | 13.094 | 9.494 | 322 | 22.910 |

Ces 22.910 assurés ont été classés dans les tableaux ci-après, suivant leur situation de famille et leur âge.

| ASSURÉS DE LA LOI des RETRAITES OUVRIÈRES ET PAYSANNES. | NOMBRE D'ASSURÉS | | | |
| --- | --- | --- | --- | --- |
| | OBLIGATOIRES. | FACULTATIFS. | MÉTAYERS et petits fermiers. | ENSEMBLE. |
| Assurés n'ayant pas élevé 3 enfants jusqu'à 16 ans.................. | 9.463 | 7.028 | 182 | 16.673 |
| Assurés ayant élevé 3 enfants jusqu'à 16 ans.................... | 3.631 | 2.466 | 140 | 6.237 |
| Totaux............ | 13.094 | 9.494 | 322 | 22.910 |

| ANNÉES DE NAISSANCE. | NOMBRE D'ASSURÉS | | | |
|---|---|---|---|---|
| | OBLIGATOIRES. | FACULTATIFS. | MÉTAYERS et petits fermiers. | ENSEMBLE. |
| 1847............... | 23 | 13 | " | 36 |
| 1848............... | 883 | 665 | 33 | 1.581 |
| 1849............... | 1.707 | 1.761 | 93 | 3.621 |
| 1850............... | 1.631 | 1.603 | 60 | 3.294 |
| 1851............... | 1.348 | 1.433 | 49 | 2.830 |
| 1852............... | 1.098 | 1.018 | 35 | 2.151 |
| 1853............... | 970 | 734 | 32 | 1.736 |
| 1854............... | 744 | 432 | 10 | 1.186 |
| 1855............... | 668 | 295 | " | 963 |
| 1856............... | 588 | 289 | 3 | 880 |
| 1857............... | 513 | 252 | 1 | 766 |
| 1858............... | 621 | 255 | " | 876 |
| 1859............... | 495 | 173 | 3 | 671 |
| 1860............... | 485 | 141 | " | 626 |
| 1861............... | 426 | 146 | 2 | 574 |
| 1862............... | 401 | 136 | " | 534 |
| 1863............... | 210 | 73 | 1 | 284 |
| 1864............... | 157 | 53 | " | 210 |
| 1865............... | 65 | 22 | " | 87 |
| 1866............... | 1 | " | " | 1 |
| TOTAUX...... | 13.094 | 9.494 | 322 | 22.910 |

*Revisions effectuées en vertu de l'article 62 de la loi de finances au 27 février 1912.* — Parmi les 58.383 assurés se répartissant en :

40.792 assurés obligatoires ;

16.969 assurés facultatifs (non compris les métayers et les petits fermiers) ;

622 assurés facultatifs, métayers et petits fermiers,

qui avaient fait liquider leur retraite avant le 1er août 1912, 18.138 avaient obtenu, au 31 décembre 1926, la revision de leur pension, par application des dispositions de l'article 62 de la loi du

27 février 1912. Le nombre des demandes de revision ainsi présentées depuis 1912 est inscrit dans l'état ci-après :

| ANNÉES. | ASSURÉS AYANT ÉLEVÉ 3 ENFANTS JUSQU'À 16 ANS | | | | ASSURÉS FACULTATIFS n'ayant pas élevé 3 enfants jusqu'à 16 ans. | TOTAL. |
|---|---|---|---|---|---|---|
| | obligatoires. | facultatifs. | métayers et petits fermiers. | Ensemble. | | |
| 1912..... | 3.877 | 2.463 | 124 | 6.464 | 2.395 | 8.859 |
| 1913..... | 4.173 | 1.720 | 112 | 6.005 | 1.092 | 7.097 |
| 1914..... | 1.070 | 399 | 17 | 1.486 | 180 | 1.666 |
| 1915..... | 140 | 42 | " | 182 | 38 | 220 |
| 1916..... | 88 | 20 | 1 | 109 | 19 | 128 |
| 1917..... | 28 | 10 | " | 38 | 2 | 40 |
| 1918..... | 8 | 2 | " | 10 | " | 10 |
| 1919..... | 24 | 4 | " | 28 | 4 | 32 |
| 1920..... | 10 | " | " | 10 | 3 | 13 |
| 1921.... | 9 | 3 | " | 12 | " | 12 |
| 1922..... | 25 | 6 | " | 31 | " | 31 |
| 1923..... | 9 | 2 | " | 11 | " | 11 |
| 1924..... | 10 | " | " | 10 | " | 10 |
| 1925..... | 5 | " | " | " | " | 5 |
| 1926..... | 4 | " | " | " | " | 4 |
| Totaux... | 9.480 | 4.671 | 254 | 14.405 | 3.733 | 18.138 |

Seuls, parmi les 40.792 assurés obligatoires et les 622 métayers et petits fermiers, ceux qui avaient élevé trois enfants jusqu'à l'âge de 16 ans étaient susceptibles de faire reviser leur retraite, de manière à recevoir, outre l'allocation principale de 100 francs, la bonification complémentaire de 10 francs accordée aux assurés ayant élevé trois enfants jusqu'à l'âge de 16 ans; or, 9,480 assurés obligatoires et 254 métayers et petits fermiers (c'est-à-dire 23,24 p. 100 et 40,84 p. 100 du nombre total) avaient justifié, fin 1926, de leurs droits à cette bonification complémentaire.

Au contraire, tous les assurés facultatifs retraités avant le 1ᵉʳ août 1912 avaient intérêt à demander la revision de leur pension, afin d'obtenir, aux lieu et place de la bonification primitive, la bonification plus importante prévue au paragraphe 7 de l'article 36 modifié de la loi. Au 31 décembre 1929, 8.404 assurés facultatifs seulement (soit 49,53 p. 100 du nombre total des pensionnés de cette catégorie), avaient fait valoir leurs droits. Parmi ces 8.404 assurés, 4.671, soit 55,58 p. 100, avaient élevé trois enfants jusqu'à 16 ans et ont reçu, en conséquence, en outre de la bonification principale revisée, la bonification du 1/10°.

### B. Loi sur les retraites des ouvriers mineurs.
#### (Loi du 25 février 1914.)

Le nombre total des allocations liquidées jusqu'au 31 décembre 1926 au profit des mineurs s'est élevé à 30.243.

Les relevés suivants indiquent le nombre et l'année de naissance de ces 30.243 mineurs.

| OUVRIERS MINEURS. | NOMBRE de mineurs. |
|---|---|
| Mineurs n'ayant pas élevé trois enfants jusqu'à 16 ans................ | 17.099 |
| Mineurs ayant élevé trois enfants jusqu'à 16 ans.................... | 13.144 |
| Total............................. | 30.243 |

| ANNÉE DE NAISSANCE. | NOMBRE de mineurs. | ANNÉE DE NAISSANCE. | NOMBRE de mineurs. | ANNÉE DE NAISSANCE. | NOMBRE de mineurs. |
|---|---|---|---|---|---|
| 1836.......... | 3 | 1849.......... | 135 | 1862.......... | 2.459 |
| 1837.......... | 1 | 1850.......... | 194 | 1863.......... | 2.617 |
| 1838.......... | 2 | 1851.......... | 267 | 1864.......... | 2.679 |
| 1839.......... | 3 | 1852.......... | 311 | 1865.......... | 2.539 |
| 1840.......... | 4 | 1853.......... | 359 | 1866.......... | 2.646 |
| 1841.......... | 7 | 1854.......... | 409 | 1867.......... | 2.530 |
| 1842.......... | 15 | 1855.......... | 498 | 1868.......... | 1.732 |
| 1843.......... | 15 | 1856.......... | 631 | 1869.......... | 373 |
| 1844.......... | 30 | 1857.......... | 768 | 1870.......... | 353 |
| 1845.......... | 30 | 1858.......... | 1.219 | 1871.......... | (1) 143 |
| 1846.......... | 63 | 1859.......... | 2.231 | | |
| 1847.......... | 65 | 1860.......... | 2.361 | Total...... | 30.243 |
| 1848.......... | 101 | 1861.......... | 2.450 | | |

(1) L'allocation de l'État est accordée aux ouvriers mineurs à l'âge de 55 ans, s'ils justifient de 30 années de travail dans les mines. (Art. 8 de la loi du 25 février 1914.)

Le tableau ci-après récapitule, par département et pour chaque catégorie d'assurance, le nombre des assurés et des ouvriers mineurs qui ont obtenu la liquidation de leur retraite depuis la mise en application de la loi.

Nombre *des retraités par département et par catégorie d'assurance
du 3 juillet 1911 au 31 décembre 1925.*

| DÉPARTEMENTS. | LOI DES RETRAITES OUVRIÈRES ET PAYSANNES. | | | | | | LOI DU 25 FÉVRIER 1914. Ouvriers mineurs. |
| | ASSURÉS OBLIGATOIRES | | ASSURÉS FACULTATIFS | | ASSURÉS | NOMBRE | |
| | ayant reçu l'allocation de l'État. | n'ayant pas reçu l'allocation de l'État. | ayant reçu la bonification de l'État. | n'ayant pas reçu la bonification de l'État. | métayers et petits fermiers. | total des assurés. | |
|---|---|---|---|---|---|---|---|
| Ain | 9.700 | 327 | 7.466 | 224 | 285 | 18.092 | 24 |
| Aisne | 21.631 | 3.154 | 4.182 | 1.098 | 31 | 30.106 | 3 |
| Allier | 14.877 | 401 | 7.803 | 283 | 2.465 | 25.829 | 973 |
| Alpes (Basses-) | 3.800 | 124 | 5.575 | 44 | 139 | 9.772 | 33 |
| Alpes (Hautes-) | 3.196 | 203 | 3.597 | 526 | 61 | 7.583 | 3 |
| Alpes-Maritimes | 5.364 | 931 | 4.826 | 164 | 130 | 11.425 | 1 |
| Ardèche | 15.287 | 260 | 12.477 | 1.490 | 732 | 30.246 | 92 |
| Ardennes | 14.078 | 1.958 | 5.509 | 2.258 | 15 | 23.818 | 128 |
| Ariège | 5.873 | 326 | 6.111 | 782 | 243 | 13.535 | 67 |
| Aube | 13.271 | 929 | 4.571 | 1.585 | 16 | 20.372 | 2 |
| Aude | 15.369 | 656 | 4.737 | 538 | 67 | 21.367 | 4 |
| Aveyron | 12.688 | 387 | 11.650 | 1.510 | 169 | 26.627 | 1.444 |
| Bouches-du-Rhône | 23.930 | 2.179 | 8.277 | 987 | 58 | 35.467 | 417 |
| Calvados | 12.718 | 785 | 1.233 | 268 | 101 | 15.105 | 40 |
| Cantal | 7.088 | 235 | 4.293 | 348 | 108 | 12.072 | 116 |
| Charente | 10.060 | 338 | 6.168 | 613 | 993 | 18.172 | 6 |
| Charente-Inférieure | 12.611 | 830 | 7.957 | 1.284 | 260 | 22.972 | » |
| Cher | 16.591 | 829 | 5.776 | 827 | 574 | 24.597 | 20 |
| Corrèze | 9.578 | 398 | 12.314 | 226 | 1.094 | 23.610 | 10 |
| Corse | 9.738 | 1.018 | 6.249 | 133 | 135 | 17.273 | » |
| Côte-d'Or | 18.895 | 1.559 | 8.087 | 2.010 | 199 | 30.750 | 50 |
| Côtes-du-Nord | 14.517 | 1.560 | 5.008 | 540 | 1.452 | 23.057 | » |
| Creuse | 6.137 | 104 | 6.285 | 1.478 | 245 | 14.339 | 171 |
| Dordogne | 6.888 | 294 | 6.108 | 492 | 1.436 | 15.218 | 19 |
| Doubs | 12.047 | 717 | 7.934 | 235 | 128 | 21.061 | 8 |
| Drôme | 11.071 | 930 | 8.598 | 1.259 | 368 | 22.226 | 3 |
| Eure | 12.021 | 4.143 | 000 | 445 | 35 | 14.604 | 3 |
| Eure-et-Loir | 10.275 | 350 | 2.419 | 625 | 15 | 13.685 | 7 |
| Finistère | 23.910 | 967 | 5.725 | 876 | 2.493 | 33.971 | 8 |
| Gard | 23.208 | 1.351 | 10.422 | 2.268 | 176 | 37.625 | 2.552 |
| Garonne (Haute-) | 16.938 | 1.274 | 7.562 | 1.101 | 616 | 27.491 | 32 |
| Gers | 5.870 | 310 | 6.876 | | 378 | 14.022 | 7 |
| Gironde | 29.226 | 2.888 | 7.195 | 287 | 620 | 40.214 | 4 |
| Hérault | 21.897 | 812 | 3.659 | 467 | 21 | 26.956 | 232 |
| Ille-et-Vilaine | 14.226 | 858 | 1.852 | 320 | 452 | 17.708 | 8 |
| Indre | 10.284 | 335 | 3.783 | 523 | 233 | 15.076 | 10 |
| Indre-et-Loire | 10.657 | 573 | 4.256 | 379 | 152 | 16.017 | 7 |
| Isère | 25.806 | 940 | 23.031 | 426 | 207 | 50.410 | 260 |
| Jura | 8.570 | 315 | 7.250 | 957 | 385 | 17.477 | 5 |
| Landes | 7.081 | 234 | 3.510 | 72 | 1.779 | 15.676 | 4 |
| Loir-et-Cher | 9.591 | 573 | 3.859 | 571 | 70 | 14.464 | 8 |
| Loire | 24.063 | 1.687 | 4.916 | 1.065 | 304 | 32.035 | 3.780 |
| Loire (Haute-) | 13.591 | 716 | 8.763 | 127 | 90 | 23.287 | 261 |

| DÉPARTEMENTS. | LOI DES RETRAITES OUVRIÈRES ET PAYSANNES. | | | | | | LOI DU 25 FÉVRIER 1914. — Ouvriers mineurs. |
| --- | --- | --- | --- | --- | --- | --- | --- |
| | ASSURÉS OBLIGATOIRES | | ASSURÉS FACULTATIFS | | ASSURÉS | NOMBRE | |
| | ayant reçu l'allocation de l'État. | n'ayant pas reçu l'allocation de l'État. | ayant reçu la bonification de l'État. | n'ayant pas reçu la bonification de l'État. | métayers et petits fermiers. | total des assurés. | |
| Loire-Inférieure | 19.635 | 1.232 | 4,370 | 868 | 600 | 26.714 | 17 |
| Loiret | 11.538 | 803 | 3.039 | 1.065 | 239 | 16.704 | 25 |
| Lot | 10.417 | 297 | 8.748 | 632 | 644 | 20.738 | 8 |
| Lot-et-Garonne | 9.078 | 350 | 5.220 | 668 | 871 | 16.100 | 6 |
| Lozère | 8.714 | 142 | 2.789 | 428 | 109 | 12.182 | 16 |
| Maine-et-Loire | 20.836 | 713 | 5.596 | 810 | 501 | 28.450 | 142 |
| Manche | 10.511 | 389 | 1.893 | 587 | 363 | 13.743 | 2 |
| Marne | 16.859 | 1.124 | 5.188 | 1.846 | 20 | 25.037 | 4 |
| Marne (Haute-) | 12.850 | 663 | 6.278 | 993 | 89 | 20.878 | • |
| Mayenne | 7.245 | 437 | 980 | 138 | 419 | 9.225 | 58 |
| Meurthe-et-Moselle | 19.065 | 1.743 | 6.405 | 346 | 13 | 27.572 | 357 |
| Meuse | 11.418 | 1.018 | 6.058 | 468 | 11 | 18.973 | 20 |
| Morbihan | 12.307 | 639 | 3.610 | 308 | 598 | 17.462 | 7 |
| Nièvre | 13.399 | 462 | 5.872 | 1.024 | 107 | 20.804 | 350 |
| Nord | 64.576 | 8.106 | 8.803 | 3.614 | 229 | 85.328 | 5.210 |
| Oise | 18.285 | 1.655 | 2.317 | 1.290 | 25 | 23.572 | 8 |
| Orne | 9.387 | 663 | 1.251 | 260 | 108 | 11.669 | 24 |
| Pas-de-Calais | 22.766 | 2.390 | 4.901 | 779 | 390 | 31.235 | 7.156 |
| Puy-de-Dôme | 22.730 | 891 | 20.922 | 250 | 448 | 45.270 | 814 |
| Pyrénées (Basses-) | 10.023 | 803 | 8.483 | 1.884 | 1.077 | 23.172 | 5 |
| Pyrénées (Hautes-) | 5.646 | 436 | 7.871 | 715 | 121 | 14.789 | 13 |
| Pyrénées-Orientales | 8.870 | 485 | 2.761 | 507 | 26 | 12.658 | 71 |
| Territoire de Belfort | 3.704 | 234 | 1.182 | 141 | 4 | 5.267 | 2 |
| Rhône | 39.627 | 2.270 | 6.735 | 889 | 594 | 50.121 | 191 |
| Saône (Haute-) | 9.835 | 473 | 11.398 | 509 | 327 | 22.542 | 258 |
| Saône-et-Loire | 20.869 | 714 | 10.739 | 2.585 | 1.688 | 36.595 | 2.048 |
| Sarthe | 12.336 | 989 | 2.563 | 272 | 379 | 16.539 | 6 |
| Savoie | 4.086 | 401 | 9.124 | 746 | 118 | 14.475 | 11 |
| Savoie (Haute-) | 4.522 | 320 | 5.662 | 320 | 34 | 10.858 | 14 |
| Seine | 91.291 | 8.727 | 6.241 | 3.856 | 17 | 110.132 | 437 |
| Seine-Inférieure | 29.712 | 3.335 | 1.805 | 403 | 127 | 35.412 | 20 |
| Seine-et-Marne | 15.023 | 870 | 2.191 | 1.073 | 8 | 19.165 | 3 |
| Seine-et-Oise | 26.314 | 2.669 | 2.177 | 1.334 | 39 | 32.533 | 53 |
| Deux-Sèvres | 8.480 | 410 | 2.786 | 235 | 363 | 12.283 | 57 |
| Somme | 23.053 | 1.868 | 3.273 | 1.029 | 180 | 29.403 | 15 |
| Tarn | 14.918 | 733 | 10.600 | 1.533 | 1.527 | 29.320 | 1.010 |
| Tarn-et-Garonne | 7.594 | 181 | 5.706 | 258 | 352 | 14.061 | 5 |
| Var | 13.858 | 970 | 4.446 | 918 | 196 | 20.388 | 13 |
| Vaucluse | 8.514 | 456 | 8.072 | 259 | 411 | 17.712 | 0 |
| Vendée | 12.996 | 679 | 5.572 | 280 | 856 | 20.383 | 46 |
| Vienne | 9.485 | 454 | 4.785 | 865 | 421 | 16.010 | 9 |
| Vienne (Haute-) | 8.300 | 339 | 5.666 | 126 | 829 | 15.260 | 4 |
| Vosges | 19.177 | 1.370 | 6.449 | 1.371 | 98 | 28.465 | 9 |
| Yonne | 13.431 | 507 | 7.737 | 2.560 | 72 | 24.037 | 2 |
| TOTAUX | 1.318.694 | 91.048 | 527.129 | 75.417 | 38.168 | 2.048.456 | 30.243 |

## II. Liquidations anticipées de pensions
## pour cause d'invalidité.

*a.* En 1925 :

La Commission consultative d'invalidité, présidée par M. Jules GAUTIER, conseiller d'État, a tenu deux séances au cours desquelles elle a statué sur 179 demandes de liquidation anticipée de pension pour cause d'invalidité :

111 demandes avaient été présentées par des assurés obligatoires (82 hommes et 29 femmes);

31 émanaient d'assurés facultatifs (16 hommes et 15 femmes);

37 demandes avaient été formulées par des ouvriers mineurs (36 hommes et 1 femme).

En ce qui concerne les assurés obligatoires, 86 demandes ont été accueillies (65 hommes et 21 femmes), soit 77,47 p. 100; 25 ont été rejetées (17 hommes et 8 femmes), soit 22,53 p. 100.

Sur les 31 demandes formées par les assurés facultatifs, 22 ont été admises (13 hommes et 9 femmes), soit 70,96 p. 100; 9 ont été rejetées (3 hommes et 6 femmes), soit 29,04 p. 100.

Parmi les 37 demandes présentées par les ouvriers mineurs, 31 ont été admises (30 hommes et 1 femme), soit 83,78 p. 100; 6 ont été rejetées (6 hommes), soit 16,22 p. 100.

En résumé, sur 179 demandes soumises à la Commission, 139 ont été admises, soit 77,65 p. 100; 40 ont été rejetées, soit 22,35 p. 100.

Il y a lieu de signaler que, parmi les intéressés, 5 assurés et 3 ouvriers mineurs, qui avaient demandé la liquidation anticipée de leur pension pour cause d'invalidité, sont décédés au cours de l'instruction de leur demande; 4 admissions d'assurés et 2 admissions d'ouvriers mineurs ont été liquidées sans bonification.

Le tableau ci-dessous résume les résultats des travaux de la Commission consultative d'invalidité au cours de l'année 1925.

*Assurés et ouvriers mineurs ayant demandé en 1925 la liquidation anticipée de leur pension pour cause d'invalidité.*

| DÉCISIONS INTERVENUES. | ASSURÉS OBLIGATOIRES. | | | ASSURÉS FACULTATIFS. | | | OUVRIERS MINEURS. | | | TOTAL. | | |
|---|---|---|---|---|---|---|---|---|---|---|---|---|
| | H. | F. | Total. | H. | F. | Total. | H. | F. | Total. | H. | F. | Total. |
| Admissions . . . . . . . . . . . | 65 | 21 | 86 | 13 | 9 | 22 | 30 | 1 | 31 | 110 | 29 | 139 |
| Rejets . . . . . . . . . . . . . | 17 | 8 | 25 | 3 | 6 | 9 | 6 | . | 6 | 25 | 15 | 40 |
| Totaux . . . . . . . . . . | 82 | 29 | 111 | 16 | 15 | 31 | 36 | 1 | 37 | 135 | 44 | 179 |

Du tableau qui précède, il résulte :

*a.* En ce qui concerne les Assurés Obligatoires de la loi des Retraites :

> Que les *admissions* représentent 77,47 p. 100 des demandes (79,27 p. 100 pour les hommes et 72,41 p. 100 pour les femmes);
>
> Que les *rejets* constituent 22,53 p. 100 des décisions prises (20,73 p. 100 pour les hommes et 27,59 p. 100 pour les femmes).

*b.* En ce qui concerne les Assurés Facultatifs de la loi des Retraites :

> Que l'*admission* a été prononcée pour 70,96 p. 100 des demandes (81,25 p. 100 pour les hommes et 60 p. 100 pour les femmes);
>
> Qu'ont été rejetées 9,04 p. 100 des demandes (18,75 p. 100 pour les hommes et 40 p. 100 pour les femmes).

*c.* En ce qui concerne les ouvriers mineurs :

Que les *admissions* constituent 83,78 p. 100 des décisions prises (83,34 p. 100 pour les hommes et 100 p. 100 pour les femmes);

Que les *rejets* représentent 16,22 p. 100 des demandes (16,66 p. 100 pour les hommes et 0 p. 100 pour les femmes).

En résumé, si l'on considère l'ensemble des décisions prises, on constate :

Que l'*admission* des demandes a été prononcée pour 77,65 p. 100 des cas (81,48 p. 100 en ce qui concerne les hommes et 65,90 p. 100 en ce qui concerne les femmes);

Qu'un *rejet* est intervenu pour 22,35 p. 100 des affaires (18,52 p. 100 à l'occasion des demandes présentées par des hommes et 34,09 p. 100 à l'occasion des demandes présentées par des femmes).

Les 81 assurés obligatoires ayant obtenu en 1925 la liquidation anticipée de leur pension pour cause d'invalidité appartenaient aux catégories professionnelles suivantes :

| | | |
|---|---|---|
| I. | Agriculture, forêts et pêche | 9 |
| II. | Industries extractives | 2 |
| III. | Alimentation | 2 |
| IV. | Produits chimiques | 1 |
| V. | Industries du papier | 3 |
| VI. | Cuirs et peaux | 1 |
| VII. | Industries textiles | 4 |
| VIII. | Travail des étoffes, nettoyage | 4 |
| IX. | Industrie du bois | 2 |
| X. | Métaux | 10 |
| XI. | Pierres et terres au feu, taille et polissage | 2 |
| XII. | Industrie du bâtiment | 5 |
| XIII. | Transports et manutention | 12 |
| XIV. | Soins personnels | 7 |
| XV. | Salariés des professions libérales | 3 |
| XVI. | Commerce et banques | 5 |
| XVII. | Salariés de l'État, des départements et des communes | 9 |

Les assurés facultatifs ayant obtenu la liquidation anticipée de leur pension pour cause d'invalidité avaient été admis au bénéfice de l'assurance facultative en qualité de :.

Fermier.................................................... "

Métayer.................................................... "

Artisan  ................................................... "

Cultivateur............................................... 13

Petit patron............................................... 2

Femme d'assuré............................................ 2

Salariés gagnant plus de 10.000 francs par an........... 1

Les 81 assurés obligatoires ayant obtenu en 1925 la liquidation anticipée de leur pension pour cause d'invalidité étaient respectivement âgés de :

31 ans (2), 34 ans (1), 36 ans (1), 37 ans (1), 39 ans (1), 40 ans (1), 41 ans (1), 42 ans (1), 43 ans (1), 44 ans (3), 45 ans (3), 46 ans (3), 47 ans (4), 49 ans (4), 50 ans (8), 51 ans (6), 52 ans (7), 53 ans (3), 54 ans (5), 55 ans (9), 56 ans (5), 57 ans (4), 58 ans (2), 59 ans (5).

Les 18 assurés facultatifs ayant obtenu, au cours de l'année 1925, la liquidation anticipée de leur pension pour cause d'invalidité étaient respectivement âgés de :

39 ans (1), 50 ans (1), 52 ans (1), 53 ans (2), 54 ans (1), 55 ans (4), 56 ans (3), 57 ans (1), 58 ans (4).

Les 26 ouvriers mineurs ayant obtenu en 1925 la liquidation anticipée de leur pension pour cause d'invalidité étaient respectivement âgés de :

34 ans (2), 37 ans (1), 42 ans (1), 43 ans (1), 45 ans (1), 46 ans (1), 48 ans (4), 50 ans (1), 51 ans (7), 52 ans (3), 53 ans (2), 55 ans (2).

Les résultats statistiques par département, âge et catégorie professionnelle, de l'application, au cours de l'année 1925, de l'article 9 de la loi des retraites ouvrières et paysannes et de l'article 7 de la loi du 25 février 1914 figurent à la suite du présent rapport, dans les tableaux 22 à 25.

*b.* En 1926 :

La Commission consultative d'invalidité, présidée par M. Jules GAUTIER, conseiller d'État, a tenu une séance au cours de laquelle elle a statué sur 108 demandes de liquidation anticipée de pension pour cause d'invalidité :

84 demandes avaient été présentées par des assurés obligatoires (60 hommes et 24 femmes);

21 émanaient d'assurés facultatifs (10 hommes et 11 femmes);

3 demandes avaient été formées par des ouvriers mineurs (3 hommes).

En ce qui concerne les assurés obligatoires, 75 demandes ont été accueillies (56 hommes et 19 femmes), soit 89,29 p. 100, 9 ont été rejetées (4 hommes et 5 femmes), soit 10,71 p. 100.

Sur les 21 demandes formées par les assurés facultatifs, 20 ont été admises (10 hommes et 10 femmes), soit 95,23 p. 100, 1 a été rejetée (1 femme), soit 4,77 p. 100.

Les 3 demandes présentées par des ouvriers mineurs ont été admises (3 hommes), soit 100 p. 100.

En résumé, sur 108 demandes soumises à la Commission, 98 ont été admises, soit 90,74 p. 100, 10 ont été rejetées, soit 9,26 p. 100.

Il y a lieu de signaler que, parmi les intéressés, 5 assurés qui avaient demandé la liquidation anticipée de leur pension pour cause d'invalidité, sont décédés au cours de l'instruction de leur demande et 12 admissions ont été liquidées sans bonification.

Le tableau ci-dessous résume les résultats des travaux de la Commission consultative d'invalidité au cours de l'année 1926.

*Assurés et ouvriers mineurs ayant demandé en 1926 la liquidation anticipée de leur pension pour cause d'invalidité.*

| DÉCISIONS INTERVENUES. | ASSURÉS OBLIGATOIRES. | | | ASSURÉS FACULTATIFS. | | | OUVRIERS MINEURS. | | | TOTAL. | | |
|---|---|---|---|---|---|---|---|---|---|---|---|---|
| | H. | F. | Total. | H. | F. | Total. | H. | F. | Total. | H. | F. | Total. |
| Admissions . . . . . . . . . . | 56 | 19 | 75 | 10 | 10 | 20 | 3 | » | 3 | 69 | 29 | 98 |
| Rejets . . . . . . . . . . . . | 4 | 5 | 9 | » | 1 | 1 | » | » | » | 4 | 6 | 10 |
| Totaux . . . . . . . . . . | 60 | 24 | 84 | 10 | 11 | 21 | 3 | » | 3 | 73 | 35 | 108 |

Du tableau qui précède, il résulte :

*a.* En ce qui concerne les Assurés obligatoires de la loi des Retraites :

> Que les *admissions* représentent 89,29 p. 100 des demandes (93,33 p. 100 pour les hommes et 79,16 p. 100 pour les femmes);

> Que les *rejets* constituent 10,71 p. 100 des décisions prises (6,67 p. 100 pour les hommes et 20,84 p. 100 pour les femmes).

*b.* En ce qui concerne les Assurés facultatifs de la loi des Retraites :

> Que l'*admission* a été prononcée pour 95,23 p. 100 des demandes (100 p. 100 pour les hommes et 90,90 p. 100 pour les femmes);

> Qu'ont été *rejetées* 4,77 p. 100 des demandes (9,10 p. 100 pour les femmes).

*c.* En ce qui concerne les ouvriers mineurs :

> Que les *admissions* constituent 100 p. 100 des décisions
> prises (100 p. 100 pour les hommes et 0 p. 100 pour
> les femmes);

En résumé, si l'on considère l'ensemble des décisions prises, on constate :

Que l'*admission* des demandes a été prononcée dans une proportion de 90,74 p. 100 (94,53 p. 100 en ce qui concerne les hommes et 82,26 p. 100 en ce qui concerne les femmes).

Qu'un *rejet* est intervenu pour 9,26 p. 100 des affaires (5,47 p. 100 à l'occasion des demandes présentées par des hommes et 17,14 p. 100 à l'occasion des demandes présentées par des femmes).

Les 58 assurés obligatoires ayant obtenu en 1926 la liquidation anticipée de leur pension pour cause d'invalidité appartenaient aux catégories professionnelles suivantes :

| | | |
|---|---|---|
| I. | Agriculture, forêts et pêches | 5 |
| II. | Industries extractives | 1 |
| III | Alimentation | 1 |
| IV. | Produits chimiques | " |
| V. | Industrie du papier | " |
| VI | Cuirs et peaux | 1 |
| VII. | Industries textiles | 2 |
| VIII. | Travail des étoffes, nettoyage | 4 |
| IX. | Industries du bois | 4 |
| X. | Métaux | 8 |
| XI. | Pierres et terres au feu, taille et polissage | " |
| XII. | Industries du bâtiment | 1 |
| XIII. | Transports et manutention | 15 |
| XIV. | Soins personnels | 6 |
| XV. | Salariés des professions libérales | 2 |
| XVI. | Commerce et banques | 2 |
| XVII. | Salariés de l'État, des départements et des communes | 6 |

Les assurés facultatifs ayant obtenu la liquidation anticipée de

leur pension pour cause d'invalidité avaient été admis au bénéfice
de l'assurance facultative en qualité de :

| | |
|---|---|
| Fermier.................................................. | » |
| Métayer................................................. | » |
| Artisan ................................................. | 1 |
| Cultivateur ............................................ | 8 |
| Petit patron........................................... | 6 |
| Femme d'assuré....................................... | 5 |
| Membres de la famille ............................... | » |
| Salarié gagnant plus de 10,000 francs................ | » |

Les 58 assurés obligatoires ayant obtenu en 1926 la liquidation
anticipée de leur pension pour cause d'invalidité étaient respectivement âgés de :

29 ans (1), 32 ans (1), 37 ans (1), 39 ans (1), 41 ans (2)
43 ans (1), 44 ans (1), 45 ans (2), 46 ans (3), 47 ans (2),
48 ans (2), 49 ans (4), 50 ans (4), 51 ans (6), 52 ans (5),
53 ans (5), 54 ans (5), 55 ans (4), 56 ans (3), 57 ans (3),
58 ans (2).

Les 20 assurés facultatifs ayant obtenu, au cours de l'année
1926, la liquidation anticipée de leur pension pour cause d'invalidité étaient respectivement âgés de :

50 ans (2), 51 ans (1), 52 ans (1), 53 ans (1), 54 ans (1),
55 ans (8), 56 ans (3), 57 ans (1), 58 ans (2).

Les 3 ouvriers mineurs ayant obtenu en 1926 la liquidation
anticipée de leur pension pour cause d'invalidité étaient respectivement âgés de :

51 ans (2), 53 ans (1).

Les résultats statistiques par département, âge, catégorie professionnelle, de l'application, au cours de l'année 1926, de l'article 9 de la loi sur les retraites ouvrières et paysannes et de
l'article 7 de la loi du 25 février 1914 figurent, à la suite du présent rapport, dans les tableaux    à    .

### III. **Allocations au décès.**

L'article 6 de la loi des retraites ouvrières et paysannes a prévu l'attribution d'une allocation au décès aux ayants droit des assurés décédés en cours d'assurance, ainsi qu'aux ayants droit d'assurés décédés après la liquidation de leur pension, mais avant que le total des arrérages échus atteigne le montant de ladite allocation.

Ces allocations sont fixées à 5o francs par mois pendant 3 mois pour les veuves sans enfant au-dessous de 16 ans et à 5o francs par mois pendant 4, 5 ou 6 mois pour les enfants mineurs au-dessous de 16 ans, suivant qu'ils sont 1, 2, 3 ou plus. La femme divorcée jouit des mêmes droits que la femme mariée, lorsque le divorce a été prononcé à son profit.

La loi exige pour les assurés obligatoires que, pour l'attribution de ces allocations, ces assurés aient effectué un versement chaque année. Toutefois, étant donné qu'un projet de loi est actuellement pendant devant le Parlement, tendant à supprimer cette condition d'annualité des versements, mon Administration a appliqué cette disposition dans un sens très libéral, se contentant d'exiger que le total des versements atteigne les 3/5 du total des versements réglementaires correspondant aux années d'assurance du décédé.

Au cours de l'année 1925, le nombre des assurés dont le décès a donné lieu à la liquidation d'allocations au décès s'est élevé au total à 5.010, dont 4.582 assurés obligatoires et 428 assurés facultatifs, parmi lesquels 4.746 hommes et 264 femmes.

Si on déduit de ce chiffre le nombre des allocations complémentaires pour enfants posthumes, s'élevant à 25 et celui des allocations réduites après liquidation qui s'élève à 145, le chiffre de 5.010 allocations liquidées se trouve ramené à 4.840 se répartissant comme suit :

2.780 allocations de 5o francs par mois pendant trois mois au profit des veuves.

1.135 allocations de 5o francs par mois pendant quatre mois au
profit d'un enfant.

523 allocations de 5o francs par mois pendant cinq mois au
profit de deux enfants.

402 allocations de 5o francs par mois pendant six mois au profit
de trois enfants ou plus.

Le nombre total des enfants bénéficiaires d'allocations au décès
s'est élevé à 3.517.

En ajoutant aux 3.517 enfants bénéficiaires d'allocations au
décès les 2.780 veuves ayant obtenu ces mêmes allocations,
on trouve que le nombre des bénéficiaires pendant l'année 1925
est de 6.297.

Le montant total des allocations liquidées au cours de cette
année s'élève à 895.350 francs.

En outre, 145 allocations réduites au profit d'ayants droit d'assurés décédés après la liquidation de leur pension ont donné lieu
à une dépense de 15.067 fr. 75.

D'autre part, la liquidation de 25 allocations complémentaires
pour enfants posthumes a entraîné une dépense de 1.950 francs.

Les tableaux 20 à 22 annexés au présent rapport donnent, pour
chaque département, l'état des allocations au décès liquidées du
1er janvier au 31 décembre 1925.

Les 4.582 assurés obligatoires dont le décès a donné lieu à
liquidation d'une allocation au décès, appartenaient aux catégories
professionnelles suivantes :

| | | |
|---|---|---|
| I. | Agriculture, forêts et pêche................ | 510 |
| II. | Industries extractives..................... | 55 |
| III. | Industries de l'alimentation................. | 106 |
| IV. | Produits chimiques........................ | 44 |
| V. | Industrie du papier........................ | 114 |
| VI. | Cuirs et peaux........................... | 85 |
| VII. | Industries textiles......................... | 266 |
| VIII. | Industrie des vêtements, travail des étoffes....... | 130 |

Les 428 assurés facultatifs dont le décès a donné lieu à liquidation d'allocation au décès avaient été admis à l'assurance facultative aux titres suivants :

  20 en qualité de fermiers;
   8 en qualité de métayers;
  51 en qualité d'artisans;
 224 en qualité de cultivateurs;
  85 en qualité de petits patrons;
  15 en qualité de femmes d'assurés;
  25 en qualité de salariés touchant un salaire variant de 10.000 à 12.000 francs.

Au cours de l'année 1926, le nombre des assurés dont le décès a donné lieu à la liquidation d'allocations s'est élevé à 4.820 dont 4.444 assurés obligatoires et 376 assurés facultatifs parmi lesquels 4.558 hommes et 262 femmes.

Si on déduit de ce chiffre le nombre des allocations complémentaires pour enfants posthumes s'élevant à 20 et celui des allocations réduites après liquidation qui s'élève à 108, le chiffre de 4.820 allocations liquidées se ramène à 4.692 se répartissant comme suit :

 2.737 allocations de 50 francs par mois pendant trois mois au profit de veuves.

 1.062 allocations de 50 francs par mois pendant quatre mois au profit d'un enfant.

5.3 allocations de 50 francs par mois pendant cinq mois au profit de deux enfants.

380 allocations de 50 francs par mois pendant six mois au profit de trois enfants ou plus.

Le nombre total des enfants bénéficiaires d'allocations au décès s'est élevé à 3.372.

En ajoutant aux 3.372 enfants bénéficiaires d'allocations au décès les 2.737 veuves ayant obtenu ces mêmes allocations, on trouve que le nombre des bénéficiaires pendant la période envisagée est de 6.109.

Le montant total des allocations liquidées pendant l'année 1926 s'élève à 865.200 francs.

7 allocations ont été liquidées à la requête du juge de paix aux lieu et place du tuteur, par application de l'article 163 du règlement d'administration publique.

En outre, 108 allocations réduites au profit d'ayants droit d'assurés décédés après la liquidation de leur retraite ont été liquidées et ont donné lieu à une dépense de 10.809 fr. 17.

Les tableaux 20 à 22 annexés au présent rapport donnent, pour chaque département, l'état des allocations au décès liquidées du 1er janvier au 31 décembre 1926 au profit d'ayants droit d'assurés.

Les 4.444 assurés obligatoires, dont le décès a donné lieu à liquidation d'allocations au décès, appartenaient aux catégories professionnelles suivantes :

| | | |
|---|---|---|
| I. | Agriculture, forêts et pêche | 564 |
| II. | Industries extractives | 26 |
| III. | Industries alimentaires | 124 |
| IV. | Produits chimiques | 53 |
| V. | Industrie du papier | 91 |
| VI. | Cuirs et peaux | 83 |
| VII. | Industries textiles | 251 |
| VIII. | Industrie du vêtement, travail des étoffes, nettoyage | 95 |
| IX. | Industrie du bois | 240 |

Les 376 assurés facultatifs dont le décès a donné lieu à la
liquidation d'allocations au décès, avaient été admis au bénéfice
de l'assurance facultative aux titres suivants :

    13 en qualité de fermiers ;
    17 en qualité de métayers ;
    43 en qualité d'artisans ;
   202 en qualité de cultivateurs ;
   74 en qualité de petits patrons ;
   17 en qualité de femmes d'assurés.
   10 en qualité de salariés touchant un salaire de plus de
     10.000 francs.

## ASSURANCES SOCIALES.

Bien que la loi sur les assurances sociales ait été votée postérieurement aux années sur lesquelles porte le présent rapport, il convient cependant de souligner ce vote et d'en dégager toute la portée
sociale.

La réforme que consacre la loi du 5 avril 1928 est appelée à
avoir des répercussions considérables sur la vie sociale de notre
pays, tant par l'ampleur de la protection qu'elle se propose, que
par le nombre de ses bénéficiaires. Elle couvre tous les risques phy-
siologiques : maladie, invalidité, vieillesse, décès, vient en aide à
la maternité et étend ses bienfaits sur la plus grande partie des tra-
vailleurs. Elle englobe sous sa protection non seulement le travail-
leur lui-même, mais sa femme et ses enfants.

Elle contribuera aussi au développement national, en améliorant la santé publique en accroissant les forces vives de la Nation, en assurant une main-d'œuvre meilleure en qualité et en quantité.

On ne saurait trop escompter l'effet bienfaisant de la nouvelle législation pour la paix sociale et l'essor économique de la France. Mais il est juste de rendre hommage à l'effort qui a précédé cette réforme et qui l'a conditionnée, qui en a été la préface nécessaire.

Les assurances sociales sont tout d'abord le développement de l'assurance obligatoire instituée pour le risque de vieillesse par le législateur de 1910. L'institution des retraites ouvrières restera le point de départ de la loi du 5 avril 1928 dans un pays fermement attaché à l'épargne pour la retraite.

La réforme a également son origine dans l'admirable expansion de la mutualité qui, par sa vertu éducative, ses libres initiatives et son esprit de solidarité, a créé d'innombrables foyers de prévoyance offrant les meilleurs cadres à l'assurance de demain.

Assurance obligatoire, prévoyance libre, se réuniront sous le régime des assurances sociales pour l'éclosion d'une œuvre nouvelle combinant les avantages des principes de liberté et d'obligation.

Telles sont, Monsieur le Président, les mesures prises pour l'application de la loi des Retraites ouvrières et paysannes et les observations qui m'ont paru se dégager des statistiques relatives à cette application pendant les années 1925 et 1926, ainsi que celles provoquées par le rapprochement de cette documentation de celle des années précédentes.

Veuillez agréer, Monsieur le Président, l'assurance de mon respectueux dévouement.

*Le Ministre du Travail, de l'Hygiène,*
*de l'Assistance*
*et de la Prévoyance sociales,*
Signé : Louis LOUCHEUR.

# RENSEIGNEMENTS STATISTIQUES

## SUR L'APPLICATION DE LA LOI

### DES

# RETRAITES OUVRIÈRES ET PAYSANNES

## ANNÉE 1925

*Tableau faisant ressortir, par département, les causes de variation du nombre des assurés obligatoires du 1er janvier au 31 décembre 1925.*

| DÉPARTEMENTS. | ASSURÉS inscrits au 1er janvier 1925. | ASSURÉS inscrits du 1er janvier 1925 au 31 décembre 1925. | TOTAL. | ASSURÉS ayant demandé la liquidation de leur pension du 1er janvier 1925 au 31 déc. 1925. | décédés du 1er janv. 1925 au 31 déc. 1925. | ayant quitté le département du 1er janv. 1925 au 31 déc. 1925. | rayés des listes des assurés obligatoires du 1er janv. 1925 au 31 déc. 1925. | TOTAL des assurés obligatoires inscrits au 31 décembre 1925. |
|---|---|---|---|---|---|---|---|---|
| Ain | 48.003 | 1.121 | 49.120 | 235 | 107 | 275 | . | 48.403 |
| Aisne | 64.046 | 3.344 | 67.390 | 266 | 581 | 762 | 502 | 64.579 |
| Allier | 91.159 | 1.287 | 92.446 | 393 | 185 | 487 | 4 | 91.377 |
| Alpes (Basses-) | 8.639 | 307 | 8.946 | 126 | 29 | 53 | . | 8.738 |
| Alpes (Hautes-) | 9.043 | 411 | 9.454 | 136 | 83 | 104 | 162 | 8.969 |
| Alpes-Maritimes | 61.277 | 4.114 | 65.391 | 215 | 283 | 163 | 820 | 63.910 |
| Ardèche | 43.471 | 564 | 44.035 | 447 | 158 | 274 | . | 43.498 |
| Ardennes | 50.374 | 2.015 | 52.389 | 556 | 371 | 594 | 1.370 | 49.498 |
| Ariège | 12.095 | 315 | 12.410 | 160 | 79 | 3 | . | 12.148 |
| Aube | 57.328 | 1.147 | 58.775 | 467 | 458 | 106 | 408 | 57.246 |
| Aude | 47.225 | 846 | 48.071 | 424 | 511 | 199 | 943 | 45.934 |
| Aveyron | 41.090 | 793 | 41.883 | 339 | 95 | 149 | 30 | 41.270 |
| Belfort (Territoire de) | 46.405 | 1.885 | 48.270 | 198 | 300 | 251 | 80 | 47.441 |
| Bouches-du-Rhône | 294.463 | 5.928 | 300.391 | 831 | 1.450 | 1.398 | 11.500 | 285.212 |
| Calvados | 79.621 | 1.996 | 81.617 | 285 | 405 | 918 | 1.681 | 78.328 |
| Cantal | 19.191 | 634 | 19.825 | 178 | 117 | 91 | 265 | 19.174 |
| Charente | 55.954 | 927 | 56.881 | 248 | 85 | 241 | 168 | 56.139 |
| Charente-Inférieure | 71.873 | 2.183 | 74.056 | 432 | 392 | 223 | 516 | 72.493 |
| Cher | 83.834 | 1.141 | 84.975 | 420 | 439 | 463 | 1.066 | 82.587 |
| Corrèze | 31.686 | 445 | 32.131 | 215 | 92 | 136 | . | 31.688 |
| Corse | 23.756 | 158 | 23.914 | 306 | 116 | 71 | 32 | 23.389 |
| Côte-d'Or | 68.521 | 1.595 | 70.116 | 680 | 372 | 526 | 456 | 68.082 |
| Côtes-du-Nord | 29.805 | 5.744 | 35.639 | 414 | 178 | 259 | 639 | 34.149 |
| Creuse | 14.951 | 286 | 15.237 | 104 | 41 | 34 | 299 | 14.759 |
| Dordogne | 49.430 | 881 | 50.311 | 127 | 147 | 223 | 403 | 49.411 |
| Doubs | 57.446 | 4.605 | 62.051 | 488 | 684 | 474 | 2.906 | 57.506 |
| Drôme | 48.666 | 664 | 49.330 | 392 | 160 | 194 | 13 | 48.571 |
| Eure | 91.568 | 1.912 | 93.480 | 415 | 296 | 538 | 264 | 91.967 |
| Eure-et-Loir | 62.143 | 928 | 63.071 | 314 | 135 | 299 | 116 | 62.207 |
| Finistère | 101.658 | 1.491 | 103.149 | 611 | 643 | 419 | 324 | 101.152 |
| Gard | 71.150 | 883 | 72.033 | 614 | 229 | 179 | 28 | 70.983 |
| Garonne (Haute-) | 91.107 | 3.254 | 94.661 | 521 | 782 | 1.819 | 2.008 | 89.531 |
| Gers | 16.226 | 468 | 16.694 | 135 | 188 | 155 | 421 | 16.095 |
| Gironde | 255.686 | 5.469 | 261.155 | 1.008 | 575 | 1.626 | 1.642 | 256.304 |
| Hérault | 84.522 | 1.130 | 85.652 | 446 | 347 | 1.104 | 286 | 83.469 |
| Ille-et-Vilaine | 124.106 | 2.770 | 126.876 | 226 | 955 | 326 | 1.260 | 124.069 |
| Indre | 37.020 | 453 | 37.473 | 240 | 62 | 169 | 64 | 36.938 |
| Indre-et-Loire | 67.471 | 1.190 | 68.671 | 255 | 97 | 205 | 120 | 67.983 |
| Isère | 134.084 | 4.681 | 138.765 | 1.029 | 326 | 331 | 5.523 | 131.556 |
| Jura | 32.162 | 791 | 32.953 | 249 | 110 | 392 | 31 | 32.161 |
| Landes | 27.588 | 833 | 28.471 | 168 | 301 | 245 | 508 | 27.109 |
| Loir-et-Cher | 53.691 | 1.041 | 54.732 | 262 | 407 | 314 | 496 | 53.253 |
| Loire | 98.589 | 2.227 | 100.816 | 760 | 1.086 | 250 | 515 | 98.205 |

| DÉPARTEMENTS. | ASSURÉS inscrits au 1er janvier 1925. | ASSURÉS inscrits du 1er janvier 1925 au 31 décembre 1925. | TOTAL. | ASSURÉS ayant demandé la liquidation de leur pension du 1er janv. 1925 au 31 déc. 1925. | décédés du 1er janv. 1925 au 31 déc. 1925. | ayant quitté le département du 1er janv. 1925 au 31 déc. 1925. | rayés des listes des assurés obligatoires du 1er janv. 1925 au 31 déc. 1925. | TOTAL des assurés obligatoires inscrits au 31 décembre 1925. |
|---|---|---|---|---|---|---|---|---|
| Loire (Haute-) | 27.583 | 671 | 28.254 | 316 | 115 | 36 | 13. | 27.657 |
| Loire-Inférieure | 146.460 | 3.756 | 150.216 | 723 | 383 | 347 | 11.2-7 | 137.406 |
| Loiret | 71.539 | 1.073 | 72.612 | 421 | 504 | 346 | 897 | 70.552 |
| Lot | 15.295 | 556 | 15.351 | 282 | 80 | 98 | 98 | 15.273 |
| Lot-et-Garonne | 34.104 | 953 | 35.057 | 201 | 75 | 122 | 617 | 34.042 |
| Lozère | 10.285 | 260 | 10.545 | 280 | 22 | 52 | 14 | 10.177 |
| Maine-et-Loire | 80.608 | 1.316 | 88.014 | 507 | 1.120 | 239 | 7.482 | 78.660 |
| Manche | 78.103 | 989 | 79.092 | 157 | 196 | 259 | 757 | 77.693 |
| Marne | 95.556 | 3.140 | 98.696 | 65. | 484 | 555 | 5.145 | 91.737 |
| Marne (Haute-) | 45.706 | 1.539 | 47.245 | 480 | 225 | 36. | 76 | 46.101 |
| Mayenne | 42.553 | 613 | 43.166 | 120 | 47 | 187 | 480 | 42.532 |
| Meurthe-et-Moselle | 242.146 | 14.861 | 257.067 | 999 | 1.1.0 | 1.49. | 2.010 | 250.739 |
| Meuse | 50.781 | 1.47. | 52.260 | 434 | 221 | 563 | 202 | 50.840 |
| Morbihan | 64.089 | 781 | 64.840 | 197 | 346 | 347 | 857 | 63.223 |
| Nièvre | 62.249 | 1.537 | 63.786 | 313 | 415 | 566 | 26 | 62.217 |
| Nord | 581.044 | 27.565 | 608.609 | 3.265 | 3.378 | 2.686 | 9.021 | 590.256 |
| Oise | 120.459 | 3.252 | 123.671 | 716 | 509 | 537 | 1.595 | 120.224 |
| Orne | 35.033 | 1.070 | 36.103 | 231 | 262 | 74 | 312 | 35.224 |
| Pas-de-Calais | 185.862 | 6.246 | 192.108 | 792 | 957 | 716 | 2.795 | 188.659 |
| Puy-de-Dôme | 69.313 | 1.904 | 71.217 | 664 | 247 | 173 | 91 | 70.102 |
| Pyrénées (Basses-) | 67.522 | 1.023 | 68.516 | 306 | 208 | 175 | 68 | 67.789 |
| Pyrénées (Hautes-) | 29.158 | 824 | 29.982 | 156 | 62 | 157 | 227 | 29.380 |
| Pyrénées-Orientales | 31.046 | 481 | 31.527 | 198 | 217 | 302 | 713 | 39.297 |
| Rhône | 166.136 | 5.850 | 171.986 | 1.334 | 1.293 | 604 | 3.627 | 165.128 |
| Saône (Haute-) | 38.724 | 1.198 | 39.922 | 345 | 102 | 442 | 86 | 38.947 |
| Saône-et-Loire | 91.609 | 3.436 | 95.045 | 854 | 310 | 690 | 243 | 92.840 |
| Sarthe | 98.079 | 1.951 | 100.030 | 474 | 475 | 417 | 770 | 97.896 |
| Savoie | 32.330 | 594 | 32.924 | 149 | 85 | 158 | 116 | 32.414 |
| Savoie (Haute-) | 25.297 | 1.716 | 27.013 | 188 | 125 | 292 | 568 | 25.840 |
| Seine | 759.281 | 31.996 | 791.377 | 2.648 | 3.111 | 2.970 | 1.460 | 781.079 |
| Seine-Inférieure | 204.781 | 5.009 | 209.990 | 1.084 | 1.120 | 815 | 557 | 206.414 |
| Seine-et-Marne | 90.716 | 1.498 | 92.214 | 571 | 1.120 | 470 | 93 | 89.970 |
| Seine-et-Oise | 216.495 | 5.317 | 221.812 | 1.018 | 551 | 1.800 | 5.442 | 213.001 |
| Sèvres (Deux-) | 49.314 | 516 | 49.830 | 210 | 120 | 239 | 807 | 48.424 |
| Somme | 147.671 | 3.080 | 150.751 | 886 | 445 | 473 | 2.159 | 146.788 |
| Tarn | 43.159 | 1.406 | 44.565 | 452 | 248 | 245 | 102 | 43.528 |
| Tarn-et-Garonne | 20.967 | 374 | 21.341 | 169 | 46 | 69 | 36 | 21.021 |
| Var | 61.070 | 2.198 | 63.268 | 445 | 275 | 247 | 612 | 61.689 |
| Vaucluse | 37.524 | 832 | 37.856 | 247 | 84 | 137 | 12 | 37.376 |
| Vendée | 59.421 | 1.290 | 60.711 | 275 | 275 | 145 | 115 | 59.901 |
| Vienne | 48.929 | 934 | 49.863 | 303 | 103 | 142 | 219 | 49.096 |
| Vienne (Haute-) | 69.221 | 509 | 69.730 | 132 | 106 | 190 | 27 | 69.275 |
| Vosges | 117.868 | 5.428 | 123.296 | 950 | 793 | 1.277 | 1.702 | 118.565 |
| Yonne | 47.541 | 1.411 | 48.952 | 403 | 100 | 488 | 185 | 47.716 |
| TOTAUX | 7.476.895 | 229.520 | 7.706.415 | 12.723 | 36.588 | 59.684 | 102.216 | 7.633.223 |

**TABLEAU faisant ressortir, par département, les causes de variation du nombre des assurés facultatifs du 1er janvier au 31 décembre 1925.**

| DÉPARTEMENTS. | ASSURÉS INSCRITS au 1er janvier 1925. | ASSURÉS INSCRITS du 1er janvier 1925 au 31 décembre 1925. | TOTAL. | ASSURÉS ayant demandé la liquidation de leur pension du 1er janvier 1925 au 31 décembre 1925. | ASSURÉS décédés du 1er janvier 1925 au 31 décembre 1925. | ASSURÉS ayant quitté le département du 1er janvier 1925 au 31 décembre 1925. | ASSURÉS rayés des listes des assurés facultatifs du 1er janvier 1925 au 31 décembre 1925. | NOMBRE des assurés facultatifs inscrits au 31 décembre 1925. |
|---|---|---|---|---|---|---|---|---|
| Ain | 3.449 | 23 | 3.472 | 180 | 16 | 11 | » | 3.205 |
| Aisne | 1.593 | 152 | 1.745 | 139 | 31 | 15 | 1 | 1.559 |
| Allier | 4.144 | 26 | 4.170 | 149 | 40 | 9 | 8 | 3.964 |
| Alpes (Basses-) | 2.340 | 18 | 2.358 | 106 | 5 | 12 | » | 2.235 |
| Alpes (Hautes-) | 1.367 | 20 | 1.387 | 90 | 21 | 9 | 24 | 1.243 |
| Alpes-Maritimes | 2.800 | 170 | 2.970 | 107 | 22 | 7 | 41 | 2.802 |
| Ardèche | 13.083 | 9 | 13.092 | 220 | 22 | 6 | » | 12.844 |
| Ardennes (1) | 1.866 | 24 | 1.890 | 112 | 33 | 4 | 43 | 1.698 |
| Ariège | 1.633 | » | 1.633 | 121 | 28 | » | » | 1.484 |
| Aube | 2.791 | 16 | 2.807 | 152 | 87 | 1 | 19 | 2.548 |
| Aude | 1.558 | 23 | 1.581 | 76 | 10 | 5 | 37 | 1.453 |
| Aveyron | 3.835 | 11 | 3.846 | 220 | 24 | 6 | » | 3.596 |
| Belfort (Territoire de) | 1.065 | » | 1.065 | 19 | 11 | 10 | 3 | 1.022 |
| Bouches-du-Rhône | 5.656 | 76 | 5.732 | 174 | 25 | 25 | 220 | 5.288 |
| Calvados | 760 | 9 | 769 | 23 | 9 | 2 | » | 735 |
| Cantal | 1.210 | 60 | 1.270 | 92 | 18 | 10 | 89 | 1.111 |
| Charente | 1.472 | 49 | 1.521 | 84 | 5 | 3 | 81 | 1.418 |
| Charente-Inférieure | 2.963 | 19 | 2.982 | 153 | 2 | 18 | 3 | 2.806 |
| Cher | 1.689 | 27 | 1.716 | 94 | 15 | 3 | 36 | 1.563 |
| Corrèze | 4.262 | 11 | 4.273 | 232 | 27 | 2 | 5 | 4.007 |
| Corse | 1.793 | 15 | 1.808 | 119 | 7 | 1 | » | 1.675 |
| Côte-d'Or | 5.424 | 46 | 5.470 | 230 | 49 | 4 | 65 | 5.122 |
| Côtes-du-Nord | 1.662 | 17 | 1.679 | 91 | 23 | 14 | 111 | 1.407 |
| Creuse | 2.431 | 37 | 2.468 | 95 | 12 | 8 | 99 | 2.254 |
| Dordogne | 2.270 | 52 | 2.322 | 51 | 10 | 6 | 30 | 2.216 |
| Doubs | 2.860 | 49 | 2.909 | 140 | 16 | » | 5 | 2.750 |
| Drôme | 4.010 | 49 | 4.059 | 178 | 29 | 12 | 3 | 3.837 |
| Eure | 778 | 25 | 803 | 26 | 3 | 5 | » | 760 |
| Eure-et-Loir | 1.646 | 30 | 1.676 | 61 | 9 | 6 | 4 | 1.596 |
| Finistère | 3.789 | 72 | 3.861 | 137 | 54 | 6 | 7 | 3.657 |
| Gard | 11.959 | 18 | 11.977 | 221 | 52 | 18 | 1 | 11.685 |
| Garonne (Haute-) | 2.738 | 21 | 2.759 | 115 | 33 | 9 | 152 | 2.450 |
| Gers | 1.392 | 28 | 1.420 | 104 | 16 | 1 | » | 1.299 |
| Gironde | 3.670 | 31 | 3.701 | 107 | 10 | 3 | 7 | 3.574 |
| Hérault | 1.991 | 13 | 2.004 | 34 | 16 | 36 | 1 | 1.917 |
| Ille-et-Vilaine | 1.604 | 9 | 1.613 | 34 | 2 | 1 | 2 | 1.574 |
| Indre | 1.317 | 29 | 1.346 | 67 | 8 | 4 | 2 | 1.265 |
| Indre-et-Loire | 1.076 | 38 | 1.114 | 57 | 14 | 1 | 8 | 1.034 |
| Isère | 10.182 | 95 | 10.277 | 495 | 71 | 16 | 1.013 | 8.682 |
| Jura | 3.585 | 31 | 3.616 | 142 | 19 | 6 | 4 | 3.445 |
| Landes | 1.208 | 71 | 1.279 | 88 | 75 | 1 | 139 | 976 |
| Loir-et-Cher | 2.257 | 21 | 2.278 | 60 | 24 | 9 | 3 | 2.182 |
| Loire | 2.391 | 99 | 2.414 | 33 | 9 | 7 | 4 | 2.501 |

| DÉPARTEMENTS. | ASSURÉS INSCRITS au 1er janvier 1925. | ASSURÉS INSCRITS du 1er janvier 1925 au 31 décembre 1925. | TOTAL. | ASSURÉS ayant demandé la liquidation de leur pension du 1er janvier 1925 au 31 décembre 1925. | ASSURÉS décédés du 1er janvier 1925 au 31 décembre 1925. | ASSURÉS ayant quitté le département du 1er janvier 1925 au 31 décembre 1925. | ASSURÉS rayés des listes des assurés facultatifs du 1er janvier 1925 au 31 décembre 1925. | NOMBRE des assurés facultatifs inscrits au 31 décembre 1925. |
|---|---|---|---|---|---|---|---|---|
| Loire (Haute-) | 1.788 | 3 | 1.791 | 126 | 7 | 6 | 31 | 1.643 |
| Loire-Inférieure | 1.402 | 18 | 1.420 | 87 | 23 | 1 | 165 | 1.104 |
| Loiret | 1.560 | 17 | 1.577 | 100 | 13 | 6 | 32 | 1.426 |
| Lot | 3.535 | 25 | 3.560 | 143 | 23 | 6 | 1 | 3.380 |
| Lot-et-Garonne | 3.286 | 45 | 3.331 | 77 | 13 | 8 | 163 | 3.073 |
| Lozère | 1.007 | 2 | 1.009 | 45 | 4 | 2 | . | 958 |
| Maine-et-Loire | 1.298 | 18 | 1.316 | 67 | 3 | 1 | 16 | 1.320 |
| Manche | 1.658 | 57 | 1.715 | 53 | 1 | 20 | 33 | 1.673 |
| Marne | 2.140 | 26 | 2.166 | 185 | 14 | 28 | 33 | 1.608 |
| Marne (Haute-) | 4.216 | 35 | 4.251 | 101 | 26 | 4 | 1 | 4.060 |
| Mayenne | 228 | 5 | 233 | 16 | 2 | 3 | . | 212 |
| Meurthe-et-Moselle | 6.514 | 82 | 6.596 | 151 | 50 | 1 | 4 | 6.191 |
| Meuse | 2.519 | 18 | 2.537 | 133 | 30 | 23 | 4 | 2.347 |
| Morbihan | 1.405 | 22 | 1.427 | 63 | 20 | 7 | 35 | 1.302 |
| Nièvre | 3.078 | 46 | 3.124 | 82 | 20 | 6 | 5 | 3.011 |
| Nord | 6.981 | 93 | 7.074 | 237 | 80 | 40 | 200 | 6.517 |
| Oise | 1.910 | 15 | 1.925 | 66 | 7 | 11 | 28 | 1.813 |
| Orne | 552 | 6 | 558 | 5 | 18 | 3 | 8 | 537 |
| Pas-de-Calais | 3.411 | 110 | 3.521 | 130 | 45 | 14 | 21 | 3.313 |
| Puy-de-Dôme | 5.590 | 78 | 5.668 | 316 | 38 | 4 | 4 | 5.306 |
| Pyrénées (Basses-) | 1.903 | 39 | 1.942 | 255 | 66 | 6 | 1 | 1.584 |
| Pyrénées (Hautes-) | 1.829 | 6 | 1.835 | 97 | 9 | " | 4 | 1.725 |
| Pyrénées-Orientales | 1.600 | 20 | 1.620 | 61 | 15 | " | 59 | 1.685 |
| Rhône | 2.979 | 35 | 3.014 | 132 | 25 | 15 | 15 | 2.827 |
| Saône (Haute-) | 3.908 | 42 | 3.950 | 226 | 32 | 12 | . | 3.680 |
| Saône-et-Loire | 5.673 | 43 | 5.716 | 249 | 16 | 12 | 15 | 5.393 |
| Sarthe | 592 | 12 | 604 | 58 | 18 | 6 | 2 | 520 |
| Savoie | 2.754 | 21 | 2.775 | 154 | 28 | 7 | 2 | 2.584 |
| Savoie (Haute-) | 2.026 | 8 | 2.034 | 103 | 12 | 5 | 34 | 1.880 |
| Seine | 13.255 | 51 | 13.306 | 201 | 60 | 10 | 5 | 12.070 |
| Seine-Inférieure | 1.205 | 3 | 1.208 | 28 | 1 | 8 | 1 | 1.170 |
| Seine-et-Marne | 2.534 | 17 | 2.551 | 87 | 63 | 9 | 2 | 2.390 |
| Seine-et-Oise | 2.280 | 31 | 2.311 | 86 | 9 | 8 | 69 | 2.139 |
| Sèvres (Deux-) | 712 | 4 | 716 | 39 | 9 | 5 | 31 | 642 |
| Somme | 1.676 | 6 | 1.682 | 90 | 9 | 8 | 32 | 1.548 |
| Tarn | 3.135 | 13 | 3.188 | 208 | 21 | 5 | 1 | 2.953 |
| Tarn-et-Garonne | 3.781 | 22 | 3.803 | 62 | 12 | 2 | 72 | 3.715 |
| Var | 2.187 | 30 | 2.217 | 57 | 6 | 13 | 45 | 2.096 |
| Vaucluse | 2.823 | 24 | 2.847 | 157 | 13 | 3 | " | 2.674 |
| Vendée | 1.205 | 4 | 1.209 | 66 | 8 | 5 | 2 | 1.130 |
| Vienne | 2.597 | 64 | 2.661 | 94 | 20 | 6 | 16 | 2.520 |
| Vienne (Haute-) | 1.778 | 6 | 1.784 | 67 | 5 | 65 | " | 1.650 |
| Vosges | 2.561 | 17 | 2.578 | 128 | 46 | 13 | 34 | 2.357 |
| Yonne | 7.587 | 92 | 7.679 | 205 | 23 | 23 | 23 | 7.404 |
| TOTAUX | 258.278 | 2.892 | 261.170 | 19.405 | 2.033 | 737 | 3.769 | 242.206 |

Étar indiquant, par département, le produit trimestriel de la vente des timbres-retraite du 1er janvier au 31 décembre 1925.

| DÉPARTEMENTS. | 1er TRIMESTRE. | 2e TRIMESTRE. | 3e TRIMESTRE. | 4e TRIMESTRE. | TOTAL pour l'année 1925. |
|---|---|---|---|---|---|
| | fr. c. | fr. c. | fr. c. | fr. c. | fr. c. |
| Ain | 57.558 17 | 55.925 59 | 54.980 58 | 61.771 54 | 230.244 88 |
| Aisne | 108.849 10 | 116.411 84 | 88.701 21 | 112.021 51 | 426.483 66 |
| Allier | 66.389 16 | 51.370 09 | 64.663 77 | 57.926 00 | 240.350 02 |
| Alpes (Basses-) | 16.614 47 | 16.187 21 | 16.122 80 | 18.121 80 | 69.046 46 |
| Alpes (Hautes-) | 15.195 49 | 16.525 08 | 18.973 60 | 17.100 75 | 67.794 92 |
| Alpes-Maritimes | 72.456 59 | 69.614 48 | 83.993 06 | 88.317 19 | 305.381 32 |
| Ardèche | 57.728 22 | 53.405 60 | 53.221 66 | 54.065 68 | 218.421 16 |
| Ardennes | 101.597 47 | 97.230 89 | 91.752 95 | 92.612 77 | 383.194 08 |
| Ariège | 25.341 48 | 24.862 13 | 22.187 84 | 24.631 10 | 97.922 85 |
| Aube | 60.626 56 | 56.443 34 | 50.670 05 | 53.452 31 | 221.193 16 |
| Aude | 66.254 27 | 67.015 45 | 57.931 05 | 62.876 25 | 254.077 02 |
| Aveyron | 46.502 67 | 42.698 89 | 37.135 27 | 35.832 89 | 172.197 12 |
| Bouches-du-Rhône | 254.826 35 | 256.789 81 | 229.904 15 | 442.409 91 | 1.183.938 22 |
| Calvados | 53.254 72 | 52.394 41 | 54.291 72 | 49.301 01 | 209.341 86 |
| Cantal | 40.117 53 | 40.130 70 | 42.273 69 | 54.013 82 | 176.534 74 |
| Charente | 39.467 03 | 35.951 21 | 34.706 50 | 45.057 96 | 155.182 09 |
| Charente-Inférieure | 71.581 73 | 72.899 27 | 72.646 56 | 79.754 47 | 296.882 05 |
| Cher | 58.267 20 | 60.713 34 | 56.519 92 | 64.820 05 | 240.320 51 |
| Corrèze | 21.300 21 | 24.581 01 | 26.695 50 | 31.436 30 | 104.076 02 |
| Corse | 44.901 61 | 25.471 53 | 39.268 74 | 37.567 73 | 147.209 61 |
| Côte-d'Or | 110.718 39 | 128.242 92 | 101.711 88 | 135.251 30 | 475.924 49 |
| Côtes-du-Nord | 49.125 82 | 41.232 74 | 44.057 86 | 44.089 27 | 178.485 69 |
| Creuse | 15.760 56 | 14.274 50 | 13.542 61 | 17.207 85 | 60.785 52 |
| Dordogne | 37.828 45 | 42.403 07 | 36.787 11 | 36.039 90 | 153.058 59 |
| Doubs | 131.843 10 | 139.358 75 | 127.609 85 | 142.266 80 | 541.078 59 |
| Drôme | 83.071 47 | 50.147 04 | 55.113 94 | 46.374 07 | 204.696 52 |
| Eure | 61.509 24 | 56.554 71 | 56.946 03 | 52.745 87 | 227.755 85 |
| Eure-et-Loir | 90.160 57 | 61.794 39 | 74.076 11 | 76.144 64 | 311.141 71 |
| Finistère | 78.402 73 | 82.365 08 | 68.501 44 | 75.157 44 | 304.517 64 |
| Gard | 87.011 40 | 75.219 40 | 68.070 52 | 84.050 63 | 314.351 95 |
| Garonne (Haute-) | 152.879 66 | 60.390 59 | 137.762 71 | 60.093 18 | 411.126 12 |
| Gers | 30.911 79 | 27.026 66 | 27.493 56 | 36.640 32 | 122.072 33 |
| Gironde | 196.598 39 | 195.971 26 | 175.303 39 | 209.605 13 | 777.508 17 |
| Hérault | 58.243 00 | 65.716 87 | 54.624 33 | 69.057 19 | 247.641 39 |
| Ille-et-Vilaine | 47.492 87 | 45.098 93 | 41.805 89 | 47.990 47 | 182.448 16 |
| Indre | 45.555 71 | 46.917 48 | 38.476 07 | 47.784 35 | 172.335 61 |
| Indre-et-Loire | 49.342 03 | 42.979 42 | 43.992 52 | 46.251 30 | 182.565 26 |
| Isère | 187.264 92 | 178.975 34 | 168.982 58 | 186.376 62 | 721.599 26 |
| Jura | 76.753 18 | 64.677 43 | 61.629 75 | 72.182 95 | 275.243 31 |
| Landes | 32.652 58 | 29.394 21 | 35.243 35 | 41.295 68 | 138.785 82 |
| Loir-et-Cher | 45.971 61 | 31.229 71 | 40.431 14 | 34.392 83 | 152.025 20 |
| Loire | 84.649 69 | 80.503 70 | 87.682 85 | 80.852 64 | 333.689 88 |
| Loire (Haute-) | 25.410 82 | 26.155 84 | 27.241 25 | 24.429 65 | 103.237 56 |
| Loire-Inférieure | 123.380 72 | 134.559 26 | 125.965 63 | 146.738 31 | 531.643 92 |
| Loiret | 67.505 68 | 62.022 60 | 65.273 06 | 63.536 27 | 258.537 70 |

| DÉPARTEMENTS. | 1er TRIMESTRE. | 2e TRIMESTRE. | 3e TRIMESTRE. | 4e TRIMESTRE. | TOTAL pour L'ANNÉE 1913. |
|---|---|---|---|---|---|
| | fr. c. | fr. c. | fr. c. | fr. c. | fr. c. |
| Lot | 49.702 34 | 41.324 04 | 43.777 43 | 45.403 52 | 180.207 33 |
| Lot-et-Garonne | 60.339 77 | 47.981 55 | 33.820 22 | 49.329 02 | 191.470 56 |
| Lozère | 16.448 82 | 17.441 30 | 18.698 16 | 19.449 20 | 72.037 48 |
| Maine-et-Loire | 69.613 48 | 61.459 15 | 63.410 56 | 59.060 88 | 252.544 07 |
| Manche | 46.367 61 | 63.924 87 | 51.928 82 | 48.871 49 | 204.092 79 |
| Marne | 101.579 91 | 85.900 30 | 92.939 31 | 92.798 02 | 373.237 63 |
| Marne (Haute-) | 62.923 47 | 72.423 49 | 59.597 31 | 60.184 56 | 264.628 83 |
| Mayenne | 15.461 90 | 16.104 20 | 20.259 96 | 16.798 66 | 68.624 72 |
| Meurthe-et-Moselle | 257.685 67 | 249.472 94 | 223.455 43 | 254.278 51 | 994.892 55 |
| Meuse | 73.087 60 | 76.981 18 | 71.708 77 | 75.438 57 | 297.216 12 |
| Morbihan | 31.708 45 | 36.216 12 | 29.955 94 | 32.227 03 | 130.107 54 |
| Nièvre | 54.835 86 | 52.211 71 | 37.368 01 | 53.109 66 | 197.825 24 |
| Nord | 500.414 15 | 527.339 57 | 523.415 90 | 533.488 46 | 2.144.658 09 |
| Oise | 88.579 44 | 84.436 50 | 82.047 69 | 104.787 87 | 359.851 50 |
| Orne | 28.462 95 | 30.767 29 | 28.492 87 | 36.344 77 | 124.097 88 |
| Pas-de-Calais | 124.885 77 | 105.280 02 | 113.081 42 | 108.502 70 | 451.749 91 |
| Puy-de-Dôme | 116.460 19 | 111.808 69 | 113.000 11 | 101.228 41 | 442.517 43 |
| Pyrénées (Basses-) | 51.217 31 | 48.217 56 | 47.640 48 | 57.916 62 | 203.991 99 |
| Pyrénées (Hautes-) | 28.418 75 | 22.685 00 | 22.203 67 | 19.717 88 | 93.025 30 |
| Pyrénées-Orientales | 33.528 72 | 32.003 51 | 23.238 10 | 33.786 87 | 122.557 20 |
| Territoire de Belfort | 45.316 24 | 39.678 34 | 37.869 42 | 22.106 13 | 144.970 13 |
| Rhône | 222.709 64 | 191.617 49 | 224.455 39 | 225.030 01 | 833.812 53 |
| Saône (Haute-) | 63.349 13 | 65.927 79 | 67.957 74 | 94.296 57 | 291.531 23 |
| Saône-et-Loire | 219.298 08 | 144.065 43 | 141.427 66 | 149.114 50 | 653.905 67 |
| Sarthe | 53.599 20 | 50.194 10 | 50.910 57 | 60.479 68 | 215.183 55 |
| Savoie | 29.988 56 | 38.738 37 | 24.673 62 | 36.442 88 | 129.843 43 |
| Savoie (Haute-) | 40.057 63 | 36.157 92 | 37.566 89 | 40.632 49 | 152.414 93 |
| Seine | 855.510 00 | 809.978 11 | 724.345 92 | 902.509 90 | 3.292.143 93 |
| Seine-Inférieure | 220.905 60 | 210.540 83 | 216.796 49 | 232.213 70 | 886.456 62 |
| Seine-et-Marne | 88.701 85 | 95.435 58 | 102.276 75 | 71.630 42 | 368.044 60 |
| Seine-et-Oise | 119.701 08 | 134.607 69 | 111.725 00 | 137.083 83 | 503.117 60 |
| Sèvres (Deux-) | 36.284 80 | 32.738 83 | 35.556 48 | 35.608 13 | 140.188 33 |
| Somme | 115.128 71 | 99.672 87 | 106.911 54 | 165.127 68 | 486.840 80 |
| Tarn | 77.942 53 | 51.083 81 | 63.411 02 | 78.848 00 | 331.285 36 |
| Tarn-et-Garonne | 29.307 83 | 25.546 22 | 22.729 92 | 26.831 72 | 104.415 69 |
| Var | 96.322 67 | 103.617 21 | 75.316 10 | 87.147 79 | 362.433 68 |
| Vaucluse | 53.653 99 | 49.679 10 | 50.608 40 | 50.326 88 | 204.268 37 |
| Vendée | 33.773 86 | 38.781 89 | 32.251 46 | 37.153 43 | 141.960 64 |
| Vienne | 50.071 71 | 54.558 39 | 34.139 68 | 52.582 50 | 191.352 28 |
| Vienne (Haute-) | 34.387 20 | 11.246 05 | 21.020 59 | 25.813 48 | 93.367 32 |
| Vosges | 229.402 57 | 263.078 22 | 241.708 50 | 309.857 32 | 989.046 61 |
| Yonne | 77.035 42 | 78.758 92 | 67.115 02 | 77.378 98 | 300.290 34 |
| TOTAUX | 7.803.576 41 | 7.393.517 32 | 7.204.905 25 | 8.099.613 85 | .691.718 86 |

Nombre, par département, des cartes d'assurés obligatoires et facultatifs, transmises aux caisses par les préfectures, du 1<sup>er</sup> janvier au 31 décembre 1925. Montant des versements constatés sur ces cartes et des majorations correspondantes.

| DÉPARTEMENTS. | NOMBRE DES CARTES ÉCHANGÉES. | | | MONTANT | |
|---|---|---|---|---|---|
| | assurés | | | des | des |
| | obligatoires. | facultatifs. | TOTAL | VERSEMENTS. | MAJORATIONS. |
| | | | | | fr. c. |
| Ain | 12.582 | 2.385 | 14.967 | 225.291 66 | 16.544 95 |
| Aisne | 21.402 | 1.548 | 22.950 | 385.965 44 | 11.891 06 |
| Allier | 14.391 | 2.065 | 16.456 | 262.623 63 | 13.672 63 |
| Alpes (Basses-) | 3.002 | 1.399 | 4.401 | 71.010 14 | 8.960 02 |
| Alpes (Hautes-) | 3.626 | 754 | 4.380 | 72.100 56 | 4.745 83 |
| Alpes-Maritimes | 11.799 | 1.918 | 13.717 | 165.617 88 | 12.478 94 |
| Ardèche | 10.488 | 2.248 | 12.736 | 216.520 24 | 13.192 38 |
| Ardennes | 20.162 | 2.044 | 22.206 | 363.614 87 | 15.465 67 |
| Ariège | 4.328 | 832 | 5.160 | 92.851 97 | 5.903 28 |
| Aube | 12.478 | 1.372 | 13.850 | 220.975 99 | 7.041 52 |
| Aude | 13.282 | 1.000 | 14.282 | 251.279 36 | 7.672 66 |
| Aveyron | 8.414 | 1.709 | 10.123 | 165.024 84 | 10.352 02 |
| Bouches-du-Rhône | 44.932 | 2.707 | 47.639 | 953.948 93 | 19.584 53 |
| Calvados | 11.095 | 432 | 11.527 | 190.472 80 | 3.541 04 |
| Cantal | 4.830 | 962 | 5.792 | 154.809 66 | 7.032 86 |
| Charente | 8.227 | 802 | 9.029 | 155.154 36 | 5.702 63 |
| Charente-Inférieure | 12.998 | 1.930 | 14.928 | 270.829 51 | 14.276 76 |
| Cher | 11.679 | 982 | 12.661 | 239.121 34 | 7.311 62 |
| Corrèze | 5.217 | 1.729 | 6.946 | 105.808 43 | 10.556 31 |
| Corse | 7.965 | 1.258 | 9.223 | 146.439 61 | 8.909 34 |
| Côte-d'Or | 20.867 | 3.441 | 24.311 | 466.237 77 | 26.501 45 |
| Côtes-du-Nord | 9.625 | 1.487 | 11.112 | 176.333 40 | 10.330 15 |
| Creuse | 2.605 | 1.141 | 3.746 | 58.576 08 | 8.818 86 |
| Dordogne | 6.241 | 1.258 | 7.499 | 160.085 10 | 9.548 71 |
| Doubs | 33.960 | 2.200 | 36.166 | 538.598 18 | 17.630 13 |
| Drôme | 9.570 | 1.738 | 11.308 | 200.800 25 | 12.884 46 |
| Eure | 14.493 | 467 | 14.960 | 326.037 40 | 3.387 47 |
| Eure-et-Loir | 9.858 | 1.244 | 11.102 | 326.192 79 | 9.722 72 |
| Finistère | 14.818 | 1.509 | 16.327 | 314.014 76 | 11.182 78 |
| Gard | 16.143 | 2.765 | 18.908 | 326.858 61 | 20.272 45 |
| Garonne (Haute-) | 16.129 | 1.210 | 17.339 | 377.794 87 | 8.567 05 |
| Gers | 6.080 | 933 | 7.013 | 122.511 66 | 6.460 14 |
| Gironde | 39.005 | 1.396 | 40.401 | 744.660 18 | 10.781 45 |
| Hérault | 13.260 | 621 | 12.881 | 241.580 02 | 4.831 80 |
| Ille-et-Vilaine | 11.617 | 441 | 12.058 | 186.105 02 | 2.829 25 |
| Indre | 7.706 | 886 | 8.592 | 168.398 12 | 6.455 93 |
| Indre-et-Loire | 9.630 | 1.044 | 10.674 | 172.130 04 | 8.710 17 |
| Isère | 34.914 | 5.721 | 40.635 | 718.618 87 | 36.877 47 |
| Jura | 10.945 | 2.067 | 13.012 | 249.111 74 | 15.517 12 |
| Landes | 5.839 | 1.647 | 7.486 | 142.217 24 | 12.899 30 |
| Loir-et-Cher | 8.508 | 982 | 9.490 | 153.031 62 | 7.647 48 |
| Loire | 20.879 | 775 | 21.654 | 358.624 81 | 5.565 56 |

| DÉPARTEMENTS. | NOMBRE DES CARTES ÉCHANGÉES. | | | MONTANT | |
| --- | --- | --- | --- | --- | --- |
| | assurés | | TOTAL. | des VERSEMENTS. | des MAJORATIONS. |
| | obligatoires. | facultatifs. | | | |
| | | | | fr. c. | fr. c. |
| Loire (Haute-) | 5.019 | 1.016 | 6.035 | 112.253 20 | 5.021 12 |
| Loire-Inférieure | 25.061 | 700 | 26.361 | 566.221 14 | 5.529 21 |
| Loiret | 14.410 | 1.185 | 15.595 | 235.098 90 | 9.028 22 |
| Lot | 7.734 | 2.502 | 10.236 | 177.916 71 | 16.826 68 |
| Lot-et-Garonne | 6.631 | 855 | 7.486 | 183.586 63 | 6.507 30 |
| Lozère | 4.452 | 384 | 4.906 | 74.091 48 | 2.292 11 |
| Maine-et-Loire | 11.811 | 879 | 12.690 | 249.682 38 | 6.738 25 |
| Manche | 8.315 | 1.148 | 9.463 | 200.267 78 | 9.097 06 |
| Marne | 18.531 | 1.891 | 20.423 | 353.205 93 | 15.038 65 |
| Marne (Haute-) | 16.311 | 2.194 | 18.433 | 990.384 53 | 15.105 73 |
| Mayenne | 4.279 | 215 | 4.494 | 79.072 64 | 1.615 60 |
| Meurthe-et-Moselle | 74.490 | 2.000 | 76.490 | 1.236.693 84 | 15.833 09 |
| Meuse | 16.342 | 1.480 | 18.092 | 281.789 99 | 11.286 26 |
| Morbihan | 6.567 | 652 | 7.919 | 121.907 77 | 4.456 77 |
| Nièvre | 13.332 | 1.284 | 14.600 | 187.733 06 | 8.812 67 |
| Nord | 122.106 | 3.852 | 125.958 | 2.104.512 68 | 28.852 85 |
| Oise | 18.972 | 1.108 | 20.080 | 335.744 69 | 8.133 29 |
| Orne | 8.095 | 190 | 8.285 | 116.435 51 | 1.250 07 |
| Pas-de-Calais | 26.933 | 1.716 | 28.649 | 465.072 13 | 12.758 00 |
| Puy-de-Dôme | 16.907 | 3.529 | 20.436 | 457.283 21 | 23.931 87 |
| Pyrénées (Basses-) | 8.388 | 1.563 | 9.951 | 202.400 73 | 10.994 93 |
| Pyrénées (Hautes-) | 4.533 | 1.031 | 5.564 | 97.476 07 | 6.459 12 |
| Pyrénées-Orientales | 6.504 | 650 | 7.145 | 123.041 62 | 4.733 43 |
| Territoire de Belfort | 13.227 | 291 | 13.448 | 179.678 32 | 1.569 41 |
| Rhône | 38.721 | 1.698 | 40.349 | 780.946 32 | 12.233 72 |
| Saône (Haute-) | 12.222 | 2.831 | 15.053 | 239.289 26 | 22.918 26 |
| Saône-et-Loire | 31.212 | 3.870 | 35.082 | 670.965 02 | 28.003 26 |
| Sarthe | 13.204 | 611 | 13.815 | 219.964 27 | 4.429 88 |
| Savoie | 5.510 | 1.582 | 7.092 | 124.210 28 | 9.610 92 |
| Savoie (Haute-) | 7.406 | 1.588 | 8.994 | 145.170 76 | 10.586 71 |
| Seine | 121.712 | 3.733 | 125.445 | 3.329.813 45. | 29.031 80 |
| Seine-Inférieure | 51.127 | 611 | 51.738 | 795.491 46 | 4.507 29 |
| Seine-et-Marne | 15.818 | 1.137 | 16.955 | 394.409 00 | 9.045 43 |
| Seine-et-Oise | 32.171 | 1.275 | 33.446 | 546.203 85 | 9.453 80 |
| Sèvres (Deux-) | 6.095 | 591 | 6.686 | 137.156 16 | 4.486 82 |
| Somme | 28.152 | 922 | 29.074 | 538.086 43 | 7.008 20 |
| Tarn | 14.424 | 1.776 | 16.200 | 307.025 34 | 12.129 32 |
| Tarn-et-Garonne | 5.037 | 1.273 | 6.310 | 105.016 31 | 8.522 04 |
| Var | 17.126 | 921 | 18.047 | 356.373 15 | 8.279 36 |
| Vaucluse | 7.295 | 1.787 | 9.089 | 176.125 23 | 12.823 49 |
| Vendée | 8.067 | 934 | 9.001 | 139.199 91 | 6.170 38 |
| Vienne | 6.885 | 1.193 | 8.078 | 185.752 10 | 9.104 04 |
| Vienne (Haute-) | 4.194 | 760 | 4.954 | 81.540 42 | 4.957 57 |
| Vosges | 60.485 | 2.260 | 64.745 | 929.822 34 | 18.834 00 |
| Yonne | 13.552 | 3.415 | 16.947 | 309.564 52 | 24.066 14 |
| TOTAUX | 1.525.521 | 131.995 | 1.657.516 | 30.215.804 92 | 954.365 65 |

RÉPARTITION, *par département et par catégorie de caisses d'assurance, des cartes d'assurés obligatoires et facultatifs transmises aux caisses du 1er janvier au 31 décembre 1925.*

| DÉPARTEMENTS. | CAISSE NATIONALE des retraites pour la vieillesse. | | CAISSES RÉGIONALES et départementales. | | CAISSES MUTUALISTES. | | CAISSES PATRONALES et syndicales. | |
|---|---|---|---|---|---|---|---|---|
| | Obligatoires. | Facultatifs. | Obligatoires. | Facultatifs. | Obligatoires. | Facultatifs. | Obligatoires. | Facultatifs. |
| Ain | 12.413 | 2.370 | 14 | » | 145 | 15 | 10 | » |
| Aisne | 20.673 | 1.501 | 158 | 6 | 475 | 40 | 96 | 1 |
| Allier | 11.522 | 2.050 | 46 | » | 2.669 | 14 | 154 | 1 |
| Alpes (Basses-) | 2.724 | 1.392 | 125 | 3 | 34 | 3 | 119 | 1 |
| Alpes (Hautes-) | 2.843 | 740 | 717 | 5 | 18 | » | 48 | » |
| Alpes-Maritimes | 6.346 | 1.330 | 90 | 9 | 4.982 | 576 | 381 | 3 |
| Ardèche | 10.073 | 2.242 | 208 | » | 98 | 6 | 09 | » |
| Ardennes | 16.759 | 1.886 | 124 | 11 | 1.685 | 147 | 1.594 | » |
| Ariège | 3.028 | 786 | 4 | » | 1.201 | 46 | 35 | » |
| Aube | 11.586 | 1.288 | 123 | 4 | 602 | 80 | 107 | » |
| Aude | 8.717 | 723 | 9 | » | 4.551 | 278 | 4 | » |
| Aveyron | 7.974 | 1.018 | 23 | 2 | 411 | 89 | 6 | » |
| Bouches-du-Rhône | 34.534 | 2.405 | 6.716 | 118 | 3.322 | 183 | 360 | 1 |
| Calvados | 10.479 | 418 | 46 | 1 | 191 | 8 | 379 | 5 |
| Cantal | 4.739 | 953 | 10 | » | 69 | 9 | 3 | » |
| Charente | 8.096 | 780 | 17 | » | 79 | 19 | 35 | 3 |
| Charente-Inférieure | 12.081 | 1.850 | 56 | 2 | 238 | 72 | 23 | » |
| Cher | 10.932 | 977 | 28 | 1 | 522 | 4 | 197 | » |
| Corrèze | 5.036 | 1.725 | 18 | 3 | 70 | 1 | 93 | » |
| Corse | 7.841 | 1.246 | 9 8 | 3 | 26 | 9 | » | » |
| Côte-d'Or | 11.486 | 1.585 | 4.880 | 1.235 | 4.116 | 619 | 385 | 8 |
| Côtes-du-Nord | 8.828 | 1.428 | 600 | 52 | 193 | 7 | 4 | » |
| Creuse | 2.552 | 1.134 | 14 | » | 29 | 7 | 10 | » |
| Dordogne | 5.839 | 1.241 | 24 | 2 | 66 | 13 | 312 | 2 |
| Doubs | 20.320 | 1.395 | 115 | 7 | 11.391 | 796 | 2.140 | 3 |
| Drôme | 9.256 | 1.739 | 136 | 1 | 115 | 7 | 61 | 1 |
| Eure | 14.102 | 460 | 70 | » | 77 | 6 | 244 | 1 |
| Eure-et-Loir | 9.451 | 1.217 | 45 | 3 | 292 | 22 | 70 | 2 |
| Finistère | 9.570 | 1.280 | 4.987 | 219 | 219 | 10 | 33 | » |
| Gard | 13.306 | 2.585 | 286 | 2 | 1.713 | 178 | 838 | » |
| Garonne (Haute-) | 11.983 | 1.099 | 25 | » | 4.110 | 111 | 13 | » |
| Gers | 5.908 | 902 | 8 | 1 | 169 | 24 | 2 | 1 |
| Gironde | 29.822 | 1.042 | 4.889 | 152 | 3.317 | 199 | 977 | 3 |
| Hérault | 5.972 | 357 | 25 | 1 | 6.117 | 263 | 143 | » |
| Ille-et-Vilaine | 4.138 | 130 | 4.739 | 204 | 2.725 | 107 | 15 | » |
| Indre | 7.315 | 881 | 27 | » | 352 | 3 | 12 | 2 |
| Indre-et-Loire | 6.893 | 713 | 49 | 3 | 2.648 | 326 | 38 | 2 |
| Isère | 22.415 | 5.057 | 49 | 2 | 9.745 | 657 | 2.703 | 5 |
| Jura | 6.525 | 1.565 | 27 | 6 | 3.769 | 493 | 624 | 3 |
| Landes | 5.504 | 1.534 | 30 | 2 | 304 | 111 | 1 | » |
| Loir-et-Cher | 7.026 | 911 | 19 | » | 1.174 | 70 | 89 | 1 |
| Loire | 14.178 | 575 | 10 | » | 3.862 | 192 | 2.829 | 8 |

| DÉPARTEMENTS. | CAISSE NATIONALE des retraites pour la vieillesse. | | CAISSES RÉGIONALES et départementales. | | CAISSES MUTUALISTES. | | CAISSES PATRONALES et syndicales. | |
|---|---|---|---|---|---|---|---|---|
| | Obligatoires. | Facultatifs. | Obligatoires. | Facultatifs. | Obligatoires. | Facultatifs. | Obligatoires. | Facultatifs. |
| Loire (Haute-) | 5.816 | 1.016 | 10 | » | 77 | » | 16 | » |
| Loire-Inférieure | 8.165 | 554 | 77 | 6 | 13.457 | 133 | 3.962 | 7 |
| Loiret | 11.125 | 929 | 52 | 2 | 3.223 | 253 | 7 | 1 |
| Lot | 5.675 | 1.627 | 16 | 1 | 2.035 | 872 | 10 | 2 |
| Lot-et-Garonne | 5.782 | 774 | 16 | 4 | 522 | 77 | 311 | » |
| Lozère | 4.222 | 353 | 3 | » | 293 | 51 | 1 | » |
| Maine-et-Loire | 11.109 | 835 | 30 | 2 | 591 | 42 | 81 | » |
| Manche | 7.871 | 1.135 | 60 | 6 | 246 | 5 | 138 | 2 |
| Marne | 17.816 | 1.864 | 188 | 4 | 261 | 23 | 267 | » |
| Marne (Haute-) | 12.097 | 2.133 | 152 | 8 | 279 | 43 | 3.783 | 10 |
| Mayenne | 2.336 | 155 | 1.510 | 56 | 290 | 3 | 123 | 1 |
| Meurthe-et-Moselle | 13.903 | 962 | 37.483 | 968 | 4.008 | 318 | 19.176 | 52 |
| Meuse | 6.992 | 789 | 8.431 | 626 | 200 | 65 | 919 | » |
| Morbihan | 3.111 | 456 | 1.182 | 196 | 236 | 2 | 33 | » |
| Nièvre | 9.540 | 1.271 | 49 | 1 | 3.572 | 11 | 231 | 1 |
| Nord | 73.232 | 2.912 | 22.870 | 662 | 8.172 | 199 | 17.624 | 79 |
| Oise | 16.680 | 1.012 | 80 | 5 | 1.807 | 91 | 403 | » |
| Orne | 7.378 | 176 | 43 | » | 242 | 6 | 432 | 8 |
| Pas-de-Calais | 25.697 | 1.602 | 184 | 12 | 455 | 11 | 597 | 1 |
| Puy-de-Dôme | 9.008 | 2.487 | 32 | 1 | 7.810 | 1.041 | 57 | » |
| Pyrénées (Basses-) | 7.923 | 1.510 | 33 | 2 | 132 | 51 | » | » |
| Pyrénées (Hautes-) | 4.216 | 1.021 | 10 | » | 290 | 10 | 16 | » |
| Pyrénées-Orientales | 6.467 | 643 | 2 | » | 33 | 7 | 2 | » |
| Territoire de Belfort | 8.857 | 220 | 847 | » | 1.837 | 1 | 1.606 | » |
| Rhône | 28.898 | 1.481 | 60 | 1 | 9.111 | 144 | 632 | 2 |
| Saône (Haute-) | 10.400 | 2.623 | 379 | 8 | 1.402 | 199 | 41 | 1 |
| Saône-et-Loire | 22.173 | 3.808 | 124 | 5 | 093 | 56 | 922 | 1 |
| Sarthe | 11.292 | 571 | 1.535 | 27 | 327 | 10 | 50 | 3 |
| Savoie | 4.384 | 1.565 | 14 | 2 | 98 | 8 | 1.014 | 7 |
| Savoie (Haute-) | 6.666 | 1.585 | 16 | » | 49 | 1 | 675 | 2 |
| Seine | 99.114 | 3.203 | 14.127 | 148 | 5.887 | 353 | 2.551 | 29 |
| Seine-Inférieure | 50.377 | 599 | 87 | 2 | 337 | 6 | 326 | 4 |
| Seine-et-Marne | 3.812 | 312 | 73 | 2 | 11.739 | 861 | 152 | 1 |
| Seine-et-Oise | 29.793 | 1.189 | 426 | 6 | 1.365 | 77 | 587 | 3 |
| Sèvres (Deux-) | 6.005 | 581 | 13 | 1 | 75 | 8 | 2 | 1 |
| Somme | 22.559 | 836 | 75 | 2 | 5.477 | 82 | 41 | 2 |
| Tarn | 5.794 | 1.268 | 7 | » | 8.162 | 507 | 461 | 1 |
| Tarn-et-Garonne | 2.727 | 455 | 7 | » | 2.302 | 818 | 1 | » |
| Var | 12.651 | 807 | 220 | » | 3.974 | 114 | 281 | » |
| Vaucluse | 5.633 | 1.538 | 110 | 3 | 1.347 | 246 | 208 | » |
| Vendée | 7.515 | 873 | 9 | 2 | 533 | 58 | 10 | 1 |
| Vienne | 6.704 | 1.184 | 11 | » | 160 | 9 | 10 | » |
| Vienne (Haute) | 4.130 | 756 | 8 | » | 50 | 3 | 6 | 1 |
| Vosges | 995 | 86 | 56.804 | 2.052 | 647 | 122 | 2.019 | » |
| Yonne | 12.685 | 3.235 | 63 | 7 | 755 | 172 | 35 | 1 |
| Totaux | 1.069.703 | 111.899 | 177.277 | 6.889 | 183.027 | 12.972 | 75.471 | 278 |

Nombre, *par Caisse d'assurance, des indemnités*

| DÉSIGNATION DE LA CAISSE. | 1920. | | 1921. | |
|---|---|---|---|---|
| | NOMBRE DES INDEMNITÉS attribuées pour | | NOMBRE DES INDEMNITÉS attribuées pour | |
| | Cartes échangées (1). | Comptes de retraite. | Cartes échangées (1). | Comptes de retraite. |
| CAISSE NATIONALE DES RETRAITES POUR LA VIEILLESSE. (Section des Retraites ouvrières.)................ | 1.333.990 | 1.135.977 | 1.335.903 | 1.162.407 |
| CAISSES RÉGIONALES OÙ DÉPARTEMENTALES. | | | | |
| Caisse régionale des Bouches-du-Rhône, à Marseille.. | 10.950 | 1.020 | 7.777 | 1.066 |
| Caisse départementale des retraites ouvrières et paysannes pour le département de la Côte-d'Or, à Dijon.................................... | 5.245 | 4.504 | 5.354 | 4.707 |
| Caisse départementale des retraites pour le département de la Gironde, à Bordeaux.................. | 6.844 | 4.541 | 5.974 | 4.558 |
| Caisse régionale des retraites ouvrières et paysannes pour les départements de : | | | | |
| Ille-et-Vilaine, Côtes-du-Nord, Morbihan, Mayenne, Sarthe et Finistère, à Rennes....... ............. | 23.389 | 13.452 | 19.536 | 13.611 |
| Caisse départementale des retraites ouvrières et paysannes pour le département de Meurthe-et-Moselle, à Nancy............................ | 27.768 | 2.407 | 26.988 | 2.823 |
| Caisse départementale des retraites ouvrières et paysannes pour le département de la Meuse, à Barle-Duc....................................... ........ | 7.415 | 4.074 | 9.151 | 4.393 |
| Caisse départementale des retraites ouvrières et paysannes pour le département du Nord, à Lille..... | 14.219 | 6.788 | 15.436 | 7.566 |
| Caisse départementale des retraites ouvrières et paysannes pour le département de la Seine, à Paris... | 14.411 | 1.207 | 16.573 | 1.436 |
| Caisse départementale des retraites ouvrières et paysannes des Vosges et des départements limitrophes, à Épinal.................................... | 51.902 | 4.727 | 53.146 | 5.748 |
| CAISSES MUTUALISTES. | | | | |
| Caisse fédérale mutualiste de Nice et de la région, à Nice........ ............................ | 8.772 | 3.862 | 9.284 | 4.044 |
| Caisse de l'Union des sociétés de secours mutuels et de prévoyance du département des Ardennes, à Charleville.................................... | * | * | * | * |
| Caisse mutuelle des retraites ouvrières et paysannes pour le département de l'Aude, à Carcassonne.... | 942 | 475 | 3.179 | 1.138 |
| Caisse du Plateau central, à Rodez................. | 3.057 | 1.044 | 959 | 1.389 |

(1) Y compris les comptes d'assurés ayant donné lieu à une opération de recettes ou de dépenses autre que l'inscription de versements ou le payement d'arrérages.

*de gestion accordées en vertu de l'article 12 de la loi.*

| 1922. | | 1923. | | 1924. | | 1925. | | 1926. | |
| NOMBRE DES INDEMNITÉS attribuées pour | | NOMBRE DES INDEMNITÉS attribuées pour | | NOMBRE DES INDEMNITÉS attribuées pour | | NOMBRE DES INDEMNITÉS attribuées pour | | NOMBRE DES INDEMNITÉS attribuées pour | |
| Cartes échangées (1). | Comptes de retraite. | Cartes échangées (1). | Comptes de retraite. | Cartes échangées (1). | Comptes de retraite. | Cartes échangées (1). | Comptes de retraite. | Cartes échangées (1). | Comptes de retraite. |
|---|---|---|---|---|---|---|---|---|---|
| 1.277.793 | 1.166.345 | 1.204.277 | 1.159.796 | 1.236.973 | 1.141.936 | 1.201.601 | 1.118.301 | 1.165.070 | 1.083.676 |
| 8.856 | 1.096 | 6.942 | 1.102 | 8.833 | 1.108 | 8.029 | 1.110 | 8.008 | 1.123 |
| 5.347 | 4.873 | 3.808 | 4.926 | 6.608 | 5.026 | 6.390 | 5.058 | 6.311 | 5.046 |
| 5.672 | 4.577 | 5.333 | 4.461 | 5.399 | 4.402 | 5.220 | 4.330 | 5.021 | 4.228 |
| 18.340 | 13.517 | 17.169 | 13.015 | 16.058 | 12.730 | 16.158 | 12.417 | 15.816 | 11.823 |
| 27.418 | 3.222 | 33.962 | 3.496 | 39.883 | 3.653 | 39.023 | 3.902 | 39.713 | 4.105 |
| 8.481 | 4.546 | 9.061 | 4.640 | 9.308 | 4.724 | 9.125 | 4.624 | 9.230 | 4.630 |
| 16.548 | 7.612 | 19.483 | 7.663 | 25.116 | 7.449 | 23.813 | 7.465 | 26.467 | 7.359 |
| 15.707 | 1.447 | 15.312 | 1.620 | 11.063 | 1.667 | 11.348 | 1.303 | 16.666 | 1.767 |
| 51.223 | 6.200 | 51.725 | 6.773 | 59.193 | 7.421 | 60.916 1/2 | 8.069 | 63.116 | 8.191 |
| 10.713 | 4.166 | 10.767 | 4.226 | 9.818 | 4.271 | 9.655 | 4.337 | 9.165 1/2 | 4.271 |
| . | . | 2 | . | . | . | . | . | . | . |
| 3.374 | 1.119 | 3.993 | 1.304 | 4.542 | 1.352 | 4.799 | 1.412 | 6.260 | 1.448 |
| 894 | 1.409 | 835 | 1.473 | 760 | 1.477 | 694 | 1.416 | 505 | 1.470 |

(1) Y compris les comptes d'assurés ayant donné lieu à une opération de recettes ou de dépenses autre que l'inscription de versements ou le payement d'arrérages.

11.

| DÉSIGNATION DE LA CAISSE. | 1920. | | 1921. | |
| --- | --- | --- | --- | --- |
| | NOMBRE des indemnités attribuées pour | | NOMBRE des indemnités attribuées pour | |
| | Cartes échangées (1). | Comptes de retraite. | Cartes échangées (1). | Comptes de retraite. |
| CAISSES MUTUALISTES. (Suite.) | | | | |
| Caisse de la Société philanthropique des commis et employés de la Ville de Marseille, à Marseille ..... | 890 | 106 | 1.124 | 142 |
| Union régionale mutualiste du Sud-Est, à Marseille.. | 1.858 | 716 | 2.125 | 770 |
| Caisse de la Fédération régionale des unions mutualistes de l'Est, à Dijon...................... | 10.153 | 3.653 | 9.080 | 4.014 |
| Caisse centrale mutualiste de Franche-Comté et du Territoire de Belfort, à Besançon................ | 13.813 | 2.074 | 13.600 | 2.284 |
| Caisse de la Fédération comtoise des sociétés de secours mutuels, à Besançon................... | 2.360 | 451 | 2.097 | 520 |
| Caisse de l'Union des sociétés mutualistes du Gard, à Nîmes................................ | 2.054 | 871 | 2.107 | 962 |
| Caisse de la Fédération régionale mutualiste du Midi, à Toulouse........................... | 23.512 | 4.104 | 22.081 | 4.687 |
| Caisse de la Fédération régionale mutualiste du Sud-Ouest, à Bordeaux...................... | 5.836 | 3.398 | 5.521 | 3.746 |
| Caisse de retraites du département de l'Hérault, à Montpellier............................ | 6.136 | 3.004 | 5.778 | 3.152 |
| Caisse mutualiste de l'Isère, à Grenoble............. | 7.415 | 897 | 8.107 | 1.082 |
| Caisse mutualiste d'Ille-et-Vilaine et de la région, à Rennes................................ | 5.130 | 614 | 3.140 | 637 |
| Caisse de l'Union départementale des mutualités d'Indre-et-Loire, à Tours.................... | 3.340 | 1.891 | 3.290 | 1.888 |
| Caisse de l'Union départementale des sociétés de secours mutuels de la Loire, à Saint-Étienne...... | 5.304 | 1.547 | 5.189 | 1.569 |
| Caisse de l'Union des sociétés de secours mutuels de la Loire-Inférieure, à Nantes................ | 8.317 | 1.156 | 12.102 | 6.354 |
| Caisse de l'Union des sociétés de secours mutuels du Loiret, à Orléans........................ | 2.198 | 834 | 2.163 | 875 |
| Caisse de l'Union de la mutualité provinciale de l'Orléanais, à Orléans....................... | 2.073 | 1.001 | 2.861 | 1.103 |
| Caisse de l'Union des sociétés de secours mutuels de l'Ouest, à Angers....................... | 1.888 | 1.257 | 1.723 | 1.388 |
| Caisse lorraine de retraites, à Nancy.............. | 4.857 | 1.745 | 4.225 | 1.887 |
| Union régionale des sociétés de secours mutuels du Nord, à Roubaix......................... | 3.826 | 1.052 | 10.122 | 2.721 |

(1) Y compris les comptes d'assurés ayant donné lieu à une opération de recettes ou de dépenses autre que l'inscription de versements ou le payement d'arrérages.

| 1922. | | 1923. | | 1924. | | 1925. | | 1926. | |
|---|---|---|---|---|---|---|---|---|---|
| NOMBRE DES INDEMNITÉS attribuées pour | | NOMBRE DES INDEMNITÉS attribuées pour | | NOMBRE DES INDEMNITÉS attribuées pour | | NOMBRE DES INDEMNITÉS attribuées pour | | NOMBRE DES INDEMNITÉS attribuées pour | |
| Cartes échangées (1). | Comptes de retraite. | Cartes échangées (1). | Comptes de retraite. | Cartes échangées (1). | Comptes de retraite. | Cartes échangées (1). | Comptes de retraite. | Cartes échangées (1). | Comptes de retraite. |
| 1.030 | 158 | 1.143 | 173 | 1.229 | 172 | 1.214 | 183 | 1.212 | 155 |
| 2.183 | 810 | 2.333 | 856 | 2.285 | 873 | 2.175 | 893 | 2.062 | 919 |
| 8.770 | 4.386 | 8.216 | 4.583 | 8,221 | 4.507 | 7.970 | 4.562 | 8.100 | 4.713 |
| 13.070 | 2.539 | 15.480 | 2.693 | 15.677 | 2.844 | 15.833 | 2.953 | 15.326 | 3,055 |
| 2.181 | 575 | 2.728 | 610 | 3.474 | 646 | 3.498 | 688 | 3.600 | 733 |
| 2.136 | 1.020 | 2.028 | 1.080 | 1.910 | 1.140 | 1.843 | 1.125 | 1.788 | 1,071 |
| 20.357 | 5.387 | 20.608 | 6.122 | 21.223 | 7.250 | 20.893 | 7.820 | 20.850 | 8.268 |
| 5.444 | 3.565 | 5.233 | 3.569 | 4.889 | 3.569 | 5.050 | 3.595 | 4.600 | 3.546 |
| 5.032 | 3.292 | 6.779 | 3.413 | 6.768 | 3.494 | 6.550 | 3.588 | 7.304 | 3.668 |
| 8.862 | 1.235 | 10.124 | 1.345 | 10.141 | 1.490 | 10.263 | 1.723 | 10.938 | 1.945 |
| 2.580 | 648 | 2.609 | 639 | 2.565 | 644 | 2.613 | 626 | 2.723 | 592 |
| 3.199 | 1.909 | 3.184 | 2.032 | 3.177 | 1.947 | 3.090 | 1.935 | 3.070 | 1.897 |
| 5.160 | 1.702 | 4.615 | 1.700 | 4.264 | 1.937 | 4.142 | 1.933 | 3.793 | 1.999 |
| 15.597 | 1.487 | 13.275 | 1.614 | 13.281 | 1.793 | 13.795 | 1.914 | 13.027 | 2.071 |
| 2.007 | 929 | 1.921 | 967 | 2.029 | 1.012 | 1.879 | 1.032 | 1.808 | 1.015 |
| 2.048 | 1.106 | 2.444 | 1.165 | 2.390 | 1.172 | 2.480 | 1.195 | 2.238 | 1.191 |
| 1.677 | 1.492 | 1.573 | 1.510 | 1.451 | 1.538 | 1.372 | 1.504 | 1.387 | 1.556 |
| 4.214 | 2.037 | 4.245 | 1.982 | 4.249 | 2.13 | 3.915 | 2.185 | [illegible] | 2.291 |
| 9.659 | 3.048 | 9.425 | 3.143 | 9.356 | 3.308 | 9.545 | | 9.139 | 3.475 |

(1) Y compris les comptes d'assurés ayant donné lieu à une opération de recettes ou de dépenses autre que l'inscription de versements ou le payement d'arrérages.

| DÉSIGNATION DE LA CAISSE. | 1920. | | 1921. | |
| --- | --- | --- | --- | --- |
| | NOMBRE DES INDEMNITÉS attribuées pour | | NOMBRE DES INDEMNITÉS attribuées pour | |
| | Cartes échangées (1). | Comptes de retraite. | Cartes échangées (1). | Comptes de retraite. |
| CAISSES MUTUALISTES. (Suite.) | | | | |
| Caisse de l'Union régionale des sociétés de secours mutuels du Nord, du Pas-de-Calais et des Ardennes, à Lille. | 858 | 456 | » | » |
| Caisse fédérale mutualiste du Puy-de-Dôme et de la région, à Clermont-Ferrand | 20.991 | 2.590 | 19.961 | 3.069 |
| Union générale de la Mutualité du Rhône, à Lyon | 16.239 | 721 | 15.331 | 917 |
| Caisse fédérale mutualiste de Paris, à Paris | 5.565 | 1.638 | 5.540 | 1.723 |
| La Boule de neige, à Paris | 1.383 | 395 | 1.685 | 433 |
| La France prévoyante, à Paris | 1.975 | 975 | 1.902 | 1.059 |
| Caisse centrale autonome de l'Enseignement libre, à Paris | 3.363 | 512 | 3.576 | 658 |
| Caisse fédérale des coopératives de France, à Paris | 2.960 | 115 | 3.452 | 151 |
| Caisse mutualiste de retraite et de prévoyance de Seine-et-Marne, à Melun | 8.823 | 2.233 | 10.365 | 2.580 |
| Caisse de l'Association départementale des unions des sociétés de secours mutuels et de retraite de Seine-et-Oise, à Versailles. | 920 | 369 | 965 | 375 |
| Caisse fédérale mutualiste de l'Aisne, de l'Oise et de la Somme, à Amiens | 4.733 | 1.107 | 5.780 | 1.219 |
| Caisse fédérale mutualiste de la Vallée du Rhône, à Avignon | 2.306 | 842 | 1.795 | 805 |
| CAISSES PATRONALES OU SYNDICALES. (Art. 83.) | | | | |
| Caisse syndicale de retraite du commerce et de l'industrie textiles de Tourcoing et de ses cantons, à Tourcoing. | 3.781 | 457 | 5.506 | 515 |
| Caisse syndicale du commerce et de l'industrie textiles d'Armentières et de ses environs, à Armentières | 3.021 | 277 | 911 | 387 |
| Caisse syndicale de retraites des forges, de la construction mécanique, des industries électriques et de celles qui s'y rattachent, à Paris | 80.791 | 4.844 | 81.191 | 5.581 |
| Caisse syndicale des industries du papier, à Paris | 3.060 | 254 | 3.117 | 292 |
| Caisse syndicale de retraite du bâtiment, des travaux publics et industries annexes, à Paris | 423 | 311 | 497 | 98 |
| Caisse patronale de l'Usine Saint-Hubert, à Sézanne. | 120 | 24 | 138 | 27 |
| TOTAUX | 1.788.512 | 1.234.414 | 1.790.858 | 1.269.429 |
| | 3.022.936 | | 3.060.287 | |

(1) Y compris les comptes d'assurés ayant donné lieu à une opération de recettes ou de dépenses autre que l'inscription de
(2) La Caisse fédérale mutualiste de Paris a fusionné avec la Caisse «La Boule de neige» à Paris. (Décret du 9 septembre

| 1922. | | 1923. | | 1924. | | 1925. | | 1926. | |
| NOMBRE DES INDEMNITÉS attribuées pour | | NOMBRE DES INDEMNITÉS attribuées pour | | NOMBRE DES INDEMNITÉS attribuées pour | | NOMBRE DES INDEMNITÉS attribuées pour | | NOMBRE DES INDEMNITÉS attribuées pour | |
| Cartes échangées (1). | Comptes de retraite. | Cartes échangées (1). | Comptes de retraite. | Cartes échangées (1). | Comptes de retraite. | Cartes échangées (1). | Comptes de retraite. | Cartes échangées (1). | Comptes de retraite. |
|---|---|---|---|---|---|---|---|---|---|
| » | » | 2 | » | » | » | » | " | » | » |
| 26.283 | 3.950 | 19.111 | 4.413 | 16.700 | 452 7 | 16.102 | 1.974 | 16.181 | 5.342 |
| 10.087 | 1.088 | 8.938 | 1.271 | 9.631 | 1.809 | 9.571 | 1.689 | 9.010 | 3.428 |
| 2.822 | 1.636 | (») » | (») » | (») » | (») » | (») » | /») » | (») » | (») » |
| 3.132 | 608 | 5.614 | 2.103 | 5.216 | 2.336 | 4.985 | 2.172 | 4.831 | 2.361 |
| 1.767 | 1.140 | 1.602 | 1.166 | 1.461 | 1.147 | 1.398 | 1.193 | 1.285 | 1.181 |
| 3.494 | 922 | 3.589 | 785 | 3.608 | 753 | 3.819 | 883 | 3.965 | 997 |
| 3.575 | 189 | 3.708 | 217 | 3.821 | 228 | 4.069 | 238 | 3.083 | 255 |
| 10.114 | 2.011 | 11.114 | 3.197 | 11.413 | 3.441 | 13.161 | 3.019 | 15.021 | 3.860 |
| 987 | 397 | 901 | 414 | 875 | 434 | 761 | 416 | 735 | 441 |
| 5.006 | 1.366 | 6.521 | 1.436 | 6.857 | 1.519 | 7.264 | 1.586 | 7.462 | 1.618 |
| 1.675 | 909 | 1.715 | 968 | 1.743 | 1.005 | 1.613 | 1.015 | 1.527 | 1.023 |
| 5.991 | 547 | 6.360 | 576 | 6.628 | 607 | 6.432 | 637 | 6.608 | 707 |
| 1.554 | 453 | 2.931 | 475 | 3.654 | 474 | 4.580 | 519 | 5.695 | 605 |
| 83.362 | 6.025 | 64.453 | 6.076 | 57.944 | 6.602 | 61.413 | 6.823 | 61.763 | 6.969 |
| 2.803 | 326 | 2.903 | 346 | 2.906 | 363 | 2.902 | 403 | 3.022 | 428 |
| 428 | 313 | 402 | 308 | 348 | 290 | 312 | 296 | 294 | 289 |
| 186 | 29 | 205 | 31 | 165 | 31 | 171 | 31 | » | » |
| 1.731.895 | 1.280.332 | 1.705.891 | 1.277.312 | 1.688.195 | 1.264.263 | 1.657.870 | 1.244.342 | 1.625.812 | 1.217.774 |
| 3.011.927 | | 2.983.203 | | 2.952.458 | | 2.902.212 | | 2.816.586 | |

versements ou le payement d'arrérages.
1922.)

*STATISTIQUE, par département, des opérations d'encaissement effectuées par les sociétés de secours mutuels et les caisses d'assurance du 1ᵉʳ janvier au 31 décembre 1925.*

| DÉPARTEMENTS. | NOMBRE de sociétés de secours mutuels. | NOMBRE DES ORGANISMES | | | | NOMBRE de cartes échangées. | MONTANT des encaissements constatés sur les cartes échangées. | |
|---|---|---|---|---|---|---|---|---|
| | | AUTORISÉS à faire l'encaissement | | AYANT EFFECTUÉ l'encaissement | | | | |
| | | Sociétés de secours mutuels. | Caisses d'assurance. | des versements d'assurés. | des contributions patronales. | | Versements d'assurés. | Contributions patronales. |
| | | | | | | | fr. c. | fr. c. |
| Ain | 562 | 61 | » | 4 | » | 53 | 997 08 | » |
| Aisne | 305 | 28 | » | 6 | 4 | 26 | 620 23 | 48 73 |
| Allier | 133 | 18 | » | 5 | » | 50 | 1.061 39 | » |
| Alpes (Basses-) | 39 | 3 | » | 1 | » | 32 | 448 00 | » |
| Alpes (Hautes-) | 98 | 4 | » | » | » | » | » | » |
| Alpes-Maritimes | 239 | 28 | » | 1 | 1 | 10 | 103 00 | 104 00 |
| Ardèche | 97 | 14 | » | 3 | » | 16 | 160 00 | 5 |
| Ardennes | 201 | 49 | » | 10 | 10 | 412 | 4.379 68 | 1.741 42 |
| Ariège | 101 | 12 | » | 3 | 3 | 95 | 973 85 | 675 05 |
| Aube | 154 | 13 | » | 5 | 4 | 75 | 685 33 | 255 41 |
| Aude | 300 | 88 | 1 | 23 | 11 | 508 | 5.995 72 | 718 85 |
| Aveyron | 86 | 3 | » | 1 | 1 | 30 | 4.538 59 | 121 00 |
| Bouches-du-Rhône | 455 | 16 | 2 | 4 | 3 | 148 | 3.110 75 | 800 95 |
| Calvados | 214 | 8 | » | » | » | 13 | 1.093 50 | 157 50 |
| Cantal | 28 | » | » | » | » | 1 | 10 50 | 7 50 |
| Charente | 175 | 42 | » | 12 | » | 193 | 2.402 00 | » |
| Charente-Inférieure | 364 | 97 | » | 18 | » | 419 | 6.491 52 | 52 89 |
| Cher | 220 | 26 | » | 4 | 3 | 137 | 1.357 66 | 143 00 |
| Corrèze | 31 | 5 | » | 1 | » | 10 | 159 50 | » |
| Corse | 34 | 4 | » | » | » | » | » | » |
| Côte-d'Or | 339 | 101 | 1 | 27 | 8 | 751 | 10.469 47 | 696 22 |
| Côtes-du-Nord | 50 | 3 | » | 1 | 1 | 22 | 1.301 00 | 134 00 |
| Creuse | 32 | 2 | » | 2 | » | 759 | 11.377 50 | » |
| Dordogne | 142 | 45 | » | 2 | 2 | 12 | 285 00 | 41 00 |
| Doubs | 149 | 16 | 2 | 9 | 10 | 5.718 | 42.643 08 | 42.469 80 |
| Drôme | 196 | 25 | » | 6 | 4 | 73 | 1.375 50 | 379 50 |
| Eure | 146 | 9 | » | 3 | 3 | 490 | 4.716 38 | 3.423 69 |
| Eure-et-Loir | 125 | 19 | » | 8 | » | 331 | 3.487 08 | » |
| Finistère | 118 | 6 | » | 1 | 1 | 55 | 6.886 00 | 334 50 |
| Gard | 352 | 97 | » | 23 | » | 345 | 4.484 89 | » |
| Garonne (Haute-) | 298 | 56 | 1 | 16 | 14 | 2.193 | 25.506 82 | 27.175 33 |
| Gers | 93 | 4 | » | 1 | » | 18 | 290 50 | 12 50 |
| Gironde | 800 | 181 | » | 48 | 20 | 582 | 8.286 36 | 1.850 84 |
| Hérault | 545 | 84 | 1 | 23 | 11 | 893 | 27.196 10 | 3.051 25 |
| Ille-et-Vilaine | 159 | 30 | 1 | 10 | » | 434 | 7.318 52 | 83 70 |
| Indre | 133 | 18 | » | 8 | 1 | 292 | 7.860 00 | 2.723 25 |
| Indre-et-Loire | 326 | 85 | 1 | 29 | 1 | 1.349 | 11.295 56 | 43 50 |
| Isère | 837 | 104 | » | 12 | » | 386 | 6.460 21 | 30 40 |
| Jura | 206 | 41 | » | 10 | 8 | 516 | 4.911 23 | 2.957 88 |
| Landes | 290 | 42 | » | 18 | 10 | 212 | 3.842 53 | 432 96 |
| Loir-et-Cher | 225 | 18 | » | 5 | 3 | 511 | 5.448 35 | 2.609 96 |
| Loire | 437 | 179 | » | 89 | » | 3.123 | 40.569 93 | » |
| Loire (Haute-) | 65 | 5 | » | » | » | 7 | 57 75 | 55 00 |
| Loire-Inférieure | 401 | 129 | 1 | 66 | 62 | 5.904 | 42.514 92 | 46.457 71 |

| DÉPARTEMENTS. | NOMBRE de sociétés de secours mutuels. | NOMBRE DES ORGANISMES — AUTORISÉS à faire l'encaissement — Sociétés de secours mutuels. | Caisses d'assurance. | AYANT EFFECTUÉ l'encaissement — des versements d'assurés. | des contributions patronales. | NOMBRE de cartes échangées. | MONTANT DES ENCAISSEMENTS constatés sur les cartes échangées — Versements d'assurés. (fr. c.) | Contributions patronales. (fr. c.) |
|---|---|---|---|---|---|---|---|---|
| Loiret. | 226 | 69 | » | 28 | 17 | 1.639 | 20.714 86 | 4.237 46 |
| Lot. | 39 | 1 | » | » | » | 37 | 515 00 | 9 |
| Lot-et-Garonne. | 230 | 85 | » | 21 | 4 | 126 | 1.631 50 | 289 00 |
| Lozère. | 21 | 1 | » | » | » | » | » | » |
| Maine-et-Loire. | 328 | 70 | » | 34 | » | 852 | 5.697 09 | 9 82 |
| Marche. | 96 | 9 | » | 3 | 2 | 311 | 3.036 88 | 2.566 85 |
| Marne. | 245 | 74 | » | 3 | » | 28 | 329 50 | » |
| Marne (Haute-). | 89 | 11 | » | 4 | 4 | 1.010 | 10.034 56 | 6.291 85 |
| Mayenne. | 106 | 3 | » | » | » | 192 | 10.745 00 | 991 00 |
| Meurthe-et-Moselle. | 216 | 21 | 2 | 4 | 4 | 9.661 | 61.930 61 | 58.837 03 |
| Meuse. | 105 | 37 | » | 2 | 2 | 55 | 695 48 | 140 58 |
| Morbihan. | 80 | 5 | » | 2 | » | 12 | 353 00 | » |
| Moselle. | 8 | » | » | 1 | » | » | » | » |
| Nièvre. | 112 | 7 | » | » | » | 7 | 96 50 | 17 50 |
| Nord. | 991 | 110 | » | 33 | 28 | 1.823 | 18.375 29 | 10.871 47 |
| Oise. | 301 | 58 | » | 21 | 15 | 333 | 4.506 68 | 1.093 50 |
| Orne. | 71 | 7 | » | 4 | 2 | 200 | 4.886 81 | 1.523 28 |
| Pas-de-Calais. | 684 | 38 | » | 4 | 1 | 143 | 1.293 75 | 5 |
| Puy-de-Dôme. | 225 | 57 | » | 7 | 5 | 1.756 | 116.360 40 | 8.375 91 |
| Pyrénées (Basses-). | 277 | 43 | » | 8 | 5 | 65 | 2.631 00 | 223 00 |
| Pyrénées (Hautes-). | 133 | 15 | » | » | » | » | » | » |
| Pyrénées-Orientales. | 299 | 12 | » | 2 | 2 | 37 | 318 00 | 264 00 |
| Rhin (Bas-). | 3 | » | » | » | » | » | » | » |
| Rhin (Haut-). | 4 | » | » | » | » | » | » | » |
| Territoire de Belfort. | 35 | » | » | » | » | 328 | 2.138 82 | 2.086 54 |
| Rhône. | 662 | 155 | 1 | 48 | 1 | 849 | 11.172 42 | 90 30 |
| Saône (Haute-). | 108 | 5 | » | 2 | 2 | 633 | 13.690 20 | 3.381 92 |
| Saône-et-Loire. | 552 | 60 | » | 16 | 2 | 523 | 7.827 47 | » |
| Sarthe. | 132 | 4 | » | 2 | » | 93 | 1.435 15 | 207 90 |
| Savoie. | 153 | 4 | » | » | » | 3 | 102 75 | 10 |
| Savoie (Haute-). | 170 | 7 | » | 1 | 1 | 165 | 3.023 10 | 3.025 10 |
| Seine. | 1.987 | 123 | 2 | 50 | 13 | 1.912 | 17.206 65 | 7.913 49 |
| Seine-Inférieure. | 424 | 22 | » | 8 | 1 | 138 | 1.535 99 | 110 |
| Seine-et-Marne. | 338 | 8 | 1 | 3 | 3 | 453 | 61.632 00 | 16.770 05 |
| Seine-et-Oise. | 497 | 71 | » | 22 | 4 | 394 | 5.015 29 | 1.045 16 |
| Sèvres (Deux-). | 129 | 10 | » | 5 | 5 | 54 | 770 00 | 191 18 |
| Somme. | 230 | 36 | » | 16 | » | 605 | 4.700 44 | » |
| Tarn. | 189 | 28 | » | 10 | 3 | 358 | 2.748 49 | 189 00 |
| Tarn-et-Garonne. | 142 | 11 | » | 1 | 1 | 62 | 547 75 | 402 25 |
| Var. | 325 | 23 | » | 5 | 5 | 127 | 1.591 00 | 1.096 50 |
| Vaucluse. | 140 | 83 | » | 5 | » | 30 | 428 25 | » |
| Vendée. | 331 | 56 | » | 10 | 1 | 771 | 7.180 15 | 2.747 38 |
| Vienne. | 139 | 14 | » | 4 | 4 | 134 | 1.693 81 | 113 00 |
| Vienne (Haute-). | 118 | 4 | » | » | » | 18 | 729 00 | 95 00 |
| Vosges. | 191 | 35 | 1 | 3 | 3 | 26.677 | 240.309 25 | 186.143 91 |
| Yonne. | 224 | 35 | » | 13 | 5 | 331 | 3.958 68 | 219 00 |
| TOTAUX. | 22.606 | 3.223 | 18 | 929 | 345 | 8.3381 | 976.912 07 | 460.538 55 |

*Nombre, par département, des sociétés de secours mutuels et des assurés ayant reçu, au titre de l'exercice 1925, les allocations de l'État, prévues par l'article 18 de la loi du 5 avril 1910, pour dégrèvement de la cotisation-maladie de 1922. — Montant de ces allocations.*

| DÉPARTEMENTS. | NOMBRE des sociétés ayant sollicité l'allocation. | MUTUALISTES AYANT OBTENU l'allocation | | MONTANT TOTAL des allocations. |
|---|---|---|---|---|
| | | âgés de 18 ans et plus. | âgés de moins de 18 ans. | fr. c. |
| Ain | 17 | 331 | » | 496 50 |
| Aisne | 16 | 221 | 19 | 345 75 |
| Allier | 11 | 316 | » | 474 00 |
| Alpes (Basses-) | 5 | 81 | » | 121 50 |
| Alpes (Hautes-) | 24 | 231 | 1 | 347 25 |
| Alpes-Maritimes | 7 | 78 | » | 117 00 |
| Ardèche | 28 | 386 | 1 | 579 75 |
| Ardennes | 32 | 1.707 | 16 | 2.707 50 |
| Ariège | 3 | 18 | 5 | 27 00 |
| Aube | 23 | 993 | 1 | 1.490 25 |
| Aude | 94 | 1.461 | 10 | 2.199 00 |
| Aveyron | 25 | 396 | 5 | 597 75 |
| Bouches-du-Rhône | 34 | 2.116 | 27 | 3.194 25 |
| Calvados | 46 | 480 | 4 | 723 00 |
| Cantal | 5 | 95 | » | 142 50 |
| Charente | 11 | 190 | » | 285 00 |
| Charente-Inférieure | 25 | 481 | » | 721 50 |
| Cher | 64 | 1.210 | 11 | 1.823 25 |
| Corrèze | 6 | 289 | » | 433 50 |
| Corse | 1 | 11 | » | 16 50 |
| Côte-d'Or | 75 | 1.353 | 26 | 2.049 00 |
| Côtes-du-Nord | 15 | 266 | » | 399 00 |
| Creuse | 3 | 810 | » | 1.215 00 |
| Dordogne | 21 | 173 | » | 259 50 |
| Doubs | 36 | 7.116 | 678 | 11.340 50 |
| Drôme | 5 | 74 | » | 111 00 |
| Eure | 21 | 1.356 | 47 | 2.069 25 |
| Eure-et-Loir | 24 | 911 | 227 | 1.536 75 |
| Finistère | 17 | 494 | » | 741 00 |
| Gard | 19 | 771 | » | 1.156 50 |
| Garonne (Haute-) | 53 | 788 | 4 | 1.185 00 |
| Gers | 12 | 67 | » | 100 50 |
| Gironde | 50 | 902 | 2 | 1.354 50 |
| Hérault | 105 | 1.260 | » | 1.890 00 |
| Ille-et-Vilaine | 21 | 609 | 5 | 917 25 |
| Indre | 14 | 921 | » | 1.381 50 |
| Indre-et-Loire | 55 | 1.112 | 46 | 1.702 50 |
| Isère | 88 | 2.022 | 4 | 3.036 00 |
| Jura | 53 | 1.551 | 36 | 2.353 50 |
| Landes | 25 | 319 | » | 478 50 |
| Loir-et-Cher | 52 | 584 | 4 | 879 00 |
| Loire | 65 | 2.078 | 13 | 3.1[illegible] 7[illegible] |

| DÉPARTEMENTS. | NOMBRE des SOCIÉTÉS ayant sollicité l'allocation. | MUTUALISTES AYANT OBTENU l'allocation | | MONTANT TOTAL des allocations. |
|---|---|---|---|---|
| | | âgés de 18 ans et plus. | âgés de moins de 18 ans. | fr. c. |
| Loire (Haute-) | 18 | 130 | » | 208 50 |
| Loire-Inférieure | 66 | 2.403 | 4 | 3.607 50 |
| Loiret | 73 | 1.503 | 22 | 2.271 00 |
| Lot | 9 | 281 | » | 426 00 |
| Lot-et-Garonne | 17 | 175 | » | 262 50 |
| Lozère | 8 | 169 | » | 253 50 |
| Maine-et-Loire | 113 | 1.435 | 1 | 2.153 25 |
| Manche | 6 | 1.057 | 3 | 1.587 75 |
| Marne | 10 | 317 | 7 | 525 75 |
| Marne (Haute-) | 16 | 954 | 1 | 1.431 75 |
| Mayenne | 2 | 251 | 15 | 387 75 |
| Meurthe-et-Moselle | 54 | 6.197 | 362 | 9.567 00 |
| Meuse | 13 | 495 | 55 | 783 75 |
| Morbihan | 4 | 178 | » | 267 00 |
| Nièvre | 20 | 695 | 2 | 1.014 00 |
| Nord | 98 | 3.219 | 69 | 4.880 25 |
| Oise | 45 | 1.042 | 17 | 1.575 75 |
| Orne | 17 | 1.055 | 17 | 1.595 25 |
| Pas-de-Calais | 5 | 84 | 1 | 126 75 |
| Puy-de-Dôme | 4 | 956 | » | 1.434 00 |
| Pyrénées (Basses-) | 38 | 579 | 3 | 570 75 |
| Pyrénées (Hautes-) | 6 | 84 | » | 128 00 |
| Pyrénées-Orientales | 37 | 332 | » | 598 00 |
| Rhin (Haut-) [Territoire de Belfort] | 5 | 1.696 | 67 | 2.504 25 |
| Rhône | 31 | 881 | 1 | 1.322 25 |
| Saône (Haute-) | 8 | 802 | 67 | 1.253 25 |
| Saône-et-Loire | 75 | 1.837 | 5 | 2.759 25 |
| Sarthe | 11 | 397 | 1 | 596 25 |
| Savoie | 2 | 31 | » | 46 50 |
| Savoie (Haute-) | 26 | 568 | 41 | 882 75 |
| Seine | 34 | 891 | 13 | 1.346 25 |
| Seine-Inférieure | 80 | 3.236 | 64 | 4.902 00 |
| Seine-et-Marne | 20 | 379 | » | 568 50 |
| Seine-et-Oise | 65 | 1.128 | 8 | 1.698 00 |
| Sèvres (Deux-) | 18 | 149 | 2 | 225 00 |
| Somme | 63 | 1.885 | 117 | 2.915 25 |
| Tarn | 53 | 1.795 | 1 | 2.693 25 |
| Tarn-et-Garonne | 15 | 257 | » | 385 50 |
| Var | 21 | 411 | 2 | 616 50 |
| Vaucluse | 21 | 299 | » | 448 50 |
| Vendée | 57 | 869 | » | 1.303 50 |
| Vienne | 9 | 131 | 4 | 199 50 |
| Vienne (Haute-) | 22 | 141 | » | 216 00 |
| Vosges | 6 | 790 | 120 | 1.281 75 |
| Yonne | 27 | 1.008 | » | 2.862 00 |
| TOTAUX | 2.621 | 81.705 | 2.296 | 121.369 00 |

**NOMBRE, par département, des assurés obligatoires dont la retraite a été liquidée du 1ᵉʳ janvier au 31 décembre 1925.**

| DÉPARTEMENTS. | ASSURÉS | | | | | TOTAL. |
|---|---|---|---|---|---|---|
| | AYANT REÇU l'allocation complète | | N'AYANT REÇU qu'une allocation réduite | | N'AYANT pas reçu l'allocation de l'État. | |
| | n'ayant pas élevé 3 enfants jusqu'à 16 ans. | ayant élevé 3 enfants jusqu'à 16 ans. | n'ayant pas élevé 3 enfants jusqu'à 16 ans. | ayant élevé 3 enfants jusqu'à 16 ans. | | |
| Ain | 212 | 69 | » | » | 25 | 306 |
| Aisne | 402 | 115 | » | 1 | 429 | 947 |
| Allier | 222 | 74 | » | » | 52 | 348 |
| Alpes (Basses-) | 89 | 27 | » | » | 20 | 136 |
| Alpes (Hautes-) | 51 | 35 | » | » | 17 | 103 |
| Alpes-Maritimes | 117 | 19 | » | 1 | 87 | 224 |
| Ardèche | 271 | 135 | » | » | 21 | 438 |
| Ardennes | 315 | 116 | 1 | » | 132 | 591 |
| Ariège | 144 | 43 | 4 | » | 44 | 235 |
| Aube | 308 | 72 | » | 1 | 112 | 493 |
| Aude | 298 | 63 | 1 | » | 44 | 406 |
| Aveyron | 166 | 78 | 1 | » | 38 | 283 |
| Bouches-du-Rhône | 551 | 85 | 4 | » | 220 | 860 |
| Calvados | 152 | 54 | » | » | 94 | 300 |
| Cantal | 91 | 47 | » | » | 41 | 179 |
| Charente | 177 | 61 | 1 | » | 45 | 284 |
| Charente-Inférieure | 224 | 73 | 12 | » | 105 | 414 |
| Cher | 234 | 99 | » | » | 90 | 423 |
| Corrèze | 131 | 37 | » | 1 | 38 | 207 |
| Corse | 68 | 69 | 1 | » | 165 | 303 |
| Côte-d'Or | 433 | 136 | » | » | 168 | 737 |
| Côtes-du-Nord | 127 | 59 | » | » | 187 | 373 |
| Creuse | 55 | 29 | 3 | » | 17 | 104 |
| Dordogne | 69 | 15 | 2 | » | 28 | 114 |
| Doubs | 250 | 121 | » | » | 80 | 460 |
| Drôme | 217 | 69 | 1 | » | 105 | 392 |
| Eure | 236 | 65 | 1 | » | 124 | 426 |
| Eure-et-Loir | 196 | 108 | » | 1 | 45 | 350 |
| Finistère | 293 | 173 | 1 | 3 | 127 | 597 |
| Gard | 343 | 110 | 3 | » | 112 | 568 |
| Garonne (Haute-) | 333 | 52 | » | » | 145 | 530 |
| Gers | 127 | 16 | 2 | » | 41 | 186 |
| Gironde | 581 | 97 | 1 | 2 | 322 | 1,003 |
| Hérault | 300 | 76 | 2 | » | 79 | 457 |
| Ille-et-Vilaine | 175 | 42 | 1 | » | 61 | 279 |
| Indre | 121 | 64 | 1 | » | 31 | 217 |
| Indre-et-Loire | 165 | 54 | 1 | » | 41 | 261 |
| Isère | 622 | 160 | » | » | 126 | 908 |
| Jura | 132 | 74 | 1 | 1 | 19 | 227 |
| Landes | 86 | 45 | 1 | » | 42 | 174 |
| Loir-et-Cher | 140 | 43 | » | 1 | 73 | 257 |
| Loire | 398 | 114 | » | 1 | 165 | 678 |

| DÉPARTEMENTS. | ASSURÉS | | | | | TOTAL. |
|---|---|---|---|---|---|---|
| | AYANT REÇU l'allocation complète | | N'AYANT REÇU qu'une allocation réduite | | N'AYANT pas reçu l'allocation de l'État. | |
| | n'ayant pas élevé 3 enfants jusqu'à 16 ans. | ayant élevé 3 enfants jusqu'à 16 ans. | n'ayant pas élevé 3 enfants jusqu'à 16 ans. | ayant élevé 3 enfants jusqu'à 16 ans. | | |
| Loire (Haute-) | 179 | 67 | 2 | 1 | 101 | 349 |
| Loire-Inférieure | 353 | 97 | 2 | 1 | 210 | 662 |
| Loiret | 246 | 101 | 1 | » | 73 | 421 |
| Lot | 168 | 48 | » | » | 46 | 262 |
| Lot-et-Garonne | 132 | 25 | 3 | » | 17 | 166 |
| Lozère | 127 | 138 | » | 2 | 15 | 280 |
| Maine-et-Loire | 367 | 84 | » | » | 78 | 520 |
| Manche | 111 | 49 | » | » | 48 | 208 |
| Marne | 278 | 91 | » | » | 139 | 508 |
| Marne (Haute-) | 257 | 114 | » | » | 63 | 434 |
| Mayenne | 65 | 17 | 1 | » | 90 | 173 |
| Meurthe-et-Moselle | 571 | 287 | » | » | 279 | 1.137 |
| Meuse | 204 | 94 | 1 | 1 | 116 | 415 |
| Morbihan | 124 | 57 | » | » | 77 | 258 |
| Nièvre | 250 | 69 | 1 | » | 51 | 371 |
| Nord | 1.433 | 791 | 2 | 1 | 833 | 3.060 |
| Oise | 318 | 161 | 1 | » | 174 | 684 |
| Orne | 109 | 37 | » | » | 83 | 229 |
| Pas-de-Calais | 263 | 148 | 1 | 1 | 235 | 647 |
| Puy-de-Dôme | 456 | 91 | » | » | 97 | 644 |
| Pyrénées (Basses-) | 169 | 43 | » | 1 | 106 | 318 |
| Pyrénées (Hautes-) | 101 | 25 | » | » | 45 | 171 |
| Pyrénées-Orientales | 147 | 67 | » | 1 | 33 | 247 |
| Rhin (Haut-) [Belfort] | 120 | 77 | » | » | 26 | 223 |
| Rhône | 924 | 187 | 3 | 1 | 216 | 1.331 |
| Saône (Haute-) | 180 | 97 | » | » | 65 | 342 |
| Saône-et-Loire | 391 | 183 | 1 | » | 91 | 666 |
| Sarthe | 172 | 65 | » | » | 328 | 565 |
| Savoie | 98 | 38 | 3 | 1 | 39 | 177 |
| Savoie (Haute-) | 131 | 40 | 1 | 1 | 52 | 225 |
| Seine | 1.548 | 339 | 6 | 2 | 571 | 2.466 |
| Seine-Inférieure | 528 | 240 | 6 | 2 | 324 | 1.100 |
| Seine-et-Marne | 328 | 117 | » | » | 89 | 534 |
| Seine-et-Oise | 578 | 204 | 1 | » | 259 | 1.042 |
| Sèvres (Deux-) | 130 | 48 | » | » | 63 | 241 |
| Somme | 422 | 117 | » | » | 253 | 792 |
| Tarn | 317 | 90 | 3 | » | 79 | 489 |
| Tarn-et-Garonne | 113 | 15 | 1 | » | 37 | 166 |
| Var | 310 | 58 | » | » | 89 | 457 |
| Vaucluse | 153 | 40 | 1 | » | 51 | 245 |
| Vendée | 145 | 62 | 1 | 1 | 75 | 284 |
| Vienne | 113 | 54 | » | » | 66 | 233 |
| Vienne (Haute-) | 69 | 28 | » | » | 56 | 153 |
| Vosges | 503 | 250 | 1 | » | 230 | 984 |
| Yonne | 289 | 86 | 1 | » | 51 | 421 |
| TOTAUX | 23.676 | 8.229 | 90 | 22 | 16.079 | 42.096 |

*Nombre, par département et par année de naissance, des assurés obligatoires dont la retraite a été liquidée du 1ᵉʳ janvier au 31 décembre 1925.*

| DÉPARTEMENTS. | ANNÉES DE NAISSANCE. | | | | | | | | | | | | | | | | TOTAL. |
|---|---|---|---|---|---|---|---|---|---|---|---|---|---|---|---|---|---|
| | 1850. | 1851. | 1852. | 1853. | 1854. | 1855. | 1856. | 1857. | 1858. | 1859. | 1860. | 1861. | 1862. | 1863. | 1864. | 1865. | |
| Aix | » | » | » | » | » | » | » | » | » | 1 | 2 | 1 | 2 | 5 | 101 | 191 | 300 |
| Aisne | » | » | 2 | » | » | 1 | 2 | 5 | 5 | 6 | 5 | 9 | 11 | 32 | 339 | 530 | 917 |
| Allier | » | » | » | » | » | » | » | » | » | » | 1 | » | » | 7 | 121 | 216 | 348 |
| Alpes (Basses-) | » | » | » | » | » | » | » | 1 | » | » | » | » | » | 3 | 39 | 92 | 136 |
| Alpes (Hautes-) | » | » | » | » | » | » | » | » | » | » | 1 | 1 | 1 | 4 | 23 | 73 | 103 |
| Alpes-Maritimes | » | » | » | » | » | » | » | » | » | 1 | » | » | » | 5 | 71 | 111 | 223 |
| Ardèche | » | » | » | » | » | » | » | » | » | 1 | 1 | » | 2 | 9 | 162 | 258 | 433 |
| Ardennes | » | » | » | » | » | » | » | 1 | 1 | » | 3 | 1 | 1 | 30 | 212 | 315 | 591 |
| Ariège | » | » | » | » | » | » | » | » | » | » | » | » | 1 | 10 | 91 | 120 | 235 |
| Aube | » | » | » | » | » | » | 1 | » | » | » | 18 | 8 | 10 | 10 | 136 | 316 | 493 |
| Aude | » | » | » | » | » | » | » | » | » | » | » | » | 1 | 7 | 132 | 266 | 466 |
| Aveyron | » | » | » | » | » | » | » | » | » | » | 2 | 1 | » | 3 | 78 | 199 | 283 |
| Bouches-du-Rhône | » | » | » | » | 1 | 1 | » | 1 | 2 | 1 | 3 | 4 | 3 | 8 | 310 | 526 | 866 |
| Calvados | » | » | » | » | » | 1 | » | » | » | 2 | 5 | 1 | » | 2 | 91 | 193 | 300 |
| Cantal | » | » | » | » | » | » | » | » | » | » | 1 | » | 1 | » | 50 | 127 | 179 |
| Charente | » | » | » | » | » | » | » | » | » | » | 1 | » | » | 8 | 83 | 192 | 284 |
| Charente-Inférieure | » | » | » | » | » | » | » | » | » | » | 1 | 1 | 3 | 12 | 110 | 257 | 414 |
| Cher | » | » | » | » | » | » | » | » | » | » | 1 | 2 | » | 1 | 102 | 311 | 423 |
| Corrèze | » | » | » | » | » | » | » | » | » | » | 2 | » | 2 | 1 | 56 | 116 | 207 |
| Corse | » | » | » | » | » | 1 | » | » | » | » | » | 2 | 2 | .9 | 129 | 160 | 303 |
| Côte-d'Or | » | » | » | » | » | » | 1 | » | 1 | » | 1 | » | 1 | 10 | 197 | 526 | 737 |
| Côtes-du-Nord | » | » | » | » | » | » | » | » | » | » | » | » | 1 | 3 | 112 | 257 | 373 |
| Creuse | » | » | » | » | 1 | » | 1 | » | » | » | 1 | » | 1 | 2 | 32 | 66 | 101 |
| Dordogne | » | » | » | » | » | » | » | » | 1 | 3 | » | 1 | » | 7 | 31 | 71 | 111 |
| Doubs | » | » | » | » | » | » | » | » | » | » | 1 | 2 | » | 5 | 151 | 296 | 462 |
| Drôme | » | » | » | » | » | » | » | » | » | » | » | » | 1 | 5 | 123 | 263 | 392 |
| Eure | » | » | » | » | » | » | » | » | » | » | 2 | 1 | 3 | 2 | 131 | 281 | 426 |
| Eure-et-Loir | » | » | » | » | » | » | » | » | » | 1 | » | » | 2 | 2 | 108 | 237 | 350 |
| Finistère | » | » | » | 2 | » | 1 | » | 3 | 2 | 3 | 2 | 1 | 8 | 18 | 137 | 100 | 597 |
| Gard | » | » | » | » | » | » | » | » | » | 1 | » | » | 1 | 7 | 178 | 381 | 568 |
| Garonne (Haute-) | » | » | » | » | » | » | 1 | » | 1 | » | 3 | 1 | 3 | 5 | 170 | 316 | 530 |
| Gers | » | » | » | » | » | » | » | 1 | » | 1 | 1 | 1 | 3 | 7 | 73 | 99 | 186 |
| Gironde | » | » | » | » | » | » | 1 | » | » | » | 3 | 2 | 3 | 21 | 356 | 613 | 1.003 |
| Hérault | » | » | » | » | » | » | » | » | » | » | » | 2 | 1 | 2 | 114 | 337 | 457 |
| Ille-et-Vilaine | » | » | » | » | » | » | » | » | 1 | 1 | 3 | 2 | 3 | 1 | 96 | 168 | 279 |
| Indre | » | » | » | » | » | » | 1 | » | 1 | » | » | » | 4 | 9 | 91 | 157 | 217 |
| Indre-et-Loire | » | » | » | » | » | » | » | » | » | » | 1 | » | 2 | 2 | 101 | 151 | 281 |
| Isère | » | » | » | 1 | » | » | » | » | 1 | » | 1 | 2 | 1 | 10 | 316 | 577 | 908 |
| Jura | » | » | » | » | » | » | » | 1 | » | » | 1 | » | » | 5 | 81 | 110 | 227 |
| Landes | » | » | 1 | » | » | » | » | » | » | » | » | 3 | 1 | 6 | 57 | 106 | 174 |
| Loir-et-Cher | » | » | » | » | » | » | 3 | » | 1 | 3 | 3 | 1 | 1 | 7 | 68 | 100 | 257 |
| Loire | » | » | » | » | » | » | » | » | 2 | 2 | 11 | 3 | 10 | 213 | 113 | | 678 |

**ANNÉES DE NAISSANCE.**

| DÉPARTEMENTS. | 1851. | 1852. | 1853. | 1854. | 1855. | 1856. | 1857. | 1858. | 1859. | 1860. | 1861. | 1862. | 1863. | 1864. | 1865. | TOTAL. |
|---|---|---|---|---|---|---|---|---|---|---|---|---|---|---|---|---|
| Loire (Haute-) | » | » | » | » | » | » | » | 1 | » | 9 | 1 | 9 | 7 | 112 | 224 | 319 |
| Loire-Inférieure | » | » | » | 1 | » | 1 | 1 | 5 | 6 | 3 | 11 | 19 | 16 | 163 | 414 | 602 |
| Loiret | » | » | » | » | » | » | » | » | » | 2 | » | 1 | 4 | 105 | 307 | 421 |
| Lot | » | » | » | » | » | » | » | » | » | 1 | » | » | 3 | 82 | 176 | 262 |
| Lot-et-Garonne | » | » | » | » | » | » | » | 1 | 2 | » | » | 1 | 3 | 77 | 93 | 177 |
| Lozère | » | » | » | » | » | » | » | » | » | » | » | 2 | 4 | 92 | 182 | 280 |
| Maine-et-Loire | » | » | » | » | » | » | » | 1 | 1 | 5 | 1 | 1 | 4 | 146 | 370 | 529 |
| Manche | » | » | » | » | » | » | » | » | 1 | 2 | 1 | 1 | 6 | 69 | 128 | 208 |
| Marne | » | » | » | » | » | 1 | 4 | 3 | 5 | 8 | 4 | 14 | 15 | 186 | 272 | 508 |
| Marne (Haute-) | » | » | » | » | » | » | » | 1 | » | » | » | 1 | 4 | 103 | 325 | 434 |
| Mayenne | » | » | » | » | 2 | » | 1 | » | 9 | 8 | 7 | 12 | 13 | 30 | 92 | 173 |
| Meurthe-et-Moselle | 1 | 1 | 1 | 1 | 4 | 2 | 2 | 8 | 9 | 13 | 19 | 20 | 92 | 458 | 504 | 1.137 |
| Meuse | » | » | » | » | » | » | » | » | » | » | 1 | 6 | 4 | 120 | 284 | 415 |
| Morbihan | » | » | » | » | » | 1 | 2 | 2 | 4 | 1 | 2 | » | 6 | 75 | 163 | 258 |
| Nièvre | » | » | » | » | » | 1 | » | » | » | » | 1 | 1 | 4 | 118 | 218 | 371 |
| Nord | » | » | » | 1 | 2 | 3 | 2 | 5 | 5 | 10 | 9 | 41 | 76 | 1.238 | 1.668 | 3.060 |
| Oise | » | » | » | » | » | » | 3 | 1 | 3 | 7 | 6 | » | 9 | 173 | 482 | 684 |
| Orne | » | » | » | » | 1 | » | » | » | 1 | 1 | 1 | » | 5 | 47 | 173 | 229 |
| Pas-de-Calais | » | 1 | » | 1 | » | 1 | 2 | 4 | 5 | 11 | 3 | 13 | 32 | 205 | 369 | 647 |
| Puy-de-Dôme | » | » | » | » | » | 1 | 1 | » | 2 | 3 | » | 5 | 10 | 293 | 329 | 611 |
| Pyrénées (Basses-) | » | » | » | » | » | 1 | 1 | 1 | 5 | 1 | 1 | 6 | 6 | 86 | 210 | 318 |
| Pyrénées (Hautes-) | » | » | » | » | » | » | » | » | » | 2 | » | 2 | 7 | 72 | 88 | 171 |
| Pyrénées-Orientales | » | » | » | » | » | » | » | » | 2 | 1 | 2 | 2 | 5 | 96 | 139 | 247 |
| Rhin (Ht-) [Belfort] | » | » | » | » | » | » | » | » | » | » | » | 1 | 4 | 86 | 130 | 223 |
| Rhône | » | » | » | 1 | » | 1 | 1 | » | 2 | 2 | 6 | 6 | 25 | 467 | 820 | 1.331 |
| Saône (Haute-) | » | » | » | » | 1 | 1 | » | » | 1 | 1 | 1 | » | 7 | 130 | 200 | 342 |
| Saône-et-Loire | » | » | » | » | » | » | 1 | » | 3 | 2 | 2 | 3 | 8 | 181 | 466 | 666 |
| Sarthe | 1 | 1 | 2 | » | 1 | 11 | 9 | 11 | 14 | 24 | 24 | 28 | 39 | 156 | 244 | 545 |
| Savoie | » | » | » | » | » | » | 1 | » | » | 1 | 2 | » | 2 | 44 | 128 | 177 |
| Savoie (Haute-) | » | » | » | » | » | » | 1 | » | » | » | 1 | » | 2 | 93 | 128 | 225 |
| Seine | 1 | - | » | » | 2 | 1 | 3 | 3 | 13 | 21 | 9 | 22 | 49 | 782 | 1.560 | 2.466 |
| Seine-Inférieure | » | 1 | » | » | » | 1 | 1 | 2 | 6 | 5 | 2 | 9 | 24 | 438 | 611 | 1.100 |
| Seine-et-Marne | » | » | » | » | » | » | » | » | 7 | 13 | 2 | 5 | 16 | 171 | 320 | 533 |
| Seine-et-Oise | » | » | » | » | » | 1 | » | 3 | 2 | 8 | 7 | 15 | 33 | 362 | 611 | 1.012 |
| Sèvres (Deux-) | » | » | » | » | » | » | » | » | » | » | » | 5 | 3 | 78 | 155 | 241 |
| Somme | » | » | 1 | » | 1 | » | » | 1 | 1 | 1 | » | 2 | 31 | 347 | 407 | 792 |
| Tarn | 1 | » | » | » | » | » | » | » | » | » | » | 1 | 6 | 157 | 324 | 489 |
| Tarn-et-Garonne | » | » | » | » | » | » | 1 | » | » | » | » | 1 | 3 | 68 | 93 | 166 |
| Var | » | » | » | » | » | » | 1 | » | » | 1 | 1 | 1 | 6 | 147 | 297 | 457 |
| Vaucluse | » | » | » | » | » | » | » | » | » | » | » | » | 2 | 90 | 153 | 245 |
| Vendée | » | » | » | » | » | » | » | » | » | 1 | » | 1 | » | 85 | 107 | 234 |
| Vienne | » | » | » | 1 | » | » | » | » | » | 1 | » | » | 1 | 73 | 157 | 233 |
| Vienne (Haute-) | » | » | 1 | » | » | » | » | » | 1 | » | » | » | 2 | 51 | 95 | 153 |
| Vosges | » | » | 1 | » | 1 | 1 | 1 | 6 | 3 | 7 | 4 | 9 | 23 | 349 | 611 | 984 |
| Yonne | » | 1 | » | » | 2 | » | » | » | 1 | 5 | 1 | 2 | 4 | 170 | 235 | 421 |
| TOTAUX | 4 | 8 | 8 | 8 | 20 | 40 | 49 | 72 | 141 | 206 | 169 | 356 | 930 | 14.079 | 25.950 | 42.006 |

Nombre, par département et par catégorie, des assurés facultatifs, non compris les métayers et les petits fermiers, dont la retraite a été liquidée du 1ᵉʳ janvier au 31 décembre 1925.

| DÉPARTEMENTS | ASSURÉS | | | | | | TOTAL. |
| | ayant reçu LA BONIFICATION complète | | n'ayant reçu QU'UNE BONIFICATION réduite | | non bénéficiaires du RÉGIME TRANSITOIRE. | | |
| | n'ayant pas élevé 3 enfants jusqu'à 16 ans. | ayant élevé 3 enfants jusqu'à 16 ans. | n'ayant pas élevé 3 enfants jusqu'à 16 ans. | ayant élevé 3 enfants jusqu'à 16 ans. | n'ayant pas élevé 3 enfants jusqu'à 16 ans. | ayant élevé 3 enfants jusqu'à 16 ans. | |
|---|---|---|---|---|---|---|---|
| Ain | 98 | 27 | 10 | 6 | 3 | » | 144 |
| Aisne | 53 | 13 | 19 | 4 | 45 | 8 | 142 |
| Allier | 71 | 17 | 6 | 4 | 11 | 5 | 114 |
| Alpes (Basses-) | 56 | 37 | 2 | 3 | 5 | 1 | 104 |
| Alpes (Hautes-) | 45 | 24 | 4 | 3 | 8 | » | 83 |
| Alpes-Maritimes | 35 | 18 | 32 | 5 | 9 | 1 | 100 |
| Ardèche | 111 | 74 | 4 | 6 | 19 | 7 | 221 |
| Ardennes | 82 | 27 | 25 | 9 | 19 | 2 | 164 |
| Ariège | 74 | 32 | 11 | 6 | 5 | 3 | 131 |
| Aube | 67 | 18 | 13 | 5 | 63 | 2 | 168 |
| Aude | 43 | 6 | 6 | 2 | 15 | » | 72 |
| Aveyron | 74 | 66 | 17 | 10 | 22 | 12 | 201 |
| Bouches-du-Rhône | 120 | 15 | 40 | 7 | 14 | 1 | 197 |
| Calvados | 10 | 3 | 1 | » | 5 | » | 19 |
| Cantal | 31 | 17 | 12 | 5 | 11 | 5 | 84 |
| Charente | 34 | 4 | 9 | 1 | 4 | » | 52 |
| Charente-Inférieure | 58 | 13 | 19 | 5 | 36 | 4 | 135 |
| Cher | 56 | 18 | 6 | 1 | 4 | 6 | 91 |
| Corrèze | 110 | 49 | 28 | 12 | 8 | 4 | 211 |
| Corse | 35 | 37 | 20 | 17 | 5 | 3 | 117 |
| Côte-d'Or | 98 | 30 | 10 | 7 | 52 | 9 | 206 |
| Côtes-du-Nord | 36 | 26 | 9 | 10 | 29 | 2 | 112 |
| Creuse | 29 | 22 | 15 | 7 | 27 | 7 | 107 |
| Dordogne | 26 | » | 5 | 2 | 11 | 2 | 46 |
| Doubs | 84 | 35 | 9 | 5 | 4 | 2 | 139 |
| Drôme | 83 | 37 | 24 | 5 | 11 | 2 | 162 |
| Eure | 6 | 3 | 3 | » | 9 | 3 | 24 |
| Eure-et-Loir | 26 | 6 | 2 | 7 | 10 | 9 | 60 |
| Finistère | 33 | 56 | 19 | 19 | 4 | 2 | 133 |
| Gard | 83 | 18 | 22 | 11 | 19 | 21 | 204 |
| Garonne (Haute-) | 61 | 27 | 12 | 3 | 17 | 1 | 121 |
| Gers | 48 | 10 | 17 | » | 21 | 1 | 97 |
| Gironde | 53 | 4 | 14 | » | 8 | » | 80 |
| Hérault | 25 | 19 | 5 | » | 3 | 2 | 56 |
| Ille-et-Vilaine | 12 | 10 | 1 | 2 | 7 | 5 | 37 |
| Indre | 19 | 19 | 3 | 1 | 9 | 4 | 87 |
| Indre-et-Loire | 32 | 16 | 4 | » | 9 | 2 | 63 |
| Isère | 239 | 136 | 56 | 20 | 21 | 7 | 469 |
| Jura | 69 | 35 | 4 | 1 | 19 | 4 | 132 |
| Landes | 30 | 10 | 5 | 1 | 4 | » | 56 |
| Loir-et-Cher | 33 | 6 | 4 | 3 | 21 | 3 | 70 |
| Loire | 34 | 16 | 6 | 1 | 13 | 3 | 73 |

| DÉPARTEMENTS. | ASSURÉS | | | | | | TOTAL. |
|---|---|---|---|---|---|---|---|
| | ayant reçu LA BONIFICATION complète | | n'ayant reçu QU'UNE BONIFICATION réduite | | non bénéficiaires du RÉGIME TRANSITOIRE | | |
| | n'ayant pas élevé 3 enfants jusqu'à 16 ans. | ayant élevé 3 enfants jusqu'à 16 ans. | n'ayant pas élevé 3 enfants jusqu'à 16 ans. | ayant élevé 3 enfants jusqu'à 16 ans. | n'ayant pas élevé 3 enfants jusqu'à 16 ans. | ayant élevé 3 enfants jusqu'à 16 ans. | |
| Loire (Haute-) | 77 | 28 | 13 | 3 | 13 | 2 | 136 |
| Loire-Inférieure | 30 | 5 | 26 | 2 | 23 | 4 | 90 |
| Loiret | 45 | 18 | 6 | 3 | 25 | 14 | 111 |
| Lot | 59 | 22 | 7 | 2 | 16 | 1 | 107 |
| Lot-et-Garonne | 29 | 2 | 14 | 2 | 15 | » | 62 |
| Lozère | 11 | 14 | » | 2 | 9 | 3 | 32 |
| Maine-et-Loire | 36 | 16 | 6 | 2 | 18 | 2 | 77 |
| Manche | 7 | 1 | 2 | » | 26 | 13 | 52 |
| Marne | 61 | 20 | 34 | 2 | 55 | 16 | 188 |
| Marne (Haute-) | 66 | 27 | 9 | 3 | 28 | 12 | 145 |
| Mayenne | 7 | 1 | » | » | 6 | 2 | 16 |
| Meurthe-et-Moselle | 95 | 38 | 9 | 4 | 17 | 3 | 166 |
| Meuse | 58 | 22 | 12 | 1 | 12 | 6 | 111 |
| Morbihan | 23 | 9 | 6 | 3 | 1 | 5 | 47 |
| Nièvre | 45 | 18 | 4 | » | 21 | 3 | 91 |
| Nord | 72 | 32 | 33 | 15 | 53 | 33 | 238 |
| Oise | 37 | 11 | 5 | 1 | 30 | 11 | 95 |
| Orne | 3 | 5 | 3 | 1 | 3 | 4 | 17 |
| Pas-de-Calais | 49 | 19 | 16 | 2 | 28 | 11 | 125 |
| Puy-de-Dôme | 217 | 72 | 17 | 5 | 42 | 4 | 357 |
| Pyrénées (Basses-) | 67 | 22 | 39 | 8 | 67 | 6 | 209 |
| Pyrénées (Hautes-) | 61 | 37 | 9 | 6 | 16 | 3 | 132 |
| Pyrénées-Orientales | 27 | 11 | 7 | 4 | 12 | 5 | 69 |
| Rhin (Haut-) [Belfort] | 13 | 9 | 2 | » | 4 | 1 | 20 |
| Rhône | 45 | 10 | 17 | 8 | 30 | 2 | 112 |
| Saône (Haute-) | 130 | 78 | 6 | 8 | 15 | 7 | 244 |
| Saône-et-Loire | 97 | 43 | 15 | 1 | 54 | 12 | 222 |
| Sarthe | 30 | 7 | 4 | 2 | 18 | » | 61 |
| Savoie | 60 | 63 | 6 | 6 | 7 | 16 | 158 |
| Savoie (Haute-) | 38 | 20 | 2 | 4 | ○ 20 | 12 | 105 |
| Seine | 83 | 13 | 14 | 2 | 112 | 27 | 251 |
| Seine-Inférieure | 16 | 7 | 3 | 5 | 6 | 6 | 43 |
| Seine-et-Marne | 38 | 11 | 3 | 1 | 40 | 12 | 108 |
| Seine-et-Oise | 37 | 12 | 11 | 3 | 28 | 7 | 98 |
| Sèvres (Deux-) | 18 | 4 | 4 | 1 | 5 | » | 32 |
| Somme | 27 | 7 | 13 | 1 | 35 | 1 | 84 |
| Tarn | 135 | 48 | 19 | 3 | 9 | 1 | 215 |
| Tarn-et-Garonne | 34 | 9 | 6 | » | 13 | » | 62 |
| Var | 41 | 3 | 8 | 3 | 31 | 1 | 87 |
| Vaucluse | 104 | 14 | 16 | 4 | 5 | » | 143 |
| Vendée | 29 | 17 | 9 | 5 | 10 | 4 | 74 |
| Vienne | 38 | 13 | 11 | » | 27 | 1 | 90 |
| Vienne (Haute-) | 25 | 15 | 9 | » | 11 | 1 | 61 |
| Vosges | 55 | 43 | 25 | 6 | 20 | 6 | 170 |
| Yonne | 109 | 17 | 26 | 3 | 40 | 7 | 202 |
| TOTAUX | 1.876 | 1.982 | 1.034 | 356 | 1.746 | 442 | 10.436 |

*NOMBRE, par département et par année de naissance, des assurés facultatifs, non compris les métayers et les petits fermiers, dont la retraite a été liquidée du 1er janvier au 31 décembre 1925.*

| DÉPARTEMENTS. | ANNÉES DE NAISSANCE. | | | | | | | | | | | | | | | | TOTAL. |
|---|---|---|---|---|---|---|---|---|---|---|---|---|---|---|---|---|---|
| | 1850 | 1851 | 1852 | 1853 | 1854 | 1855 | 1856 | 1857 | 1858 | 1859 | 1860 | 1861 | 1862 | 1863 | 1864 | 1865 | |
| Ain | | | | | | | | | 1 | | 2 | 1 | 2 | 6 | 88 | 44 | 141 |
| Aisne | | | | | | | 2 | | | | 2 | 2 | | 2 | 51 | 83 | 142 |
| Allier | | | | | | | | | | 3 | 2 | | 2 | 1 | 47 | 59 | 114 |
| Alpes (Basses-) | | | | | | | | | 1 | | 1 | | | 2 | 49 | 51 | 104 |
| Alpes (Hautes-) | | | | | | | | | 1 | | 1 | 1 | | 1 | 36 | 44 | 84 |
| Alpes-Maritimes | | | | | | | | | | | | | | 1 | 39 | 60 | 100 |
| Ardèche | | | | | | | | | 2 | | 3 | 1 | 2 | 4 | 93 | 116 | 221 |
| Ardennes | | | | | | | 1 | 2 | 1 | 1 | 1 | 2 | 5 | 6 | 74 | 73 | 164 |
| Ariège | 1 | | | | | | | | 1 | | | | 2 | 8 | 42 | 77 | 131 |
| Aube | | | | | 1 | 1 | | | 1 | 5 | 17 | 3 | 6 | 5 | 49 | 80 | 168 |
| Aude | 1 | | | | | | | | | | 2 | 2 | 1 | | 42 | 24 | 72 |
| Aveyron | | | | | | | | | | | | 2 | 2 | 4 | 75 | 118 | 201 |
| Bouches-du-Rhône | | | | | 1 | | | 1 | | | 1 | 1 | 1 | 2 | 59 | 131 | 197 |
| Calvados | | | | | | | | | | | | | | | 7 | 12 | 19 |
| Cantal | | | | | | | | | | | 1 | | | 1 | 31 | 51 | 84 |
| Charente | | | | | | | | | | | | | 1 | 3 | 19 | 29 | 52 |
| Charente-Inférieure | | | | | | | | 1 | 1 | 1 | | | 1 | 6 | 42 | 82 | 135 |
| Cher | | | | | | | | 1 | 2 | | | | | 2 | 15 | 71 | 91 |
| Corrèze | | | | | | | | | | 1 | | | | 3 | 81 | 156 | 241 |
| Corse | | | | | | | | | | | | | 1 | 1 | 60 | 55 | 117 |
| Côte-d'Or | | | | | | | | | | | 1 | 1 | 1 | 1 | 59 | 143 | 206 |
| Côtes-du-Nord | | | | | | | | | | | | | | 1 | 30 | 81 | 112 |
| Creuse | | | | | | | | | | | | | 1 | 3 | 48 | 55 | 107 |
| Dordogne | | | | | | | | | | 2 | | 1 | | 2 | 20 | 21 | 46 |
| Doubs | | | | | | | | | | | | 1 | | | 56 | 82 | 139 |
| Drôme | | | | | | | | | | | | 1 | | | 6 | 99 | 106 |
| Eure | | | | | 1 | | | | | | | | | | 10 | 13 | 24 |
| Eure-et-Loir | | | | | | | | | | | 1 | | 2 | 1 | 23 | 33 | 60 |
| Finistère | | | | | | | 1 | | 2 | 2 | 1 | 1 | 1 | 1 | 61 | 63 | 133 |
| Gard | | | | | | | | 1 | | | | | 1 | 3 | 65 | 133 | 201 |
| Garonne (Haute-) | | | | | | | | 1 | 1 | | | | | 2 | 48 | 72 | 124 |
| Gers | | | | | | 1 | | | | | 4 | 1 | 2 | 2 | 42 | 45 | 97 |
| Gironde | | | | | | | | 1 | | | | | 1 | 1 | 28 | 49 | 80 |
| Hérault | | 1 | | | | | | | | | | | 2 | | 26 | 27 | 56 |
| Ille-et-Vilaine | | | | | | | 1 | | 3 | | | | | 1 | 11 | 21 | 37 |
| Indre | | | | | | | | | | 2 | 2 | | | 2 | 33 | 48 | 87 |
| Indre-et-Loire | | | | | | | | | | | | | 1 | 1 | 19 | 42 | 63 |
| Isère | | | | | | | | | | | | 1 | 1 | 7 | 189 | 271 | 469 |
| Jura | | | | | | | | | | | | | 1 | 1 | 58 | 72 | 132 |
| Landes | | | | | 1 | | | | | | | | | | 20 | 29 | 50 |
| Loir-et-Cher | | | | | | | 2 | | | | 1 | | 1 | 1 | 21 | 44 | 70 |
| Loire | | | | | | | | | | | | | 1 | 3 | 23 | 46 | 73 |

| DÉPARTEMENTS. | ANNÉES DE NAISSANCE. | | | | | | | | | | | | | | | | |
|---|---|---|---|---|---|---|---|---|---|---|---|---|---|---|---|---|---|
| | 1850. | 1851. | 1852. | 1853. | 1854. | 1855. | 1856. | 1857. | 1858. | 1859. | 1860. | 1861. | 1862. | 1863. | 1864. | 1865. | TOTAL. |
| Loire (Haute-) | » | » | » | » | » | » | » | » | » | » | » | » | 3 | 2 | 55 | 78 | 136 |
| Loire-Inférieure | » | » | » | » | » | » | » | 3 | » | » | 1 | 3 | 4 | 3 | 24 | 52 | 90 |
| Loiret | » | » | » | » | » | » | » | » | » | 2 | 4 | » | 1 | » | 33 | 71 | 111 |
| Lot | » | » | » | » | » | » | » | » | » | » | 2 | » | 1 | » | 46 | 58 | 107 |
| Lot-et-Garonne | » | » | » | » | » | » | » | 1 | 1 | » | » | » | » | 1 | 18 | 41 | 62 |
| Lozère | » | » | » | » | » | » | » | » | » | » | » | » | » | 1 | 10 | 21 | 32 |
| Maine-et-Loire | » | » | » | » | » | » | » | » | » | » | » | » | » | 1 | 27 | 49 | 77 |
| Manche | » | » | » | » | » | » | » | 1 | » | » | » | » | » | » | 19 | 32 | 52 |
| Marne | » | » | 1 | 1 | 1 | 2 | » | 1 | 6 | 5 | 3 | 10 | 4 | 9 | 47 | 99 | 188 |
| Marne (Haute-) | » | » | » | » | » | » | » | » | » | » | » | » | » | 1 | 47 | 97 | 115 |
| Mayenne | » | » | » | » | » | » | » | 1 | 1 | 1 | 1 | » | » | 1 | 3 | 8 | 16 |
| Meurthe-et-Moselle | » | » | » | » | » | » | » | » | » | 1 | » | 3 | 2 | 5 | 61 | 91 | 166 |
| Meuse | » | » | » | » | » | » | » | » | » | » | » | » | » | 3 | 36 | 72 | 111 |
| Morbihan | » | » | » | » | » | » | » | » | » | » | » | » | » | 2 | 13 | 32 | 47 |
| Nièvre | » | » | » | » | » | » | » | » | 1 | » | » | » | » | 1 | 44 | 41 | 91 |
| Nord | 1 | » | » | » | » | 1 | 2 | » | » | » | » | 1 | 3 | 11 | 120 | 99 | 235 |
| Oise | » | » | » | » | » | » | » | 1 | » | 2 | 2 | 2 | 1 | 2 | 35 | 50 | 93 |
| Orne | » | » | » | » | » | » | » | 1 | » | » | » | » | » | » | 8 | 8 | 17 |
| Pas-de-Calais | » | » | » | » | » | » | » | » | 1 | 2 | » | 1 | 1 | 4 | 49 | 67 | 123 |
| Puy-de-Dôme | » | » | » | 1 | 1 | » | » | 1 | » | » | » | 1 | » | 5 | 130 | 179 | 357 |
| Pyrénées (Basses-) | 1 | » | 1 | 3 | 2 | 2 | 3 | 3 | 5 | 4 | 3 | 4 | 1 | » | 44 | 127 | 209 |
| Pyrénées (Hautes-) | » | » | » | » | » | » | » | » | » | » | » | » | » | 3 | 81 | 48 | 132 |
| Pyrénées-Orientales | » | » | » | » | » | » | » | 1 | » | » | » | » | » | 1 | 29 | 38 | 69 |
| Rhin (Haut-) [Belfort] | 1 | » | » | » | » | » | » | » | » | » | » | » | » | 1 | 17 | 10 | 29 |
| Rhône | » | » | » | » | 1 | » | » | » | » | » | » | » | » | 3 | 52 | 56 | 112 |
| Saône (Haute-) | » | » | » | » | » | » | » | » | 1 | 1 | » | » | » | 7 | 105 | 130 | 214 |
| Saône-et-Loire | » | 1 | » | » | » | » | » | » | » | 2 | 11 | 1 | » | 6 | 78 | 121 | 222 |
| Sarthe | 1 | » | » | » | 1 | 1 | 3 | » | 2 | » | » | » | » | » | 27 | 26 | 61 |
| Savoie | » | » | » | » | » | » | » | » | » | 2 | 2 | 2 | 1 | 5 | 60 | 76 | 138 |
| Savoie (Haute-) | » | » | » | » | » | » | » | » | » | » | » | » | » | » | 39 | 66 | 105 |
| Seine | » | » | » | » | » | » | » | » | 1 | 3 | 9 | » | 4 | 11 | 81 | 142 | 251 |
| Seine-Inférieure | » | » | » | » | » | » | » | » | » | » | » | 2 | » | » | 28 | 13 | 43 |
| Seine-et-Marne | 1 | » | » | » | » | » | » | » | » | 6 | 3 | 2 | 1 | » | 42 | 53 | 108 |
| Seine-et-Oise | » | » | » | » | » | » | » | » | » | 1 | » | 2 | 1 | » | 38 | 56 | 98 |
| Sèvres (Deux-) | » | » | » | » | » | » | » | » | » | 1 | » | 1 | 1 | » | 11 | 18 | 32 |
| Somme | » | » | » | » | » | » | » | 1 | » | 1 | 1 | » | » | 2 | 53 | 26 | 84 |
| Tarn | » | » | » | » | » | » | » | » | 1 | » | 1 | 4 | 2 | 2 | 77 | 127 | 215 |
| Tarn-et-Garonne | » | » | » | 1 | » | » | » | » | » | » | » | 1 | 2 | 1 | 18 | 30 | 62 |
| Var | » | » | » | » | » | » | 1 | » | » | 1 | 2 | 1 | » | » | 24 | 58 | 87 |
| Vaucluse | » | » | » | » | » | » | 1 | » | » | » | » | » | » | 2 | 66 | 71 | 133 |
| Vendée | » | » | » | » | » | » | » | » | » | » | » | » | » | » | 27 | 47 | 71 |
| Vienne | » | » | » | » | » | » | » | » | » | » | 3 | 1 | 1 | » | 23 | 61 | 90 |
| Vienne (Haute-) | » | » | » | » | » | » | » | » | » | » | » | 1 | » | 1 | 28 | 31 | 61 |
| Vosges | 1 | » | » | » | » | 1 | » | » | » | 3 | 2 | » | 2 | 1 | 51 | 109 | 176 |
| Yonne | » | » | » | » | » | » | » | » | 1 | 3 | 7 | » | » | 4 | 80 | 107 | 202 |
| TOTAUX | 8 | » | 2 | 5 | 9 | 10 | 19 | 19 | 37 | 68 | 103 | 57 | 95 | 197 | 4.007 | 5.813 | 10.436 |

NOMBRE, *par département, des métayers et petits fermiers dont la retraite a été liquidée du 1ᵉʳ janvier au 31 décembre 1925.*

| DÉPARTEMENTS. | MÉTAYERS ayant reçu UNE ALLOCATION complète — n'ayant pas élevé 3 enfants jusqu'à 16 ans. | ayant élevé 3 enfants jusqu'à 16 ans. | MÉTAYERS n'ayant reçu QU'UNE ALLOCATION réduite — n'ayant pas élevé 3 enfants jusqu'à 16 ans. | ayant élevé 3 enfants jusqu'à 16 ans. | PETITS FERMIERS ayant reçu UNE ALLOCATION complète — n'ayant pas élevé 3 enfants jusqu'à 16 ans. | ayant élevé 3 enfants jusqu'à 16 ans. | PETITS FERMIERS n'ayant reçu QU'UNE ALLOCATION réduite — n'ayant pas élevé 3 enfants jusqu'à 16 ans. | ayant élevé 3 enfants jusqu'à 16 ans. | TOTAL. |
|---|---|---|---|---|---|---|---|---|---|
| Ain | | 1 | | | | | | | 1 |
| Aisne | | | | | | | | | » |
| Allier | 4 | 2 | 3 | 1 | 3 | 1 | | | 14 |
| Alpes (Basses-) | | 3 | | | | | | | 3 |
| Alpes (Hautes-) | | | | | | | | | |
| Alpes-Maritimes | 2 | 1 | 1 | | 1 | 1 | | | 6 |
| Ardèche | 1 | | | | 3 | 2 | | | 6 |
| Ardennes | | | | | | | | | |
| Ariège | | 1 | | | | | | | 1 |
| Aube | | | | | | | | | |
| Aude | | | | | | | | | |
| Aveyron | | | | | | | | | |
| Bouches-du-Rhône | | | | | | | | | |
| Calvados | | | | | | | | | |
| Cantal | 1 | | | | | 1 | | | 2 |
| Charente | 2 | 2 | | | | | | | 4 |
| Charente-Inférieure | 3 | 2 | | | 3 | 1 | | | 9 |
| Cher | 3 | 2 | | | 2 | 2 | | | 9 |
| Corrèze | 3 | 2 | | | | 3 | | | 8 |
| Corse | 1 | 1 | | | 2 | | | | 4 |
| Côte-d'Or | 1 | | | | | 1 | | | 1 |
| Côtes-du-Nord | 1 | | | | 3 | | | | 5 |
| Creuse | 2 | | | | 3 | | | | 5 |
| Dordogne | 2 | | | | 2 | | | | 5 |
| Doubs | | 1 | 1 | | 1 | 1 | | | 2 |
| Drôme | 2 | | | | | | | | 3 |
| Eure | | 1 | | | | | | | 1 |
| Eure-et-Loir | | | | | | | | | » |
| Finistère | 3 | 3 | | | 15 | 10 | 2 | 2 | 35 |
| Gard | 2 | 1 | | | 1 | 1 | | | 5 |
| Garonne (Haute-) | 2 | 1 | | | 1 | | | | 4 |
| Gers | 2 | 2 | | | 1 | | | | 5 |
| Gironde | 4 | | | | | | | | 4 |
| Hérault | 1 | | | | | | | | 1 |
| Ille-et-Vilaine | | | | | | | | | |
| Indre | | | | | | | | | |
| Indre-et-Loire | | | | | | | | | |
| Isère | 3 | | | | 4 | 1 | | | 8 |
| Jura | | 1 | | | | 1 | | | 2 |
| Landes | 12 | 13 | 1 | 1 | 3 | 5 | | | 13 |
| Loir-et-Cher | 1 | | | | 2 | | | | 2 |
| Loire | 1 | | | | | | | | 3 |

| DÉPARTEMENTS. | MÉTAYERS | | | | PETITS FERMIERS | | | | TOTAL. |
|---|---|---|---|---|---|---|---|---|---|
| | ayant reçu UNE ALLOCATION complète | | n'ayant reçu QU'UNE ALLOCATION réduite | | ayant reçu UNE ALLOCATION complète | | n'ayant reçu QU'UNE ALLOCATION réduite | | |
| | n'ayant pas élevé 3 enfants jusqu'à 16 ans. | ayant élevé 3 enfants jusqu'à 16 ans. | n'ayant pas élevé 3 enfants jusqu'à 16 ans. | ayant élevé 3 enfants jusqu'à 16 ans. | n'ayant pas élevé 3 enfants jusqu'à 16 ans. | ayant élevé 3 enfants jusqu'à 16 ans. | n'ayant pas élevé 3 enfants jusqu'à 16 ans. | ayant élevé 3 enfants jusqu'à 16 ans. | |
| Loire (Haute-) | » | » | » | » | » | 1 | » | » | 1 |
| Loire-Inférieure | 1 | » | » | » | 1 | » | » | » | 2 |
| Loiret | 1 | » | » | » | » | » | » | » | 1 |
| Lot | 2 | 4 | » | » | 2 | 2 | » | » | 10 |
| Lot-et-Garonne | 3 | 2 | » | » | 1 | » | » | 1 | 7 |
| Lozère | 1 | » | » | » | » | » | » | » | 1 |
| Maine-et-Loire | » | » | » | » | » | » | 1 | » | 1 |
| Manche | » | » | » | » | » | » | » | » | » |
| Marne | » | » | » | » | » | » | » | » | » |
| Marne (Haute-) | » | » | » | » | » | » | » | » | » |
| Mayenne | » | » | » | » | » | » | » | » | » |
| Meurthe-et-Moselle | » | » | » | » | » | » | » | » | » |
| Meuse | » | » | » | » | » | » | » | » | » |
| Morbihan | » | » | » | » | » | 1 | » | » | 1 |
| Nièvre | 1 | » | » | » | 1 | » | » | » | 2 |
| Nord | 1 | » | 1 | » | 2 | » | » | » | 4 |
| Oise | 2 | » | » | » | » | 2 | 1 | » | 5 |
| Orne | » | » | » | » | » | » | » | » | » |
| Pas-de-Calais | » | » | » | » | » | » | » | » | » |
| Puy-de-Dôme | 2 | » | » | » | 3 | » | » | » | 5 |
| Pyrénées (Basses-) | » | 7 | » | » | 2 | 1 | » | » | 10 |
| Pyrénées (Hautes-) | » | » | » | » | » | » | » | » | » |
| Pyrénées-Orientales) | » | » | » | » | » | » | » | » | » |
| Rhin (Haut-) [Belfort] | » | » | » | » | » | » | » | » | » |
| Rhône | 11 | 3 | » | » | 1 | 2 | » | 1 | 18 |
| Saône (Haute-) | » | » | » | » | » | 1 | » | » | 1 |
| Saône-et-Loire | 15 | 4 | » | » | 8 | 3 | » | » | 30 |
| Sarthe | » | » | » | » | 1 | » | » | » | 1 |
| Savoie | » | » | » | » | » | » | » | » | » |
| Savoie (Haute-) | » | » | » | » | » | » | » | » | » |
| Seine | » | » | » | » | » | » | » | » | » |
| Seine-Inférieure | 1 | » | » | » | » | » | » | » | 1 |
| Seine-et-Marne | » | » | » | » | » | » | » | » | » |
| Seine-et-Oise | » | » | » | » | » | » | » | » | » |
| Sèvres (Deux-) | 2 | 2 | » | » | 1 | » | » | » | 5 |
| Somme | » | » | » | » | » | 1 | » | 1 | 2 |
| Tarn | 6 | 7 | 3 | 5 | 3 | » | » | » | 24 |
| Tarn-et-Garonne | 4 | 1 | » | » | 1 | » | » | » | 6 |
| Var | 2 | » | » | » | 1 | 1 | » | » | 4 |
| Vaucluse | 2 | » | » | » | 1 | » | » | » | 3 |
| Vendée | 3 | 2 | » | » | 1 | 1 | » | » | 7 |
| Vienne | » | » | » | » | 2 | » | » | » | 2 |
| Vienne (Haute-) | 1 | » | » | » | » | » | » | » | 1 |
| Vosges | 2 | » | » | » | » | » | » | » | 2 |
| Yonne | » | » | » | » | » | 1 | » | » | 1 |
| Totaux | 127 | » | 10 | 10 | 83 | 18 | 1 | 5 | 369 |

*Nombre, par département et par année de naissance, des métayers et petits fermiers dont la retraite a été liquidée du 1ᵉʳ janvier au 31 décembre 1925.*

| DÉPARTEMENTS. | ANNÉES DE NAISSANCE. | | | | | | | | | | | | | | | | |
|---|---|---|---|---|---|---|---|---|---|---|---|---|---|---|---|---|---|
| | 1850. | 1851. | 1852. | 1853. | 1854. | 1855. | 1856. | 1857. | 1858. | 1859. | 1860. | 1861. | 1862. | 1863. | 1864. | 1865. | TOTAL. |
| Ain | | | | | | | | | | | | | | | 1 | | 1 |
| Aisne | | | | | | | | | | | | | | | | | |
| Allier | | | | | | | | | | | | | | | 7 | 7 | 14 |
| Alpes (Basses-) | | | | | | | | | | | | | | | 2 | 1 | 3 |
| Alpes (Hautes-) | | | | | | | | | | | | | | | | | |
| Alpes-Maritimes | | | | | | | | | | | | | | | 1 | 5 | 6 |
| Ardèche | | | | | | | | | | | | | | | 3 | 3 | 6 |
| Ardennes | | | | | | | | | | | | | | | | | |
| Ariège | | | | | | | | | | | | | | | 1 | | 1 |
| Aube | | | | | | | | | | | | | | | | | |
| Aude | | | | | | | | | | | | | | | | | |
| Aveyron | | | | | | | | | | | | | | | | | |
| Bouches-du-Rhône | | 1 | | | | | | | | | | | | | | | |
| Calvados | | | | | | | | | | | | | | | | | |
| Cantal | | | | | | | | | | | | | | | 2 | | 2 |
| Charente | | | | | | | | | | | | | | | 4 | | 4 |
| Charente-Inférieure | | | | | | | | | | | | | | | | 9 | 9 |
| Cher | | | | | | | | | | | | | | | 4 | 5 | 9 |
| Corrèze | | | | | | | | | | | | | | | 5 | 3 | 8 |
| Corse | | | | | | | | | | | | | | | 2 | 2 | 4 |
| Côte-d'Or | | | | | | | | | | | | | | | 1 | | 1 |
| Côtes-du-Nord | | | | | | | | | | | | | | | 3 | 2 | 5 |
| Creuse | | | | | | | | | | | | | | | 4 | 1 | 5 |
| Dordogne | | | | | | | | | | | | | | | 4 | 1 | 5 |
| Doubs | | | | | | | | | | | | | | | 2 | | 2 |
| Drôme | | | | | | | | | | | | | | | 1 | 2 | 3 |
| Eure | | | | | | | | | | | | | | | 1 | | 1 |
| Eure-et-Loir | | | | | | | | | | | | | | | | | |
| Finistère | | | | | | | | | | | | | | | 17 | 18 | 35 |
| Gard | | | | | | | | | | | | | | | 4 | 1 | 5 |
| Garonne (Haute-) | | | | | | | | | | | | | | | | 4 | 4 |
| Gers | | | | | | | | | | | 1 | | | | 2 | 2 | 5 |
| Gironde | | | | | | | | | | | | | | | 2 | 2 | 4 |
| Hérault | | | | | | | | | | | | | | | 1 | | 1 |
| Ille-et-Vilaine | | | | | | | | | | | | | | | | | |
| Indre | | | | | | | | | | | | | | | | | |
| Indre-et-Loire | | | | | | | | | | | | | | | | | |
| Isère | | | | | | | | | | | | | | | 1 | 7 | 8 |
| Jura | | | | | | | | | | | | | | | | 2 | 2 |
| Landes | | | | | | | | | | | | | | 2 | 20 | 21 | 43 |
| Loir-et-Cher | | | | | | | | | | | | | | | 1 | 1 | 2 |
| Loiret | | | | | | | | | | | | | | | 3 | | 3 |

| DÉPARTEMENTS. | ANNÉES DE NAISSANCE. | | | | | | | | | | | | | | | | |
|---|---|---|---|---|---|---|---|---|---|---|---|---|---|---|---|---|---|
| | 1850. | 1851. | 1852. | 1853. | 1854. | 1855. | 1856. | 1857. | 1858. | 1859. | 1860. | 1861. | 1862. | 1863. | 1864. | 1865. | TOTAL. |
| Loire (Haute-) | » | » | » | » | » | » | » | » | » | » | » | » | » | » | 1 | » | 1 |
| Loire-Inférieure | » | » | » | » | » | » | » | » | » | » | » | » | » | » | 3 | » | 3 |
| Loiret | » | » | » | » | » | » | » | » | » | » | » | » | » | » | » | 1 | 1 |
| Lot | » | » | » | » | » | » | » | » | » | » | » | » | » | » | 7 | 3 | 10 |
| Lot-et-Garonne | » | » | » | » | » | » | » | » | » | » | » | » | » | » | 2 | 5 | 7 |
| Lozère | » | » | » | » | » | » | » | » | » | » | » | » | » | » | 1 | » | 1 |
| Maine-et-Loire | » | » | » | » | » | » | » | » | » | » | » | » | » | » | 1 | » | 1 |
| Manche | » | » | » | » | » | » | » | » | » | » | » | » | » | » | » | » | » |
| Marne | » | » | » | » | » | » | » | » | » | » | » | » | » | » | » | » | » |
| Marne (Haute-) | » | » | » | » | » | » | » | » | » | » | » | » | » | » | » | » | » |
| Mayenne | » | » | » | » | » | » | » | » | » | » | » | » | » | » | » | » | » |
| Meurthe-et-Moselle | » | » | » | » | » | » | » | » | » | » | » | » | » | » | » | » | » |
| Meuse | » | » | » | » | » | » | » | » | » | » | » | » | » | » | 1 | » | 1 |
| Morbihan | » | » | » | » | » | » | » | » | » | » | » | » | » | » | » | 2 | 2 |
| Nièvre | » | » | » | » | » | » | » | » | » | » | » | » | » | » | » | 2 | 2 |
| Nord | » | » | » | » | » | » | » | » | » | » | » | » | » | » | » | 3 | 3 |
| Oise | » | » | » | » | » | » | » | » | » | » | » | » | » | 1 | 1 | 3 | 3 |
| Orne | » | » | » | » | » | » | » | » | » | » | » | » | » | » | » | » | » |
| Pas-de-Calais | » | » | » | » | » | » | » | » | » | » | » | » | » | » | » | » | » |
| Puy-de-Dôme | » | » | » | » | » | » | » | » | » | » | » | » | » | » | » | 1 | 5 |
| Pyrénées (Basses-) | » | » | » | » | » | » | » | » | » | » | » | » | » | » | 3 | 7 | 10 |
| Pyrénées (Hautes-) | » | » | » | » | » | » | » | » | » | » | » | » | » | » | » | » | » |
| Pyrénées-Orientales | » | » | » | » | » | » | » | » | » | » | » | » | » | » | » | » | » |
| Rhin (Haut-) (Belfort) | » | » | » | » | » | » | » | » | » | » | » | » | » | » | » | » | » |
| Rhône | » | » | » | » | » | » | » | » | » | » | » | » | » | » | 10 | 8 | 18 |
| Saône (Haute-) | » | » | » | » | » | » | » | » | » | » | » | » | » | » | 1 | » | 1 |
| Saône-et-Loire | » | » | » | » | » | » | » | » | » | » | » | » | » | 1 | 7 | 22 | 30 |
| Sarthe | » | » | » | » | » | » | » | » | » | » | » | » | » | » | » | 1 | 1 |
| Savoie | » | » | » | » | » | » | » | » | » | » | » | » | » | » | » | » | » |
| Savoie (Haute-) | » | » | » | » | » | » | » | » | » | » | » | » | » | » | » | » | » |
| Seine | » | » | » | » | » | » | » | » | » | » | » | » | » | » | » | » | » |
| Seine-Inférieure | » | » | » | » | » | » | » | » | » | » | » | » | » | 1 | » | » | 1 |
| Seine-et-Marne | » | » | » | » | » | » | » | » | » | » | » | » | » | » | » | » | » |
| Seine-et-Oise | » | » | » | » | » | » | » | » | » | » | » | » | » | » | » | » | » |
| Sèvres (Deux-) | » | » | » | » | » | » | » | » | » | » | » | » | » | » | 1 | 4 | 5 |
| Somme | » | » | » | » | » | » | » | » | » | » | » | » | » | » | 1 | 1 | 2 |
| Tarn | » | » | » | » | » | » | » | 1 | » | » | » | » | » | » | 13 | 9 | 24 |
| Tarn-et-Garonne | » | » | » | » | » | » | » | » | » | » | » | » | » | » | 3 | 3 | 6 |
| Var | » | » | » | » | » | » | » | » | » | » | » | » | » | » | 3 | 1 | 4 |
| Vaucluse | » | » | » | » | » | » | » | » | » | » | » | » | » | » | 1 | 2 | 3 |
| Vendée | » | » | » | » | » | » | » | » | » | » | » | » | » | » | 4 | 3 | 7 |
| Vienne | » | 1 | » | » | » | » | » | » | » | » | » | » | » | » | 1 | 1 | 2 |
| Vienne (Haute-) | » | » | » | » | » | » | » | » | » | » | » | » | » | » | 1 | » | 1 |
| Vosges | » | » | » | » | » | » | » | » | » | 1 | » | » | » | » | 1 | » | 2 |
| Yonne | » | » | » | » | » | » | » | » | » | » | » | » | » | » | 1 | » | 1 |
| **Totaux** | » | » | » | » | » | » | » | 1 | 1 | » | » | 2 | » | » | 174 | 177 | 339 |

NOMBRE *des titres spéciaux délivrés du 1er janvier au 31 décembre 1925 par application de l'article 5, § 4, de la loi du 5 avril 1910, modifiée par la loi du 27 février 1912.*

| DÉPARTEMENTS. | OBLIGATOIRES — n'ayant pas élevé 3 enfants jusqu'à 16 ans. | OBLIGATOIRES — ayant élevé 3 enfants jusqu'à 16 ans. | FACULTATIFS — n'ayant pas élevé 3 enfants jusqu'à 16 ans. | FACULTATIFS — ayant élevé 3 enfants jusqu'à 16 ans. | MÉTAYERS et petits fermiers — n'ayant pas élevé 3 enfants jusqu'à 16 ans. | MÉTAYERS et petits fermiers — ayant élevé 3 enfants jusqu'à 16 ans. | TOTAL. |
|---|---|---|---|---|---|---|---|
| Ain | » | » | » | » | » | » | » |
| Aisne | 15 | 3 | 1 | » | » | » | 19 |
| Allier | 1 | » | » | » | » | » | 1 |
| Alpes (Basses-) | 1 | » | » | » | » | » | 1 |
| Alpes (Hautes-) | 1 | » | 2 | » | » | » | 3 |
| Alpes-Maritimes | 2 | » | » | 1 | » | » | 3 |
| Ardèche | 2 | » | » | » | » | » | 2 |
| Ardennes | 3 | 1 | 1 | 1 | » | » | 6 |
| Ariège | 5 | 1 | 8 | 1 | » | » | 15 |
| Aube | 3 | » | » | » | » | » | 3 |
| Aude | 13 | 1 | 4 | 1 | » | » | 19 |
| Aveyron | 6 | » | 4 | 1 | » | 1 | 11 |
| Bouches-du-Rhône | 19 | 1 | 11 | 2 | » | » | 33 |
| Calvados | 12 | » | 2 | » | » | » | 14 |
| Cantal | 9 | 9 | 1 | 1 | » | » | 20 |
| Charente | 3 | 1 | 5 | 1 | » | » | 10 |
| Charente-Inférieure | 14 | 1 | 3 | 1 | » | » | 19 |
| Cher | 3 | 2 | 2 | 2 | » | » | 9 |
| Corrèze | 2 | 1 | 1 | » | » | » | 4 |
| Corse | 2 | 1 | 1 | » | » | » | 4 |
| Côte-d'Or | 21 | 7 | 3 | 1 | » | » | 32 |
| Côtes-du-Nord | » | 1 | » | » | » | » | 1 |
| Creuse | 1 | » | » | 1 | » | » | 2 |
| Dordogne | 5 | 4 | 1 | » | » | » | 10 |
| Doubs | 4 | 1 | 4 | 1 | » | 1 | 11 |
| Drôme | 4 | 1 | 2 | 2 | » | » | 9 |
| Eure | 5 | 1 | » | » | » | » | 6 |
| Eure-et-Loir | 13 | 8 | 3 | » | » | » | 24 |
| Finistère | 3 | 1 | » | » | » | » | 4 |
| Gard | 15 | 5 | 3 | 1 | » | » | 24 |
| Garonne (Haute-) | 10 | 1 | 4 | 1 | 1 | » | 17 |
| Gers | 16 | 1 | 2 | » | » | » | 19 |
| Gironde | 9 | » | 4 | 1 | » | » | 14 |
| Hérault | 7 | 1 | 2 | » | » | » | 10 |
| Ille-et-Vilaine | 5 | » | » | 1 | » | » | 6 |
| Indre | 2 | 4 | 4 | 1 | » | » | 11 |
| Indre-et-Loire | 8 | 2 | 1 | » | » | » | 11 |
| Isère | 8 | 3 | 6 | » | » | » | 17 |
| Jura | 4 | 1 | 6 | 3 | » | » | 14 |
| Landes | 3 | » | 1 | 1 | » | 1 | 6 |
| Loir-et-Cher | 7 | 5 | 7 | 3 | » | » | 22 |
| Loire | 1 | 1 | » | 1 | » | » | 3 |

| DÉPARTEMENTS. | NOMBRE D'ASSURÉS | | | | | | TOTAL. |
|---|---|---|---|---|---|---|---|
| | OBLIGATOIRES | | FACULTATIFS | | MÉTAYERS et petits fermiers | | |
| | n'ayant pas élevé 3 enfants jusqu'à 16 ans. | ayant élevé 3 enfants jusqu'à 16 ans. | n'ayant pas élevé 3 enfants jusqu'à 16 ans. | ayant élevé 3 enfants jusqu'à 16 ans. | n'ayant pas élevé 3 enfants jusqu'à 16 ans. | ayant élevé 3 enfants jusqu'à 16 ans. | |
| Loire (Haute-) | » | » | 1 | » | » | » | 1 |
| Loire-Inférieure | 11 | 1 | » | 1 | » | » | 13 |
| Loiret | 12 | 2 | 3 | 3 | » | » | 20 |
| Lot | 1 | » | 2 | 1 | » | » | 4 |
| Lot-et-Garonne | 13 | 1 | 6 | 4 | 1 | » | 25 |
| Lozère | 1 | » | » | » | » | » | 1 |
| Maine-et-Loire | 9 | » | 4 | » | » | » | 13 |
| Manche | 7 | 4 | » | » | » | » | 11 |
| Marne | 11 | 1 | » | 5 | 1 | » | 18 |
| Marne (Haute-) | 14 | 2 | 2 | 1 | » | » | 19 |
| Mayenne | 3 | » | 1 | » | » | » | 4 |
| Meurthe-et-Moselle | 8 | 5 | 3 | 1 | » | » | 17 |
| Meuse | 3 | 3 | 4 | 2 | » | » | 12 |
| Morbihan | 2 | 1 | » | » | » | » | 3 |
| Nièvre | 3 | 1 | 1 | 1 | » | » | 6 |
| Nord | 57 | 20 | 6 | 4 | » | » | 87 |
| Oise | 4 | 1 | 2 | » | 1 | » | 8 |
| Orne | 11 | 1 | 1 | » | » | » | 13 |
| Pas-de-Calais | 12 | 1 | 3 | 4 | » | » | 20 |
| Puy-de-Dôme | 15 | » | 2 | » | » | » | 17 |
| Pyrénées (Basses-) | 4 | 1 | 3 | 1 | » | » | 9 |
| Pyrénées (Hautes-) | » | 2 | 2 | 1 | » | » | 5 |
| Pyrénées-Orientales | 6 | » | 1 | » | » | » | 7 |
| Rhin (Haut-) (Belfort) | 1 | 1 | » | » | » | » | 2 |
| Rhône | 10 | 2 | 4 | » | » | » | 16 |
| Saône (Haute-) | » | » | » | 1 | » | » | 1 |
| Saône-et-Loire | 64 | 47 | 2 | 1 | » | » | 114 |
| Sarthe | 5 | » | » | 1 | » | 1 | 7 |
| Savoie | 17 | » | 1 | » | » | » | 18 |
| Savoie (Haute-) | 1 | 1 | » | » | » | » | 2 |
| Seine | 128 | 8 | 10 | 1 | » | » | 147 |
| Seine-Inférieure | 11 | 13 | » | 2 | » | » | 26 |
| Seine-et-Marne | 14 | 2 | 2 | » | » | » | 18 |
| Seine-et-Oise | 23 | 7 | » | » | » | » | 30 |
| Sèvres (Deux-) | 11 | » | » | 4 | » | » | 15 |
| Somme | 9 | 2 | 1 | » | » | » | 12 |
| Tarn | 10 | 1 | 3 | 1 | » | » | 15 |
| Tarn-et-Garonne | 3 | » | 1 | » | » | » | 4 |
| Var | 16 | » | 5 | » | » | » | 21 |
| Vaucluse | 9 | 2 | 7 | 2 | » | » | 20 |
| Vendée | 1 | 3 | » | 1 | » | » | 5 |
| Vienne | 3 | 1 | 2 | » | » | » | 6 |
| Vienne (Haute-) | 4 | 1 | 3 | » | » | » | 8 |
| Vosges | 11 | 3 | 4 | 1 | » | » | 19 |
| Yonne | 6 | 2 | 4 | 3 | » | » | 15 |
| TOTAUX | 831 | 213 | 204 | 69 | 3 | 3 | 1.323 |

*NOMBRE, par département et par catégorie, des assurés dont la retraite a été liquidée après délivrance d'un titre spécial, du 1ᵉʳ janvier au 31 décembre 1925.*

| DÉPARTEMENTS. | NOMBRE D'ASSURÉS | | | | | | TOTAL. |
|---|---|---|---|---|---|---|---|
| | OBLIGATOIRES | | FACULTATIFS | | MÉTAYERS et petits fermiers | | |
| | n'ayant pas élevé 3 enfants jusqu'à 16 ans. | ayant élevé 3 enfants jusqu'à 16 ans. | n'ayant pas élevé 3 enfants jusqu'à 16 ans. | ayant élevé 3 enfants jusqu'à 16 ans. | n'ayant pas élevé 3 enfants jusqu'à 16 ans. | ayant élevé 3 enfants jusqu'à 16 ans. | |
| Ain | 2 | » | » | » | » | » | 2 |
| Aisne | 6 | » | 7 | » | » | » | 13 |
| Allier | 2 | » | » | » | » | » | 2 |
| Alpes (Basses-) | 1 | » | » | » | » | » | 1 |
| Alpes (Hautes-) | » | » | » | » | » | » | » |
| Alpes-Maritimes | 2 | » | 4 | 1 | » | » | 7 |
| Ardèche | 3 | » | 1 | » | » | » | 4 |
| Ardennes | 2 | 3 | 1 | » | » | » | 6 |
| Ariège | 2 | » | 2 | » | » | » | 4 |
| Aube | 2 | » | 1 | » | » | » | 3 |
| Aude | 8 | 1 | 2 | » | » | » | 11 |
| Aveyron | 5 | 2 | 1 | » | » | 1 | 9 |
| Bouches-du-Rhône | 5 | 3 | 5 | » | » | » | 13 |
| Calvados | 16 | » | 2 | 1 | » | » | 19 |
| Cantal | 6 | 7 | 1 | » | » | » | 14 |
| Charente | 6 | 1 | 3 | » | » | » | 10 |
| Charente-Inférieure | 6 | » | 13 | 4 | » | » | 23 |
| Cher | 2 | 1 | » | 1 | » | » | 4 |
| Corrèze | 3 | 1 | » | » | » | » | 4 |
| Corse | » | » | » | » | » | » | » |
| Côte-d'Or | 9 | 2 | 8 | 1 | » | » | 20 |
| Côtes-du-Nord | 5 | 1 | » | » | » | » | 6 |
| Creuse | 2 | 1 | 4 | 1 | » | » | 8 |
| Dordogne | 10 | 2 | 1 | » | » | » | 13 |
| Doubs | 5 | 3 | 2 | 1 | » | » | 11 |
| Drôme | 3 | » | 7 | 1 | » | » | 11 |
| Eure | 11 | 2 | 1 | » | » | » | 14 |
| Eure-et-Loir | 12 | 7 | 3 | » | » | » | 22 |
| Finistère | 3 | 2 | » | » | » | » | 5 |
| Gard | 11 | 3 | 4 | 1 | » | 1 | 20 |
| Garonne (Haute-) | 10 | 1 | 9 | » | » | » | 20 |
| Gers | 10 | » | 6 | » | » | » | 16 |
| Gironde | 13 | 2 | 6 | 1 | » | » | 22 |
| Hérault | 4 | 1 | » | 2 | » | » | 7 |
| Ille-et-Vilaine | 1 | » | » | » | » | » | 1 |
| Indre | 11 | 3 | 5 | » | » | » | 19 |
| Indre-et-Loire | 2 | » | » | 2 | » | » | 4 |
| Isère | 10 | 5 | 2 | » | » | » | 17 |
| Jura | 4 | 3 | 3 | 1 | » | » | 11 |
| Landes | 1 | » | » | 1 | » | » | 2 |
| Loir-et-Cher | 9 | 3 | 1 | 1 | » | » | 14 |
| Loire | » | » | 2 | » | » | » | 2 |

| DÉPARTEMENTS. | OBLIGATOIRES | | FACULTATIFS | | MÉTAYERS et petits fermiers. | | TOTAL. |
|---|---|---|---|---|---|---|---|
| | n'ayant pas élevé 3 enfants jusqu'à 16 ans. | ayant élevé 3 enfants jusqu'à 16 ans. | n'ayant pas élevé 3 enfants jusqu'à 16 ans. | ayant élevé 3 enfants jusqu'à 16 ans. | n'ayant pas élevé 3 enfants jusqu'à 16 ans. | ayant élevé 3 enfants jusqu'à 16 ans. | |
| Loire (Haute-) | 1 | » | 2 | » | » | » | 3 |
| Loire-Inférieure | 5 | » | 3 | » | » | » | 8 |
| Loiret | 4 | 3 | 4 | » | » | » | 11 |
| Lot | 2 | » | 4 | 1 | » | » | 7 |
| Lot-et-Garonne | 9 | 3 | 4 | » | » | » | 16 |
| Lozère | 1 | » | 1 | » | » | » | 2 |
| Maine-et-Loire | 7 | 2 | 2 | » | » | » | 11 |
| Manche | 2 | » | 1 | » | » | » | 3 |
| Marne | 7 | » | 2 | 1 | » | » | 10 |
| Marne (Haute-) | 12 | 4 | 7 | 2 | » | » | 25 |
| Mayenne | 2 | » | » | » | » | » | 2 |
| Meurthe-et-Moselle | 3 | » | 2 | 2 | » | » | 11 |
| Meuse | 4 | » | 2 | 1 | » | » | 7 |
| Morbihan | 2 | » | » | » | » | » | 2 |
| Nièvre | 1 | » | 1 | » | » | » | 2 |
| Nord | 17 | 6 | 5 | 4 | » | » | 32 |
| Oise | 7 | 1 | 2 | 1 | » | » | 11 |
| Orne | 2 | 1 | » | » | » | » | 3 |
| Pas-de-Calais | 4 | 1 | 1 | 1 | » | » | 7 |
| Puy-de-Dôme | 3 | » | » | » | » | » | 3 |
| Pyrénées (Basses-) | 1 | » | 2 | » | » | » | 3 |
| Pyrénées (Hautes-) | 1 | » | » | » | » | » | 1 |
| Pyrénées-Orientales | 2 | » | 1 | » | » | » | 3 |
| Rhin (Haut-) [Belfort] | » | » | » | » | » | » | » |
| Rhône | 21 | 1 | 3 | 1 | » | » | 26 |
| Saône (Haute-) | 1 | » | 4 | 2 | » | » | 7 |
| Saône-et-Loire | 80 | 47 | 1 | » | » | » | 128 |
| Sarthe | 3 | 1 | » | » | » | » | 4 |
| Savoie | » | » | » | » | » | » | » |
| Savoie (Haute-) | 3 | 2 | » | » | » | » | 5 |
| Seine | 79 | 7 | 6 | 2 | » | » | 94 |
| Seine-Inférieure | 10 | 7 | 1 | » | » | » | 18 |
| Seine-et-Marne | 7 | 2 | 1 | » | » | » | 10 |
| Seine-et-Oise | 20 | 4 | 2 | » | » | » | 26 |
| Sèvres (Deux-) | 4 | » | 1 | » | » | » | 5 |
| Somme | 7 | 4 | 3 | 1 | » | » | 15 |
| Tarn | 3 | 1 | 4 | » | » | » | 8 |
| Tarn-et-Garonne | 2 | » | 1 | » | » | » | 3 |
| Var | 3 | » | 4 | » | » | » | 7 |
| Vaucluse | 9 | » | 11 | 2 | » | » | 22 |
| Vendée | 10 | 2 | » | » | » | » | 12 |
| Vienne | 2 | » | 1 | » | » | » | 3 |
| Vienne (Haute-) | 1 | 2 | 4 | 2 | » | » | 9 |
| Vosges | » | 1 | » | » | » | » | 1 |
| Yonne | 6 | » | 5 | 3 | » | » | 14 |
| Totaux | 595 | 166 | 205 | 46 | 1 | 1 | 1.013 |

Nombre, par département et par année de naissance, des assurés obligatoires qui, du 1ᵉʳ janvier au 31 décembre 1925, ont obtenu par anticipation la liquidation de leur retraite entre 55 et 59 ans.

| DÉPARTEMENTS. | ASSURÉS | | TOTAL. | ANNÉES DE NAISSANCE. | | | | |
|---|---|---|---|---|---|---|---|---|
| | n'ayant pas élevé 3 enfants jusqu'à 16 ans. | ayant élevé 3 enfants jusqu'à 16 ans. | | 1866. | 1867. | 1868. | 1869. | 1870. |
| Ain | 7 | 3 | 10 | » | 1 | 1 | 3 | 4 |
| Aisne | 8 | 6 | 14 | 1 | 2 | 2 | 5 | 4 |
| Allier | 2 | » | 2 | 1 | » | » | 1 | » |
| Alpes ( Basses- ) | » | 1 | 1 | » | » | 1 | » | » |
| Alpes ( Hautes- ) | » | 1 | 1 | » | » | » | » | » |
| Alpes-Maritimes | 1 | 2 | 3 | » | » | » | 1 | 2 |
| Ardèche | 6 | 1 | 7 | 2 | 1 | » | 2 | 2 |
| Ardennes | 5 | » | 5 | 5 | » | » | » | » |
| Ariège | » | 1 | 1 | » | » | » | » | 1 |
| Aube | 6 | 2 | 8 | » | 1 | » | 2 | 5 |
| Aude | 1 | » | 1 | » | » | » | » | 1 |
| Aveyron | 2 | » | 2 | » | » | » | 1 | 1 |
| Bouches-du-Rhône | 14 | 3 | 17 | 4 | 1 | 3 | 8 | 1 |
| Calvados | 6 | 1 | 7 | » | 2 | » | 1 | 4 |
| Cantal | 5 | 3 | 8 | » | » | » | 2 | 6 |
| Charente | » | » | » | » | » | » | » | » |
| Charente-Inférieure | 6 | » | 6 | » | 1 | 1 | 3 | 1 |
| Cher | 1 | 2 | 3 | » | » | » | » | 3 |
| Corrèze | 5 | 1 | 6 | 1 | » | 2 | 2 | 1 |
| Corse | 7 | 2 | 9 | 1 | » | 1 | 3 | 4 |
| Côte-d'Or | 8 | 1 | 9 | 3 | » | 1 | 2 | 3 |
| Côtes-du-Nord | 6 | 3 | 9 | » | 3 | 1 | 5 | » |
| Creuse | » | 1 | 1 | » | » | 1 | » | » |
| Dordogne | » | 1 | 1 | » | » | 1 | » | » |
| Doubs | 8 | 3 | 11 | 1 | 1 | 2 | 5 | 2 |
| Drôme | 9 | 1 | 10 | 2 | » | 3 | 2 | 3 |
| Eure | 7 | 2 | 9 | 3 | 2 | 1 | 3 | » |
| Eure-et-Loir | 2 | 1 | 3 | » | » | » | 2 | 1 |
| Finistère | 9 | 4 | 13 | 1 | 1 | 3 | 3 | 5 |
| Gard | 4 | 1 | 5 | 1 | » | » | 3 | 1 |
| Garonne ( Haute- ) | 7 | 3 | 10 | 4 | 1 | 1 | 1 | 3 . |
| Gers | 6 | » | 6 | » | » | » | 2 | 4 |
| Gironde | 6 | 3 | 9 | 2 | » | » | 2 | 5 |
| Hérault | 7 | 4 | 11 | 2 | 1 | 3 | 1 | 4 |
| Ille-et-Vilaine | 5 | 2 | 7 | » | » | 1 | 2 | 4 |
| Indre | 6 | 1 | 7 | 1 | » | » | 2 | 4 |
| Indre-et-Loire | 3 | » | 3 | » | » | 2 | » | 1 |
| Isère | 13 | 5 | 18 | 1 | » | 1 | 8 | 8 |
| Jura | 5 | 3 | 8 | 1 | » | 2 | 1 | 4 |
| Landes | » | 2 | 2 | » | 1 | » | » | 1 |
| Loir-et-Cher | » | » | » | » | » | » | » | » |
| Loire | 17 | 5 | 22 | 1 | 1 | 1 | 8 | 11 |

| DÉPARTEMENTS. | ASSURÉS | | TOTAL. | ANNÉES DE NAISSANCE. | | | | |
| --- | --- | --- | --- | --- | --- | --- | --- | --- |
| | n'ayant pas élevé 3 enfants jusqu'à 16 ans. | ayant élevé 3 enfants jusqu'à 16 ans. | | 1866. | 1867. | 1868. | 1869. | 1870. |
| Loire (Haute-) | 3 | 2 | 5 | 2 | » | » | 1 | 2 |
| Loire-Inférieure | 12 | 11 | 23 | 3 | 2 | » | 5 | 13 |
| Loiret | 2 | 2 | 4 | » | » | » | 1 | 3 |
| Lot | 3 | » | 3 | 1 | » | » | 1 | 1 |
| Lot-et-Garonne | 2 | » | 2 | » | » | » | 2 | » |
| Lozère | 1 | 2 | 3 | 1 | 1 | » | » | 1 |
| Maine-et-Loire | 7 | 3 | 10 | 1 | » | 1 | 3 | 5 |
| Manche | 4 | 1 | 5 | » | » | » | 3 | 2 |
| Marne | 5 | 2 | 7 | » | 1 | 1 | 1 | 4 |
| Marne (Haute-) | 8 | 3 | 11 | 1 | » | 1 | 5 | 1 |
| Mayenne | 11 | 1 | 12 | 1 | » | 3 | 6 | 2 |
| Meurthe-et-Moselle | 15 | 6 | 21 | 1 | 2 | 2 | 12 | 4 |
| Meuse | 4 | 4 | 8 | » | 3 | » | 4 | 1 |
| Morbihan | 1 | 2 | 3 | » | » | » | 2 | 1 |
| Nièvre | 2 | 1 | 3 | 1 | » | » | 2 | » |
| Nord | 47 | 19 | 60 | 4 | 5 | 7 | 27 | 23 |
| Oise | 5 | » | 5 | 1 | » | » | » | 4 |
| Orne | 3 | 2 | 5 | 1 | 2 | » | 1 | 1 |
| Pas-de-Calais | 7 | 1 | 8 | 1 | 1 | 3 | 2 | 1 |
| Puy-de-Dôme | 19 | 4 | 23 | » | 2 | 3 | 12 | 6 |
| Pyrénées (Basses-) | 1 | 2 | 3 | » | » | » | 2 | 1 |
| Pyrénées (Hautes-) | 1 | » | 1 | » | » | » | » | 1 |
| Pyrénées-Orientales) | 2 | 1 | 3 | » | » | 1 | 1 | 1 |
| Rhin (Haut-) [Belfort] | 1 | » | 1 | 1 | » | » | » | » |
| Rhône | 32 | 14 | 46 | 8 | 5 | 5 | 12 | 16 |
| Saône (Haute-) | 3 | 5 | 8 | 1 | 1 | 1 | 2 | 3 |
| Saône-et-Loire | 9 | 4 | 13 | 2 | 2 | » | 5 | 4 |
| Sarthe | 3 | » | 3 | 1 | » | » | » | 2 |
| Savoie | 1 | 8 | 9 | 2 | 1 | 2 | 2 | 2 |
| Savoie (Haute-) | 5 | 1 | 6 | » | 1 | » | 1 | 4 |
| Seine | 46 | 10 | 56 | 8 | 8 | 1 | 16 | 23 |
| Seine-Inférieure | 8 | 4 | 12 | » | 1 | 3 | 5 | 3 |
| Seine-et-Marne | 12 | 6 | 18 | 1 | 1 | 2 | 6 | 8 |
| Seine-et-Oise | 14 | 2 | 16 | 1 | » | 1 | 7 | 7 |
| Sèvres (Deux-) | 3 | » | 3 | » | » | 2 | 1 | » |
| Somme | 8 | 4 | 12 | 1 | 1 | 1 | 5 | 4 |
| Tarn | 1 | 1 | 2 | » | » | » | » | 2 |
| Tarn-et-Garonne | » | 2 | 2 | » | » | 2 | » | » |
| Var | 2 | 3 | 5 | » | » | » | 3 | 2 |
| Vaucluse | 4 | 2 | 6 | » | 1 | 2 | 1 | 2 |
| Vendée | 3 | 1 | 4 | 1 | » | 2 | 1 | » |
| Vienne | 2 | » | 2 | » | » | 1 | » | 1 |
| Vienne (Haute-) | 1 | » | 1 | 1 | » | » | » | » |
| Vosges | 5 | 10 | 15 | » | 2 | 1 | 4 | 8 |
| Yonne | 9 | 1 | 10 | 2 | 1 | 1 | 4 | 2 |
| TOTAUX | 547 | 221 | 768 | 87 | 64 | 83 | 255 | 279 |

**NOMBRE, par département, des mineurs ayant reçu l'allocation de l'État du 1ᵉʳ janvier au 31 décembre 1925.**

| DÉPARTEMENTS. | MINEURS n'ayant pas élevé 3 enfants jusqu'à 16 ans. | MINEURS ayant élevé 3 enfants jusqu'à 16 ans. | TOTAL. |
|---|---|---|---|
| Ain | 5 | 2 | 7 |
| Aisne | 1 | 1 | 2 |
| Allier | 30 | 12 | 42 |
| Alpes (Basses-) | 5 | 3 | 8 |
| Alpes (Hautes-) | » | » | » |
| Alpes-Maritimes | » | » | » |
| Ardèche | 3 | » | 3 |
| Ardennes | 5 | » | 5 |
| Ariège | 1 | » | 1 |
| Aube | » | » | » |
| Aude | » | » | » |
| Aveyron | 67 | 3 | 70 |
| Bouches-du-Rhône | 35 | 2 | 37 |
| Calvados | 3 | » | 3 |
| Cantal | 11 | 4 | 15 |
| Charente | » | » | » |
| Charente-Inférieure | » | » | » |
| Cher | » | » | » |
| Corrèze | » | » | » |
| Corse | » | » | » |
| Côte-d'Or | 3 | » | 3 |
| Côtes-du-Nord | » | » | » |
| Creuse | 12 | 1 | 13 |
| Dordogne | 1 | » | 1 |
| Doubs | » | » | » |
| Drôme | » | » | » |
| Eure | » | » | » |
| Eure-et-Loir | » | » | » |
| Finistère | » | » | » |
| Gard | 77 | 20 | 97 |
| Garonne (Haute-) | » | 1 | 1 |
| Gers | » | » | » |
| Gironde | » | » | » |
| Hérault | 8 | 5 | 13 |
| Ille-et-Vilaine | » | » | » |
| Indre | » | » | » |
| Indre-et-Loire | » | » | » |
| Isère | 14 | 7 | 21 |
| Jura | 1 | » | 1 |
| Landes | 1 | » | 1 |
| Loir-et-Cher | » | » | » |
| Loire | 158 | 35 | 193 |
| Loire (Haute-) | 8 | 3 | 11 |
| Loire-Inférieure | » | » | » |
| Loiret | » | » | » |
| Lot | 2 | » | 2 |
| Lot-et-Garonne | » | » | » |
| Lozère | 1 | » | 1 |
| Maine-et-Loire | 4 | 1 | 5 |
| Manche | » | » | » |
| Marne | » | » | » |
| Marne (Haute-) | » | » | » |
| Mayenne | 1 | » | 1 |
| Meurthe-et-Moselle | 14 | 18 | 32 |
| Meuse | » | » | » |
| Morbihan | » | » | » |
| Nièvre | 4 | 3 | 7 |
| Nord | 104 | 66 | 170 |
| Oise | 1 | 1 | 2 |
| Orne | 2 | 2 | 4 |
| Pas-de-Calais | 223 | 127 | 350 |
| Puy-de-Dôme | 46 | 22 | 68 |
| Pyrénées (Basses-) | » | » | » |
| Pyrénées (Hautes-) | 2 | » | 2 |
| Pyrénées-Orientales | 3 | 2 | 5 |
| Rhin (Haut-) [Territoire de Belfort] | » | » | » |
| Rhône | 9 | 5 | 14 |
| Saône (Haute-) | 3 | 1 | 4 |
| Saône-et-Loire | 65 | 30 | 95 |
| Sarthe | » | » | » |
| Savoie | 1 | 1 | 2 |
| Savoie (Haute-) | » | » | » |
| Seine | 3 | » | 3 |
| Seine-Inférieure | 1 | » | 1 |
| Seine-et-Marne | 1 | » | 1 |
| Seine-et-Oise | » | » | » |
| Sèvres (Deux-) | 1 | 2 | 3 |
| Somme | » | » | » |
| Tarn | 26 | 18 | 44 |
| Tarn-et-Garonne | 1 | » | 1 |
| Var | 1 | » | 1 |
| Vaucluse | » | » | » |
| Vendée | » | 2 | 2 |
| Vienne | » | » | » |
| Vienne (Haute-) | 1 | » | 1 |
| Vosges | » | » | » |
| Yonne | » | » | » |
| TOTAUX | 969 | 394 | 1.363 |

# RENSEIGNEMENTS STATISTIQUES

## (SUITE)

*Nombre, par département et par année de naissance, des mineurs*

ANNÉES

| DÉPARTEMENTS. | TOTAL. | 1845. | 1846. | 1847. | 1848. | 1849. | 1850. | 1851. | 1852. | 1853. |
|---|---|---|---|---|---|---|---|---|---|---|
| Ain | 7 | » | » | » | » | » | » | » | 1 | 1 |
| Aisne | 2 | » | » | » | » | » | » | » | 1 | » |
| Allier | 42 | » | » | » | » | » | » | » | 1 | » |
| Alpes (Basses-) | 8 | » | » | 1 | » | » | 1 | » | » | » |
| Alpes (Hautes-) | » | » | » | » | » | » | » | » | » | » |
| Alpes-Maritimes | » | » | » | » | » | » | » | » | » | » |
| Ardèche | 3 | » | » | » | » | » | » | » | » | » |
| Ardennes | 5 | » | » | » | » | » | » | » | » | » |
| Ariège | 1 | » | » | » | » | » | » | » | » | » |
| Aube | » | » | » | » | » | » | » | » | » | » |
| Aude | » | » | » | » | » | » | » | » | » | » |
| Aveyron | 70 | » | » | » | » | » | 1 | » | » | 1 |
| Bouches-du-Rhône | 37 | » | » | » | 1 | 1 | » | 1 | » | 2 |
| Calvados | 3 | » | » | » | » | » | » | » | » | » |
| Cantal | 15 | » | » | » | » | » | » | » | » | » |
| Charente | » | » | » | » | » | » | » | » | » | » |
| Charente-Inférieure | » | » | » | » | » | » | » | » | » | » |
| Cher | » | » | » | » | » | » | » | » | » | » |
| Corrèze | » | » | » | » | » | » | » | » | » | » |
| Corse | » | » | » | » | » | » | » | » | » | » |
| Côte-d'Or | 3 | » | » | » | » | » | » | » | 2 | » |
| Côtes-du-Nord | » | » | » | » | » | » | » | » | » | » |
| Creuse | 13 | » | » | » | » | » | » | » | » | » |
| Dordogne | 1 | » | » | » | » | » | » | » | » | » |
| Doubs | » | » | » | » | » | » | » | » | » | » |
| Drôme | » | » | » | » | » | » | » | » | » | » |
| Eure | » | » | » | » | » | » | » | » | » | » |
| Eure-et-Loir | » | » | » | » | » | » | » | » | » | » |
| Finistère | » | » | » | » | » | » | » | » | » | » |
| Gard | 97 | » | » | » | » | » | » | » | » | » |
| Garonne (Haute-) | 1 | » | » | » | » | » | » | » | » | » |
| Gers | » | » | » | » | » | » | » | » | » | » |
| Gironde | » | » | » | » | » | » | » | » | » | » |
| Hérault | 13 | » | » | » | » | » | 1 | » | » | » |
| Ille-et-Vilaine | » | » | » | » | » | » | » | » | » | » |
| Indre | » | » | » | » | » | » | » | » | » | » |
| Indre-et-Loire | » | » | » | » | » | » | » | » | » | » |
| Isère | 21 | » | » | 1 | » | » | » | » | » | » |
| Jura | 1 | » | » | » | » | » | » | » | » | » |
| Landes | 1 | » | » | » | » | » | » | » | » | » |
| Loir-et-Cher | » | » | » | » | » | » | » | » | » | » |
| Loire | 193 | » | » | 1 | » | 1 | 1 | » | 1 | 1 |

*ayant reçu l'allocation de l'État du 1er janvier au 31 décembre 1925.*

DE NAISSANCE.

| 1854. | 1855. | 1856. | 1857. | 1858. | 1859. | 1860. | 1861. | 1862. | 1863. | 1864. | 1865. | 1866. | 1867. | 1868. | 1869. | 1870. |
|---|---|---|---|---|---|---|---|---|---|---|---|---|---|---|---|---|
| 1 | » | » | » | » | » | » | » | » | » | 3 | » | » | » | » | 1 | » |
| » | » | » | » | » | » | » | » | » | » | » | » | » | 1 | » | » | 1 |
| » | » | 1 | » | » | 1 | » | 1 | 2 | 3 | 1 | 1 | 8 | 6 | 3 | 8 | 6 |
| » | » | » | » | » | » | » | » | » | » | 2 | 2 | » | 1 | » | 1 | » |
| » | » | » | » | » | » | » | » | » | » | » | » | » | 1 | » | » | » |
| » | » | » | » | » | » | » | » | » | » | 1 | 2 | » | » | » | » | » |
| » | » | » | » | » | » | » | » | » | » | 1 | 2 | » | 1 | » | » | 1 |
| » | » | » | » | » | » | » | » | » | » | » | » | » | » | » | » | » |
| » | » | » | » | » | » | » | » | » | » | » | » | » | » | 4 | » | » |
| » | » | » | » | » | » | » | » | » | » | » | » | » | » | » | » | » |
| 2 | 2 | 1 | 2 | 1 | 2 | 3 | 1 | 2 | 5 | 4 | 6 | 10 | 10 | 10 | 10 | 2 |
| » | » | » | » | 2 | 2 | 2 | 1 | 1 | 3 | 4 | 5 | 1 | 1 | » | 1 | 2 |
| » | » | » | » | » | 1 | » | » | 1 | » | 1 | » | 2 | 1 | 2 | 2 | 3 |
| » | » | » | » | 1 | » | » | 1 | » | » | 1 | 1 | » | » | » | 3 | » |
| » | » | » | » | » | » | » | » | » | » | » | » | » | » | » | » | » |
| » | » | » | » | » | » | » | » | » | » | » | » | » | » | » | » | » |
| » | » | » | » | » | » | » | » | » | » | » | » | » | » | » | » | » |
| » | » | » | » | » | » | » | » | » | » | » | » | » | » | » | » | » |
| » | » | » | » | » | » | » | » | 1 | » | » | » | » | » | » | » | » |
| » | » | » | » | » | » | » | » | » | » | » | » | » | » | » | » | » |
| 1 | » | » | » | 1 | » | » | » | 3 | 1 | » | 2 | 1 | 1 | 1 | 2 | » |
| » | » | » | » | » | » | » | » | » | » | » | » | » | » | » | » | 1 |
| » | » | » | » | » | » | » | » | » | » | » | » | » | » | » | » | » |
| » | » | » | » | » | » | » | » | » | » | » | » | » | » | » | » | » |
| » | » | » | » | » | » | » | » | » | » | » | » | » | » | » | » | » |
| » | » | » | » | » | 1 | » | » | » | » | » | » | » | » | » | » | » |
| » | » | » | » | » | » | » | » | » | » | » | » | » | » | » | » | » |
| » | » | » | » | » | 1 | 3 | 3 | » | 4 | 6 | 7 | 13 | 6 | 22 | 23 | 9 |
| » | » | » | » | » | » | » | » | » | » | » | » | » | » | » | » | » |
| » | » | » | » | » | » | » | » | » | » | » | » | » | » | » | » | » |
| » | » | » | » | » | » | » | » | » | » | » | » | » | » | » | » | » |
| » | » | » | » | » | » | » | » | » | » | » | » | » | » | » | » | » |
| » | » | » | » | 2 | » | » | 1 | » | 1 | 3 | » | » | 1 | 2 | 2 | 1 |
| » | » | » | » | » | » | » | » | » | » | » | » | » | » | » | » | » |
| » | » | » | » | » | 2 | » | 2 | 3 | 1 | 3 | 1 | 3 | 2 | 3 | » | » |
| » | » | » | » | » | » | » | » | » | 1 | » | » | » | » | » | 1 | » |
| » | » | » | » | » | » | » | » | » | » | » | » | » | » | » | » | » |
| 2 | 7 | 2 | 2 | 5 | 9 | 8 | 10 | 7 | 12 | 21 | 15 | 20 | 20 | 21 | 17 | 16 |

| DÉPARTEMENTS. | TOTAL. | 1845. | 1846. | 1847. | 1848. | 1849. | 1850. | 1851. | 1852. | 1853. |
|---|---|---|---|---|---|---|---|---|---|---|
| Loire (Haute-) | 11 | » | » | » | » | » | » | » | » | » |
| Loire-Inférieure | » | » | » | » | » | » | » | » | » | » |
| Loiret | » | » | » | » | » | » | » | » | » | » |
| Lot | 2 | » | » | » | » | » | » | » | » | » |
| Lot-et-Garonne | » | » | » | » | » | » | » | » | » | » |
| Lozère | 1 | » | » | » | » | » | » | » | » | » |
| Maine-et-Loire | 5 | » | » | » | » | » | » | » | » | » |
| Manche | » | » | » | » | » | » | » | » | » | » |
| Marne | » | » | » | » | » | » | » | » | » | » |
| Marne (Haute-) | » | » | » | » | » | » | » | » | » | » |
| Mayenne | 1 | » | » | » | » | » | » | » | » | » |
| Meurthe-et-Moselle | 32 | » | » | » | » | 2 | » | 1 | » | » |
| Meuse | » | » | » | » | » | » | » | » | » | » |
| Morbihan | » | » | » | » | » | » | » | » | » | » |
| Nièvre | 7 | » | » | » | » | » | » | 1 | » | » |
| Nord | 161 | » | » | » | » | » | » | 1 | 2 | » |
| Oise | 2 | » | » | » | » | » | » | » | » | » |
| Orne | 4 | » | » | » | » | » | » | » | » | » |
| Pas-de-Calais | 350 | » | » | 1 | » | 1 | 1 | 2 | 2 | » |
| Puy-de-Dôme | 68 | » | » | » | » | » | » | » | » | » |
| Pyrénées (Basses-) | » | » | » | » | » | » | » | » | » | » |
| Pyrénées (Hautes-) | 2 | » | » | » | » | » | » | » | » | » |
| Pyrénées-Orientales | 5 | » | » | » | » | » | » | » | » | » |
| Rhin (Haut-) Territoire de Belfort. | » | » | » | » | » | » | » | » | » | » |
| Rhône | 14 | » | » | » | » | » | » | » | » | » |
| Saône (Haute-) | 4 | » | » | » | » | » | » | » | » | » |
| Saône-et-Loire | 93 | » | » | » | 1 | 1 | » | » | 1 | » |
| Sarthe | » | » | » | » | » | » | » | » | » | » |
| Savoie | 2 | » | » | » | » | » | » | » | » | » |
| Savoie (Haute-) | » | » | » | » | » | » | » | » | » | » |
| Seine | 3 | » | » | » | » | » | » | » | » | » |
| Seine-Inférieure | 1 | » | » | » | » | » | » | » | » | » |
| Seine-et-Marne | 1 | » | » | » | » | » | » | » | » | » |
| Seine-et-Oise | » | » | » | » | » | » | » | » | » | » |
| Sèvres (Deux-) | 3 | » | » | » | » | » | » | » | » | » |
| Somme | » | » | » | » | » | » | » | » | » | » |
| Tarn | 44 | » | » | » | » | » | » | » | » | » |
| Tarn-et-Garonne | 1 | » | » | » | » | » | » | » | » | » |
| Var | 1 | » | » | » | » | » | » | » | 1 | » |
| Vaucluse | » | » | » | » | » | » | » | » | » | » |
| Vendée | 2 | » | » | » | » | » | » | » | » | » |
| Vienne | » | » | » | » | » | » | » | » | » | » |
| Vienne (Haute-) | 1 | » | » | » | » | » | 1 | » | » | » |
| Vosges | » | » | » | » | » | » | » | » | » | » |
| Yonne | » | » | » | » | » | » | » | » | » | » |
| Total | 1.303 | » | » | 4 | 2 | 7 | 6 | 6 | 11 | 5 |

DE NAISSANCE:

| 1854. | 1855. | 1856. | 1857. | 1858. | 1859. | 1860. | 1861. | 1862. | 1863. | 1864. | 1865. | 1866. | 1867. | 1868. | 1869. | 1870. |
|---|---|---|---|---|---|---|---|---|---|---|---|---|---|---|---|---|
| » | » | » | » | 1 | 1 | » | » | » | » | 1 | 2 | 3 | 1 | 2 | » | » |
| » | » | » | » | » | » | » | » | » | » | » | » | » | » | » | » | » |
| » | » | » | » | » | » | » | » | » | » | » | » | » | » | » | » | » |
| » | » | » | » | » | » | » | » | » | » | 1 | 1 | » | » | » | » | » |
| » | » | » | » | » | » | » | » | » | » | » | » | » | » | » | 1 | » |
| » | » | » | » | » | » | » | » | » | » | » | 1 | 1 | » | 1 | 1 | 2 |
| » | » | » | » | » | » | » | » | » | » | » | » | » | » | » | » | » |
| » | » | » | » | » | » | » | » | » | » | » | » | » | » | » | » | » |
| 1 | » | 1 | » | » | 1 | 1 | » | » | » | » | » | » | » | » | » | » |
| » | » | » | » | » | » | » | » | » | » | » | » | » | » | » | » | » |
| » | » | » | » | » | » | » | 2 | 2 | » | » | 1 | » | » | » | » | » |
| » | » | » | » | » | » | » | » | » | » | » | » | » | » | » | » | » |
| 1 | 1 | » | 4 | 1 | 4 | 3 | 3 | 11 | 8 | 17 | 10 | 24 | 16 | 11 | 28 | 14 |
| » | » | » | » | » | » | » | 2 | » | » | » | 1 | » | » | » | » | » |
| » | » | » | » | » | » | » | » | » | » | 1 | » | » | » | » | 2 | » |
| 2 | 2 | 4 | 3 | 7 | 5 | 15 | 8 | 11 | 9 | 21 | 32 | 23 | 42 | 31 | 85 | 43 |
| » | » | » | 1 | 1 | » | 3 | 1 | 5 | 9 | 10 | 5 | 6 | 4 | 5 | 8 | 6 |
| » | » | » | » | » | » | » | » | » | » | » | 1 | » | 1 | » | » | » |
| » | » | » | » | » | » | » | » | » | » | 2 | 1 | » | » | » | 1 | 1 |
| » | » | » | » | » | » | » | 2 | » | » | » | 5 | 1 | 1 | 1 | 1 | » |
| » | » | » | » | » | » | » | 1 | » | 1 | » | » | 1 | » | » | 1 | » |
| » | 1 | » | » | 4 | 4 | 2 | 6 | 3 | 14 | 9 | 12 | 9 | 11 | 8 | 6 | 5 |
| » | » | » | » | » | » | » | » | » | » | » | » | » | 1 | » | » | » |
| » | » | » | » | » | » | » | » | » | 1 | » | 1 | » | 1 | » | » | » |
| » | » | » | » | » | » | » | » | » | » | » | » | » | » | 1 | » | 1 |
| » | » | » | » | » | » | » | » | » | » | » | » | » | » | » | » | » |
| » | » | » | » | » | » | » | » | » | » | » | 1 | » | 1 | 1 | » | » |
| » | » | » | » | » | » | » | » | 1 | 2 | » | 1 | 5 | 11 | 5 | 3 | 10 |
| » | » | » | » | » | » | » | » | » | » | » | » | » | » | 1 | » | » |
| » | » | » | » | » | » | » | » | » | » | » | » | » | » | » | » | » |
| » | » | » | » | » | » | » | » | » | » | » | » | » | 1 | 1 | » | » |
| » | » | » | » | » | » | » | » | » | » | » | » | » | » | » | » | » |
| » | » | » | » | » | » | » | » | » | » | » | » | » | » | » | » | » |
| » | » | » | » | » | » | » | » | » | » | » | » | » | » | » | » | » |
| » | » | » | » | » | » | » | » | » | » | » | » | » | » | » | » | » |
| 12 | 13 | 11 | 13 | 26 | 40 | 45 | 40 | 51 | 78 | 121 | 112 | 133 | 146 | 139 | 220 | 190 |

*Statistique, par département, des allocations au décès*

| DÉPARTEMENTS. | NOMBRE D'ASSURÉS dont le décès a donné lieu à liquidation d'allocations au décès. | | | | | NOMBRE DES AL... au pro... Épouses survivantes sans enfant de moins de 16 ans. | | |
|---|---|---|---|---|---|---|---|---|
| | Total. | Obli-gatoires. | Facul-tatifs. | Hommes. | Femmes. | Veuves. | Femmes di-vorcées. | Total |
| Ain. | 28 | 24 | 4 | 27 | 1 | 21 | » | 21 |
| Aisne. | 74 | 70 | 4 | 72 | 2 | 40 | » | 40 |
| Allier. | 43 | 37 | 6 | 39 | 4 | 28 | » | 28 |
| Alpes (Basses-). | 14 | 11 | 3 | 11 | 3 | 8 | » | 8 |
| Alpes (Hautes-). | 14 | 11 | 3 | 12 | 2 | 7 | » | 7 |
| Alpes-Maritimes. | 29 | 28 | 1 | 27 | 2 | 16 | » | 16 |
| Ardèche. | 47 | 37 | 10 | 47 | » | 22 | » | 22 |
| Ardennes. | 46 | 46 | » | 46 | » | 28 | » | 28 |
| Ariége. | 20 | 16 | 4 | 19 | 1 | 12 | » | 12 |
| Aube. | 25 | 21 | 4 | 24 | 1 | 17 | » | 17 |
| Aude. | 24 | 22 | 2 | 22 | 2 | 14 | » | 14 |
| Aveyron. | 35 | 27 | 8 | 35 | » | 17 | » | 17 |
| Belfort (territoire de). | 45 | 45 | » | 43 | 2 | 21 | » | 21 |
| Bouches-du-Rhône. | 116 | 113 | 3 | 113 | 5 | 63 | » | 63 |
| Calvados. | 26 | 26 | » | 26 | » | 12 | » | 12 |
| Cantal. | 22 | 16 | 6 | 20 | 2 | 12 | » | 12 |
| Charente. | 26 | 24 | 2 | 24 | 2 | 16 | » | 16 |
| Charente-Inférieure. | 36 | 32 | 4 | 34 | 2 | 19 | » | 19 |
| Cher. | 39 | 36 | 3 | 37 | 2 | 25 | » | 25 |
| Corrèze. | 19 | 12 | 7 | 18 | 1 | 9 | » | 9 |
| Corse. | 29 | 25 | 4 | 22 | 7 | 14 | » | 14 |
| Côte-d'Or. | 63 | 55 | 8 | 60 | 3 | 26 | » | 26 |
| Côtes-du-Nord. | 29 | 25 | 4 | 28 | 1 | 11 | » | 11 |
| Creuse. | 9 | 6 | 3 | 9 | » | 6 | » | 6 |
| Dordogne. | 21 | 18 | 3 | 19 | 2 | 12 | » | 12 |
| Doubs. | 108 | 95 | 13 | 97 | 11 | 45 | » | 45 |
| Drôme. | 59 | 46 | 13 | 52 | 7 | 29 | » | 29 |
| Eure. | 43 | 43 | » | 40 | 3 | 24 | » | 24 |
| Eure-et-Loir. | 26 | 26 | » | 23 | 3 | 16 | » | 16 |
| Finistère. | 69 | 56 | 13 | 63 | 6 | 26 | » | 26 |
| Gard. | 53 | 49 | 4 | 52 | 1 | 30 | » | 30 |
| Garonne (Haute-). | 53 | 50 | 3 | 52 | 1 | 35 | » | 35 |
| Gers. | 13 | 9 | 4 | 12 | 1 | 9 | » | 9 |
| Gironde. | 93 | 91 | 2 | 91 | 2 | 69 | » | 69 |
| Hérault. | 54 | 50 | 4 | 52 | 2 | 28 | » | 28 |
| Ille-et-Vilaine. | 32 | 32 | » | 31 | 1 | 12 | » | 12 |
| Indre. | 24 | 23 | 1 | 22 | 2 | 13 | » | 13 |
| Indre-et-Loire. | 37 | 36 | 1 | 36 | 1 | 21 | » | 21 |
| Isère. | 115 | 103 | 12 | 103 | 12 | 62 | » | 62 |
| Jura. | 81 | 63 | 18 | 75 | 6 | 38 | » | 38 |
| Landes. | 29 | 23 | 6 | 26 | 3 | 15 | » | 15 |
| Loir-et-Cher. | 21 | 18 | 3 | 19 | 2 | 11 | » | 11 |

## — 197 —

*liquidées du 1ᵉʳ janvier au 31 décembre 1925.*

| CATIONS LIQUIDÉES fit des : Enfants de moins de 16 ans. | | | | TOTAL général. | MONTANT TOTAL des liquidations au décès liquidées. | NOMBRE de bénéficiaires. | | | INTERVENTION du juge de paix. (Art. 163 du Règlement d'administration publique.) | ALLOCATIONS complémentaires après révision. | | ALLOCATIONS réduites après liquidation de pension. | |
|---|---|---|---|---|---|---|---|---|---|---|---|---|---|
| 1 enfant, 200f. | 2 enfants, 250f. | 3 enfants et plus, 300f. | Total. | | | Veuves ou femmes divorcées sans enfant de moins de 16 ans. | Enfants de moins de 16 ans. | Total. | | Nombre. | Montant. | Nombre. | Montant. |
| 4 | 1 | 1 | 6 | 27 | 4.500 | 21 | 10 | 31 | . | . | . | 1 | 124 00 |
| 17 | 7 | 2 | 26 | 66 | 11.750 | 40 | 38 | 78 | . | 2 | 150 | 6 | 678 52 |
| 11 | 3 | 1 | 15 | 43 | 7.450 | 28 | 20 | 48 | . | . | . | . | . |
| 6 | . | . | 6 | 14 | 2.400 | 8 | 6 | 14 | . | . | . | . | . |
| 2 | 3 | 2 | 7 | 14 | 3.800 | 7 | 16 | 23 | . | . | . | . | . |
| 6 | 2 | 1 | 9 | 25 | 4.400 | 16 | 22 | 38 | . | 4 | 550 | . | . |
| 9 | 10 | 4 | 23 | 45 | 8.800 | 22 | 41 | 63 | . | . | . | 2 | 234 17 |
| 8 | 6 | 4 | 18 | 40 | 8.500 | 28 | 32 | 60 | . | . | . | . | . |
| 5 | 2 | 1 | 8 | 20 | 3.600 | 12 | 12 | 24 | . | . | . | . | . |
| 5 | 1 | 2 | 8 | 25 | 4.400 | 17 | 14 | 31 | . | . | . | . | . |
| 5 | 3 | 2 | 10 | 24 | 4.450 | 14 | 18 | 32 | . | . | . | . | . |
| 9 | 5 | 4 | 18 | 35 | 6.800 | 17 | 31 | 48 | . | . | . | . | . |
| 14 | 5 | 5 | 24 | 45 | 8.700 | 21 | 44 | 65 | . | . | . | . | . |
| 27 | 10 | 7 | 44 | 107 | 10.450 | 63 | 69 | 132 | . | 7 | 500 | 3 | 325 68 |
| 7 | 4 | 3 | 14 | 26 | 5.100 | 12 | 24 | 36 | . | . | . | . | . |
| 7 | 1 | 1 | 9 | 21 | 3.750 | 12 | 11 | 23 | . | . | . | 1 | 70 27 |
| 6 | 2 | 2 | 10 | 26 | 4.700 | 16 | 16 | 32 | . | . | . | . | . |
| 10 | 3 | 4 | 17 | 36 | 6.800 | 19 | 28 | 47 | . | . | . | . | . |
| 10 | 3 | 1 | 14 | 39 | 6.800 | 25 | 19 | 44 | . | . | . | . | . |
| 7 | 2 | 1 | 10 | 19 | 3.550 | 9 | 15 | 24 | . | . | . | . | . |
| 5 | 4 | 6 | 15 | 29 | 5.900 | 14 | 28 | 42 | . | . | . | . | . |
| 16 | 9 | 6 | 31 | 57 | 11.150 | 26 | 56 | 82 | . | . | . | 6 | 660 74 |
| 7 | 4 | 7 | 18 | 29 | 6.150 | 11 | 36 | 47 | . | . | . | . | . |
| . | 1 | 1 | 2 | 8 | 1.450 | 6 | 6 | 12 | . | . | . | 1 | 120 80 |
| 4 | 5 | . | 9 | 21 | 3.850 | 12 | 14 | 26 | . | . | . | . | . |
| 25 | 14 | 21 | 60 | 105 | 21.550 | 45 | 125 | 170 | . | . | . | 3 | 356 68 |
| 17 | 10 | . | 27 | 56 | 10.250 | 29 | 37 | 66 | . | . | . | 3 | 258 18 |
| 10 | 5 | 4 | 19 | 43 | 8.050 | 24 | 30 | 54 | . | . | . | . | . |
| 6 | 1 | 2 | 9 | 25 | 4.450 | 16 | 15 | 31 | . | . | . | 1 | 141 75 |
| 15 | 11 | 15 | 41 | 67 | 14.150 | 26 | 82 | 108 | . | . | . | 2 | 222 70 |
| 11 | 7 | 2 | 20 | 50 | 9.050 | 30 | 32 | 62 | . | 1 | 50 | 2 | 159 81 |
| 13 | 2 | 1 | 16 | 51 | 8.650 | 35 | 20 | 55 | . | . | . | 2 | 175 01 |
| 3 | 1 | . | 4 | 13 | 2.200 | 9 | 5 | 14 | . | . | . | . | . |
| 11 | 7 | 2 | 20 | 89 | 14.900 | 69 | 31 | 100 | . | . | . | 4 | 199 18 |
| 16 | 6 | 2 | 24 | 52 | 9.500 | 28 | 34 | 62 | . | . | . | 2 | 254 23 |
| 7 | 5 | 5 | 17 | 29 | 5.950 | 12 | 33 | 45 | . | . | . | 3 | 371 70 |
| 4 | 4 | . | 8 | 21 | 3.750 | 13 | 14 | 27 | . | . | . | 3 | 315 20 |
| 10 | 3 | 3 | 16 | 37 | 6.800 | 21 | 25 | 46 | . | . | . | . | . |
| 33 | 13 | 6 | 52 | 114 | 20.950 | 62 | 79 | 141 | 1 | . | . | 1 | 141 67 |
| 16 | 11 | 9 | 36 | 74 | 14.350 | 38 | 68 | 106 | . | 1 | 50 | 6 | 641 99 |
| 8 | 2 | 3 | 13 | 28 | 5.250 | 15 | 22 | 37 | . | . | . | 1 | 175 00 |
| 6 | 2 | 1 | 9 | 20 | 3.650 | 11 | 14 | 25 | . | . | . | 1 | 45 00 |

| DÉPARTEMENTS. | NOMBRE D'ASSURÉS DONT LE DÉCÈS A DONNÉ LIEU À LIQUIDATION d'allocations au décès. | | | | | NOMBRE DES ALLO AU PRO Épouses survivantes sans enfant de moins de 16 ans. | | |
|---|---|---|---|---|---|---|---|---|
| | Total. | Obligatoires. | Facultatifs. | Hommes. | Femmes. | Veuves. | Femmes divorcées. | Total. |
| Loire. | 101 | 97 | 4 | 100 | 1 | 61 | » | 61 |
| Loire (Haute-). | 27 | 23 | 4 | 27 | » | 11 | » | 11 |
| Loire-Inférieure. | 133 | 131 | 2 | 130 | 3 | 72 | » | 72 |
| Loiret. | 40 | 37 | 3 | 39 | 1 | 23 | » | 23 |
| Lot. | 23 | 17 | 6 | 23 | » | 9 | » | 9 |
| Lot-et-Garonne. | 25 | 22 | 3 | 25 | » | 15 | » | 15 |
| Lozère. | 12 | 10 | 2 | 12 | » | 4 | » | 4 |
| Maine-et-Loire. | 53 | 52 | 1 | 50 | 3 | 33 | » | 33 |
| Manche. | 39 | 31 | 8 | 35 | 4 | 23 | » | 23 |
| Marne. | 63 | 62 | 1 | 62 | 1 | 39 | » | 39 |
| Marne (Haute-). | 70 | 62 | 8 | 66 | 4 | 36 | » | 36 |
| Mayenne. | 17 | 16 | 1 | 16 | 1 | 11 | » | 11 |
| Meurthe-et-Moselle. | 262 | 256 | 6 | 247 | 15 | 115 | » | 115 |
| Meuse. | 66 | 62 | 4 | 63 | 3 | 31 | » | 31 |
| Morbihan. | 24 | 21 | 3 | 24 | » | 10 | » | 10 |
| Nièvre. | 27 | 23 | 4 | 26 | 1 | 16 | » | 16 |
| Nord. | 322 | 312 | 10 | 310 | 12 | 204 | » | 204 |
| Oise. | 65 | 61 | 4 | 63 | 2 | 40 | » | 40 |
| Orne. | 35 | 34 | 1 | 34 | 1 | 19 | » | 19 |
| Pas-de-Calais. | 73 | 68 | 5 | 68 | 5 | 51 | » | 51 |
| Puy-de-Dôme. | 58 | 56 | 2 | 57 | 1 | 29 | » | 29 |
| Pyrénées (Basses-). | 33 | 24 | 9 | 33 | » | 13 | » | 13 |
| Pyrénées (Hautes-). | 24 | 17 | 7 | 24 | » | 14 | » | 14 |
| Pyrénées-Orientales. | 23 | 23 | » | 22 | 1 | 14 | » | 14 |
| Rhône. | 201 | 193 | 8 | 195 | 6 | 135 | » | 135 |
| Saône (Haute-). | 43 | 34 | 9 | 41 | 2 | 24 | » | 24 |
| Saône-et-Loire. | 125 | 110 | 15 | 122 | 3 | 70 | » | 70 |
| Sarthe. | 47 | 43 | 4 | 43 | 4 | 30 | » | 30 |
| Savoie. | 42 | 27 | 15 | 40 | 2 | 22 | » | 22 |
| Savoie (Haute-). | 20 | 15 | 5 | 18 | 2 | 8 | » | 8 |
| Seine. | 311 | 296 | 15 | 302 | 9 | 210 | » | 210 |
| Seine-Inférieure. | 158 | 157 | 1 | 148 | 10 | 90 | » | 90 |
| Seine-et-Marne. | 61 | 56 | 5 | 58 | 3 | 37 | » | 37 |
| Seine-et-Oise. | 132 | 127 | 5 | 129 | 3 | 83 | » | 83 |
| Sèvres (Deux-). | 22 | 16 | 6 | 20 | 2 | 13 | » | 13 |
| Somme. | 66 | 65 | 1 | 63 | 3 | 39 | » | 39 |
| Tarn. | 41 | 40 | 1 | 40 | 4 | 29 | » | 29 |
| Tarn-et-Garonne. | 13 | 10 | 3 | 11 | 2 | 9 | » | 9 |
| Var. | 36 | 35 | 1 | 34 | 2 | 15 | » | 15 |
| Vaucluse. | 25 | 20 | 5 | 22 | 3 | 12 | » | 12 |
| Vendée. | 32 | 30 | 2 | 29 | 3 | 15 | » | 15 |
| Vienne. | 21 | 10 | 11 | 20 | 1 | 14 | » | 14 |
| Vienne (Haute-). | 13 | 11 | 2 | 13 | » | 9 | » | 9 |
| Vosges. | 155 | 146 | 9 | 127 | 28 | 66 | » | 66 |
| Yonne. | 37 | 26 | 11 | 35 | 2 | 18 | » | 18 |
| **Totaux.** | 5.010 | 4.582 | 428 | 4.746 | 264 | 2.780 | » | 2.780 |

| CATIONS LIQUIDÉES FIX DE : Enfants de moins de 16 ans. | | | | TO-TAL géné-BAL. | MON-TANT total des allocations au décès liquidées. | NOMBRE DE BÉNÉFICIAIRES. | | | INTER-VENTION du juge de paix (Art. 163 du Règlement d'administration publique.) | ALLOCATIONS complémentaires après révision. | | ALLOCATIONS réduites après liquidation de pension. | |
|---|---|---|---|---|---|---|---|---|---|---|---|---|---|
| 1 enfant 200f. | 2 enfants 250f. | 3 enfants et plus, 300f. | Total. | | | Veuves ou femmes divorcées sans enfant de moins de 16 ans. | Enfants de moins de 16 ans. | Total. | | Nombre. | Montant. | Nombre. | Montant. |
| 23 | 11 | 6 | 40 | 101 | 18.300 | 61 | 66 | 127 | » | » | » | » | » |
| 10 | 2 | 2 | 14 | 25 | 4.750 | 11 | 20 | 37 | » | » | » | 2 | 269 84 |
| 31 | 16 | 8 | 55 | 127 | 23.400 | 72 | 88 | 160 | » | 3 | 150 00 | 3 | 370 85 |
| 8 | 4 | 4 | 16 | 39 | 7.250 | 23 | 28 | 51 | » | » | » | 1 | 108 34 |
| 8 | 5 | » | 13 | 22 | 4.200 | 9 | 18 | 27 | » | » | » | 1 | 81 84 |
| 8 | 1 | » | 9 | 24 | 4.100 | 15 | 10 | 25 | » | » | » | 1 | 125 00 |
| 4 | 2 | 1 | 7 | 11 | 2.200 | 4 | 13 | 17 | » | » | » | 1 | 137 20 |
| 9 | 5 | 1 | 15 | 48 | 8.300 | 33 | 27 | 60 | » | 1 | 50 00 | 4 | 521 63 |
| 9 | 5 | 2 | 16 | 30 | 7.100 | 23 | 25 | 48 | » | » | » | » | » |
| 13 | 5 | 4 | 22 | 61 | 10.900 | 39 | 38 | 77 | » | » | » | 2 | 226 68 |
| 16 | 9 | 7 | 32 | 68 | 12.950 | 36 | 56 | 92 | » | » | » | 2 | 332 51 |
| 6 | » | » | 6 | 17 | 2.850 | 11 | 6 | 17 | » | » | » | » | » |
| 66 | 33 | 36 | 135 | 250 | 49.500 | 115 | 247 | 362 | 3 | 1 | 100 00 | 11 | 887 27 |
| 15 | 7 | 12 | 34 | 65 | 13.000 | 31 | 65 | 96 | » | » | » | 1 | 104 17 |
| 9 | 1 | 4 | 14 | 24 | 4.750 | 10 | 25 | 35 | » | » | » | » | » |
| 8 | 3 | » | 11 | 27 | 4.750 | 16 | 14 | 30 | » | » | » | » | » |
| 57 | 34 | 19 | 110 | 314 | 56.200 | 204 | 195 | 399 | » | » | » | 8 | 868 63 |
| 12 | 9 | 3 | 24 | 64 | 11.550 | 40 | 41 | 81 | » | » | » | 1 | 116 67 |
| 9 | 3 | 4 | 16 | 35 | 6.600 | 19 | 27 | 46 | » | » | » | » | » |
| 20 | 9 | 10 | 39 | 70 | 13.900 | 31 | 78 | 109 | 3 | » | » | 3 | 395 67 |
| 18 | 5 | 4 | 27 | 56 | 10.400 | 29 | 40 | 69 | » | » | » | 2 | 208 14 |
| 13 | 1 | 5 | 19 | 32 | 6.300 | 13 | 31 | 44 | » | » | » | 1 | 83 75 |
| 5 | 2 | 3 | 10 | 21 | 4.500 | 14 | 18 | 32 | » | » | » | » | » |
| 3 | 2 | 3 | 8 | 22 | 4.100 | 14 | 26 | 40 | » | » | » | 1 | 66 67 |
| 38 | 18 | 6 | 62 | 197 | 34.150 | 135 | 91 | 226 | » | 1 | 50 00 | 3 | 295 13 |
| 8 | 7 | 4 | 19 | 43 | 8.150 | 24 | 34 | 58 | » | » | » | » | » |
| 27 | 15 | 7 | 49 | 119 | 21.750 | 70 | 78 | 148 | » | 2 | 150 00 | 4 | 377 83 |
| 12 | 4 | 1 | 17 | 47 | 8.200 | 30 | 24 | 54 | » | » | » | » | » |
| 6 | 8 | 6 | 20 | 42 | 8.300 | 22 | 40 | 62 | » | » | » | » | » |
| 6 | 2 | 4 | 12 | 20 | 4.100 | 8 | 26 | 34 | » | » | » | » | » |
| 63 | 16 | 12 | 91 | 301 | 51.700 | 210 | 135 | 345 | » | » | » | 10 | 902 24 |
| 34 | 14 | 13 | 61 | 151 | 27.700 | 90 | 103 | 193 | 1 | 2 | 100 00 | 5 | 546 58 |
| 11 | 7 | 6 | 24 | 61 | 11.300 | 37 | 43 | 80 | » | » | » | » | » |
| 26 | 8 | 12 | 46 | 129 | 23.250 | 83 | 77 | 160 | » | » | » | 3 | 322 97 |
| 3 | 4 | 1 | 8 | 21 | 3.850 | 13 | 14 | 27 | » | » | » | 1 | 109 80 |
| 13 | 7 | 6 | 26 | 65 | 12.000 | 39 | 45 | 84 | » | » | » | 1 | 96 09 |
| 7 | 1 | 5 | 13 | 42 | 7.500 | 29 | 24 | 53 | » | » | » | 2 | 175 01 |
| 1 | 1 | 1 | 3 | 12 | 2.100 | 9 | 6 | 15 | » | » | » | 1 | 141 67 |
| 12 | 4 | 3 | 19 | 34 | 6.550 | 15 | 36 | 51 | » | » | » | 2 | 370 02 |
| 7 | 4 | 1 | 12 | 21 | 4.500 | 12 | 18 | 30 | » | » | » | 1 | 116 67 |
| 5 | 6 | 3 | 14 | 29 | 5.650 | 15 | 32 | 47 | » | » | » | 3 | 341 68 |
| 1 | 1 | 3 | 5 | 19 | 3.450 | 14 | 12 | 26 | » | » | » | 2 | 70 69 |
| 1 | 2 | 1 | 4 | 13 | 2.350 | 9 | 8 | 17 | » | » | » | » | » |
| 48 | 18 | 20 | 86 | 152 | 30.000 | 66 | 144 | 210 | » | » | » | 3 | 322 14 |
| 8 | 2 | 5 | 15 | 33 | 6.300 | 18 | 27 | 45 | » | » | » | » | 290 09 |
| 1.135 | 523 | 402 | 2.060 | 4.840 | 895.350 | 2.780 | 3.517 | 6.297 | 8 | 25 | 1.950 00 | 145 | 15.067 75 |

*Statistique, par catégorie professionnelle, des assurés dont*
*du 1er janvier*

| DÉPARTEMENTS. | TOTAL. | I. Agriculture, forêts et pêche. | II. Industries extractives. | III. Alimentation. | IV. Produits chimiques. | V. Industries du papier. | VI. Cuirs et peaux. | VII. Industries textiles. | VIII. Travail des étoffes. | IX. Industrie du bois. | X. Métaux. |
|---|---|---|---|---|---|---|---|---|---|---|---|
| Ain | 20 | 1 | » | 1 | 2 | » | » | 8 | 2 | 3 | 1 |
| Aisne | 70 | 5 | » | 2 | 1 | 1 | » | 9 | » | 2 | 13 |
| Allier | 37 | 9 | » | » | » | » | » | » | » | 1 | 3 |
| Alpes (Basses-) | 11 | 6 | » | » | » | » | » | » | 1 | » | » |
| Alpes (Hautes-) | 11 | 1 | » | » | » | 1 | » | 1 | » | 1 | » |
| Alpes-Maritimes | 28 | 4 | » | » | » | 1 | 1 | » | » | 1 | » |
| Ardèche | 37 | 17 | 6 | » | » | » | 2 | 1 | » | 2 | 1 |
| Ardennes | 46 | 4 | » | » | » | » | » | 6 | 1 | 5 | 19 |
| Ariège | 16 | » | 1 | » | 1 | » | » | 1 | 1 | » | 4 |
| Aube | 21 | » | » | » | » | 1 | » | 7 | » | » | 2 |
| Aude | 22 | 10 | » | » | » | » | » | » | » | » | 2 |
| Aveyron | 27 | 5 | » | » | » | » | 2 | » | » | » | 5 |
| Belfort (Ter. de) | 45 | 1 | » | » | » | » | » | 9 | 2 | 2 | 24 |
| Bouches-du-Rhône | 115 | 4 | » | 4 | » | 4 | 1 | » | 1 | 4 | 16 |
| Calvados | 26 | 1 | 1 | 1 | 1 | » | 1 | 1 | 1 | » | 3 |
| Cantal | 16 | 3 | » | » | » | 1 | 2 | » | 1 | 1 | » |
| Charente | 24 | » | » | » | » | 2 | » | » | » | 3 | 6 |
| Charente-Inférieure | 32 | 11 | » | 1 | » | » | 2 | » | 2 | 1 | 2 |
| Cher | 36 | 2 | » | » | » | 2 | 2 | » | 1 | » | 6 |
| Corrèze | 12 | 3 | » | » | » | » | » | » | » | 1 | » |
| Corse | 25 | 11 | » | » | » | » | » | » | » | » | » |
| Côte-d'Or | 65 | 7 | 1 | 2 | » | » | » | » | » | 8 | 9 |
| Côtes-du-Nord | 25 | 8 | 3 | 1 | » | 1 | 2 | 1 | » | » | 1 |
| Creuse | 6 | 1 | » | » | » | » | » | » | » | » | » |
| Dordogne | 18 | 2 | » | » | » | 1 | » | » | » | 2 | » |
| Doubs | 95 | 2 | 1 | 3 | » | 4 | » | 2 | » | 1 | 58 |
| Drôme | 46 | 18 | » | 3 | » | 1 | 3 | » | » | » | » |
| Eure | 43 | 6 | » | 1 | » | 1 | 2 | 8 | 1 | 4 | 6 |
| Eure-et-Loir | 26 | 8 | » | » | » | 1 | » | » | 1 | 2 | 1 |
| Finistère | 56 | 13 | 3 | 3 | 1 | » | » | » | » | 2 | 6 |
| Gard | 49 | 10 | 1 | 2 | 1 | » | 1 | 1 | 2 | 5 | 1 |
| Garonne (Haute-) | 50 | 10 | » | 1 | 5 | 1 | » | » | 1 | 2 | 1 |
| Gers | 9 | 2 | » | » | » | » | » | » | » | » | » |
| Gironde | 91 | 6 | 2 | 4 | 2 | 1 | 1 | » | 4 | 13 | 9 |
| Hérault | 50 | 15 | » | » | 1 | 1 | » | » | 1 | 2 | 3 |
| Ille-et-Vilaine | 32 | 4 | » | 1 | » | 2 | 2 | » | 1 | 3 | 2 |
| Indre | 23 | 4 | 1 | 1 | » | » | » | 2 | 2 | 1 | 1 |
| Indre-et-Loire | 36 | 7 | » | 1 | » | 3 | 4 | 1 | 1 | 4 | 1 |
| Isère | 103 | 13 | 3 | 1 | 1 | 14 | 4 | 7 | 4 | 1 | 9 |
| Jura | 65 | 4 | 4 | 2 | » | 1 | » | » | » | 12 | 7 |
| Landes | 23 | 1 | » | » | » | » | » | » | 1 | 1 | 1 |
| Loir-et-Cher | 18 | 5 | » | 1 | » | » | 2 | » | » | » | » |

*le décès a donné lieu à la liquidation d'allocations au décès au 31 décembre 1925.*

| TOIRES. | | | | | | ASSURÉS FACULTATIFS. | | | | | | | | |
|---|---|---|---|---|---|---|---|---|---|---|---|---|---|---|
| XI. Pierres à feu. | XII. Industrie du bâtiment. | XIII. Transport. | XIV. Soins personnels. | XV. Salariés des professions libérales. | XVI. Salariés de l'État, des départements et des communes. | TOTAL. | FERMIERS. | MÉTAYERS. | ARTISANS. | CULTIVATEURS. | PETITS PATRONS. | VEUVES d'assurés. | MEMBRES de la famille. | SALARIÉS gagnant plus de 10,000f par an. |
| 1 | 1 | 1 | » | 1 | 2 | 4 | » | » | » | 4 | » | » | » | » |
| » | 4 | 20 | 5 | 5 | 3 | 4 | » | » | 1 | » | 2 | 1 | » | » |
| 1 | » | 17 | 3 | 2 | 1 | 6 | » | » | » | 3 | 2 | 1 | » | » |
| » | » | 2 | » | » | 2 | 3 | » | » | » | 3 | » | » | » | » |
| » | » | 9 | » | » | 5 | 3 | » | » | » | 3 | » | » | » | » |
| » | 4 | 5 | » | 7 | 6 | 1 | » | » | » | » | 1 | » | » | » |
| 1 | 3 | 2 | » | 2 | » | 10 | » | 2 | » | 8 | » | » | » | » |
| » | 3 | 2 | 1 | 4 | 1 | » | » | » | » | » | » | » | » | » |
| » | » | 4 | 1 | 1 | 2 | 4 | 1 | » | » | 3 | » | » | » | » |
| 1 | 1 | 1 | 2 | 1 | 5 | 4 | » | » | » | 3 | 1 | » | » | » |
| » | 1 | 2 | » | 6 | 1 | 2 | » | » | » | 2 | » | » | » | » |
| 2 | » | 6 | 1 | 3 | 3 | 8 | » | » | » | 4 | 3 | » | » | » |
| » | 1 | 1 | 1 | 4 | » | » | » | » | » | » | » | » | » | » |
| » | 3 | 21 | 4 | 52 | 3 | 3 | » | » | » | 2 | 1 | » | » | » |
| 1 | 2 | 5 | » | 6 | 2 | » | » | » | » | » | » | » | » | » |
| » | 2 | 2 | 1 | » | 4 | 6 | 1 | » | » | » | 4 | 1 | » | » |
| 1 | » | 5 | 3 | 1 | 3 | 2 | » | » | » | 1 | 1 | » | » | » |
| » | 3 | 4 | » | 5 | 1 | 4 | 1 | » | » | 2 | » | 1 | » | » |
| 4 | 2 | 8 | » | 7 | 2 | 3 | » | » | » | » | » | 1 | » | » |
| » | » | 5 | » | 1 | 2 | 7 | » | » | » | 5 | 2 | » | » | » |
| » | » | 8 | » | 1 | 5 | 4 | » | » | » | 3 | » | 1 | » | » |
| 1 | » | 15 | 2 | 6 | 4 | 8 | » | » | » | 5 | 3 | » | » | » |
| » | 3 | 2 | » | 2 | 1 | 4 | 2 | » | » | 2 | » | » | » | » |
| » | 1 | » | » | » | 4 | 8 | » | » | » | 2 | » | » | » | » |
| » | 1 | 4 | » | 1 | 7 | 3 | » | » | » | 2 | » | » | » | » |
| » | 3 | 9 | » | 8 | 4 | 13 | » | » | » | 11 | 1 | » | » | 1 |
| 2 | » | 9 | 2 | 8 | » | 13 | » | » | » | 10 | 3 | » | » | » |
| » | 3 | 2 | 3 | 2 | 4 | » | » | » | » | » | » | » | » | » |
| » | 1 | 3 | 1 | 1 | 7 | » | » | » | » | » | » | » | » | » |
| » | 1 | 10 | 2 | 5 | 10 | 13 | 3 | » | 1 | 2 | 7 | » | » | » |
| » | » | 10 | 1 | 10 | 4 | 4 | » | 1 | 1 | 1 | 1 | » | » | » |
| » | 1 | 11 | » | 12 | 6 | 3 | » | » | » | 1 | » | » | » | » |
| » | 1 | » | 1 | 3 | 2 | 4 | » | » | » | 4 | » | » | » | » |
| 2 | 12 | 13 | 1 | 18 | 3 | 2 | » | » | 1 | » | » | » | » | » |
| 2 | 2 | 9 | » | 10 | 4 | 4 | » | » | 1 | » | 1 | » | » | » |
| » | » | 4 | » | 2 | 11 | » | » | » | » | » | » | » | » | » |
| » | 2 | 6 | » | 1 | 2 | 1 | » | » | » | 1 | » | » | » | » |
| » | 1 | 5 | 1 | 5 | 2 | 1 | » | » | » | 1 | » | » | » | » |
| 3 | 2 | 22 | 2 | 8 | 9 | 12 | » | » | 2 | 8 | 2 | » | » | » |
| 6 | 3 | 14 | 1 | 5 | 4 | 18 | 3 | » | 3 | 9 | 2 | 1 | » | » |
| » | 5 | 4 | 3 | » | 7 | 6 | 1 | 2 | 1 | 1 | 1 | » | » | » |
| » | 1 | 2 | » | 1 | 6 | 3 | » | » | » | 2 | 1 | » | » | » |

ASSURÉS OBLIGA...

| DÉPARTEMENTS. | TOTAL. | I. Agriculture, forêts et pêche. | II. Industries extractives. | III. Alimentation. | IV. Produits chimiques. | V. Industries du papier. | VI. Cuirs et peaux. | VII. Industries textiles. | VIII. Travail des étoffes. | IX. Industrie du bois. | X. Métaux. |
|---|---|---|---|---|---|---|---|---|---|---|---|
| Loire.................... | 97 | 3 | » | 1 | » | 3 | 3 | 4 | 5 | 2 | 38 |
| Loire (Haute-)......... | 23 | 8 | 1 | 1 | » | » | » | » | 2 | 1 | » |
| Loire-Inférieure........ | 131 | 1 | » | 7 | 3 | » | 5 | 1 | 4 | 17 | 39 |
| Loiret................. | 37 | 8 | » | 1 | 1 | 1 | 2 | » | » | 5 | » |
| Lot.................... | 17 | 5 | » | » | » | » | » | » | » | 1 | 1 |
| Lot-et-Garonne ......... | 22 | 3 | » | » | » | » | 1 | » | » | 1 | 3 |
| Lozère .............. | 10 | 4 | » | » | » | » | 1 | » | » | 1 | » |
| Maine-et-Loire ........ | 52 | 4 | 1 | » | 1 | 1 | » | 3 | 3 | 1 | 1 |
| Manche ............... | 31 | 2 | » | » | » | » | » | » | » | 2 | 4 |
| Marne................. | 62 | 5 | » | 10 | » | 2 | » | 3 | 1 | 3 | 5 |
| Marne (Haute-) ........ | 63 | 4 | 2 | 2 | » | 1 | 2 | » | 2 | 3 | 10 |
| Mayenne .............. | 16 | 2 | » | 2 | » | » | » | 1 | » | 1 | 4 |
| Meurthe-et-Moselle ,.... | 256 | 10 | 2 | 6 | 1 | 5 | 5 | 2 | 7 | 10 | 10 |
| Meuse................ | 62 | 4 | 2 | 1 | 1 | 1 | » | » | » | » | 6 |
| Morbihan ............. | 21 | 6 | 2 | » | » | » | » | » | 2 | 2 | 1 |
| Nièvre............ .... | 23 | 11 | » | » | » | » | » | » | » | 2 | 4 |
| Nord ................. | 312 | 32 | 1 | 8 | » | 5 | 4 | 73 | 14 | 12 | 48 |
| Oise ................. | 61 | 17 | » | 2 | » | » | 1 | 2 | 1 | 9 | 11 |
| Orne ......... ....... | 34 | » | » | » | » | 1 | » | 1 | 2 | 1 | 5 |
| Pas-de-Calais.......... | 68 | 6 | » | 2 | » | 3 | 4 | 4 | 2 | 2 | 7 |
| Puy-de-Dôme........... | 56 | 5 | » | 2 | 5 | » | » | » | 1 | 6 | 16 |
| Pyrénées (Basses-)..... | 24 | 4 | 1 | » | » | » | » | » | » | 4 | 6 |
| Pyrénées (Hautes-)..... | 17 | 2 | 1 | » | » | » | 1 | » | » | » | 2 |
| Pyrénées-Orientales..... | 23 | 5 | 1 | » | » | » | » | » | 1 | 1 | 2 |
| Rhône ................ | 193 | 5 | » | 3 | 6 | 2 | 6 | 19 | 11 | 7 | 21 |
| Saône (Haute-)......... | 34 | 4 | » | » | » | 1 | 1 | » | 2 | » | 8 |
| Saône-et-Loire ........ | 110 | 16 | » | 2 | » | » | 2 | » | » | 2 | 29 |
| Sarthe ............... | 43 | 1 | » | » | » | 6 | 1 | 1 | 4 | 6 | 3 |
| Savoie................ | 27 | 3 | 1 | 2 | 1 | » | » | » | 2 | » | 8 |
| Savoie (Haute-)........ | 15 | 5 | » | » | » | 1 | » | » | » | 1 | 3 |
| Seine... { Paris / Banlieue } | 296 | 5 | 1 | 9 | 3 | 8 | 7 | » | 16 | 22 | 45 |
| Seine-Inférieure ........ | 157 | 1 | » | 1 | 1 | 1 | » | 21 | 2 | 7 | 36 |
| Seine-et-Marne ......... | 56 | 23 | 3 | » | » | » | » | » | » | » | 13 |
| Seine-et-Oise .......... | 127 | 20 | 4 | 1 | » | 15 | 2 | » | 2 | 1 | 18 |
| Sèvres (Deux-)......... | 16 | 2 | » | » | 1 | » | 1 | » | 2 | » | 2 |
| Somme ................ | 65 | 5 | 1 | 1 | » | » | » | 1 | » | 2 | 37 |
| Tarn ................. | 40 | 1 | 1 | 1 | 2 | 2 | » | 1 | 1 | 3 | 8 |
| Tarn-et-Garonne ........ | 10 | 1 | » | » | » | » | » | » | » | 2 | » |
| Var...... ........... | 35 | 1 | 1 | 2 | 1 | » | 1 | » | » | 3 | 11 |
| Vaucluse ............. | 20 | 2 | » | » | 1 | 1 | » | 1 | 1 | » | 2 |
| Vendée .............. | 30 | 1 | » | » | » | » | » | 1 | 2 | 1 | 2 |
| Vienne............... | 10 | 2 | 1 | » | » | 1 | » | » | » | » | 1 |
| Vienne (Haute-) ........ | 11 | » | » | » | » | » | 1 | » | » | » | » |
| Vosges................ | 146 | 8 | 1 | 3 | » | 10 | 1 | 62 | 6 | 4 | 15 |
| Yonne................. | 26 | 7 | » | » | » | » | » | » | » | » | 3 |
| Totaux...... | 4.582 | 510 | 55 | 106 | 44 | 114 | 85 | 266 | 130 | 244 | 715 |

| …TOIRES. | | | | | | ASSURÉS FACULTATIFS. | | | | | | | | |
| XI. Pierres à feu. | XII. Industrie du bâtiment. | XIII. Transport. | XIV. Soins personnels. | XV. Salariés des professions libérales. | XVI. Salariés de l'État, des départements et des communes. | TOTAL. | FERMIERS. | MÉTAYERS. | ARTISANS. | CULTIVATEURS. | PETITS PATRONS. | FEMMES d'assurés. | MEMBRES de la famille. | SALARIÉS gagnant plus de 10,000f par an. |
|---|---|---|---|---|---|---|---|---|---|---|---|---|---|---|
| 1 | 3 | 22 | 3 | 5 | 4 | 4 | 2 | » | » | 1 | » | » | » | 1 |
| 1 | 1 | 1 | 1 | 1 | 3 | 4 | » | » | » | 4 | » | » | » | » |
| 2 | 6 | 23 | 1 | 20 | 2 | 2 | » | » | » | 1 | 1 | » | » | » |
| 2 | 1 | 9 | 1 | 4 | 2 | 3 | 1 | » | » | 1 | 1 | » | » | » |
| » | 2 | 2 | 1 | » | 5 | 6 | 3 | » | 1 | 2 | » | » | » | » |
| » | 1 | 5 | » | 4 | 5 | 3 | » | » | 1 | 2 | » | » | » | » |
| » | 1 | 1 | » | » | 2 | 2 | » | » | » | 1 | 1 | » | » | » |
| 1 | 1 | 17 | 3 | 5 | 10 | 1 | » | » | 1 | » | 1 | » | » | » |
| 1 | 1 | 5 | » | 1 | 15 | 8 | » | » | 4 | 1 | » | » | 3 | » |
| 6 | 4 | 11 | 2 | 5 | 5 | 1 | » | » | » | 1 | » | » | » | » |
| » | » | 23 | 1 | 2 | 4 | 8 | 1 | » | 1 | 5 | » | 1 | » | » |
| » | » | » | » | 1 | 5 | 1 | » | » | » | » | » | » | » | 1 |
| 14 | 18 | 135 | 1 | 18 | 6 | 6 | » | » | » | 4 | 2 | » | » | » |
| 1 | 1 | 42 | » | 1 | 2 | 4 | » | » | » | 2 | 2 | » | » | » |
| » | 2 | 2 | » | 1 | 3 | 3 | » | » | 2 | 1 | » | » | » | » |
| » | » | 3 | » | 1 | 2 | 4 | » | » | » | 2 | 2 | » | » | 2 |
| 5 | 17 | 48 | 5 | 31 | 7 | 10 | » | » | 2 | 2 | 4 | » | » | 2 |
| » | 1 | 3 | 1 | 7 | 6 | 6 | » | » | 2 | » | 1 | » | » | 1 |
| » | » | 17 | 1 | 1 | 5 | 1 | » | » | 1 | » | 1 | » | » | 1 |
| 5 | 3 | 18 | » | 6 | 6 | 5 | » | » | 2 | 1 | 1 | » | » | » |
| 2 | 2 | 11 | » | 2 | 4 | 2 | » | » | » | 2 | » | » | » | » |
| » | 1 | 2 | 1 | 3 | 2 | 9 | » | 2 | » | 6 | 1 | » | » | » |
| » | 1 | 7 | » | 2 | 1 | 7 | » | » | » | 7 | » | » | » | » |
| 1 | » | 4 | 1 | 4 | 3 | » | » | » | » | » | » | » | » | » |
| 2 | 10 | 40 | 7 | 51 | 3 | 8 | » | 1 | 1 | 4 | 1 | » | » | 1 |
| » | » | 15 | » | » | 3 | 9 | 1 | » | » | 7 | 1 | » | » | » |
| 6 | 4 | 25 | » | 18 | 6 | 15 | » | » | 1 | 13 | 1 | » | » | » |
| » | 2 | 8 | » | 10 | 1 | 4 | 1 | » | 1 | » | 2 | » | » | » |
| » | 1 | 1 | 3 | 1 | 4 | 15 | » | » | » | 15 | » | » | » | » |
| » | » | 1 | » | » | 4 | 5 | » | » | » | 5 | » | » | » | » |
| 2 | 15 | 31 | 20 | 108 | 4 | 15 | » | » | 3 | » | 2 | » | » | 10 |
| 1 | 8 | 36 | 2 | 34 | 6 | 1 | » | » | » | 1 | 1 | 2 | » | » |
| » | 6 | 3 | 2 | 3 | 2 | 5 | » | » | 1 | 1 | 1 | » | » | 1 |
| 3 | 20 | 18 | 4 | 9 | 4 | 5 | » | » | 1 | 1 | » | » | » | 3 |
| » | 1 | 4 | » | » | 3 | 6 | » | » | » | 1 | » | » | » | 1 |
| » | 2 | 9 | 2 | 3 | 2 | 1 | » | » | » | » | 1 | » | » | 1 |
| 3 | » | 4 | 4 | 5 | 4 | 4 | » | » | 3 | 1 | 2 | » | » | 1 |
| 1 | 1 | 1 | 1 | 4 | » | 3 | » | » | » | 1 | 1 | » | » | » |
| » | 1 | 4 | 1 | 3 | 6 | 1 | » | » | » | » | 1 | » | » | » |
| » | 1 | 1 | » | 5 | 5 | 5 | » | » | » | 3 | 2 | » | » | » |
| » | 1 | 14 | 2 | 1 | 5 | 2 | » | » | 2 | » | 6 | » | » | » |
| » | » | 2 | » | 1 | 2 | 11 | » | » | 1 | 4 | » | » | » | » |
| » | 3 | 5 | » | 1 | 1 | 2 | » | » | » | » | 2 | » | » | » |
| 6 | » | 13 | » | 6 | 11 | 9 | » | » | 2 | 6 | » | » | » | 1 |
| 1 | 2 | 2 | » | 1 | 10 | 11 | » | » | 1 | 6 | 3 | 1 | » | » |
| 95 | 223 | 925 | 113 | 606 | 351 | 428 | 20 | 8 | 51 | 221 | 85 | 15 | » | 25 |

*NOMBRE, par département, des assurés obligatoires et facultatifs*
*pour cause d'invalidité. (Application*

| DÉPARTEMENTS. | NOMBRE d'affaires soumises à la commission d'invalidité en 1925. | ASSURÉS OBLIGATOIRES. AFFAIRES sur lesquelles il a été statué en 1925. TOTAL. | Hommes | Femmes | ADMISSIONS. Hommes | Femmes | REJETS. Hommes | Femmes | assurés obligatoires ayant bénéficié de la bonification de 20f | 30f | 35f | 40f | 45f | 50f | 55f | 60f |
|---|---|---|---|---|---|---|---|---|---|---|---|---|---|---|---|---|
| Ain | » | » | » | » | » | » | » | » | » | » | » | » | » | » | » | » |
| Aisne | » | » | » | » | » | » | » | » | » | » | » | » | » | » | » | » |
| Allier | » | » | » | » | » | » | » | » | » | » | » | » | » | » | » | » |
| Alpes (Basses-) | 4 | 4 | 2 | 2 | 2 | 1 | » | 1 | » | » | » | » | » | 2 | » | » |
| Alpes (Hautes-) | » | » | » | » | » | » | » | » | » | » | » | » | » | » | » | » |
| Alpes-Maritimes | 1 | 1 | 1 | » | » | » | 1 | » | » | » | » | » | » | » | » | » |
| Ardèche | 2 | » | » | » | » | » | » | » | » | » | » | » | » | » | » | » |
| Ardennes | 1 | 1 | 1 | » | 1 | » | » | » | » | » | 1 | » | » | » | » | » |
| Ariège | 2 | » | » | » | » | » | » | » | » | » | » | » | » | » | » | » |
| Aube | » | » | » | » | » | » | » | » | » | » | » | » | » | » | » | » |
| Aude | 2 | 2 | 1 | 1 | 1 | 1 | » | » | » | » | » | » | 1 | 1 | » | » |
| Aveyron | 1 | » | » | » | » | » | » | » | » | » | » | » | » | » | » | » |
| Belfort (Ter. de) | » | » | » | » | » | » | 3 | » | » | » | » | » | » | » | » | » |
| Bouches-du-Rhône | 5 | 4 | 3 | 1 | » | 1 | 3 | » | » | » | » | » | 1 | » | » | » |
| Calvados | 1 | 1 | » | 1 | » | 1 | » | » | » | » | » | » | 1 | » | 1 | » |
| Cantal | 2 | 2 | 1 | 1 | 1 | 1 | » | » | » | 1 | » | » | » | » | 1 | » |
| Charente | 2 | 2 | » | 2 | » | 2 | » | » | 1 | » | » | » | » | » | 1 | » |
| Charente-Inférieure | 2 | 1 | » | 1 | » | 1 | » | » | » | » | » | » | » | 1 | » | » |
| Cher | 1 | 1 | 1 | » | 1 | » | » | » | » | » | » | » | » | 1 | » | » |
| Corrèze | 2 | 1 | » | 1 | » | » | » | 1 | » | » | » | » | » | » | » | » |
| Corse | 2 | 2 | 1 | 1 | » | 1 | 1 | » | » | » | » | » | » | 1 | » | » |
| Côte-d'Or | 1 | 1 | 1 | » | 1 | » | 1 | » | » | » | » | 1 | » | » | » | » |
| Côtes-du-Nord | 2 | 1 | 1 | » | » | » | 1 | » | » | » | » | » | 1 | » | » | » |
| Creuse | 1 | 1 | 1 | » | 1 | » | » | » | » | » | » | » | 1 | » | » | » |
| Dordogne | 1 | » | » | » | » | » | » | » | » | » | » | » | » | » | » | » |
| Doubs | 4 | 2 | 2 | » | 1 | » | 1 | » | » | » | » | » | 1 | » | » | » |
| Drôme | 3 | 2 | 1 | 1 | 1 | 1 | » | » | » | » | » | » | » | 1 | 1 | » |
| Eure | » | » | » | » | » | » | » | » | » | » | » | » | » | » | » | » |
| Eure-et-Loir | » | » | » | » | 2 | » | » | » | » | » | » | » | » | » | » | » |
| Finistère | 2 | 2 | 2 | » | 2 | » | » | » | » | » | » | » | 1 | 1 | » | » |
| Gard | 1 | 1 | » | 1 | » | 1 | » | » | » | » | » | » | » | » | » | 1 |
| Garonne (Haute-) | 1 | 1 | 1 | » | 1 | » | » | » | » | » | » | » | 1 | » | » | » |
| Gers | » | » | » | » | » | » | » | » | » | » | » | » | » | » | » | » |
| Gironde | 1 | 1 | 1 | » | 1 | » | » | » | » | » | » | » | » | 1 | » | » |
| Hérault | 1 | 1 | 1 | » | 1 | » | » | » | » | » | 1 | » | » | » | » | » |
| Ille-et-Vilaine | 2 | 1 | 1 | » | 1 | » | » | » | » | » | » | » | » | » | » | » |
| Indre | » | » | » | » | » | » | » | » | » | » | » | » | » | » | » | » |
| Indre-et-Loire | 1 | » | » | » | » | » | » | » | » | » | » | » | » | » | » | » |
| Isère | 3 | 1 | » | 1 | » | 1 | » | » | » | » | » | » | » | » | 1 | » |
| Jura | 1 | » | » | » | » | » | » | » | » | » | » | » | » | » | » | » |
| Landes | 1 | » | » | » | » | » | » | » | » | » | » | » | » | » | » | » |
| Loir-et-Cher | 2 | 2 | 1 | 1 | 1 | 1 | » | » | » | » | 1 | » | » | » | 1 | » |

*ayant demandé, en 1925, la liquidation anticipée de leur pension*
*de l'article 9 de la loi du 5 avril 1910 modifiée.)*

| ASSURÉS FACULTATIFS | | | | | | | | | | | | | | | ASSURÉS DÉCÉDÉS pendant l'instruction des demandes. |
| AFFAIRES sur lesquelles il a été statué en 1925. | | | ADMISSIONS. | | REJETS. | | ASSURÉS facultatifs ayant bénéficié de la bonification de | | | | | | | | |
| TOTAL. | Hommes. | Femmes. | Hommes. | Femmes. | Hommes. | Femmes. | 20f | 30f | 35f | 40f | 45f | 50f | 55f | 60f | |
|---|---|---|---|---|---|---|---|---|---|---|---|---|---|---|---|
| . | . | . | . | . | . | . | . | . | . | . | . | . | . | . | . |
| . | . | . | . | . | . | . | . | . | . | . | . | . | . | . | . |
| . | . | . | . | . | . | . | . | . | . | . | . | . | . | . | . |
| . | . | . | . | . | . | . | . | . | . | . | . | . | . | . | . |
| 2 | 2 | . | 2 | . | . | . | . | . | . | . | . | 2 | . | . | . |
| 2 | 2 | . | 2 | . | . | . | . | . | . | . | . | 1 | 1 | . | . |
| . | . | . | . | . | . | . | . | . | . | . | . | . | . | . | . |
| . | . | . | . | . | . | . | . | . | . | . | . | . | . | . | . |
| 1 | 1 | . | 1 | . | . | . | . | . | . | . | . | . | . | . | 1 |
| . | . | . | . | . | . | . | . | . | . | . | . | . | . | . | . |
| 1 | . | 1 | . | 1 | . | . | . | . | . | . | . | . | . | . | . |
| . | . | . | . | . | . | . | . | . | . | . | . | . | . | . | . |
| . | . | . | . | . | . | . | . | . | . | . | . | . | . | . | . |
| 1 | 1 | . | . | . | . | 1 | . | . | . | . | . | 1 | . | . | . |
| . | . | . | . | . | . | . | . | . | . | . | . | . | . | . | . |
| 1 | . | 1 | . | 1 | . | . | . | . | . | . | . | 1 | . | . | . |
| . | . | . | . | . | . | . | . | . | . | . | . | . | . | . | . |
| 1 | 1 | . | . | . | . | . | . | . | . | . | . | . | . | . | . |
| 2 | 1 | 1 | 1 | 1 | . | . | . | . | . | . | . | . | 1 | . | . |
| 1 | 1 | . | 1 | 1 | . | . | . | . | . | . | . | . | 1 | . | . |
| . | . | . | . | . | . | . | . | . | . | . | . | . | . | . | . |
| . | . | . | . | . | . | . | . | . | . | . | . | . | . | . | . |
| . | . | . | . | . | . | . | . | . | . | . | . | . | . | . | . |
| . | . | . | . | . | . | . | . | . | . | . | . | . | . | . | . |
| . | . | . | . | . | . | . | . | . | . | . | . | . | . | . | . |
| . | . | . | . | . | . | . | . | . | . | . | . | . | . | . | . |
| 1 | 1 | . | . | . | 1 | . | . | . | . | . | . | . | . | . | 1 |
| . | . | . | . | . | . | . | . | . | . | . | . | . | . | . | . |
| 1 | . | . | . | . | 1 | . | . | . | . | . | . | . | . | . | . |
| 2 | . | 2 | . | 1 | . | 1 | . | . | . | . | 1 | . | . | . | . |
| 1 | 1 | . | 1 | . | . | . | . | . | . | . | . | 1 | 1 | . | . |
| 1 | . | 1 | . | . | . | 1 | . | . | . | . | . | . | 1 | . | . |
| . | . | . | . | . | . | . | . | . | . | . | . | . | . | . | . |

| DÉPARTEMENTS. | NOMBRE d'affaires soumises à la commission d'invalidité en 1925. | ASSURÉS OBLIGATOIRES. | | | | | | | | | | | | | | |
|---|---|---|---|---|---|---|---|---|---|---|---|---|---|---|---|---|
| | | AFFAIRES sur lesquelles il a été statué en 1925. | | | ADMISSIONS. | | REJETS. | | ASSURÉS obligatoires ayant bénéficié de la bonification de | | | | | | | |
| | | TOTAL. | Hommes | Femmes | Hommes | Femmes | Hommes | Femmes | 20f | 30f | 35f | 40f | 45f | 50f | 55f | 60f |
| Loire | 3 | 3 | 3 | » | 2 | » | 1 | » | » | » | » | 2 | » | » | » | » |
| Loire (Haute-) | » | » | » | » | » | » | » | » | » | » | » | 1 | » | » | » | » |
| Loire-Inférieure | 4 | 4 | 3 | 1 | 2 | » | 1 | 1 | » | » | » | » | » | 1 | » | » |
| Loiret | » | » | » | » | » | » | » | » | » | » | » | » | » | » | » | » |
| Lot | 3 | » | » | » | » | » | » | » | » | » | » | » | » | » | » | » |
| Lot-et-Garonne | 1 | » | » | » | » | » | » | » | » | » | » | » | » | » | » | » |
| Lozère | 1 | 1 | 1 | » | 1 | » | » | » | » | » | » | » | » | » | 1 | » |
| Maine-et-Loire | 2 | 2 | 1 | 1 | 1 | 1 | » | » | » | » | » | » | » | 2 | » | » |
| Manche | 2 | 2 | 1 | 1 | 1 | 1 | » | » | » | » | » | » | » | » | 1 | » |
| Marne | » | » | » | » | » | » | » | » | » | » | » | » | » | » | » | » |
| Marne (Haute-) | 2 | 1 | 1 | » | 1 | » | » | » | » | » | » | » | 1 | » | » | » |
| Mayenne | 2 | 2 | 1 | 1 | 1 | » | » | 1 | » | » | » | » | » | » | 1 | » |
| Meurthe-et-Moselle | 1 | 1 | 1 | » | 1 | » | » | » | » | » | » | » | 1 | » | » | » |
| Meuse | » | » | » | » | » | » | » | » | » | » | » | » | » | » | » | » |
| Morbihan | » | » | » | » | » | » | » | » | » | » | » | » | » | 1 | » | » |
| Nièvre | 1 | 1 | » | 1 | » | 1 | » | » | » | » | » | » | » | 1 | » | » |
| Nord | 13 | 13 | 11 | 2 | 10 | 1 | 1 | 1 | » | » | » | 1 | 2 | 4 | 2 | » |
| Oise | » | » | » | » | » | » | » | » | » | » | » | » | » | » | » | » |
| Orne | 1 | 1 | 1 | » | » | » | 1 | » | » | » | » | » | » | » | » | » |
| Pas-de-Calais | 5 | 4 | 4 | » | 3 | » | 1 | » | » | » | » | 1 | » | » | 1 | » |
| Puy-de-Dôme | 4 | 1 | 1 | » | 1 | » | » | » | » | » | » | » | » | » | 1 | » |
| Pyrénées (Basses-) | » | » | » | » | » | » | » | » | » | » | » | » | » | » | » | » |
| Pyrénées (Hautes-) | 3 | 2 | 2 | » | 2 | » | » | » | » | » | » | 1 | 1 | » | » | » |
| Pyrénées-Orientales | 1 | 1 | 1 | » | 1 | » | » | » | » | 1 | » | » | » | » | » | » |
| Rhône | 2 | 2 | 2 | » | 2 | » | » | » | » | » | » | » | » | 1 | » | » |
| Saône (Haute-) | 1 | 1 | 1 | » | » | » | 1 | » | » | » | » | » | » | » | » | » |
| Saône-et-Loire | 5 | 5 | 5 | » | 4 | » | 1 | » | » | » | » | » | 2 | 1 | » | » |
| Sarthe | 2 | 2 | 2 | » | 2 | » | » | » | » | » | 1 | » | » | » | 1 | » |
| Savoie | » | » | » | » | » | » | » | » | » | » | » | » | » | » | » | » |
| Savoie (Haute-) | » | » | » | » | » | » | » | » | » | » | » | » | » | » | » | » |
| Seine { Paris | 10 | 9 | 7 | 2 | 6 | 2 | 1 | » | » | 2 | 2 | 1 | » | 3 | » | » |
| Seine { Banlieue | » | » | » | » | » | » | » | » | » | » | » | » | » | » | » | » |
| Seine-Inférieure | 4 | 4 | 2 | 2 | 2 | 1 | » | 1 | » | » | » | » | 1 | 1 | 1 | » |
| Seine-et-Marne | 1 | 1 | 1 | » | 1 | » | » | » | » | » | » | » | 1 | » | » | » |
| Seine-et-Oise | » | » | » | » | » | » | » | » | » | » | » | » | » | » | » | » |
| Sèvres (Deux-) | 1 | 1 | 1 | » | 1 | » | » | » | » | » | » | » | » | » | 1 | » |
| Somme | 1 | 1 | 1 | » | » | » | 1 | » | » | » | » | » | 1 | » | » | » |
| Tarn | 1 | 1 | 1 | » | 1 | » | » | » | » | » | » | » | 1 | » | » | » |
| Tarn-et-Garonne | 1 | 1 | 1 | » | 1 | » | » | » | » | » | » | 1 | » | » | » | » |
| Var | 1 | 1 | » | 1 | » | 1 | » | » | » | » | » | 1 | » | » | » | » |
| Vaucluse | 3 | 2 | 1 | 1 | 1 | » | » | 1 | » | » | » | » | » | 1 | » | » |
| Vendée | 1 | 1 | 1 | » | » | » | 1 | » | » | » | » | » | » | » | » | » |
| Vienne | » | » | » | » | » | » | » | » | » | » | » | » | » | » | » | » |
| Vienne (Haute-) | » | » | » | » | » | » | » | » | » | » | » | » | » | » | » | » |
| Vosges | » | » | » | » | » | » | » | » | » | » | » | » | » | » | » | » |
| Yonne | 1 | 1 | » | 1 | » | » | » | 1 | » | » | » | » | » | » | » | » |
| TOTAUX | 142 | 111 | 82 | 29 | 65 | 21 | 17 | 8 | 1 | 6 | 6 | 8 | 18 | 26 | 15 | » |

| ASSURÉS FACULTATIFS. | | | | | | | | | | | | | | | ASSURÉS décédés pendant l'instruction des demandes. |
| AFFAIRES sur lesquelles il a été statué en 1925. | | | ADMISSIONS. | | REJETS. | | ASSURÉS facultatifs ayant bénéficié de la bonification de | | | | | | | | |
| TOTAL. | Hommes. | Femmes. | Hommes. | Femmes. | Hommes. | Femmes. | 20f | 30f | 35f | 40f | 45f | 50f | 55f | 60f | |
| --- | --- | --- | --- | --- | --- | --- | --- | --- | --- | --- | --- | --- | --- | --- | --- |
| » | » | » | » | » | » | » | » | » | » | » | » | » | » | » | » |
| » | » | » | » | » | » | » | » | » | » | » | » | » | » | » | » |
| » | » | » | » | » | » | » | » | » | » | » | » | » | » | » | » |
| » | » | » | » | » | » | » | » | » | » | » | » | » | » | » | » |
| 3 | 1 | 2 | 1 | 1 | » | 1 | » | » | 1 | » | » | 1 | » | » | » |
| 1 | » | 1 | » | 1 | » | » | » | » | » | » | » | 1 | » | » | » |
| » | » | » | » | » | » | » | » | » | » | » | » | » | » | » | » |
| » | » | » | » | » | » | » | » | » | » | » | » | » | » | » | » |
| » | » | » | » | » | » | » | » | » | » | » | » | » | » | » | » |
| 1 | 1 | » | 1 | » | » | » | » | » | » | » | » | 1 | » | » | » |
| » | » | » | » | » | » | » | » | » | » | » | » | » | » | » | » |
| » | » | » | » | » | » | » | » | » | » | » | » | » | » | » | 1 |
| » | » | » | » | » | » | » | » | » | » | » | » | » | » | » | » |
| » | » | » | » | » | » | » | » | » | » | » | » | » | » | » | » |
| » | » | » | » | » | » | » | » | » | » | » | » | » | » | » | » |
| » | » | » | » | » | » | » | » | » | » | » | » | » | » | » | » |
| 1 | » | 1 | » | 1 | » | » | » | » | » | » | » | 1 | » | » | » |
| 3 | 2 | 1 | 2 | » | » | 1 | » | » | » | 1 | » | 1 | » | » | » |
| 1 | 1 | » | 1 | » | » | » | » | » | » | » | » | 1 | » | » | » |
| » | » | » | » | » | » | » | » | » | » | » | » | » | » | » | » |
| » | » | » | » | » | » | » | » | » | » | » | » | » | » | » | 1 |
| » | » | » | » | » | » | » | » | » | » | » | » | » | » | » | » |
| » | » | » | » | » | » | » | » | » | » | » | » | » | » | » | 1 |
| » | » | » | » | » | » | » | » | » | » | » | » | » | » | » | » |
| 1 | 1 | » | 1 | » | » | » | » | » | » | 1 | » | 1 | » | » | » |
| » | » | » | » | » | » | » | » | » | » | » | » | » | » | » | » |
| » | » | » | » | » | » | » | » | » | » | » | » | » | » | » | » |
| » | » | » | » | » | » | » | » | » | » | » | » | » | » | » | » |
| 1 | » | 1 | » | 1 | » | » | » | » | » | » | » | 1 | » | » | » |
| » | » | » | » | » | » | » | » | » | » | » | » | » | » | » | » |
| » | » | » | » | » | » | » | » | » | » | » | » | » | » | » | » |
| **31** | **16** | **15** | **13** | **9** | **3** | **6** | » | » | **1** | **1** | **1** | **12** | **6** | **[-** | **5** |

*Statistique, par âge et par catégories professionnelles, des assurés dont*
*au cours de l'année 1925. (Application*

ASSURÉS OBLIGA[TOIRES]

| ÂGES. | I. Agriculture, forêts et pêche. | II. Industries extractives. | III. Alimentation. | IV. Produits chimiques. | V. Industries du papier. | VI. Cuirs et peaux. | VII. Industries textiles. | VIII. Travail des étoffes, nettoyage. | IX. Industrie du bois. | X. Métaux. | XI. Pierres et terres au feu. Taille et polissage. | XII. Industrie du bâtiment. |
|---|---|---|---|---|---|---|---|---|---|---|---|---|
| 33 — | . | . | . | . | . | . | . | 1 | . | . | . | . |
| 34 — | . | . | . | . | . | . | . | . | . | . | . | . |
| 36 — | . | . | . | . | . | . | . | . | . | . | . | . |
| 37 — | . | . | . | . | . | . | . | . | . | . | . | 1 |
| 39 — | . | . | . | . | . | . | . | . | . | . | . | . |
| 40 — | 1 | . | . | . | . | . | . | . | . | . | . | . |
| 41 — | . | . | . | . | . | . | . | . | . | . | . | . |
| 42 — | . | . | . | . | 1 | . | . | . | . | . | . | . |
| 43 — | . | . | . | . | . | . | 1 | . | . | . | . | . |
| 44 — | . | . | . | . | . | . | 1 | . | . | 1 | . | . |
| 45 — | . | . | . | . | . | . | . | . | . | 1 | . | . |
| 46 — | . | . | . | . | . | . | . | . | . | 1 | 1 | 1 |
| 47 — | . | . | . | . | . | . | . | . | . | 1 | . | . |
| 48 — | . | . | . | . | . | . | . | . | . | 1 | . | 1 |
| 49 — | 1 | . | . | . | . | . | . | . | . | 1 | . | . |
| 50 — | 1 | . | . | . | 1 | . | 1 | . | . | . | . | 2 |
| 51 — | 1 | . | . | . | . | . | . | 1 | . | . | . | . |
| 52 — | . | 1 | . | . | . | . | . | 1 | 1 | . | . | . |
| 53 — | 1 | . | . | . | . | . | 1 | . | 1 | . | . | . |
| 54 — | 1 | . | . | . | . | 1 | . | . | . | . | . | . |
| 55 — | 1 | 1 | . | . | . | . | . | 1 | . | 1 | 1 | . |
| 56 — | . | . | . | 1 | . | . | . | . | . | 1 | 1 | . |
| 57 — | . | . | 1 | . | . | . | . | . | . | 1 | . | . |
| 58 — | 1 | . | . | . | . | . | . | . | . | 1 | 1 | . |
| 59 — | 1 | . | 1 | . | 1 | . | . | . | . | . | . | 1 |
| Totaux...... | 9 | 2 | 2 | 1 | 3 | 1 | 4 | 4 | 2 | 10 | 2 | 6 |

*la retraite a été liquidée par anticipation pour cause d'invalidité de l'art. 9 de la loi du 5 avril 1910, modifiée.)*

| TOIRES | | | | | | ASSURÉS FACULTATIFS. | | | | | | | | |
| --- | --- | --- | --- | --- | --- | --- | --- | --- | --- | --- | --- | --- | --- | --- |
| XIII. Transport et manutention. | XIV. Soins personnels. | XV. Salariés des professions libérales. | XVI. Commerce, banque. | XVII. Salariés de l'État, des départements et des communes. | TOTAL. | FERMIERS. | MÉTAYERS. | ARTISANS. | CULTIVATEURS. | PETITS PATRONS. | VEUVES d'assurés. | MEMBRES de la famille. | SALARIÉS gagnant plus de 10,000f par an. | TOTAL. |
| | | 1 | | | 2 | | | | | | | | | |
| | | 1 | | | 1 | | | | | | | | | |
| | | | | | 1 | | | | | | | | | |
| | | | | 1 | 1 | | | | | | | | | |
| | | | 1 | | 1 | | | | 1 | | | | | 1 |
| | | | | | 1 | | | | | | | | | |
| | | | | | 1 | | | | | | | | | |
| | | | | | 1 | | | | | | | | | |
| 1 | | | | 1 | 3 | | | | | | | | | |
| 1 | | | | | 3 | | | | | | | | | |
| | | | 2 | | 3 | | | | | | | | | |
| | | | | 2 | 4 | | | | | | | | | |
| 1 | | | | 1 | 4 | | | | 1 | | | | | 1 |
| 2 | 2 | | 1 | | 8 | | | | 1 | | | | | 1 |
| 2 | 1 | | 1 | | 6 | | | | 1 | | | | | 1 |
| 2 | 1 | | | 1 | 7 | | | | 1 | | 1 | | | 2 |
| | 1 | | | | 3 | | | | 1 | | 1 | | | 1 |
| | 1 | | | | 5 | | | | | 1 | | | | 4 |
| 2 | 1 | | | | 9 | | | | 4 | | | | | 4 |
| 1 | | | | | 5 | | | | 3 | | | | | 3 |
| | | 1 | | 2 | 4 | | | | | 1 | 1 | | | 1 |
| | | | | | 2 | | | | 2 | 1 | | | 1 | 6 |
| | 1 | | | | 5 | | | | | | | | | |
| 12 | 7 | 3 | 5 | 9 | 81 | | | | 13 | | 2 | | 1 | 18 |

Nombre, par département, des ouvriers mineurs ayant demandé en 1925 la liquidation anticipée de leur pension pour cause d'invalidité. (Application de l'art. 7 de la loi du 25 février 1914.)

| DÉPARTEMENTS. | NOMBRE D'AFFAIRES soumises à la commission consultative d'invalidité en 1925. | AFFAIRES sur lesquelles il a été statué en 1925. | | | ADMISSIONS. | | REJETS. | | OUVRIERS mineurs ayant bénéficié d'une bonification d'invalidité en 1925. | OUVRIERS mineurs décédés pendant l'instruction des demandes. |
|---|---|---|---|---|---|---|---|---|---|---|
| | | Total. | Hommes. | Femmes. | Hommes. | Femmes. | Hommes. | Femmes. | | |
| Allier | 3 | 3 | 3 | » | 2 | » | 1 | » | 2 | » |
| Aveyron | 5 | 5 | 5 | » | 4 | » | 1 | » | 3 | 1 |
| Cantal | 2 | 2 | 2 | » | 2 | » | » | » | 1 | 1 |
| Loire | 1 | 1 | 1 | » | 1 | » | » | » | 1 | » |
| Loire (Haute-) | 2 | 2 | 2 | » | 2 | » | » | » | 2 | » |
| Lot-et-Garonne | 1 | 1 | » | 1 | » | 1 | » | » | 1 | » |
| Maine-et-Loire | 1 | 1 | 1 | » | » | » | 1 | » | » | » |
| Marne | 1 | 1 | 1 | » | 1 | » | » | » | 1 | » |
| Morbihan | 1 | 1 | 1 | » | » | » | 1 | » | » | » |
| Nièvre | 2 | 2 | 2 | » | 2 | » | » | » | 2 | » |
| Nord | 5 | 5 | 5 | » | 5 | » | » | » | 4 | » |
| Pas-de-Calais | 6 | 6 | 6 | » | 6 | » | » | » | 5 | » |
| Saône (Haute-) | 3 | 3 | 3 | » | 2 | » | 1 | » | 2 | » |
| Seine-et-Oise | 1 | 1 | 1 | » | » | » | 1 | » | » | » |
| Tarn | 3 | 3 | 3 | » | 3 | » | » | » | 2 | 1 |
| Totaux | 37 | 37 | 36 | 1 | 30 | 1 | 6 | » | 26 | 3 |

STATISTIQUE, par âge, des ouvriers mineurs dont la retraite a été liquidée par anticipation pour cause d'invalidité au cours de l'année 1925. (*Application de l'art. 7 de la loi du 25 février 1914.*)

| ÂGES. | TOTAL. | HOMMES. | FEMMES. |
|---|---|---|---|
| 34 ans | 2 | 2 | " |
| 37 — | 1 | 1 | " |
| 42 — | 1 | 1 | " |
| 43 — | 1 | 1 | " |
| 45 — | 1 | 1 | " |
| 46 — | 1 | 1 | " |
| 48 — | 4 | 3 | 1 |
| 50 — | 1 | 1 | " |
| 51 — | 7 | 7 | " |
| 52 — | 3 | 3 | " |
| 53 — | 2 | 2 | " |
| 55 — | 2 | 2 | " |
| Total | 26 | 25 | 1 |

14.

# RENSEIGNEMENTS STATISTIQUES

### SUR L'APPLICATION DE LA LOI

#### DES

## RETRAITES OUVRIÈRES ET PAYSANNES

### ANNÉE 1926

*TABLEAU faisant ressortir, par département, les causes de variation du nombre des assurés obligatoires du 1er janvier au 31 décembre 1926.*

| DÉPARTEMENTS. | ASSURÉS INSCRITS | | TOTAL. | ASSURÉS OBLIGATOIRES | | | | TOTAL des assurés obligatoires inscrits au 31 décembre 1926. |
| --- | --- | --- | --- | --- | --- | --- | --- | --- |
| | au 1er janvier 1926. | du 1er janvier au 31 décembre 1926. | | AYANT demandé la liquidation de leur pension du 1er janvier 1926 au 31 décembre 1926. | DÉCÉDÉS du 1er janvier 1926 au 31 décembre 1926. | AYANT quitté le département du 1er janvier 1926 au 31 décembre 1926. | RAYÉS des listes des assurés obligatoires du 1er janvier 1924 au 31 décembre 1924. | |
| Ain | 48.462 | 972 | 49.431 | 281 | 133 | 195 | 6 | 48.819 |
| Aisne | 64.579 | 2.212 | 66.791 | 861 | 416 | 763 | 474 | 64.277 |
| Allier | 91.377 | 1.643 | 93.020 | 425 | 148 | 388 | 9 | 92.050 |
| Alpes (Basses-) | 8.738 | 213 | 8.951 | 99 | 37 | 79 | 2 | 8.734 |
| Alpes (Hautes-) | 8.969 | 488 | 9.457 | 111 | 98 | 87 | 118 | 9.043 |
| Alpes-Maritimes | 63.910 | 2.814 | 66.724 | 194 | 212 | 132 | 705 | 65.451 |
| Ardèche | 43.156 | 514 | 43.670 | 438 | 132 | 167 | . | 42.933 |
| Ardennes | 49.498 | 1.647 | 51.145 | 780 | 404 | 611 | 2.128 | 47.222 |
| Ariège | 12.148 | 635 | 12.783 | 127 | 63 | 15 | 9 | 12.569 |
| Aube | 57.246 | 1.742 | 58.988 | 484 | 438 | 299 | 356 | 57.511 |
| Aude | 44.994 | 936 | 45.930 | 408 | 251 | 155 | 883 | 45.233 |
| Aveyron | 41.270 | 767 | 42.037 | 378 | 77 | 101 | 31 | 41.450 |
| Belfort (Territoire de) | 47.441 | 1.926 | 49.367 | 188 | 274 | 279 | 52 | 48.574 |
| Bouches-du-Rhône | 285.212 | 5.912 | 291.124 | 869 | 1.010 | 861 | 108.314 | 180.070 |
| Calvados | 78.828 | 2.078 | 80.906 | 258 | 273 | 742 | 1.536 | 77.595 |
| Cantal | 19.174 | 820 | 19.994 | 178 | 58 | 82 | 174 | 19.502 |
| Charente | 56.139 | 976 | 57.115 | 229 | 107 | 155 | 164 | 56.460 |
| Charente-Inférieure | 72.493 | 2.348 | 74.841 | 250 | 336 | 171 | 175 | 73.906 |
| Cher | 82.587 | 1.242 | 83.829 | 421 | 408 | 449 | 1.133 | 81.418 |
| Corrèze | 31.688 | 487 | 32.175 | 259 | 128 | 110 | 908 | 30.770 |
| Corse | 23.389 | 181 | 23.570 | 385 | 113 | 52 | 13 | 23.605 |
| Côte-d'Or | 68.082 | 1.913 | 69.905 | 580 | 280 | 409 | 602 | 68.124 |
| Côtes-du-Nord | 34.149 | 660 | 34.809 | 418 | 150 | 223 | 739 | 33.279 |
| Creuse | 14.759 | 308 | 15.067 | 81 | 45 | 51 | 266 | 14.624 |
| Dordogne | 49.411 | 797 | 50.208 | 158 | 118 | 136 | 277 | 49.524 |
| Doubs | 57.506 | 4.444 | 61.950 | 554 | 717 | 544 | 1.767 | 58.368 |
| Drôme | 48.571 | 698 | 49.269 | 437 | 152 | 147 | 10 | 48.523 |
| Eure | 91.967 | 1.726 | 93.693 | 386 | 309 | 468 | 195 | 92.335 |
| Eure-et-Loir | 62.207 | 990 | 63.197 | 315 | 114 | 270 | 110 | 62.390 |
| Finistère | 101.152 | 2.080 | 103.232 | 602 | 232 | 450 | 546 | 101.402 |
| Gard | 70.983 | 2.762 | 73.745 | 649 | 269 | 272 | 456 | 72.099 |
| Garonne (Haute-) | 89.531 | 4.473 | 94.004 | 503 | 610 | 1.154 | 1.761 | 89.976 |
| Gers | 16.095 | 279 | 16.374 | 111 | 87 | 81 | 73 | 16.022 |
| Gironde | 256.304 | 5.049 | 261.353 | 1.015 | 624 | 516 | 657 | 258.541 |
| Hérault | 83.469 | 1.001 | 84.470 | 471 | 297 | 1.018 | 336 | 82.348 |
| Ille-et-Vilaine | 124.069 | 2.355 | 126.484 | 390 | 636 | 257 | 780 | 124.352 |
| Indre | 36.938 | 544 | 37.482 | 230 | 70 | 147 | 59 | 36.976 |
| Indre-et-Loire | 67.983 | 1.007 | 68.990 | 271 | 81 | 211 | 86 | 68.341 |
| Isère | 131.556 | 4.239 | 135.705 | 1.000 | 242 | 307 | 163 | 134.083 |
| Jura | 32.181 | 1.216 | 33.397 | 293 | 120 | 356 | 25 | 32.603 |
| Landes | 27.199 | 466 | 27.665 | 137 | 92 | 153 | 654 | 26.629 |
| Loir-et-Cher | 53.253 | 1.069 | 54.322 | 277 | 270 | 404 | 847 | 52.524 |
| Loire | 98.205 | 1.502 | 99.707 | 752 | 1.089 | 212 | 504 | 97.150 |

| DÉPARTEMENTS. | ASSURÉS INSCRITS | | TOTAL. | ASSURÉS OBLIGATOIRES | | | | TOTAL des assurés obligatoires inscrits |
| --- | --- | --- | --- | --- | --- | --- | --- | --- |
| | au 1er janvier 1926. | du 1er janvier 1926 au 31 décembre 1926. | | AYANT demandé la liquidation de leur pension du 1er janvier 1926 au 31 décembre 1926. | DÉCÉDÉS du 1er janvier 1926 au 31 décembre 1926. | AYANT quitté le département du 1er janvier 1926 au 31 décembre 1926. | RADIÉS des listes des assurés obligatoires du 1er janvier 1926 au 31 décembre 1926. | au 31 décembre 1926. |
| Loire (Haute-) | 27.657 | 2.123 | 29.780 | 282 | 80 | 45 | 163 | 29.210 |
| Loire-Inférieure | 137.466 | 3.201 | 140.667 | 591 | 346 | 224 | 38 | 139.468 |
| Loiret | 70.552 | 1.952 | 72.504 | 414 | 456 | 520 | 776 | 70.338 |
| Lot | 15.273 | 333 | 15.606 | 284 | 71 | 104 | 57 | 15.090 |
| Lot-et-Garonne | 34.042 | 904 | 34.946 | 196 | 52 | 122 | 391 | 34.185 |
| Lozère | 10.177 | 307 | 10.484 | 222 | 23 | 67 | 8 | 10.164 |
| Maine-et-Loire | 78.660 | 2.205 | 80.865 | 428 | 467 | 1.069 | 1.134 | 77.767 |
| Marche | 77.693 | 898 | 78.591 | 227 | 172 | 335 | 811 | 77.046 |
| Marne | 91.757 | 27.392 | 119.149 | 640 | 350 | 513 | 2.182 | 115.464 |
| Marne (Haute-) | 46.101 | 1.069 | 47.170 | 498 | 171 | 310 | 82 | 46.109 |
| Mayenne | 42.332 | 742 | 43.074 | 126 | 477 | 216 | 1.373 | 40.882 |
| Meurthe-et-Moselle | 250.739 | 14.979 | 265.718 | 1.006 | 854 | 1.957 | 1.568 | 260.333 |
| Meuse | 50.840 | 1.476 | 52.316 | 479 | 173 | 1.497 | 550 | 49.617 |
| Morbihan | 63.223 | 575 | 63.798 | 257 | 119 | 203 | 767 | 62.452 |
| Nièvre | 62.217 | 1.916 | 64.133 | 369 | 184 | 447 | 173 | 62.960 |
| Nord | 590.256 | 19.232 | 639.488 | 3.049 | 1.069 | 955 | 7.598 | 626.817 |
| Oise | 120.224 | 2.987 | 123.211 | 820 | 602 | 511 | 1.751 | 119.527 |
| Orne | 35.224 | 1.197 | 36.421 | 257 | 261 | 127 | 198 | 35.578 |
| Pas-de-Calais | 188.859 | 7.382 | 196.241 | 1.383 | 985 | 994 | 3.138 | 189.741 |
| Puy-de-Dôme | 70.102 | 1.538 | 71.640 | 649 | 287 | 392 | 2.245 | 66.067 |
| Pyrénées (Basses-) | 67.789 | 1.885 | 69.674 | 305 | 251 | 172 | 114 | 68.832 |
| Pyrénées (Hautes-) | 29.380 | 484 | 29.864 | 124 | 31 | 156 | 329 | 29.224 |
| Pyrénées-Orientales | 30.297 | 407 | 30.704 | 211 | 69 | 105 | 341 | 29.978 |
| Rhône | 165.128 | 4.621 | 169.749 | 1.196 | 1.440 | 518 | 4.393 | 162.202 |
| Saône (Haute-) | 38.947 | 1.433 | 40.380 | 344 | 119 | 440 | 91 | 39.386 |
| Saône-et-Loire | 92.948 | 3.171 | 96.119 | 785 | 285 | 622 | 213 | 94.209 |
| Sarthe | 97.894 | 1.884 | 99.778 | 342 | 538 | 316 | 1.205 | 97.377 |
| Savoie | 32.416 | 621 | 33.037 | 164 | 63 | 155 | 97 | 32.558 |
| Savoie (Haute-) | 25.840 | 1.419 | 27.259 | 189 | 506 | 750 | 676 | 24.938 |
| Seine   Paris | " | " | " | " | " | " | " | " |
| Seine   Banlieue | 781.079 | 26.705 | 807.784 | 2.542 | 2.835 | 5.104 | 684 | 798.619 |
| Seine-Inférieure | 206.414 | 5.526 | 211.940 | 1.140 | 1.112 | 623 | 597 | 206.468 |
| Seine-et-Marne | 89.960 | 1.407 | 91.367 | 684 | 528 | 597 | 122 | 89.436 |
| Seine-et-Oise | 213.001 | 4.832 | 217.833 | 1.111 | 670 | 1.409 | 5.924 | 208.719 |
| Sèvres (Deux-) | 48.424 | 592 | 49.016 | 204 | 53 | 183 | 613 | 47.993 |
| Somme | 151.788 | 8.380 | 150.178 | 802 | 419 | 466 | 1.642 | 146.939 |
| Tarn | 43.518 | 1.254 | 44.772 | 450 | 281 | 212 | 72 | 43.757 |
| Tarn-et-Garonne | 21.021 | 1.379 | 22.400 | 182 | 58 | 102 | 54 | 22.004 |
| Var | 61.689 | 1.942 | 63.631 | 524 | 283 | 237 | 517 | 62.070 |
| Vaucluse | 37.376 | 982 | 38.358 | 234 | 103 | 101 | 70 | 37.850 |
| Vendée | 59.901 | 1.931 | 61.832 | 306 | 121 | 166 | 213 | 61.027 |
| Vienne | 49.096 | 817 | 49.913 | 209 | 116 | 162 | 172 | 48.954 |
| Vienne (Haute-) | 69.275 | 459 | 69.734 | 118 | 131 | 86 | 24 | 69.375 |
| Vosges | 118.565 | 6.498 | 125.063 | 878 | 675 | 1.246 | 1.763 | 120.501 |
| Yonne | 47.716 | 1.567 | 49.283 | 426 | 184 | 386 | 95 | 48.102 |
| TOTAUX | 7.485.224 | 267.735 | 7.752.959 | 42.901 | 29.724 | 36.471 | 173.633 | 7.470.228 |

*Tableau* faisant ressortir, par département, les causes de variation du nombre des assurés facultatifs du 1er janvier au 31 décembre 1926.

| DÉPARTEMENTS. | ASSURÉS INSCRITS au 1er janvier 1926. | du 1er janvier au 31 décembre 1926. | TOTAL. | ASSURÉS ayant demandé la liquidation de leur pension du 1er janvier au 31 décembre 1926. | décédés du 1er janvier au 31 décembre 1926. | ayant quitté le département du 1er janvier au 31 décembre 1926. | radiés des listes des assurés facultatifs du 1er janvier au 31 décembre 1926. | TOTAL des assurés facultatifs inscrits au 31 décembre 1926. |
|---|---|---|---|---|---|---|---|---|
| Ain | 3.205 | 22 | 3.317 | 110 | 25 | 9 | » | 3.173 |
| Aisne | 1.559 | 100 | 1.719 | 113 | 20 | 24 | 6 | 1.556 |
| Allier | 3.964 | 33 | 3.997 | 152 | 33 | 8 | 4 | 3.800 |
| Alpes (Basses-) | 2.235 | 4 | 2.239 | 107 | 23 | 6 | » | 2.103 |
| Alpes (Hautes-) | 1.243 | 7 | 1.250 | 82 | 15 | 6 | 1 | 1.146 |
| Alpes-Maritimes | 2.802 | 149 | 2.951 | 113 | 20 | 6 | 39 | 2.773 |
| Ardèche | 12.844 | 28 | 12.872 | 181 | 20 | 3 | » | 12.668 |
| Ardennes | 1.698 | 20 | 1.727 | 186 | 57 | 28 | 161 | 1.295 |
| Ariège | 1.484 | 4 | 1.488 | 58 | 27 | » | » | 1.403 |
| Aube | 2.548 | 15 | 2.563 | 158 | 69 | 1 | 29 | 2.306 |
| Aude | 1.453 | 41 | 1.494 | 68 | 11 | 8 | 45 | 1.362 |
| Aveyron | 3.596 | 7 | 3.603 | 198 | 18 | » | » | 3.387 |
| Belfort (Territoire de) | 1.022 | 12 | 1.034 | 25 | 13 | 6 | » | 990 |
| Bouches-du-Rhône | 5.288 | 109 | 5.397 | 180 | 50 | 4 | 246 | 4.917 |
| Calvados | 733 | 24 | 757 | 23 | 1 | » | » | 733 |
| Cantal | 1.111 | 70 | 1.181 | 71 | 5 | 6 | 29 | 1.070 |
| Charente | 1.418 | 12 | 1.430 | 56 | 6 | 3 | 84 | 1.281 |
| Charente-Inférieure | 2.806 | 62 | 2.868 | 95 | 5 | 23 | 1 | 2.744 |
| Cher | 1.563 | 37 | 1.600 | 83 | 16 | 4 | 27 | 1.470 |
| Corrèze | 4.007 | 27 | 4.034 | 199 | 26 | » | 123 | 3.686 |
| Corse | 1.675 | 10 | 1.685 | 96 | 17 | 4 | » | 1.568 |
| Côte-d'Or | 5.122 | 63 | 5.185 | 166 | 18 | 11 | 106 | 4.884 |
| Côtes-du-Nord | 1.407 | 21 | 1.428 | 130 | 22 | 5 | 41 | 1.230 |
| Creuse | 2.254 | 28 | 2.282 | 71 | 11 | 4 | 71 | 2.125 |
| Dordogne | 2.216 | 91 | 2.307 | 45 | 12 | 1 | 6 | 2.243 |
| Doubs | 2.750 | 77 | 2.827 | 155 | 19 | 17 | 5 | 2.631 |
| Drôme | 3.837 | 49 | 3.886 | 164 | 26 | 8 | 2 | 3.686 |
| Eure | 769 | 19 | 788 | 30 | 4 | 11 | 5 | 738 |
| Eure-et-Loir | 1.596 | 80 | 1.676 | 55 | 13 | 7 | » | 1.601 |
| Finistère | 3.057 | 17 | 3.074 | 94 | 29 | 3 | 3 | 3.545 |
| Gard | 11.685 | 44 | 11.729 | 214 | 88 | 10 | 1 | 11.416 |
| Garonne (Haute-) | 2.450 | 45 | 2.495 | 85 | 25 | 5 | 101 | 2.279 |
| Gers | 1.299 | 21 | 1.320 | 64 | 13 | 2 | » | 1.241 |
| Gironde | 3.574 | 32 | 3.606 | 104 | 10 | 3 | 4 | 3.485 |
| Hérault | 1.917 | 11 | 1.928 | 41 | 17 | 53 | 5 | 1.812 |
| Ille-et-Vilaine | 1.574 | 19 | 1.593 | 36 | » | 1 | 1 | 1.155 |
| Indre | 1.265 | 20 | 1.285 | 53 | 4 | 5 | » | 1.223 |
| Indre-et-Loire | 1.034 | 27 | 1.061 | 45 | 18 | » | 1 | 997 |
| Isère | 8.692 | 78 | 8.760 | 469 | 36 | 14 | » | 8.241 |
| Jura | 3.445 | 63 | 3.508 | 158 | 16 | 19 | 3 | 3.312 |
| Landes | 976 | 69 | 1.045 | 88 | 49 | 3 | 135 | 770 |
| Loir-et-Cher | 2.162 | 58 | 2.220 | 56 | 19 | 11 | 0 | 2.125 |
| Loire | 2.561 | 18 | 2.579 | 53 | 46 | 4 | 8 | 2.368 |

| DÉPARTEMENTS. | ASSURÉS INSCRITS au 1er janvier 1926. | ASSURÉS INSCRITS du 1er janvier 1926 au 31 décembre 1926. | TOTAL. | ASSURÉS ayant demandé la liquidation de leur pension du 1er janvier 1926 au 31 décembre 1926. | ASSURÉS décédés du 1er janvier 1926 au 31 décembre 1926. | ASSURÉS ayant quitté le département du 1er janvier 1926 au 31 décembre 1926. | ASSURÉS rayés des listes des assurés facultatifs du 1er janvier 1926 au 31 décembre 1926. | TOTAL des assurés facultatifs inscrits au 31 décembre 1926. |
|---|---|---|---|---|---|---|---|---|
| Loire (Haute-) | 1.643 | 20 | 1.663 | 80 | 8 | 10 | 11 | 1.584 |
| Loire-Inférieure | 1.164 | 12 | 1.176 | 61 | 2 | 2 | • | 1.111 |
| Loiret | 1.426 | 15 | 1.441 | 82 | 12 | 6 | 28 | 1.313 |
| Lot | 3.883 | 26 | 3.909 | 120 | 17 | 3 | 2 | 3.767 |
| Lot-et-Garonne | 3.070 | 27 | 3.097 | 58 | 6 | 1 | 95 | 2.937 |
| Lozère | 958 | 1 | 959 | 35 | 6 | 2 | • | 916 |
| Maine-et-Loire | 1.229 | 29 | 1.258 | 58 | 16 | 3 | 30 | 1.151 |
| Manche | 1.608 | 39 | 1.647 | 51 | 7 | 15 | 41 | 1.533 |
| Marne | 1.488 | 2.949 | 4.437 | 193 | 62 | 16 | 238 | 3.928 |
| Marne (Haute-) | 4.060 | 21 | 4.081 | 153 | 22 | 6 | 1 | 3.899 |
| Mayenne | 212 | 11 | 223 | 15 | 2 | 4 | • | 202 |
| Meurthe-et-Moselle | 6.194 | 98 | 6.292 | 131 | 1 | 1 | 5 | 6.154 |
| Meuse | 2.347 | 56 | 2.403 | 114 | 34 | 110 | 57 | 2.088 |
| Morbihan | 1.302 | 29 | 1.331 | 61 | 12 | 2 | 16 | 1.240 |
| Nièvre | 3.011 | 37 | 3.048 | 125 | 7 | 7 | 1 | 2.908 |
| Nord | 6.517 | 96 | 6.613 | 201 | 16 | 32 | 85 | 6.285 |
| Oise | 1.813 | 47 | 1.860 | 91 | 24 | 12 | 20 | 1.713 |
| Orne | 537 | 17 | 554 | 2 | 12 | 5 | • | 535 |
| Pas-de-Calais | 3.313 | 113 | 3.426 | 222 | 110 | 22 | 36 | 3.036 |
| Puy-de-Dôme | 5.306 | 80 | 5.386 | 279 | 29 | 9 | 124 | 4.945 |
| Pyrénées (Basses-) | 1.584 | 35 | 1.619 | 177 | 84 | 8 | 2 | 1.348 |
| Pyrénées (Hautes-) | 1.725 | 36 | 1.761 | 97 | 13 | 10 | 18 | 1.623 |
| Pyrénées-Orientales | 1.485 | 18 | 1.503 | 38 | 2 | • | 30 | 1.433 |
| Rhône | 2.827 | 24 | 2.851 | 150 | 43 | 11 | 58 | 2.609 |
| Saône (Haute-) | 3.680 | 65 | 3.745 | 241 | 23 | 9 | • | 3.472 |
| Saône-et-Loire | 5.393 | 64 | 5.457 | 249 | 10 | 26 | 10 | 5.162 |
| Sarthe | 520 | 12 | 532 | 42 | 14 | 2 | • | 474 |
| Savoie | 2.584 | 33 | 2.617 | 151 | 18 | 7 | 4 | 2.436 |
| Savoie (Haute-) | 1.880 | 12 | 1.892 | 92 | 22 | 6 | 27 | 1.745 |
| Seine { Paris | • | • | • | • | • | • | • | • |
| Seine { Banlieue | 12.970 | 43 | 13.013 | 195 | 36 | 20 | 1 | 12.758 |
| Seine-Inférieure | 1.170 | 3 | 1.173 | 33 | 6 | 9 | 5 | 1.120 |
| Seine-et-Marne | 2.390 | 27 | 2.417 | 91 | 34 | 12 | 3 | 2.277 |
| Seine-et-Oise | 2.139 | 24 | 2.163 | 107 | 7 | 19 | 15 | 2.015 |
| Sèvres (Deux-) | 652 | 7 | 649 | 31 | 2 | • | • | 616 |
| Somme | 1.543 | • | 1.543 | 61 | 10 | 4 | 20 | 1.448 |
| Tarn | 2.953 | 22 | 2.975 | 162 | 36 | 2 | 4 | 2.771 |
| Tarn-et-Garonne | 3.715 | 26 | 3.741 | 73 | 11 | 9 | 1 | 3.647 |
| Var | 2.096 | 23 | 2.119 | 76 | 14 | 7 | 39 | 1.983 |
| Vaucluse | 2.674 | 10 | 2.684 | 113 | 14 | 3 | • | 2.554 |
| Vendée | 1.130 | 28 | 1.150 | 67 | 7 | 5 | 5 | 1.074 |
| Vienne | 2.529 | 71 | 2.600 | 80 | 22 | 23 | 29 | 2.446 |
| Vienne (Haute-) | 1.659 | 11 | 1.670 | 49 | 3 | 52 | • | 1.566 |
| Vosges | 2.357 | 20 | 2.377 | 130 | 16 | 6 | 13 | 2.212 |
| Yonne | 7.404 | 127 | 7.531 | 190 | 33 | 12 | 18 | 7.278 |
| Totaux | 244.206 | 6.276 | 250.482 | 9.537 | 1.852 | 876 | 2.397 | 235.820 |

*État indiquant, par département, le produit trimestriel de la vente des timbres-retraite du 1er janvier au 31 décembre 1926.*

| DÉPARTEMENTS. | 1er TRIMESTRE. | 2e TRIMESTRE. | 3e TRIMESTRE. | 4e TRIMESTRE. | TOTAL pour l'année 1926. |
|---|---|---|---|---|---|
| | fr. c. | fr. c. | fr. c. | fr. c. | fr. c. |
| Ain | 53.018 13 | 61.545 00 | 52.561 20 | 57.915 10 | 223,039 43 |
| Aisne | 117.131 31 | 120.287 23 | 95.507 71 | 105.913 80 | 438.870 03 |
| Allier | 117.318 13 | 62.988 41 | 55.914 41 | 63.310 41 | 299.561 36 |
| Alpes (Basses-) | 16.207 28 | 19.757 40 | 14.286 60 | 18.243 58 | 68.494 86 |
| Alpes (Hautes-) | 17.540 37 | 17.880 70 | 18.137 96 | 19.887 49 | 73.255 01 |
| Alpes-Maritimes | 75.490 01 | 88.873 06 | 89.099 51 | 88.747 73 | 342.210 31 |
| Ardèche | 61.002 37 | 49.755 27 | 53.699 70 | 53.453 91 | 217.911 25 |
| Ardennes | 96.175 12 | 106.450 02 | 94.231 73 | 94.650 22 | 391.530 09 |
| Ariège | 25.180 89 | 24.973 15 | 22.812 97 | 25.536 78 | 98.530 79 |
| Aube | 75.371 04 | 61.853 43 | 58.324 56 | 65.523 82 | 261.072 85 |
| Aude | 73.225 26 | 68.139 86 | 59.512 45 | 62.306 17 | 263.183 68 |
| Aveyron | 47.037 62 | 42.605 00 | 39.516 47 | 48.615 27 | 177.814 90 |
| Bouches-du-Rhône | 905.838 31 | 286.420 05 | 306.369 72 | 302.941 18 | 1.801.578 26 |
| Calvados | 70.485 05 | 50.406 28 | 48.783 05 | 65.366 89 | 235.041 87 |
| Cantal | 32.225 94 | 30.680 63 | 41.963 07 | 44.553 97 | 149.423 61 |
| Charente | 50.794 60 | 38.618 74 | 39.201 39 | 44.439 15 | 173.060 97 |
| Charente-Inférieure | 75.531 79 | 75.277 86 | 66.870 01 | 78.352 75 | 296.032 41 |
| Cher | 77.835 33 | 70.871 26 | 60.331 72 | 83.426 13 | 292.467 44 |
| Corrèze | 27.063 92 | 25.040 28 | 31.401 49 | 29.635 20 | 114.042 89 |
| Corse | 30.010 85 | 33.735 32 | 29.030 69 | 37.781 70 | 140.458 56 |
| Côte-d'Or | 122.711 02 | 120.454 67 | 109.473 55 | 153.123 77 | 505.763 01 |
| Côtes-du-Nord | 42.359 84 | 48.503 39 | 41.078 07 | 40.227 82 | 172.168 12 |
| Creuse | 14.756 90 | 12.260 14 | 13.965 21 | 18.241 31 | 59.223 56 |
| Dordogne | 51.387 33 | 52.886 75 | 42.353 31 | 46.221 99 | 192.849 41 |
| Doubs | 162.217 04 | 128.778 01 | 137.338 77 | 146.483 83 | 574.819 15 |
| Drôme | 55.355 74 | 50.287 11 | 55.593 01 | 57.551 45 | 218.687 31 |
| Eure | 85.904 68 | 60.103 56 | 52.725 42 | 53.720 18 | 252.753 84 |
| Eure-et-Loir | 123.517 54 | 66.638 58 | 69.991 63 | 80.620 31 | 340.788 06 |
| Finistère | 84.833 66 | 82.743 36 | 68.984 43 | 82.187 25 | 310.048 70 |
| Gard | 84.752 07 | 77.962 45 | 80.082 31 | 88.372 81 | 331.169 04 |
| Garonne (Haute-) | 150.397 91 | 59.168 23 | 90.529 42 | 181.671 89 | 471.707 47 |
| Gers | 26.154 06 | 30.361 60 | 26.885 43 | 37.860 58 | 121.200 67 |
| Gironde | 245.301 64 | 193.271 70 | 244.717 86 | 204.626 77 | 888.917 97 |
| Hérault | 63.034 49 | 60.626 33 | 64.911 27 | 68.568 16 | 257.140 25 |
| Ille-et-Vilaine | 54.736 08 | 48.896 54 | 41.830 95 | 51.112 63 | 196.576 82 |
| Indre | 74.268 13 | 48.366 13 | 40.525 20 | 49.193 84 | 212.353 30 |
| Indre-et-Loire | 50.709 44 | 46.054 74 | 36.835 36 | 44.859 89 | 178.459 43 |
| Isère | 291.025 89 | 223.242 24 | 197.602 70 | 179.311 17 | 891.182 00 |
| Jura | 82.967 04 | 68.573 54 | 70.182 55 | 136.031 51 | 357.755 34 |
| Landes | 35.270 32 | 34.357 91 | 38.641 73 | 44.631 75 | 152.001 71 |
| Loir-et-Cher | 67.916 21 | 43.906 33 | 37.797 17 | 43.251 39 | 192.871 12 |
| Loire | 99.072 20 | 254.605 59 | 84.944 25 | 99.935 30 | 536.557 34 |
| Loire (Haute-) | 24.666 86 | 24.935 80 | 25.479 63 | 28.421 48 | 103.523 79 |
| Loire-Inférieure | 164.145 30 | 145.588 22 | 121.788 59 | 136.781 34 | 568.303 65 |

| DÉPARTEMENTS. | 1er TRIMESTRE. | 2e TRIMESTRE. | 3e TRIMESTRE. | 4e TRIMESTRE. | TOTAL pour l'année 1926. |
|---|---|---|---|---|---|
| | fr. c. | fr. c. | fr. c. | fr. c. | fr. c. |
| Loiret | 101.037 40 | 68.913 71 | 67.156 06 | 68.636 04 | 305.343 21 |
| Lot | 45.818 43 | 56.102 80 | 41.390 41 | 44.535 53 | 187.906 06 |
| Lot-et-Garonne | 62.039 20 | 49.716 76 | 48.022 51 | 52.560 23 | 213.238 70 |
| Lozère | 17.830 94 | 19.104 85 | 15.221 54 | 18.446 53 | 70.603 86 |
| Maine-et-Loire | 65.885 74 | 70.558 15 | 62.428 05 | 64.835 72 | 263.740 08 |
| Manche | 44.994 90 | 56.141 61 | 54.411 57 | 48.256 37 | 203.804 45 |
| Marne | 110.883 46 | 97.208 46 | 115.473 55 | 87.611 68 | 417.179 15 |
| Marne (Haute-) | 79.479 36 | 69.025 73 | 59.276 82 | 67.122 53 | 274.901 44 |
| Mayenne | 22.558 80 | 28.766 24 | 20.435 02 | 22.336 77 | 103.090 83 |
| Meurthe-et-Moselle | 284.005 48 | 248.804 51 | 289.800 16 | 219.151 04 | 1.042.427 19 |
| Meuse | 78.480 56 | 79.259 07 | 72.201 59 | 68.604 40 | 298.012 28 |
| Morbihan | 42.133 13 | 34.300 97 | 29.137 80 | 34.699 62 | 140.272 52 |
| Nièvre | 62.968 00 | 51.414 78 | 50.505 41 | 60.974 01 | 225.023 40 |
| Nord | 664.533 18 | 552.120 76 | 535.085 36 | 525.728 70 | 2.278.083 00 |
| Oise | 137.155 34 | 111.877 48 | 92.718 80 | 98.987 67 | 440.739 35 |
| Orne | 30.400 94 | 32.850 64 | 26.505 11 | 32.552 53 | 122.309 22 |
| Pas-de-Calais | 146.689 50 | 130.937 02 | 116.049 30 | 141.171 05 | 535.447 63 |
| Puy-de-Dôme | 132.557 68 | 100.071 64 | 110.333 76 | 126.231 21 | 489.189 20 |
| Pyrénées (Basses-) | 62.738 40 | 51.418 06 | 54.151 00 | 62.103 33 | 230.411 79 |
| Pyrénées (Hautes-) | 33.670 77 | 18.448 86 | 21.582 24 | 25.303 68 | 100.005 55 |
| Pyrénées-Orientales | 35.368 53 | 33.461 76 | 24.789 00 | 34.744 29 | 128.306 07 |
| Territoire de Belfort | 44.213 05 | 46.378 15 | 35.813 18 | 49.326 42 | 175.732 80 |
| Rhône | 439.845 80 | 212.626 07 | 206.092 03 | 193.938 56 | 1.052.502 46 |
| Saône (Haute-) | 64.399 50 | 71.910 55 | 86.600 41 | 75.291 79 | 298.501 25 |
| Saône-et-Loire | 271.094 43 | 154.573 92 | 144.373 14 | 139.574 95 | 709.616 44 |
| Sarthe | 98.310 70 | 72.151 41 | 73.986 20 | 66.742 73 | 311.193 04 |
| Savoie | 48.446 17 | 25.883 06 | 38.591 03 | 26.986 34 | 140.898 40 |
| Savoie (Haute-) | 49.731 94 | 35.351 37 | 36.596 38 | 35.689 67 | 157.369 35 |
| Seine | 1.493.317 88 | 1.016.961 93 | 818.052 68 | 1.017.094 90 | 4.346.327 45 |
| Seine-Inférieure | 416.604 76 | 246.899 77 | 225.022 96 | 223.564 35 | 1.112.151 84 |
| Seine-et-Marne | 136.947 33 | 100.938 13 | 88.078 50 | 94.646 65 | 420.610 61 |
| Seine-et-Oise | 152.490 55 | 116.958 77 | 113.371 55 | 125.630 65 | 508.451 52 |
| Sèvres (Deux-) | 38.739 33 | 40.510 25 | 34.613 39 | 42.302 15 | 156.165 12 |
| Somme | 154.181 23 | 113.947 81 | 120.064 47 | 146.683 92 | 534.881 43 |
| Tarn | 92.803 77 | 89.377 85 | 97.034 38 | 81.451 45 | 360.667 43 |
| Tarn-et-Garonne | 31.803 53 | 34.214 53 | 24.083 46 | 29.444 62 | 119.216 19 |
| Var | 103.970 54 | 109.715 09 | 93.543 33 | 93.474 70 | 391.703 66 |
| Vaucluse | 55.530 45 | 58.367 51 | 49.559 46 | 64.303 14 | 227.761 56 |
| Vendée | 36.583 58 | 34.718 63 | 37.258 09 | 34.847 40 | 143.407 70 |
| Vienne | 73.037 39 | 68.767 36 | 42.466 89 | 68.335 80 | 252.077 44 |
| Vienne (Haute-) | 31.076 40 | 22.514 61 | 23.412 40 | 25.847 94 | 102.851 35 |
| Vosges | 279.726 03 | 226.263 54 | 273.748 18 | 261.805 09 | 1.041.542 84 |
| Yonne | 89.726 57 | 79.312 41 | 65.995 50 | 85.456 41 | 320.490 99 |
| **Totaux** | 10.803.279 41 | 8.257.234 63 | 7.707.337 54 | 8.347.985 90 | 35.115.837 49 |

*NOMBRE, par département, des cartes d'assurés obligatoires et facultatifs, transmises aux caisses par les préfectures, du 1ᵉʳ janvier au 31 décembre 1926. Montant des versements constatés sur ces cartes et des majorations correspondantes.*

| DÉPARTEMENTS. | NOMBRE DES CARTES ÉCHANGÉES. | | | MONTANT | |
| | assurés | | | | |
| | obligatoires. | facultatifs. | TOTAL. | des versements. | des majorations. |
|  | 2 | 3 | 4 | 5 | 6 |
| | | | | fr. c. | fr. c. |
| Ain | 12.892 | 2.282 | 15.174 | 233.979 63 | 15.735 14 |
| Aisne | 20.502 | 1.439 | 21.992 | 391.350 63 | 10.992 57 |
| Allier | 14.176 | 1.801 | 15.977 | 263.822 01 | 12.983 89 |
| Alpes (Basses-) | 2.898 | 1.321 | 4.219 | 71.055 75 | 8.853 04 |
| Alpes (Hautes-) | 3.734 | 733 | 4.467 | 77.984 06 | 46.80 04 |
| Alpes-Maritimes | 10.708 | 1.880 | 12.588 | 306.230 16 | 12.158 18 |
| Ardèche | 10.296 | 1.802 | 12.098 | 214.771 51 | 11.802 57 |
| Ardennes | 20.743 | 2.070 | 22.813 | 387.308 82 | 15.897 50 |
| Ariège | 4.353 | 733 | 5.086 | 92.007 57 | 4.597 15 |
| Aube | 11.933 | 1.234 | 13.167 | 222.410 14 | 9.032 76 |
| Aude | 13.304 | 979 | 14.283 | 256.363 54 | 7.180 99 |
| Aveyron | 8.504 | 1.503 | 10.009 | 173.402 78 | 9.601 82 |
| Bouches-du-Rhône | 44.312 | 2.532 | 46.844 | 1.063.342 02 | 18.590 05 |
| Calvados | 10.972 | 435 | 11.407 | 208.488 13 | 3.521 38 |
| Cantal | 4.903 | 933 | 5.836 | 109.621 30 | 6.854 50 |
| Charente | 8.030 | 716 | 8.746 | 168.706 51 | 5.340 40 |
| Charente-Inférieure | 12.785 | 1.753 | 14.538 | 274.300 94 | 17.602 83 |
| Cher | 11.906 | 942 | 12.902 | 252.373 03 | 7.045 52 |
| Corrèze | 5.017 | 1.495 | 6.542 | 117.652 72 | 9.335 75 |
| Corse | 7.508 | 1.200 | 8.708 | 139.641 97 | 8.464 72 |
| Côte-d'Or | 20.206 | 3.157 | 23.863 | 454.382 49 | 24.588 05 |
| Côtes-du-Nord | 9.006 | 1.392 | 10.398 | 170.519 86 | 9.491 33 |
| Creuse | 2.586 | 1.070 | 3.656 | 58.380 38 | 8.313 82 |
| Dordogne | 5.899 | 1.156 | 7.055 | 206.408 64 | 9.606 42 |
| Doubs | 34.364 | 2.095 | 36.459 | 552.972 04 | 16.736 10 |
| Drôme | 9.439 | 1.603 | 11.042 | 202.733 70 | 11.969 96 |
| Eure | 14.469 | 465 | 14.934 | 225.804 40 | 3.381 94 |
| Eure-et-Loir | 9.432 | 1.195 | 10.627 | 315.568 21 | 9.249 81 |
| Finistère | 14.331 | 1.346 | 15.677 | 320.177 54 | 10.210 15 |
| Gard | 16.391 | 2.525 | 18.916 | 335.973 98 | 18.926 30 |
| Garonne (Haute-) | 16.371 | 1.100 | 17.471 | 401.578 26 | 7.841 30 |
| Gers | 2.976 | 845 | 3.821 | 122.558 96 | 5.994 76 |
| Gironde | 36.739 | 1.327 | 38.066 | 769.945 49 | 10.125 88 |
| Hérault | 12.137 | 582 | 12.719 | 236.713 79 | 4.557 50 |
| Ille-et-Vilaine | 11.856 | 415 | 12.271 | 231.564 91 | 3.062 37 |
| Indre | 7.631 | 800 | 8.431 | 185.173 57 | 5.889 00 |
| Indre-et-Loire | 9.162 | 967 | 10.129 | 173.101 66 | 7.995 97 |
| Isère | 35.801 | 5.168 | 40.969 | 758.674 16 | 33.765 19 |
| Jura | 10.707 | 1.918 | 12.625 | 277.482 23 | 15.369 13 |
| Landes | 5.951 | 1.581 | 7.532 | 155.450 25 | 12.554 00 |
| Loir-et-Cher | 8.469 | 975 | 9.444 | 173.572 65 | 8.200 34 |
| Loire | 19.975 | 721 | 20.696 | 360.945 15 | 5.262 90 |

| DÉPARTEMENTS. | NOMBRE DES CARTES ÉCHANGÉES. | | | MONTANT | |
| | assurés | | | des | des |
| | obligatoires. | facultatifs. | TOTAL. | VERSEMENTS. | MAJORATIONS. |
| 1 | 2 | 3 | 4 | 5 | 6 |
| --- | --- | --- | --- | --- | --- |
| | | | | fr. c. | fr. c. |
| Loire (Haute-) | 5.094 | 894 | 6.509 | 162.082 91 | 5.254 82 |
| Loire-Inférieure | 23.424 | 611 | 24.035 | 532.300 74 | 4.621 11 |
| Loiret | 13.269 | 1.101 | 14.370 | 248.977 76 | 8.058 61 |
| Lot | 7.378 | 2.412 | 9.790 | 184.740 25 | 15.546 96 |
| Lot-et-Garonne | 6.440 | 811 | 7.234 | 207.637 69 | 6.302 34 |
| Lozère | 4.321 | 327 | 4.648 | 71.954 21 | 2.003 00 |
| Maine-et-Loire | 11.457 | 807 | 12.264 | 234.831 29 | 6.243 66 |
| Manche | 7.834 | 1.025 | 8.859 | 201.071 08 | 9.168 99 |
| Marne | 18.931 | 1.737 | 20.688 | 382.200 35 | 13.635 14 |
| Marne (Haute-) | 15.742 | 1.097 | 17.730 | 293.558 83 | 14.212 54 |
| Mayenne | 4.281 | 194 | 4.475 | 86.935 30 | 1.454 00 |
| Meurthe-et-Moselle | 75.366 | 1.934 | 77.300 | 1.158.831 47 | 16.349 38 |
| Meuse | 16.240 | 1.396 | 17.636 | 278.032 59 | 10.006 57 |
| Morbihan | 6.491 | 608 | 7.099 | 133.624 74 | 4.226 88 |
| Nièvre | 23.703 | 1.202 | 24.905 | 237.391 57 | 8.069 41 |
| Nord | 122.871 | 3.409 | 126.280 | 1.870.809 49 | 23.203 31 |
| Oise | 19.005 | 1.034 | 20.089 | 351.111 65 | 6.091 21 |
| Orne | 8.050 | 173 | 8.223 | 132.932 01 | 1.236 79 |
| Pas-de-Calais | 26.544 | 1.731 | 28.275 | 493.574 39 | 13.242 40 |
| Puy-de-Dôme | 17.274 | 3.213 | 20.487 | 461.919 76 | 22.510 14 |
| Pyrénées (Basses-) | 8.374 | 1.449 | 9.823 | 216.330 43 | 10.260 25 |
| Pyrénées (Hautes-) | 3.743 | 816 | 4.550 | 81.026 49 | 4.848 48 |
| Pyrénées-Orientales | 6.241 | 590 | 6.831 | 125.528 94 | 4.312 00 |
| Territoire de Belfort | 15.038 | 322 | 15.380 | 227.513 19 | 2.285 02 |
| Rhône | 36.930 | 1.420 | 38.350 | 738.197 27 | 10.508 63 |
| Saône (Haute-) | 13.039 | 2.688 | 16.727 | 279.009 73 | 23.808 71 |
| Saône-et-Loire | 29.993 | 3.604 | 33.599 | 690.449 64 | 26.232 00 |
| Sarthe | 14.723 | 526 | 15.249 | 231.266 23 | 4.051 97 |
| Savoie | 5.372 | 1.437 | 6.809 | 125.065 71 | 8.592 62 |
| Savoie (Haute-) | 7.804 | 1.465 | 9.269 | 153.310 11 | 10.000 23 |
| Seine | 117.409 | 3.393 | 120.899 | 2.978.602 30 | 26.375 02 |
| Seine-Inférieure | 50.144 | 581 | 50.725 | 818.228 00 | 4.321 39 |
| Seine-et-Marne | 16.757 | 1.079 | 17.836 | 388.217 29 | 7.676 97 |
| Seine-et-Oise | 32.206 | 1.235 | 33.461 | 575.146 16 | 9.291 80 |
| Sèvres (Deux-) | 6.007 | 566 | 6.573 | 152.157 84 | 4.382 75 |
| Somme | 27.138 | 761 | 27.899 | 415.714 48 | 5.891 00 |
| Tarn | 14.686 | 1.585 | 16.271 | 333.667 57 | 11.000 32 |
| Tarn-et-Garonne | 5.330 | 1.191 | 6.521 | 116.282 20 | 8.371 63 |
| Var | 16.493 | 990 | 17.483 | 372.109 82 | 7.035 76 |
| Vaucluse | 7.190 | 1.595 | 8.785 | 196.446 59 | 11.352 92 |
| Vendée | 7.949 | 844 | 8.793 | 139.599 63 | 5.030 03 |
| Vienne | 6.843 | 1.160 | 8.003 | 205.568 24 | 9.167 61 |
| Vienne (Haute-) | 3.960 | 680 | 4.640 | 81.435 10 | 4.697 00 |
| Vosges | 69.601 | 2.097 | 64.698 | 990.419 15 | 18.438 63 |
| Yonne | 12.506 | 3.364 | 15.870 | 312.565 54 | 24.646 24 |
| TOTAUX | 1.508.451 | 122.356 | 1.628.807 | 30.266.764 25 | 904.200 82 |

RÉPARTITION, *par département et par catégorie de caisses d'assurance, des cartes d'assurés obligatoires et facultatifs transmises aux caisses du 1ᵉʳ janvier au 31 décembre 1926.*

| DÉPARTEMENTS. | CAISSE NATIONALE des retraites pour la vieillesse. | | CAISSES régionales et départementales. | | CAISSES mutualistes. | | CAISSES patronales et syndicales. | |
|---|---|---|---|---|---|---|---|---|
| 1 | Obligatoires. 2 | Facultatifs. 3 | Obligatoires. 4 | Facultatifs. 5 | Obligatoires. 6 | Facultatifs. 7 | Obligatoires. 8 | Facultatifs. 9 |
| Ain | 12.629 | 2.250 | 16 | · | 227 | 20 | 20 | · |
| Aisne | 19.873 | 1.377 | 152 | 7 | 466 | 44 | 71 | 2 |
| Allier | 11.371 | 1.790 | 45 | · | 2.597 | 10 | 163 | 1 |
| Alpes (Basses-) | 2.576 | 1.316 | 142 | 3 | 42 | 3 | 138 | 1 |
| Alpes (Hautes-) | 3.025 | 725 | 644 | 8 | 20 | 1 | 47 | · |
| Alpes-Maritimes | 5.428 | 1.283 | 83 | 19 | 4.780 | 578 | 418 | · |
| Ardèche | 9.686 | 1.796 | 255 | 1 | 93 | 5 | 62 | · |
| Ardennes | 17.707 | 1.926 | 123 | 12 | 1.690 | 152 | 1.253 | · |
| Ariège | 3.051 | 697 | 9 | · | 1.257 | 36 | 36 | · |
| Aube | 11.070 | 1.162 | 140 | 5 | 587 | 67 | 156 | · |
| Aude | 8.209 | 701 | 23 | · | 4.977 | 278 | 5 | · |
| Aveyron | 8.073 | 1.485 | 18 | 2 | 400 | 78 | 4 | · |
| Bouches-du-Rhône | 34.826 | 2.255 | 5.851 | 115 | 3.266 | 161 | 349 | 1 |
| Calvados | 10.288 | 411 | 40 | 3 | 293 | 9 | 344 | 12 |
| Cantal | 4.821 | 926 | 19 | · | 00 | 7 | 3 | · |
| Charente | 7.862 | 604 | 31 | · | 83 | 19 | 34 | 3 |
| Charente-Inférieure | 12.453 | 1.685 | 69 | · | 212 | 67 | 31 | 1 |
| Cher | 11.135 | 933 | 28 | 1 | 621 | 7 | 176 | · |
| Corrèze | 4.871 | 1.491 | 18 | 4 | 80 | · | 74 | · |
| Corse | 7.396 | 1.188 | 87 | 1 | 25 | 11 | · | · |
| Côte-d'Or | 10.765 | 1.434 | 4.806 | 1.153 | 4.152 | 567 | 395 | 2 |
| Côtes-du-Nord | 8.206 | 1.340 | 566 | 47 | 230 | 5 | 4 | · |
| Creuse | 2.526 | 1.063 | 16 | · | 36 | 7 | 8 | · |
| Dordogne | 5.480 | 1.139 | 22 | 4 | 80 | 10 | 317 | 2 |
| Doubs | 20.873 | 1.285 | 193 | 6 | 11.285 | 801 | 2.308 | 3 |
| Drôme | 9.074 | 1.588 | 108 | 2 | 100 | 12 | 67 | 1 |
| Eure | 14.012 | 459 | 70 | 2 | 100 | 4 | 257 | · |
| Eure-et-Loir | 9.051 | 1.168 | 38 | 2 | 277 | 23 | 66 | 2 |
| Finistère | 9.202 | 1.135 | 4.870 | 203 | 227 | 8 | 32 | · |
| Gard | 13.437 | 2.373 | 316 | 1 | 1.714 | 151 | 924 | · |
| Garonne (Haute-) | 12.368 | 984 | 22 | · | 3.965 | 116 | 16 | · |
| Gers | 2.859 | 818 | 12 | · | 103 | 26 | 2 | 1 |
| Gironde | 27.884 | 986 | 4.700 | 140 | 3.232 | 107 | 923 | 4 |
| Hérault | 5.203 | 254 | 20 | 1 | 6.752 | 327 | 162 | · |
| Ille-et-Vilaine | 4.326 | 140 | 4.658 | 203 | 2.858 | 67 | 14 | · |
| Indre | 7.317 | 796 | 25 | · | 277 | 3 | 12 | 1 |
| Indre-et-Loire | 6.610 | 658 | 32 | 3 | 2.484 | 304 | 27 | 2 |
| Isère | 22.466 | 4.569 | 60 | 2 | 10.409 | 593 | 2.866 | 4 |
| Jura | 6.507 | 1.434 | 22 | 4 | 3.602 | 477 | 576 | 2 |
| Landes | 5.635 | 1.479 | 26 | 2 | 270 | 100 | · | · |
| Loir-et-Cher | 7.160 | 903 | 25 | · | 1.206 | 71 | 78 | 1 |
| Loire | 13.831 | 856 | 7 | · | 3.534 | 276 | 2.552 | 9 |

| DÉPARTEMENTS. | CAISSE NATIONALE des retraites pour la vieillesse. | | CAISSES RÉGIONALES et départementales. | | CAISSES MUTUALISTES. | | CAISSES PATRONALES et syndicales. | |
|---|---|---|---|---|---|---|---|---|
| 1 | Obligatoires. 2 | Facultatifs. 3 | Obligatoires. 4 | Facultatifs. 5 | Obligatoires. 6 | Facultatifs. 7 | Obligatoires. 8 | Facultatifs. 9 |
| Loire (Haute-) | 5.578 | 884 | 13 | » | 78 | » | 15 | » |
| Loire-Inférieure | 7.860 | 674 | 87 | 3 | 12.087 | 123 | 3.510 | 6 |
| Loiret | 10.257 | 872 | 47 | 2 | 2.971 | 226 | 14 | 1 |
| Lot | 5.526 | 1.561 | 13 | 2 | 1.831 | 813 | 8 | 3 |
| Lot-et-Garonne | 5.031 | 739 | 17 | 4 | 477 | 71 | 315 | » |
| Lozère | 4.050 | 305 | 3 | » | 261 | 22 | 7 | » |
| Maine-et-Loire | 10.789 | 764 | 32 | 8 | 530 | 40 | 86 | » |
| Manche | 7.401 | 1.008 | 52 | 11 | 257 | 4 | 124 | 2 |
| Marne | 18.268 | 1.716 | 190 | 2 | 406 | 19 | 87 | » |
| Marne (Haute-) | 11.799 | 1.913 | 146 | 7 | 251 | 58 | 3.543 | 9 |
| Mayenne | 2.309 | 145 | 1.589 | 45 | 272 | 3 | 111 | 1 |
| Meurthe-et-Moselle | 12.850 | 647 | 38.209 | 836 | 4.030 | 269 | 20.277 | 182 |
| Meuse | 6.640 | 759 | 8.219 | 575 | 318 | 61 | 1.033 | 1 |
| Morbihan | 5.073 | 422 | 1.746 | 185 | 234 | 1 | 38 | » |
| Nièvre | 9.700 | 1.186 | 50 | 3 | 3.764 | 13 | 249 | » |
| Nord | 69.678 | 2.713 | 25.625 | 544 | 7.832 | 78 | 19.730 | 74 |
| Oise | 16.681 | 1.000 | 77 | 4 | 1.790 | 78 | 457 | 2 |
| Orne | 7.315 | 160 | 39 | 1 | 213 | 6 | 433 | 6 |
| Pas-de-Calais | 25.301 | 1.702 | 186 | 15 | 408 | 13 | 500 | 1 |
| Puy-de-Dôme | 9.302 | 2.323 | 33 | 2 | 7.848 | 866 | 91 | 2 |
| Pyrénées (Basses-) | 7.898 | 1.396 | 38 | 2 | 438 | 51 | » | » |
| Pyrénées (Hautes-) | 3.490 | 808 | 9 | 1 | 233 | 7 | 11 | » |
| Pyrénées-Orientales | 6.204 | 585 | 3 | » | 32 | 5 | 2 | » |
| Territoire de Belfort | 10.939 | 319 | 981 | » | 1.713 | 3 | 1.435 | » |
| Rhône | 27.576 | 1.270 | 55 | 4 | 6.568 | 148 | 731 | 3 |
| Saône (Haute-) | 10.977 | 2.498 | 634 | 10 | 1.382 | 179 | 46 | 1 |
| Saône-et-Loire | 27.802 | 3.545 | 97 | 5 | 1.172 | 53 | 924 | 1 |
| Sarthe | 12.938 | 491 | 1.305 | 26 | 318 | 7 | 52 | 2 |
| Savoie | 4.270 | 1.416 | 15 | 3 | 11 | 9 | 998 | 9 |
| Savoie (Haute-) | 7.010 | 1.462 | 9 | » | 69 | 1 | 716 | 2 |
| Seine | 92.616 | 2.955 | 16.514 | 226 | 5.712 | 286 | 2.457 | 26 |
| Seine-Inférieure | 49.381 | 567 | 81 | 3 | 376 | 8 | 306 | 3 |
| Seine-et-Marne | 3.380 | 238 | 81 | 2 | 13.345 | 838 | 151 | 1 |
| Seine-et-Oise | 29.540 | 1.166 | 516 | 5 | 1.389 | 80 | 731 | 4 |
| Sèvres (Deux-) | 5.809 | 849 | 15 | 2 | 86 | 13 | 7 | 2 |
| Somme | 21.364 | 683 | 59 | 2 | 5.676 | 64 | 39 | 2 |
| Tarn | 5.523 | 1.131 | 5 | » | 8.703 | 453 | 455 | 1 |
| Tarn-et-Garonne | 3.001 | 450 | 9 | » | 2.520 | 741 | » | » |
| Var | 12.424 | 782 | 200 | » | 3.592 | 208 | 267 | » |
| Vaucluse | 5.543 | 1.388 | 106 | 4 | 1.290 | 202 | 251 | 1 |
| Vendée | 7.418 | 787 | 14 | 3 | 506 | 54 | 14 | » |
| Vienne | 6.665 | 1.152 | 11 | » | 160 | 8 | 7 | » |
| Vienne (Haute-) | 3.893 | 677 | 11 | » | 51 | 3 | 3 | » |
| Vosges | 1.429 | 64 | 58.599 | 1.920 | 610 | 113 | 1.863 | » |
| Yonne | 11.599 | 3.158 | 91 | 7 | 785 | 198 | 31 | 2 |
| Totaux | 1.051.596 | 102.994 | 183.079 | 6.427 | 153.756 | 12.113 | 77.060 | 467 |

## TABLEAU N° 6.

*Nombre, par caisse d'assurance, des indemnités de gestion
accordées en vertu de l'article 12 de la loi.*

Les renseignements concernant l'année 1926 sont consignés dans le tableau relatif à l'année 1925.

(Voir page 162.)

STATISTIQUE, par département, des opérations d'encaissement effectuées par les Sociétés de secours mutaels et les Caisses d'assurances du 1ᵉʳ janvier au 31 décembre 1926.

| DÉPARTEMENTS. | NOMBRE de sociétés de secours mutuels. | NOMBRE DES ORGANISMES | | | | NOMBRE de cartes échangées. | MONTANT des encaissements constatés sur les cartes échangées | |
| | | AUTORISÉS à faire l'encaissement | | AYANT EFFECTUÉ l'encaissement | | | | |
| | | Sociétés de secours mutuels. | Caisses d'assurance. | des versements d'assurés. | des contributions patronales. | | Versements d'assurés. | Contributions patronales. |
| 1 | 2 | 3 | 4 | 5 | 6 | 7 | 8 | 9 |
| | | | | | | | fr. c. | fr. c. |
| Ain | 564 | 61 | » | 3 | » | 32 | 2.379 50 | » |
| Aisne | 259 | 23 | » | 4 | 3 | 16 | 450 71 | 37 57 |
| Allier | 134 | 18 | » | 5 | » | 50 | 1.209 31 | » |
| Alpes (Basses-) | 59 | 3 | » | 1 | » | 33 | 423 00 | » |
| Alpes (Hautes-) | 99 | 4 | » | » | » | » | » | » |
| Alpes-Maritimes | 236 | 28 | » | 1 | 1 | 9 | 113 50 | 49 50 |
| Ardèche | 95 | 14 | » | 3 | » | 25 | 333 50 | » |
| Ardennes | 206 | 49 | » | 11 | 11 | 405 | 4.454 80 | 2.971 65 |
| Ariège | 107 | 12 | » | 3 | 3 | 73 | 834 98 | 3.198 04 |
| Aube | 168 | 15 | » | 4 | 4 | 68 | 1.007 06 | 342 20 |
| Aude | 374 | 88 | 1 | 24 | 14 | 514 | 6.286 10 | 642 97 |
| Aveyron | 88 | 3 | » | 1 | 1 | 26 | 3.037 50 | 185 00 |
| Bouches-du-Rhône | 445 | 16 | 2 | 3 | 3 | 123 | 3.525 36 | 551 75 |
| Calvados | 218 | 8 | » | » | » | 30 | 9.894 00 | 205 00 |
| Cantal | 27 | » | » | » | » | 1 | 7 00 | 5 00 |
| Charente | 178 | 42 | » | 11 | 1 | 148 | 1.201 50 | » |
| Charente-Inférieure | 362 | 98 | » | 16 | 1 | 382 | 5.973 30 | 18 00 |
| Cher | 228 | 28 | » | 5 | 2 | 180 | 5.820 89 | 97 00 |
| Corrèze | 31 | 5 | » | 1 | » | 9 | 135 00 | » |
| Corse | 34 | 4 | » | » | » | » | » | » |
| Côte-d'Or | 391 | 101 | 1 | 25 | 11 | 715 | 10.659 69 | 704 20 |
| Côtes-du-Nord | 52 | 3 | » | 1 | 1 | 23 | 2.056 85 | 163 88 |
| Creuse | 32 | 2 | » | 2 | » | 674 | 11.653 00 | » |
| Dordogne | 141 | 45 | » | 2 | 1 | 9 | 194 50 | 42 00 |
| Doubs | 155 | 16 | 2 | 8 | 9 | 5.577 | 42.670 53 | 42.779 23 |
| Drôme | 196 | 25 | » | 6 | 4 | 74 | 1.255 85 | 381 75 |
| Eure | 145 | 9 | » | 3 | 3 | 443 | 4.743 03 | 3.080 72 |
| Eure-et-Loir | 129 | 19 | » | 7 | » | 308 | 3.283 81 | » |
| Finistère | 116 | 6 | » | 1 | 1 | 72 | 22.830 75 | 580 50 |
| Gard | 350 | 97 | » | 23 | 2 | 313 | 4.777 08 | » |
| Garonne (Haute-) | 301 | 56 | 1 | 15 | 13 | 2.391 | 22.496 85 | 16.983 65 |
| Gers | 91 | 4 | » | 1 | » | 15 | 370 60 | 24 00 |
| Gironde | 810 | 181 | » | 45 | 17 | 507 | 2.329 30 | 1.476 69 |
| Hérault | 553 | 84 | 1 | 19 | 11 | 954 | 33.639 79 | 2.976 81 |
| Ille-et-Vilaine | 160 | 30 | 1 | 10 | » | 463 | 6.079 41 | 78 00 |
| Indre | 135 | 18 | » | 7 | » | 528 | 7.653 89 | 4.193 89 |
| Indre-et-Loire | 328 | 85 | 1 | 26 | 2 | 1.272 | 11.617 58 | 86 50 |
| Isère | 632 | 105 | » | 13 | » | 267 | 4.790 63 | » |
| Jura | 208 | 41 | » | 10 | 6 | 525 | 5.383 89 | 2.727 96 |
| Landes | 291 | 42 | » | 17 | 8 | 198 | 2.818 60 | 108 00 |
| Loir-et-Cher | 226 | 18 | » | 5 | 4 | 507 | 5.703 10 | 2.738 35 |
| Loire | 440 | 180 | » | 83 | 2 | 2.848 | 39.524 79 | » |
| Loire (Haute-) | 67 | 5 | » | » | » | 7 | 98 00 | » |

| DÉPARTEMENTS | NOMBRE de sociétés de secours mutuels. | NOMBRE DES ORGANISMES | | | | NOMBRE de cartes échangées. | MONTANT des encaissements constatés sur les cartes échangées | |
| | | autorisés à faire l'encaissement | | ayant effectué l'encaissement | | | | |
| | | Sociétés de secours mutuels. | Caisses d'assurance. | des versements d'assurés. | des contributions patronales. | | Versements d'assurés. | Contributions patronales. |
| 1 | 2 | 3 | 4 | 5 | 6 | 7 | 8 | 9 |
| | | | | | | | fr. c. | fr. c. |
| Loire-Inférieure.... | 408 | 129 | 1 | 66 | 62 | 5.568 | 38.546 28 | 41.060 49 |
| Loiret............ | 250 | 69 | » | 26 | 16 | 1.462 | 66.141 66 | 3.741 78 |
| Lot............. | 38 | 1 | » | » | » | » | » | » |
| Lot-et-Garonne..... | 229 | 85 | » | 21 | 6 | 113 | 1.450 00 | 270 85 |
| Lozère.......... | 21 | 1 | » | » | » | » | » | » |
| Maine-et-Loire..... | 329 | 70 | » | 33 | » | 335 | 9.835 91 | » |
| Manche........ | 100 | 9 | » | 3 | 3 | 232 | 2.383 35 | 2.139 81 |
| Marne.......... | 343 | 14 | » | 2 | » | 31 | 409 25 | » |
| Marne (Haute-)... | 90 | 11 | » | 4 | 4 | 995 | 14.299 93 | 6.210 50 |
| Mayenne........ | 108 | 3 | » | » | » | 174 | 10.780 50 | 902 50 |
| Meurthe-et-Moselle. | 224 | 21 | 2 | 4 | 4 | 9.360 | 60.815 44 | 55.525 06 |
| Meuse.......... | 105 | 37 | » | 3 | 3 | 102 | 727 31 | 218 14 |
| Morbihan........ | 70 | 5 | » | 1 | » | 19 | 533 50 | » |
| Nièvre.......... | 112 | 7 | » | » | » | 2 | 35 50 | » |
| Nord............ | 1.037 | 116 | » | 30 | 26 | 608 | 9.345 23 | 5.039 03 |
| Oise........ ..... | 305 | 58 | » | 19 | 16 | 309 | 6.541 44 | 1.148 15 |
| Orne............ | 77 | 7 | » | 4 | 2 | 337 | 8.133 93 | 1.074 76 |
| Pas-de-Calais....... | 700 | 38 | » | 4 | 4 | 159 | 1.619 10 | 557 76 |
| Puy-de-Dôme ...... | 255 | 37 | » | 7 | 5 | 1.720 | 146.806 85 | 8.249 36 |
| Pyrénées (Basses-). | 280 | 43 | » | 8 | 6 | 58 | 4.150 90 | 208 08 |
| Pyrénées (Hautes-). | 132 | 15 | » | 1 | » | 1 | 198 00 | » |
| Pyrénées-Orientales. | 307 | 12 | » | 2 | 2 | 32 | 411 18 | 293 18 |
| Rhin (Bas-)........ | 10 | » | » | » | » | 585 | 4.209 21 | 2.636 10 |
| Rhin (Haut-) Belfort. | 36 | » | » | » | » | 580 | 8.099 50 | 183 00 |
| Rhin (Haut-)...... | 9 | » | » | » | » | » | » | » |
| Moselle............ | 14 | » | » | » | » | » | » | » |
| Rhône............ | 654 | 155 | 1 | 39 | » | 1.086 | 36.044 89 | 92 29 |
| Saône (Haute-) .... | 110 | 5 | » | 2 | 2 | 712 | 9.459 00 | » |
| Saône-et-Loire..... | 552 | 60 | » | 16 | 2 | 148 | 5.170 50 | 641 00 |
| Sarthe............ | 130 | 4 | » | 2 | » | » | » | » |
| Savoie........... | 154 | 4 | » | » | » | 1 | 10 00 | » |
| Savoie (Haute-).... | 164 | 7 | » | 1 | 1 | 171 | 3.164 60 | 3.072 60 |
| Seine............ | 2.004 | 124 | 2 | 47 | 11 | 6.420 | 12.903 81 | 33.451 04 |
| Seine-Inférieure.... | 431 | 22 | » | 6 | 2 | 130 | 1.993 25 | 190 00 |
| Seine-et-Marne .... | 339 | 8 | 1 | 3 | 3 | 459 | 63.649 49 | 18.176 79 |
| Seine-et-Oise....... | 495 | 71 | » | 18 | 10 | 366 | 5.023 85 | 999 89 |
| Sèvres (Deux-)..... | 129 | 10 | » | 5 | 3 | 57 | 819 04 | 208 89 |
| Somme............ | 237 | 36 | » | 17 | » | 611 | 4.907 51 | » |
| Tarn............ | 209 | 28 | » | 10 | 1 | 312 | 2.325 00 | » |
| Tarn-et-Garonne. ... | 138 | 11 | » | 1 | 1 | 58 | 567 50 | 443 50 |
| Var............... | 522 | 23 | » | 4 | 4 | 109 | 1.82 0 | 759 50 |
| Vaucluse.......... | 139 | 43 | » | 4 | » | 30 | 447 75 | 39 00 |
| Vendée.......... | 337 | 56 | » | 9 | 1 | 673 | 7.159 26 | 2.942 01 |
| Vienne ......... | 139 | 14 | » | 4 | 4 | 117 | 1.754 11 | 232 60 |
| Vienne (Haute-) ... | 117 | 4 | » | » | » | 19 | 879 00 | 60 00 |
| Vosges........... | 193 | 35 | 1 | 4 | 3 | 31.936 | 251.137 27 | 194.756 05 |
| Yonne ........... | 225 | 35 | » | 13 | 5 | 353 | 4.826 05 | 290 50 |
| TOTAUX........ | 22.827 | 3.231 | 18 | 868 | 351 | 87.912 | 1.102.930 44 | 473.572 93 |

**NOMBRE**, par département, des sociétés de secours mutuels et des assurés ayant reçu, au titre de l'exercice 1926, les allocations de l'État prévues par l'article 18 de la loi du 5 avril 1910, pour dégrèvement de la cotisation-maladie de 1925. Montant de ces allocations.

| DÉPARTEMENTS. | NOMBRE des sociétés ayant sollicité l'allocation. | MUTUALISTES AYANT OBTENU l'allocation | | MONTANT TOTAL des allocations. |
|---|---|---|---|---|
| | | âgés de 18 ans et plus. | âgés de moins de 18 ans. | fr. c. |
| Ain | 20 | 363 | 1 | 545 25 |
| Aisne | 15 | 228 | 18 | 355 50 |
| Allier | 11 | 296 | » | 444 00 |
| Alpes (Basses-) | 6 | 85 | » | 127 50 |
| Alpes (Hautes-) | 22 | 225 | » | 337 50 |
| Alpes-Maritimes | 7 | 78 | » | 117 00 |
| Ardèche | 24 | 350 | » | 525 00 |
| Ardennes | 82 | 1.774 | 24 | 2.679 00 |
| Ariège | 5 | 47 | » | 70 50 |
| Aube | 22 | 947 | 2 | 1.422 00 |
| Aude | 103 | 1.527 | 10 | 2.298 00 |
| Aveyron | 23 | 372 | 3 | 560 25 |
| Bouches-du-Rhône | 33 | 2.142 | 23 | 3.230 25 |
| Calvados | 45 | 474 | 3 | 713 25 |
| Cantal | 5 | 96 | » | 144 00 |
| Charente | 11 | 210 | » | 315 00 |
| Charente-Inférieure | 39 | 607 | » | 910 50 |
| Cher | 66 | 1.215 | 6 | 1.824 00 |
| Corrèze | 6 | 283 | » | 424 50 |
| Corse | 1 | 10 | » | 15 00 |
| Côte-d'Or | 71 | 1.366 | 24 | 2.067 00 |
| Côtes-du-Nord | 14 | 249 | » | 373 50 |
| Creuse | 4 | 828 | » | 1.242 00 |
| Dordogne | 19 | 154 | » | 231 00 |
| Doubs | 34 | 6.618 | 561 | 10.847 75 |
| Drôme | 5 | 67 | » | 100 50 |
| Eure | 21 | 1.356 | 54 | 2.074 50 |
| Eure-et-Loir | 22 | 980 | 159 | 1.589 25 |
| Finistère | 15 | 460 | » | 690 00 |
| Gard | 20 | 756 | » | 1.134 00 |
| Garonne (Haute-) | 48 | 738 | 2 | 1.108 50 |
| Gers | 11 | 60 | » | 90 00 |
| Gironde | 46 | 831 | » | 1.246 50 |
| Hérault | 98 | 1.193 | » | 1.789 50 |
| Ille-et-Vilaine | 21 | 605 | 2 | 909 00 |
| Indre | 14 | 883 | 1 | 1.325 25 |
| Indre-et-Loire | 54 | 1.094 | 40 | 1.671 00 |
| Isère | 86 | 2.057 | 4 | 3.088 50 |
| Jura | 47 | 1.201 | 36 | 1.828 50 |
| Landes | 27 | 314 | » | 471 00 |
| Loir-et-Cher | 50 | 506 | 1 | 759 75 |
| Loire | 72 | 3.007 | 14 | 4.521 00 |

| DÉPARTEMENTS. | NOMBRE des sociétés ayant sollicité l'allocation. | MUTUALISTES AYANT OBTENU l'allocation | | MONTANT TOTAL des allocations. |
| --- | --- | --- | --- | --- |
| | | âgés de 18 ans et plus. | âgés de moins de 18 ans. | fr. c. |
| Loire (Haute-) | 17 | 130 | » | 195 00 |
| Loire-Inférieure | 66 | 2.320 | 1 | 3.480 75 |
| Loiret | 71 | 1.458 | 12 | 2.196 00 |
| Lot | 7 | 293 | » | 439 50 |
| Lot-et-Garonne | 12 | 115 | » | 172 50 |
| Lozère | 8 | 158 | » | 237 00 |
| Maine-et-Loire | 94 | 1.210 | 4 | 1.815 00 |
| Manche | 6 | 1.069 | 8 | 1.609 50 |
| Marne | 13 | 364 | 7 | 551 25 |
| Marne (Haute-) | 17 | 971 | 3 | 1.458 75 |
| Mayenne | 2 | 254 | 10 | 388 50 |
| Meurthe-et-Moselle | 48 | 6.130 | 315 | 9.431 25 |
| Meuse | 13 | 497 | 34 | 771 00 |
| Morbihan | 3 | 161 | » | 241 50 |
| Nièvre | 19 | 712 | 2 | 1.069 50 |
| Nord | 98 | 3.551 | 32 | 5.350 50 |
| Oise | 2 | 1.087 | 43 | 1.662 75 |
| Orne | 17 | 1.035 | 17 | 1.595 25 |
| Pas-de-Calais | 5 | 83 | 1 | 124 50 |
| Puy-de-Dôme | 2 | 918 | » | 1.377 00 |
| Pyrénées (Basses-) | 37 | 561 | 1 | 842 25 |
| Pyrénées (Hautes-) | 4 | 51 | » | 76 50 |
| Pyrénées-Orientales | 14 | 234 | » | 351 00 |
| Territoire de Belfort | 5 | 1.697 | 17 | 2.558 25 |
| Rhône | 30 | 862 | 1 | 1.293 75 |
| Saône (Haute-) | 5 | 619 | 31 | 951 75 |
| Saône-et-Loire | 70 | 1.748 | 3 | 2.624 25 |
| Sarthe | 10 | 414 | 6 | 625 50 |
| Savoie | 1 | 26 | » | 39 00 |
| Savoie (Haute-) | 28 | 603 | 30 | 927 00 |
| Seine | 26 | 653 | 8 | 985 50 |
| Seine-Inférieure | 75 | 2.924 | 48 | 4.422 00 |
| Seine-et-Marne | 18 | 354 | » | 531 00 |
| Seine-et-Oise | 52 | 1.003 | 3 | 1.506 75 |
| Sèvres (Deux-) | 19 | 153 | 1 | 230 25 |
| Somme | 62 | 2.164 | 164 | 3.369 00 |
| Tarn | 50 | 1.722 | 2 | 2.584 50 |
| Tarn-et-Garonne | 15 | 259 | » | 373 50 |
| Var | 20 | 393 | » | 589 50 |
| Vaucluse | 19 | 272 | » | 408 00 |
| Vendée | 66 | 923 | 1 | 1.385 25 |
| Vienne | 9 | 126 | 2 | 100 50 |
| Vienne (Haute-) | 23 | 145 | » | 217 50 |
| Vosges | 6 | 918 | 121 | 1.467 75 |
| Yonne | 30 | 1.869 | 1 | 2.804 25 |
| **Totaux** | 2.507 | 79.869 | 1.915 | 121.240 50 |

**NOMBRE, par département, des assurés obligatoires dont la retraite a été liquidée du 1ᵉʳ janvier au 31 décembre 1926.**

| DÉPARTEMENTS. | ASSURÉS | | | | | TOTAL. |
|---|---|---|---|---|---|---|
| | ayant reçu L'ALLOCATION complète | | n'ayant reçu QU'UNE ALLOCATION réduite | | n'ayant pas reçu L'ALLOCATION de l'État. | |
| | n'ayant pas élevé 3 enfants jusqu'à 16 ans. | ayant élevé 3 enfants jusqu'à 16 ans. | n'ayant pas élevé 3 enfants jusqu'à 16 ans. | ayant élevé 3 enfants jusqu'à 16 ans. | | |
| Ain | 174 | 49 | 2 | 1 | 22 | 248 |
| Aisne | 343 | 87 | | | 374 | 804 |
| Allier | 238 | 51 | 2 | | 82 | 373 |
| Alpes (Basses-) | 56 | 20 | 1 | | 13 | 90 |
| Alpes (Hautes-) | 70 | 38 | 2 | | 32 | 142 |
| Alpes-Maritimes | 106 | 18 | | | 81 | 205 |
| Ardèche | 277 | 117 | | | 32 | 426 |
| Ardennes | 375 | 121 | | 1 | 170 | 667 |
| Ariège | 63 | 26 | 1 | | 21 | 112 |
| Aube | 237 | 67 | 1 | | 156 | 461 |
| Aude | 218 | 32 | | | 59 | 309 |
| Aveyron | 169 | 63 | | | 47 | 279 |
| Bouches-du-Rhône | 504 | 66 | 1 | | 252 | 823 |
| Calvados | 120 | 29 | | 1 | 68 | 218 |
| Cantal | 76 | 33 | | | 30 | 139 |
| Charente | 135 | 40 | | | 28 | 203 |
| Charente-Inférieure | 143 | 45 | 1 | | 47 | 236 |
| Cher | 208 | 86 | 1 | | 157 | 452 |
| Corrèze | 94 | 59 | | | 91 | 244 |
| Corse | 104 | 59 | | | 156 | 319 |
| Côte-d'Or | 329 | 85 | 1 | | 134 | 549 |
| Côtes-du-Nord | 94 | 53 | | | 208 | 355 |
| Creuse | 47 | 18 | 1 | | 16 | 82 |
| Dordogne | 80 | 13 | | | 29 | 122 |
| Doubs | 274 | 112 | 1 | | 126 | 513 |
| Drôme | 206 | 71 | | | 115 | 392 |
| Eure | 202 | 87 | | | 87 | 326 |
| Eure-et-Loir | 161 | 69 | 1 | | 43 | 274 |
| Finistère | 222 | 165 | 1 | | 69 | 457 |
| Gard | 347 | 104 | 4 | 3 | 131 | 589 |
| Garonne (Haute-) | 376 | 43 | 2 | | 138 | 559 |
| Gers | 58 | 12 | | | 27 | 97 |
| Gironde | 542 | 67 | | | 299 | 908 |
| Hérault | 296 | 64 | | 1 | 99 | 460 |
| Ille-et-Vilaine | 141 | 50 | | | 86 | 277 |
| Indre | 154 | 45 | | | 45 | 244 |
| Indre-et-Loire | 152 | 57 | | | 47 | 256 |
| Isère | 586 | 142 | | 1 | 113 | 842 |
| Jura | 161 | 66 | | | 39 | 266 |
| Landes | 71 | 25 | | 1 | 25 | 122 |
| Loir-et-Cher | 151 | 52 | | | 63 | 266 |
| Loire | 425 | 79 | | | 179 | 683 |

| DÉPARTEMENTS. | ASSURÉS | | | | n'ayant pas reçu L'ALLOCATION de l'État. | TOTAL. |
| --- | --- | --- | --- | --- | --- | --- |
| | ayant reçu L'ALLOCATION complète | | n'ayant reçu qu'une allocation réduite | | | |
| | n'ayant pas élevé 3 enfants jusqu'à 16 ans. | ayant élevé 3 enfants jusqu'à 16 ans. | n'ayant pas élevé 3 enfants jusqu'à 16 ans. | ayant élevé 3 enfants jusqu'à 16 ans. | | |
| Loire (Haute-) | 128 | 46 | » | 1 | 82 | 257 |
| Loire-Inférieure | 318 | 80 | 2 | » | 162 | 569 |
| Loiret | 214 | 59 | » | » | 81 | 354 |
| Lot | 178 | 22 | 1 | » | 69 | 270 |
| Lot-et-Garonne | 130 | 22 | » | » | 34 | 186 |
| Lozère | 143 | 96 | » | » | 19 | 258 |
| Maine-et-Loire | 282 | 50 | 1 | » | 56 | 389 |
| Manche | 110 | 53 | » | » | 58 | 221 |
| Marne | 297 | 111 | » | » | 168 | 576 |
| Marne (Haute-) | 302 | 122 | » | » | 65 | 489 |
| Mayenne | 56 | 14 | » | » | 42 | 112 |
| Meurthe-et-Moselle | 438 | 234 | » | » | 263 | 935 |
| Meuse | 247 | 111 | » | » | 156 | 314 |
| Morbihan | 121 | 37 | 1 | » | 76 | 235 |
| Nièvre | 215 | 89 | » | 1 | 64 | 369 |
| Nord | 1.165 | 587 | » | » | 871 | 2.623 |
| Oise | 339 | 126 | 1 | » | 303 | 760 |
| Orne | 128 | 28 | 1 | » | 88 | 245 |
| Pas-de-Calais | 282 | 121 | » | » | 917 | 1.320 |
| Puy-de-Dôme | 360 | 85 | 2 | » | 155 | 602 |
| Pyrénées (Basses-) | 156 | 46 | » | » | 122 | 324 |
| Pyrénées (Hautes-) | 69 | 11 | » | » | 34 | 114 |
| Pyrénées-Orientales | 108 | 41 | » | » | 38 | 187 |
| Rhin (Haut-) [Belfort] | 72 | 58 | » | » | 17 | 147 |
| Rhône | 674 | 135 | 2 | 1 | 268 | 1.080 |
| Saône (Haute-) | 222 | 53 | » | » | 65 | 340 |
| Saône-et-Loire | 395 | 153 | 2 | » | 94 | 643 |
| Sarthe | 149 | 50 | 1 | » | 86 | 286 |
| Savoie | 74 | 34 | 3 | » | 40 | 151 |
| Savoie (Haute-) | 91 | 35 | » | » | 62 | 188 |
| Seine | 1.386 | 260 | 3 | » | 586 | 2.235 |
| Seine-Inférieure | 526 | 169 | 4 | 2 | 314 | 1.015 |
| Seine-et-Marne | 368 | 128 | » | » | 140 | 636 |
| Seine-et-Oise | 561 | 173 | 1 | » | 279 | 1.014 |
| Sèvres (Deux-) | 103 | 24 | 2 | » | 51 | 180 |
| Somme | 428 | 102 | 2 | » | 229 | 761 |
| Tarn | 258 | 100 | » | » | 55 | 413 |
| Tarn-et-Garonne | 118 | 22 | » | » | 33 | 173 |
| Var | 334 | 55 | 1 | » | 112 | 502 |
| Vaucluse | 123 | 40 | 2 | » | 41 | 206 |
| Vendée | 150 | 68 | 1 | » | 71 | 288 |
| Vienne | 104 | 20 | » | » | 67 | 191 |
| Vienne (Haute-) | 89 | 21 | » | » | 37 | 151 |
| Vosges | 311 | 166 | » | » | 139 | 716 |
| Yonne | 211 | 49 | » | » | 40 | 300 |
| Totaux | 21.419 | 6.648 | 56 | 14 | 10.785 | 38.922 |

*Nombre*, *par département et par année de naissance, des assurés obligatoires dont la retraite a été liquidée du 1er janvier au 31 décembre 1926.*

| DÉPARTEMENTS. | ANNÉES DE NAISSANCE. | | | | | | | | | | | | | |
|---|---|---|---|---|---|---|---|---|---|---|---|---|---|---|
| | 1853. | 1854. | 1855. | 1856. | 1857. | 1858. | 1859. | 1860. | 1861. | 1862. | 1863. | 1864. | 1865. | 1866. |
| Ain | » | » | » | » | » | » | » | » | 3 | 3 | 3 | 10 | 105 | 124 |
| Aisne | 1 | » | » | » | » | 1 | 3 | 3 | 4 | 7 | 13 | 23 | 310 | 440 |
| Allier | » | » | » | » | » | » | » | 1 | 2 | » | 2 | 8 | 115 | 235 |
| Alpes (Basses-) | » | » | » | » | » | » | » | » | 1 | » | » | 3 | 33 | 53 |
| Alpes (Hautes-) | » | » | » | » | » | 1 | 2 | » | 2 | 1 | 3 | 8 | 37 | 87 |
| Alpes-Maritimes | » | » | » | » | » | » | » | » | » | » | » | 4 | 82 | 119 |
| Ardèche | » | » | » | » | » | » | » | » | 1 | 1 | 1 | 3 | 191 | 289 |
| Ardennes | » | » | » | 1 | » | » | » | » | 1 | 5 | 4 | 14 | 210 | 432 |
| Ariège | » | » | » | » | » | » | » | » | » | » | 1 | 3 | 37 | 71 |
| Aube | » | » | » | » | » | » | » | » | 7 | 12 | 8 | 11 | 124 | 299 |
| Aude | » | » | » | » | » | » | » | » | » | » | 2 | 6 | 111 | 190 |
| Aveyron | » | » | » | » | » | » | » | » | » | » | 1 | 2 | 93 | 181 |
| Bouches-du-Rhône | » | » | » | » | » | 1 | » | 3 | 3 | 1 | 6 | 12 | 274 | 523 |
| Calvados | 2 | » | » | » | » | » | » | 1 | 10 | 1 | 3 | 5 | 66 | 131 |
| Cantal | » | » | » | » | » | » | » | » | » | 1 | » | 1 | 53 | 84 |
| Charente | » | » | » | » | 1 | » | » | 1 | » | » | » | 3 | 41 | 188 |
| Charente-Inférieure | » | » | » | » | 1 | » | » | » | 1 | » | 2 | 3 | 80 | 143 |
| Cher | » | » | » | » | » | » | » | 1 | 4 | 5 | 7 | 11 | 110 | 314 |
| Corrèze | » | » | » | » | » | » | » | 1 | 4 | 5 | 9 | 12 | 45 | 168 |
| Corse | » | » | » | » | » | » | » | » | 1 | » | 3 | 10 | 120 | 188 |
| Côte-d'Or | » | » | » | » | » | » | » | » | 1 | » | » | 13 | 201 | 334 |
| Côtes-du-Nord | » | » | » | » | » | » | » | » | » | » | » | 6 | 68 | 281 |
| Creuse | » | » | » | » | » | » | » | » | 1 | » | 1 | 8 | 37 | 40 |
| Dordogne | » | » | » | » | » | » | » | 2 | 2 | 1 | 1 | 3 | 48 | 65 |
| Doubs | » | » | » | » | » | » | » | » | 3 | » | 8 | 14 | 163 | 324 |
| Drôme | » | » | » | » | » | » | » | » | » | » | » | 4 | 109 | 270 |
| Eure | » | » | » | » | » | » | » | 1 | 2 | » | » | » | 93 | 230 |
| Eure-et-Loir | » | » | » | 1 | » | 1 | » | » | » | » | » | » | 75 | 193 |
| Finistère | » | » | 1 | » | » | » | 1 | » | 1 | » | 1 | 5 | 128 | 320 |
| Gard | » | » | » | » | 2 | 1 | 4 | 2 | 7 | 4 | 3 | 12 | 169 | 385 |
| Garonne (Haute-) | » | » | » | » | » | 1 | » | 3 | 1 | 2 | 4 | 5 | 159 | 384 |
| Gers | » | » | » | 1 | » | » | » | 3 | » | » | » | 4 | 51 | 58 |
| Gironde | » | » | » | » | » | » | » | 1 | 2 | 2 | 6 | 24 | 285 | 588 |
| Hérault | 4 | » | » | » | » | » | 2 | » | » | » | 3 | 4 | 112 | 338 |
| Ille-et-Vilaine | » | » | » | » | » | » | 2 | » | 2 | 1 | 2 | 5 | 80 | 175 |
| Indre | » | » | » | » | » | » | » | 1 | » | » | » | 3 | 77 | 163 |
| Indre-et-Loire | » | » | » | » | » | » | » | 1 | » | » | 1 | 7 | 113 | 134 |
| Isère | » | » | » | » | » | » | » | » | 1 | 1 | 3 | 8 | 354 | 475 |
| Jura | » | » | » | 1 | » | » | » | » | » | » | 2 | 4 | 111 | 168 |
| Landes | » | » | » | » | » | » | » | » | » | » | 1 | » | 47 | 75 |
| Loir-et-Cher | » | » | 1 | » | » | » | » | 1 | » | 1 | » | 4 | 81 | 168 |
| Loire | » | » | » | 1 | 1 | 1 | » | 2 | 1 | 2 | 2 | 9 | 267 | 397 |

| DÉPARTEMENTS. | ANNÉES DE NAISSANCE. | | | | | | | | | | | | | |
|---|---|---|---|---|---|---|---|---|---|---|---|---|---|---|
| | 1853. | 1854. | 1855. | 1856. | 1857. | 1858. | 1859. | 1860. | 1861. | 1862. | 1863. | 1864. | 1865. | 1866. |
| Loire (Haute-) | | | | | | | | | | 1 | 1 | 2 | 74 | 179 |
| Loire-Inférieure | | | | | | 1 | 2 | 3 | | 1 | 5 | 7 | 198 | 351 |
| Loiret | | | | | | | 1 | 2 | 3 | 1 | 3 | 11 | 91 | 212 |
| Lot | | | | | | | | | 1 | 1 | | 1 | 94 | 173 |
| Lot-et-Garonne | | | 1 | 1 | | | 1 | 1 | 1 | | | 3 | 83 | 95 |
| Lozère | | | | | | | | | | | 1 | | 106 | 151 |
| Maine-et-Loire | | | | | | | | | 3 | 2 | 2 | 4 | 82 | 290 |
| Manche | | | | | | | | | 2 | 1 | | 9 | 60 | 149 |
| Marne | | | | 4 | 3 | 3 | 2 | 6 | 8 | 12 | 13 | 22 | 178 | 324 |
| Marne (Haute-) | | 1 | 1 | | | | | | 1 | 3 | 1 | 3 | 111 | 369 |
| Mayenne | | | | | | | | | | | | 6 | 27 | 70 |
| Meurthe-et-Moselle | 1 | 2 | 3 | 3 | | | 7 | 7 | 18 | 11 | 12 | 33 | 353 | 483 |
| Meuse | 1 | | | | 1 | | 2 | 3 | 2 | 1 | | 6 | 163 | 335 |
| Morbihan | | | | | | | | | 1 | 2 | 1 | 3 | 60 | 168 |
| Nièvre | | | | | | | | 2 | 4 | 2 | 2 | 7 | 146 | 200 |
| Nord | | 1 | 2 | | 2 | 2 | 2 | 5 | 7 | 11 | 10 | 22 | 917 | 1.583 |
| Oise | | 2 | 2 | 3 | 4 | 7 | 9 | 7 | 9 | 20 | 15 | 25 | 193 | 474 |
| Orne | | | | | | | | | 1 | 2 | 1 | 3 | 84 | 185 |
| Pas-de-Calais | 6 | 11 | 13 | 17 | 21 | 23 | 38 | 41 | 62 | 76 | 89 | 120 | 358 | 443 |
| Puy-de-Dôme | | | | | | | 1 | 1 | 5 | 7 | 7 | 22 | 273 | 286 |
| Pyrénées (Basses-) | | | | | | 1 | 1 | 2 | 3 | 3 | 4 | 9 | 93 | 205 |
| Pyrénées (Hautes-) | | 1 | | | | 1 | 1 | | | | | | 43 | 60 |
| Pyrénées-Orientales | | | 4 | 1 | | | | | | | | 3 | 39 | 140 |
| Rhin (Haut-) [Territoire de Belfort] | | | | | | | | | 1 | | | 2 | 51 | 93 |
| Rhône | | 1 | | | 1 | 1 | 3 | 3 | 2 | 4 | 6 | 16 | 407 | 636 |
| Saône (Haute-) | | | | | | | | | | | 1 | 4 | 122 | 209 |
| Saône-et-Loire | | | | | | | 1 | 2 | 4 | | 8 | 12 | 99 | 520 |
| Sarthe | | | | | | | | | | 5 | 1 | 2 | 86 | 191 |
| Savoie | | | | | | | 1 | | 3 | | 2 | 3 | 61 | 31 |
| Savoie (Haute-) | | | | | | | | | 1 | 1 | | 3 | 57 | 126 |
| Seine | | 1 | | 2 | 1 | 1 | 4 | 14 | 27 | 19 | 28 | 48 | 658 | 1.441 |
| Seine-Inférieure | | | | | | | 1 | 2 | 6 | 3 | 7 | 13 | 355 | 628 |
| Seine-et-Marne | 5 | 1 | | 3 | 3 | 2 | 4 | 10 | 12 | 3 | 8 | 19 | 170 | 396 |
| Seine-et-Oise | 1 | | | | 2 | | 2 | 4 | 23 | 9 | 17 | 17 | 336 | 603 |
| Sèvres (Deux-) | | | | | | | | | 1 | | | 2 | 47 | 139 |
| Somme | | | | | | | | | 1 | 1 | 3 | 12 | 300 | 438 |
| Tarn | | | | | 1 | | | | | | | | 132 | 273 |
| Tarn-et-Garonne | | | | | | | | | | | 1 | 2 | 61 | 109 |
| Var | | | | | | | 1 | 1 | 1 | 2 | 6 | 4 | 136 | 351 |
| Vaucluse | | | | | | | | | | 2 | 1 | 2 | 53 | 147 |
| Vendée | | | | | | | | | | | 1 | 2 | 77 | 208 |
| Vienne | | | | | | | 1 | 1 | | | | 3 | 42 | 144 |
| Vienne (Haute-) | | | | | | | | | 1 | 1 | | 2 | 38 | 110 |
| Vosges | | | | | | | | 1 | 2 | 2 | 4 | 7 | 238 | 462 |
| Yonne | | | | | | | | 3 | 2 | | | 5 | 106 | 184 |
| Totaux | 19 | 22 | 23 | 33 | 44 | 51 | 99 | 150 | 293 | 253 | 383 | 810 | 12.442 | 24.218 |

NOMBRE, *par département, des assurés facultatifs, non compris les métayers et petits fermiers, dont la retraite a été liquidée du 1er janvier au 31 décembre 1926.*

| DÉPARTEMENTS. | ASSURÉS | | | | | | TOTAL. |
|---|---|---|---|---|---|---|---|
| | ayant reçu LA BONIFICATION complète | | n'ayant reçu qu'une bonification réduite | | n'ayant pas reçu de BONIFICATION | | |
| | n'ayant pas élevé 3 enfants jusqu'à 16 ans. | ayant élevé 3 enfants jusqu'à 16 ans. | n'ayant pas élevé 3 enfants jusqu'à 16 ans. | ayant élevé 3 enfants jusqu'à 16 ans. | n'ayant pas élevé 3 enfants jusqu'à 16 ans. | ayant élevé 3 enfants jusqu'à 16 ans. | |
| Ain............................. | 59 | 27 | 12 | » | 5 | 1 | 134 |
| Aisne............................. | 50 | 12 | 19 | 2 | 41 | 4 | 128 |
| Allier............................. | 64 | 20 | 11 | » | 11 | 1 | 169 |
| Alpes (Basses-)............. | 52 | 37 | 6 | 3 | 3 | » | 101 |
| Alpes (Hautes-)............. | 23 | 9 | 11 | 5 | 28 | 6 | 82 |
| Alpes-Maritimes............ | 39 | 18 | 50 | 4 | 14 | 1 | 100 |
| Ardèche............................. | 95 | 52 | 12 | 4 | 20 | 3 | 186 |
| Ardennes............................. | 59 | 32 | 23 | 3 | 10 | » | 127 |
| Ariège............................. | 48 | 17 | 4 | 1 | 1 | 1 | 64 |
| Aube............................. | 52 | 15 | 25 | 5 | 50 | 4 | 151 |
| Aude............................. | 22 | 13 | 5 | » | 10 | » | 50 |
| Aveyron............................. | 88 | 52 | 13 | 19 | 12 | 5 | 189 |
| Bouches-du-Rhône............. | 110 | 16 | 25 | 6 | 10 | » | 167 |
| Calvados............................. | 6 | 1 | 3 | 1 | 7 | 2 | 20 |
| Cantal............................. | 38 | 21 | 3 | » | 8 | 1 | 69 |
| Charente............................. | 23 | 0 | 3 | » | 11 | » | 43 |
| Charente-Inférieure............. | 49 | 10 | 5 | » | 12 | 2 | 78 |
| Cher............................. | 38 | 11 | 6 | » | 15 | 2 | 72 |
| Corrèze............................. | 65 | 43 | 30 | 11 | 10 | 1 | 160 |
| Corse............................. | 36 | 31 | 20 | 8 | 9 | 2 | 106 |
| Côte-d'Or............................. | 70 | 15 | 5 | » | 47 | 2 | 142 |
| Côtes-du-Nord............. | 25 | 27 | 9 | 3 | 34 | 1 | 99 |
| Creuse............................. | 23 | 13 | 10 | 3 | 14 | 4 | 67 |
| Dordogne............................. | 15 | 9 | 3 | 1 | 9 | 3 | 40 |
| Doubs............................. | 77 | 45 | 17 | 1 | 9 | 1 | 150 |
| Drôme............................. | 83 | 38 | 31 | 8 | 6 | » | 171 |
| Eure............................. | 6 | 2 | 5 | » | 6 | 7 | 26 |
| Eure-et-Loir............. | 20 | 5 | 4 | » | 15 | 6 | 50 |
| Finistère............. | 25 | 35 | 6 | 3 | 2 | 2 | 73 |
| Gard............. | 52 | 18 | 31 | 3 | 68 | 15 | 187 |
| Garonne (Haute-)............. | 58 | 8 | » | 4 | 12 | 6 | 85 |
| Gers............. | 35 | 5 | 6 | 2 | 11 | 1 | 60 |
| Gironde............. | 58 | 13 | 21 | 1 | 11 | » | 104 |
| Hérault............. | 23 | 10 | 7 | » | 6 | » | 46 |
| Ille-et-Vilaine............. | 11 | 5 | 2 | » | 8 | 2 | 28 |
| Indre............. | 37 | 10 | 3 | 1 | 10 | » | 61 |
| Indre-et-Loire............. | 33 | 3 | 1 | » | 8 | » | 45 |
| Isère............. | 305 | 80 | 27 | 12 | 20 | 9 | 459 |
| Jura............. | 53 | 34 | 2 | » | 19 | 6 | 114 |
| Landes............. | 19 | 3 | 9 | » | 6 | » | 47 |
| Loir-et-Cher............. | 38 | 8 | 3 | 1 | 13 | 5 | 66 |
| Loire............. | 42 | 10 | 6 | 1 | 18 | 3 | 60 |

| DÉPARTEMENTS. | ASSURÉS | | | | | | TOTAL. |
| --- | --- | --- | --- | --- | --- | --- | --- |
| | ayant reçu LA BONIFICATION complète | | n'ayant reçu QU'UNE BONIFICATION réduite | | n'ayant pas reçu de BONIFICATION | | |
| | n'ayant pas élevé 3 enfants jusqu'à 16 ans | ayant élevé 3 enfants jusqu'à 16 ans | n'ayant pas élevé 3 enfants jusqu'à 16 ans | ayant élevé 3 enfants jusqu'à 16 ans | n'ayant pas élevé 3 enfants jusqu'à 16 ans | ayant élevé 3 enfants jusqu'à 16 ans | |
| Loire (Haute-) | 34 | 11 | 6 | 6 | 5 | 1 | 62 |
| Loire-Inférieure | 26 | 8 | 8 | » | 14 | 3 | 59 |
| Loiret | 38 | 17 | 4 | 1 | 10 | 11 | 90 |
| Lot | 51 | 17 | 11 | 1 | 20 | 1 | 103 |
| Lot-et-Garonne | 25 | 3 | 4 | 2 | 8 | » | 42 |
| Lozère | 18 | 11 | 4 | 2 | 1 | 3 | 39 |
| Maine-et-Loire | 27 | 19 | 5 | 1 | 12 | 4 | 68 |
| Manche | 14 | 9 | 3 | 2 | 17 | 8 | 53 |
| Marne | 49 | 20 | 29 | 3 | 43 | 18 | 162 |
| Marne (Haute-) | 57 | 24 | 11 | 3 | 40 | 9 | 144 |
| Mayenne | 7 | 1 | 1 | » | 2 | 1 | 12 |
| Meurthe-et-Moselle | 91 | 41 | 7 | 6 | 16 | 7 | 168 |
| Meuse | 64 | 20 | 20 | 5 | 14 | 12 | 135 |
| Morbihan | 18 | 9 | 14 | 6 | 8 | 1 | 56 |
| Nièvre | 62 | 12 | 6 | » | 15 | 5 | 100 |
| Nord | 65 | 26 | 22 | 7 | 65 | 40 | 228 |
| Oise | 26 | 7 | 12 | 3 | 28 | 2 | 78 |
| Orne | 9 | 1 | » | » | 4 | » | 14 |
| Pas-de-Calais | 45 | 24 | 42 | 6 | 114 | 10 | 245 |
| Puy-de-Dôme | 148 | 43 | 20 | 7 | 18 | 4 | 240 |
| Pyrénées (Basses-) | 57 | 39 | 24 | 5 | 58 | 11 | 194 |
| Pyrénées (Hautes-) | 40 | 22 | 8 | 1 | 15 | » | 86 |
| Pyrénées-Orientales | 20 | 6 | 4 | » | 12 | 3 | 45 |
| Rhin (Haut-) (Territoire de Belfort) | 13 | 8 | 3 | » | 1 | » | 25 |
| Rhône | 56 | 13 | 30 | 3 | 26 | 7 | 135 |
| Saône (Haute-) | 117 | 47 | 17 | 8 | 12 | 12 | 215 |
| Saône-et-Loire | 94 | 20 | 11 | 2 | 44 | 7 | 178 |
| Sarthe | 21 | 8 | 3 | 1 | 6 | 2 | 41 |
| Savoie | 75 | 43 | 9 | 9 | 5 | 5 | 140 |
| Savoie (Haute-) | 45 | 25 | 7 | » | 11 | 2 | 90 |
| Seine | 70 | 11 | 17 | 1 | 84 | 17 | 200 |
| Seine-Inférieure | 12 | 4 | 2 | 1 | 18 | 1 | 38 |
| Seine-et-Marne | 34 | 9 | 6 | 1 | 23 | 10 | 83 |
| Seine-et-Oise | 23 | 6 | 11 | 4 | 39 | 15 | 98 |
| Sèvres (Deux-) | 18 | 3 | 3 | 1 | 7 | 2 | 34 |
| Somme | 32 | 3 | 9 | 1 | 20 | 1 | 66 |
| Tarn | 96 | 33 | 16 | 2 | 8 | 3 | 158 |
| Tarn-et-Garonne | 28 | 10 | 7 | 2 | 8 | » | 55 |
| Var | 46 | 7 | 12 | » | 20 | 3 | 88 |
| Vaucluse | 91 | 19 | 3 | 2 | 5 | 1 | 121 |
| Vendée | 36 | 6 | 5 | 1 | 15 | 3 | 66 |
| Vienne | 33 | 8 | 2 | 2 | 30 | 2 | 77 |
| Vienne (Haute-) | 19 | 11 | 3 | 2 | 10 | » | 45 |
| Vosges | 52 | 15 | 13 | 2 | 15 | 9 | 106 |
| Yonne | 74 | 21 | 11 | 18 | 32 | 5 | 161 |
| TOTAUX | 4.243 | 1.555 | 939 | 248 | 1.635 | 372 | 8.992 |

*Nombre, par département et par année de naissance, des assurés facultatifs, non compris les métayers et les petits fermiers, dont la retraite a été liquidée du 1er janvier au 31 décembre 1926.*

| DÉPARTEMENTS. | ANNÉES DE NAISSANCE. | | | | | | | | | | | | |
| --- | --- | --- | --- | --- | --- | --- | --- | --- | --- | --- | --- | --- | --- |
| | 1852. | 1855. | 1856. | 1857. | 1858. | 1859. | 1860. | 1861. | 1862. | 1863. | 1864. | 1865. | 1850. |
| Ain | » | » | » | » | » | » | 4 | 1 | » | 3 | 8 | 75 | 43 |
| Aisne | » | » | » | » | » | » | » | 1 | 1 | » | 2 | 63 | 59 |
| Allier | » | » | » | » | » | » | 1 | 1 | 1 | » | 6 | 49 | 52 |
| Alpes (Basses-) | » | 1 | » | » | » | » | » | » | 1 | » | » | 45 | 51 |
| Alpes (Hautes-) | » | 1 | » | » | 2 | 1 | » | » | 2 | 2 | 3 | 38 | 33 |
| Alpes-Maritimes | » | » | » | » | » | 1 | » | » | » | » | » | 51 | 51 |
| Ardèche | » | » | » | » | » | 1 | 2 | 2 | 1 | 5 | 6 | 71 | 98 |
| Ardennes | » | » | 2 | » | » | 1 | 1 | 2 | » | 1 | 7 | 38 | 75 |
| Ariège | » | » | » | » | » | » | » | » | 1 | 1 | 3 | 27 | 33 |
| Aube | » | » | 2 | » | » | » | 1 | 8 | 4 | 3 | 5 | 38 | 92 |
| Aude | » | » | » | » | » | » | 1 | 1 | » | » | 2 | 30 | 16 |
| Aveyron | » | » | » | » | » | » | » | » | » | 1 | 1 | 85 | 103 |
| Bouches-du-Rhône | » | » | » | » | » | » | 1 | » | » | 2 | 3 | 55 | 105 |
| Calvados | » | » | » | » | » | » | » | » | » | » | 1 | 10 | 9 |
| Cantal | » | » | » | » | » | » | » | » | » | » | » | 27 | 42 |
| Charente | » | » | » | » | » | » | » | » | » | » | » | 13 | 30 |
| Charente-Inférieure | » | » | » | » | » | » | » | » | » | » | 1 | 32 | 45 |
| Cher | » | » | » | » | » | » | » | » | » | » | 1 | 28 | 43 |
| Corrèze | » | » | » | » | » | » | » | » | 2 | 2 | 4 | 60 | 92 |
| Corse | » | » | » | » | » | » | » | » | 1 | » | 2 | 39 | 61 |
| Côte-d'Or | » | » | » | » | » | » | » | » | » | 1 | » | 62 | 77 |
| Côtes-du-Nord | » | » | » | » | » | » | » | » | » | » | » | 40 | 59 |
| Creuse | » | » | » | » | » | » | » | 1 | 1 | » | » | 28 | 37 |
| Dordogne | » | » | » | » | » | » | » | » | 1 | » | 1 | 7 | 31 |
| Doubs | » | » | » | » | » | » | » | » | » | » | 3 | 67 | 80 |
| Drôme | » | » | » | » | » | » | » | » | » | » | 3 | 60 | 98 |
| Eure | » | » | » | » | » | » | » | » | » | » | » | 10 | 16 |
| Eure-et-Loir | » | » | » | » | » | » | 1 | » | » | » | » | 18 | 31 |
| Finistère | » | » | » | » | 1 | » | » | » | » | » | » | 30 | 41 |
| Gard | 1 | » | 2 | » | 3 | 4 | 1 | » | 2 | 1 | 8 | 59 | 103 |
| Garonne (Haute-) | » | » | » | » | » | » | » | » | » | 4 | 1 | 27 | 56 |
| Gers | 1 | » | 1 | » | » | 1 | » | » | » | 1 | 2 | 24 | 81 |
| Gironde | » | » | » | » | » | » | 1 | » | » | » | 30 | 14 | 55 |
| Hérault | » | » | » | » | » | 3 | » | » | » | 4 | 1 | 11 | 34 |
| Ille-et-Vilaine | » | » | » | » | » | » | » | » | » | » | » | 10 | 18 |
| Indre | » | » | » | » | » | » | » | » | » | » | » | 20 | 41 |
| Indre-et-Loire | » | » | » | » | » | » | » | » | » | » | » | 24 | 21 |
| Isère | » | » | » | » | » | » | » | » | » | 1 | 3 | 74 | 381 |
| Jura | » | » | » | » | » | » | » | » | » | 1 | 5 | 48 | 60 |
| Landes | » | » | » | » | » | » | » | » | » | » | » | 17 | 30 |
| Loir-et-Cher | » | » | 1 | » | » | » | » | » | 1 | 1 | 2 | 18 | 43 |
| Loire | » | » | » | » | » | » | » | » | » | » | 1 | 25 | 54 |

| DÉPARTEMENTS. | ANNÉES DE NAISSANCE. | | | | | | | | | | | | |
|---|---|---|---|---|---|---|---|---|---|---|---|---|---|
| | 1854. | 1855. | 1856. | 1857. | 1858. | 1859. | 1860. | 1861. | 1862. | 1863. | 1864. | 1865. | 1866. |
| Loire (Haute-) | » | » | » | » | » | 1 | » | » | 1 | » | » | 23 | 57 |
| Loire-Inférieure | » | » | » | 1 | 1 | » | » | » | 1 | » | 1 | 18 | 57 |
| Loiret | » | » | » | » | » | » | » | 1 | 1 | 1 | » | 23 | 64 |
| Lot | » | » | » | » | » | 1 | » | » | » | » | 1 | 63 | 59 |
| Lot-et-Garonne | 1 | » | » | » | » | » | » | » | 2 | 1 | » | 16 | 22 |
| Lozère | » | » | » | » | » | » | » | » | » | » | 1 | 17 | 21 |
| Maine-et-Loire | » | » | » | » | » | » | » | » | » | 1 | » | 20 | 47 |
| Manche | » | » | » | » | » | » | » | » | » | » | » | 21 | 32 |
| Marne | » | 2 | » | 1 | 1 | 1 | 6 | 10 | 12 | 4 | 6 | 43 | 78 |
| Marne (Haute-) | » | » | 3 | » | » | » | » | » | 1 | » | » | 50 | 87 |
| Mayenne | » | » | » | » | » | » | » | » | » | » | » | 1 | 11 |
| Meurthe-et-Moselle | » | » | » | » | » | » | » | 1 | 3 | 1 | 11 | 74 | 79 |
| Meuse | » | » | » | » | » | » | » | 2 | » | 1 | 2 | 44 | 86 |
| Morbihan | » | » | » | 1 | » | » | » | » | » | » | » | 25 | 30 |
| Nièvre | » | » | » | » | » | » | 1 | 1 | » | 2 | 3 | 43 | 50 |
| Nord | 1 | 1 | 1 | » | » | 1 | 2 | » | 5 | 5 | 17 | 18 | 77 |
| Oise | 1 | » | 1 | » | 1 | 1 | 1 | 1 | 1 | 1 | 2 | 16 | 52 |
| Orne | » | » | » | » | » | » | » | » | » | » | » | 1 | 13 |
| Pas-de-Calais | 17 | 5 | 4 | 8 | 6 | 5 | 7 | 7 | 4 | 9 | 12 | 59 | 102 |
| Puy-de-Dôme | » | » | » | » | » | » | 1 | 1 | 1 | 1 | 10 | 103 | 123 |
| Pyrénées (Basses-) | 6 | 2 | 1 | 2 | 3 | 5 | 2 | 2 | » | 5 | 5 | 80 | 83 |
| Pyrénées (Hautes-) | » | 1 | » | » | » | » | 1 | 1 | » | » | 2 | 17 | 64 |
| Pyrénées-Orientales | » | » | » | » | » | » | » | » | » | » | » | 9 | 30 |
| Rhin (Haut-) [Territoire de Belfort] | » | » | » | » | » | » | » | » | » | » | » | 10 | 15 |
| Rhône | 1 | » | 3 | 1 | 1 | » | » | » | » | 2 | 5 | 54 | 68 |
| Saône (Haute-) | » | » | » | » | » | » | 2 | 1 | » | 2 | 3 | 79 | 126 |
| Saône-et-Loire | » | » | » | » | » | » | 2 | 5 | » | 2 | 1 | 52 | 116 |
| Sarthe | » | » | » | » | » | » | » | » | » | » | » | 16 | 25 |
| Savoie | 1 | » | » | » | » | 1 | » | » | 1 | » | 4 | 57 | 82 |
| Savoie (Haute-) | » | » | » | » | » | » | » | » | » | » | 1 | 34 | 55 |
| Seine | » | » | » | » | » | » | 2 | 5 | 3 | 1 | 3 | 63 | 123 |
| Seine-Inférieure | » | » | » | » | » | 1 | 1 | » | » | 1 | 1 | 20 | 14 |
| Seine-et-Marne | » | » | » | » | 1 | » | 3 | 7 | » | » | 2 | 27 | 43 |
| Seine-et-Oise | » | » | » | » | 1 | » | » | 1 | » | 2 | 1 | 37 | 56 |
| Sèvres (Deux-) | » | » | » | » | » | » | » | » | » | » | » | 11 | 23 |
| Somme | » | » | » | » | » | » | » | » | » | » | 4 | 46 | 16 |
| Tarn | » | » | » | » | » | » | 2 | » | » | » | 1 | 65 | 90 |
| Tarn-et-Garonne | » | » | » | » | » | » | » | » | » | » | » | 24 | 31 |
| Var | » | » | » | » | » | » | » | 2 | » | » | 5 | 34 | 40 |
| Vaucluse | » | » | » | » | » | 1 | 1 | 1 | » | » | 3 | 43 | 72 |
| Vendée | » | » | » | » | » | » | » | » | 2 | » | » | 16 | 48 |
| Vienne | » | » | » | » | » | » | 1 | » | » | » | » | 13 | 63 |
| Vienne (Haute-) | » | » | » | » | » | » | » | » | » | » | 1 | 17 | 27 |
| Vosges | » | » | 1 | » | » | » | 2 | 1 | » | 1 | » | 44 | 57 |
| Yonne | » | » | 1 | » | » | » | 3 | 6 | 1 | 4 | 4 | 51 | 91 |
| TOTAUX | 28 | 13 | 19 | 15 | 21 | 27 | 54 | 73 | 57 | 81 | 224 | 3.201 | 5.119 |

**Nombre, par département, des métayers et petits fermiers dont la retraite a été liquidée du 1er janvier au 31 décembre 1926.**

| | MÉTAYERS | | | | PETITS FERMIERS | | | | |
| | ayant reçu l'allocation complète | | n'ayant reçu qu'une allocation réduite | | ayant reçu l'allocation complète | | n'ayant reçu qu'une allocation réduite | | |
| DÉPARTEMENTS | n'ayant pas élevé 3 enfants jusqu'à 16 ans | ayant élevé 3 enfants jusqu'à 16 ans | n'ayant pas élevé 3 enfants jusqu'à 16 ans | ayant élevé 3 enfants jusqu'à 16 ans | n'ayant pas élevé 3 enfants jusqu'à 16 ans | ayant élevé 3 enfants jusqu'à 16 ans | n'ayant pas élevé 3 enfants jusqu'à 16 ans | ayant élevé 3 enfants jusqu'à 16 ans | TOTAL |
|---|---|---|---|---|---|---|---|---|---|
| Ain | » | » | » | » | 1 | » | » | » | 1 |
| Aisne | » | » | » | » | » | » | » | » | » |
| Allier | 14 | 7 | 2 | » | » | » | » | 1 | 24 |
| Alpes (Basses-) | 1 | » | » | » | 1 | » | » | » | 2 |
| Alpes (Hautes-) | 1 | 1 | » | » | 1 | » | » | » | 3 |
| Alpes-Maritimes | » | 2 | » | » | » | » | » | » | 2 |
| Ardèche | 2 | » | » | » | » | » | » | » | 2 |
| Ardennes | » | » | » | » | » | » | » | » | » |
| Ariège | » | 2 | » | » | » | » | » | » | 2 |
| Aube | 1 | » | » | » | 1 | » | » | » | 2 |
| Aude | » | 1 | » | » | » | » | » | » | 1 |
| Aveyron | 1 | » | » | » | » | » | » | » | 3 |
| Bouches-du-Rhône | 1 | » | » | » | » | » | » | » | 1 |
| Calvados | 1 | » | » | » | » | » | » | » | 1 |
| Cantal | » | » | » | » | 1 | » | » | » | 1 |
| Charente | 3 | » | » | » | 1 | 1 | » | » | 5 |
| Charente-Inférieure | 4 | 1 | » | » | 1 | 1 | » | » | 7 |
| Cher | 1 | 4 | » | » | » | » | » | » | 5 |
| Corrèze | 7 | 3 | 1 | » | 1 | » | » | » | 12 |
| Corse | » | » | » | » | 1 | » | » | » | 1 |
| Côte-d'Or | » | » | » | » | 1 | » | » | » | 1 |
| Côtes-du-Nord | 3 | » | » | » | 5 | 5 | 2 | » | 13 |
| Creuse | » | » | » | » | » | » | » | » | » |
| Dordogne | » | » | » | » | 1 | 1 | » | » | 2 |
| Doubs | » | » | » | » | 1 | 1 | » | » | 2 |
| Drôme | 2 | » | » | » | 1 | 1 | » | » | 4 |
| Eure | » | » | » | » | » | » | » | » | » |
| Eure-et-Loir | » | » | » | » | » | » | » | » | » |
| Finistère | 3 | 8 | » | 1 | 6 | 7 | 2 | 4 | 20 |
| Gard | » | » | » | » | » | » | » | » | » |
| Garonne (Haute-) | » | » | » | » | 2 | » | » | » | 2 |
| Gers | » | 1 | » | » | » | » | » | » | 1 |
| Gironde | 2 | 1 | » | » | 1 | » | » | » | 4 |
| Hérault | » | » | » | » | » | » | » | » | » |
| Ille-et-Vilaine | » | » | » | » | » | » | » | » | » |
| Indre | 2 | 2 | » | » | » | » | » | » | 4 |
| Indre-et-Loire | » | » | 1 | » | » | » | » | » | 1 |
| Isère | 3 | 3 | » | » | » | » | » | » | 6 |
| Jura | 1 | » | » | » | » | » | » | » | 1 |
| Landes | 12 | 13 | » | 1 | 4 | 2 | 1 | » | 33 |
| Loir-et-Cher | 2 | » | » | » | » | » | » | » | 2 |
| Loire | 3 | 1 | » | » | 2 | » | » | » | 6 |

| DÉPARTEMENTS. | MÉTAYERS | | | | PETITS FERMIERS | | | | TOTAL. |
|---|---|---|---|---|---|---|---|---|---|
| | ayant reçu UNE ALLOCATION complète. | | n'ayant reçu QU'UNE ALLOCATION réduite. | | ayant reçu UNE ALLOCATION complète. | | n'ayant reçu QU'UNE ALLOCATION réduite. | | |
| | n'ayant pas élevé 3 enfants jusqu'à 16 ans. | ayant élevé 3 enfants jusqu'à 16 ans. | n'ayant pas élevé 3 enfants jusqu'à 16 ans. | ayant élevé 3 enfants jusqu'à 16 ans. | n'ayant pas élevé 3 enfants jusqu'à 16 ans. | ayant élevé 3 enfants jusqu'à 16 ans. | n'ayant pas élevé 3 enfants jusqu'à 16 ans. | ayant élevé 3 enfants jusqu'à 16 ans. | |
| Loire (Haute-) | | | | | | 1 | | | 1 |
| Loire-Inférieure | | | | | | | | | |
| Loiret | | | | | | | | | |
| Lot | 2 | 2 | | | 2 | 1 | | | 7 |
| Lot-et-Garonne | 3 | 1 | | | | | | 1 | 5 |
| Lozère | | | | | 2 | 1 | | | 3 |
| Maine-et-Loire | | | | | | | | | |
| Manche | 1 | | | | | | | | 1 |
| Marne | | | | | | | | | |
| Marne (Haute-) | | | | | 1 | | | | 1 |
| Mayenne | | | | | | | | | |
| Meurthe-et-Moselle | | | | | | | | | |
| Meuse | 1 | | | | | | | | 1 |
| Morbihan | | 1 | | | 1 | 4 | | 3 | 8 |
| Nièvre | | | | | | | | | |
| Nord | | | | | | 2 | | | 2 |
| Oise | | | | | | 1 | | | 1 |
| Orne | | 2 | | | | | | | 2 |
| Pas-de-Calais | | | | | | | | | |
| Puy-de-Dôme | | | | | | | | | |
| Pyrénées (Basses-) | 4 | 2 | | | 1 | | 1 | | 8 |
| Pyrénées (Hautes-) | 1 | | | | | | | | 1 |
| Pyrénées Orientales | | | | | | | | | |
| Haut-Rhin (Territoire de Belfort) | | | | | | | | | |
| Rhône | 8 | 2 | 1 | 1 | | 2 | | | 12 |
| Saône (Haute-) | | | | | 2 | 1 | | | 3 |
| Saône-et-Loire | 14 | 6 | 1 | | 3 | 6 | | | 29 |
| Sarthe | | 1 | | | | | | | 1 |
| Savoie | | | | | | | | | |
| Savoie (Haute-) | | | | | | | | | |
| Seine | | | | | | | | | |
| Seine-Inférieure | | | | | | | | | |
| Seine-et-Marne | | | | | | | | | |
| Seine-et-Oise | | 1 | | | | | | | 1 |
| Sèvres (Deux-) | 1 | | | | 1 | 1 | | | 3 |
| Somme | 1 | | | | | | | | 1 |
| Tarn | 8 | 5 | | 1 | | | 2 | 3 | 15 |
| Tarn-et-Garonne | | 2 | | | 1 | | | | 3 |
| Var | 1 | | | | 1 | | | | 2 |
| Vaucluse | 1 | 1 | | | 1 | | | | 3 |
| Vendée | | | 1 | | | | | | 1 |
| Vienne | | | | | 1 | 1 | | | 2 |
| Vienne (Haute-) | | | | | | 1 | | | 1 |
| Vosges | | | | | | 1 | | | 1 |
| Yonne | | | | | | 1 | | | 1 |
| TOTAUX | 115 | 69 | 1 | 2 | 44 | 35 | 5 | 5 | 234 |

*Nombre, par département et par année de naissance, des métayers et petits fermiers dont la retraite a été liquidée du 1er janvier au 31 décembre 1926.*

| DÉPARTEMENTS. | ANNÉES DE NAISSANCE. | | | | | | | | | | | | |
|---|---|---|---|---|---|---|---|---|---|---|---|---|---|
| | 1854. | 1855. | 1856. | 1857. | 1858. | 1859. | 1860. | 1861. | 1862. | 1863. | 1864. | 1865. | 1866. |
| Aïn | » | » | » | » | » | » | » | » | » | » | » | 1 | » |
| Aisne | » | » | » | » | » | » | » | » | » | » | » | » | » |
| Allier | » | » | » | » | » | » | » | » | » | » | » | 17 | 7 |
| Alpes (Basses-) | » | » | » | » | » | » | » | » | » | » | » | 2 | » |
| Alpes (Hautes-) | » | » | » | » | » | » | » | » | » | » | » | 3 | 2 |
| Alpes-Maritimes | » | » | » | » | » | » | » | » | » | » | » | » | 2 |
| Ardèche | » | » | » | » | » | » | » | » | » | » | » | » | » |
| Ardennes | » | » | » | » | » | » | » | » | » | » | » | » | 1 |
| Ariège | » | » | » | » | » | » | » | » | » | » | 1 | 1 | 2 |
| Aube | » | » | » | » | » | » | » | » | » | » | » | » | 1 |
| Aude | » | » | » | » | » | » | » | » | » | » | » | » | » |
| Aveyron | » | » | » | » | » | » | » | » | » | » | » | » | » |
| Bouches-du-Rhône | » | » | » | » | » | » | » | » | » | » | » | 1 | 1 |
| Calvados | » | » | » | » | » | » | » | » | » | » | » | » | 1 |
| Cantal | » | » | » | » | » | » | » | » | » | » | » | » | 2 |
| Charente | » | » | » | » | » | » | » | » | » | » | » | 1 | 4 |
| Charente-Inférieure | » | » | » | » | » | » | » | » | » | » | » | 3 | 1 |
| Cher | » | » | » | » | » | » | » | » | » | » | » | 4 | 7 |
| Corrèze | » | » | » | » | » | » | » | » | » | » | » | 5 | 1 |
| Corse | » | » | » | » | » | » | » | » | » | » | » | » | 8 |
| Côte-d'Or | » | » | » | » | » | » | » | » | » | » | » | 1 | » |
| Côtes-du-Nord | » | » | » | » | » | » | » | » | » | » | 1 | 4 | 6 |
| Creuse | » | » | » | » | » | » | » | » | » | » | » | » | » |
| Dordogne | » | » | » | » | » | » | » | » | » | » | » | 1 | 1 |
| Doubs | » | » | » | » | » | » | » | » | » | » | » | » | 2 |
| Drôme | » | » | » | » | » | » | » | » | » | » | » | 3 | 1 |
| Eure | » | » | » | » | » | » | » | » | » | » | » | » | » |
| Eure-et-Loir | » | » | » | » | » | » | » | » | » | » | » | » | » |
| Finistère | » | » | » | » | » | » | » | » | » | » | » | 13 | 7 |
| Gard | » | » | » | » | » | » | » | » | » | » | » | » | » |
| Garonne (Haute-) | » | » | » | » | » | » | » | » | » | » | » | 2 | » |
| Gers | » | » | » | » | » | » | » | » | » | » | » | » | 1 |
| Gironde | » | » | » | » | » | » | » | » | » | » | » | » | 4 |
| Hérault | » | » | » | » | » | » | » | » | » | » | » | » | » |
| Ille-et-Vilaine | » | » | » | » | » | » | » | » | » | » | » | » | » |
| Indre | » | » | » | » | » | » | » | » | » | » | » | 2 | 2 |
| Indre-et-Loire | » | » | » | » | » | » | » | » | » | » | » | 1 | » |
| Isère | » | » | » | » | » | » | » | » | » | » | » | » | 6 |
| Jura | » | » | » | » | » | » | » | » | » | » | 1 | 1 | » |
| Landes | » | » | » | » | » | » | » | » | » | » | » | 17 | 16 |
| Loir-et-Cher | » | » | » | » | » | » | » | » | » | » | » | 1 | » |
| Loire | » | » | » | » | » | » | » | » | » | » | » | 1 | 5 |

| DÉPARTEMENTS. | ANNÉES DE NAISSANCE. | | | | | | | | | | | | |
|---|---|---|---|---|---|---|---|---|---|---|---|---|---|
| | 1854. | 1855. | 1856. | 1857. | 1858. | 1859. | 1860. | 1861. | 1862. | 1863. | 1864. | 1865. | 1866. |
| Loire (Haute-) | » | » | » | » | » | » | » | » | » | » | 1 | » | » |
| Loire-Inférieure | » | » | » | » | » | » | » | » | » | » | » | » | » |
| Loiret | » | » | » | » | » | » | » | » | » | » | » | » | » |
| Lot | » | » | » | » | » | » | » | » | » | » | » | 3 | 4 |
| Lot-et-Garonne | » | » | » | » | » | » | » | » | » | » | » | 2 | 3 |
| Lozère | » | » | » | » | » | » | » | » | » | » | » | 2 | 1 |
| Maine-et-Loire | » | » | » | » | » | » | » | » | » | » | » | » | 1 |
| Manche | » | » | » | » | » | » | » | » | » | » | » | » | 1 |
| Marne | » | » | » | » | » | » | » | » | » | » | » | » | » |
| Marne (Haute-) | » | » | » | » | » | » | » | » | » | » | » | » | 1 |
| Mayenne | » | » | » | » | » | » | » | » | » | » | » | » | » |
| Meurthe-et-Moselle | » | » | » | » | » | » | » | » | » | » | » | » | » |
| Meuse | » | » | » | » | » | » | » | » | » | » | » | » | 1 |
| Morbihan | » | » | » | » | » | » | » | » | » | » | » | 4 | 1 |
| Nièvre | » | » | » | » | » | » | » | » | » | » | » | » | » |
| Nord | » | » | » | » | » | » | » | » | » | » | » | » | 2 |
| Oise | » | » | » | » | » | » | » | » | » | » | » | » | » |
| Orne | » | » | » | » | » | » | » | » | » | » | » | » | » |
| Pas-de-Calais | » | » | » | » | » | » | » | » | » | » | » | » | » |
| Puy-de-Dôme | » | » | » | » | » | » | » | » | » | » | » | » | » |
| Pyrénées (Basses-) | » | » | » | » | » | » | » | » | » | » | » | 1 | 7 |
| Pyrénées (Hautes-) | » | » | » | » | » | » | » | » | » | » | » | 1 | » |
| Pyrénées-Orientales | » | » | » | » | » | » | » | » | » | » | » | » | » |
| Rhin (Haut-) [Territoire de Belfort] | » | » | » | » | » | » | » | » | » | » | » | » | » |
| Rhône | » | » | » | » | » | » | » | » | » | » | » | 6 | 6 |
| Saône (Haute-) | » | » | » | » | » | » | » | » | » | » | » | 1 | 2 |
| Saône-et-Loire | » | » | » | » | » | » | » | » | » | » | 1 | 14 | 14 |
| Sarthe | » | » | » | » | » | » | » | » | » | » | » | 1 | » |
| Savoie | » | » | » | » | » | » | » | » | » | » | » | » | » |
| Savoie (Haute-) | » | » | » | » | » | » | » | » | » | » | » | » | » |
| Seine | » | » | » | » | » | » | » | » | » | » | » | » | » |
| Seine-Inférieure | » | » | » | » | » | » | » | » | » | » | » | » | » |
| Seine-et-Marne | » | » | » | » | » | » | » | » | » | » | » | » | » |
| Seine-et-Oise | » | » | » | » | » | » | » | » | » | » | » | 1 | » |
| Sèvres (Deux-) | » | » | » | » | » | » | » | » | » | » | » | » | 3 |
| Somme | » | » | » | » | » | » | » | » | » | » | » | » | 1 |
| Tarn | » | » | » | » | » | » | » | » | » | » | » | 2 | 13 |
| Tarn-et-Garonne | » | » | » | » | » | » | » | » | » | » | » | 2 | 1 |
| Var | » | » | » | » | » | » | » | » | » | » | » | 1 | 1 |
| Vaucluse | » | » | » | » | » | » | » | » | » | » | » | » | 3 |
| Vendée | » | » | » | » | » | » | » | » | » | » | » | » | » |
| Vienne | » | » | » | » | » | » | » | » | » | » | » | 2 | » |
| Vienne (Haute-) | » | » | » | » | » | » | » | » | » | » | » | » | 1 |
| Vosges | » | » | » | » | » | » | » | » | » | » | » | » | 1 |
| Yonne | » | » | » | » | » | » | » | » | » | » | » | » | 1 |
| TOTAUX | » | » | » | » | 2 | » | » | » | » | » | 3 | 123 | 153 |

NOMBRE *de titres spéciaux délivrés du 1ᵉʳ janvier au 31 décembre 1926, par application de l'article 5, § 4, de la loi du 5 avril 1910, modifiée par la loi du 27 février 1912.*

| DÉPARTEMENTS. | NOMBRE D'ASSURÉS | | | | | | TOTAL. |
| --- | --- | --- | --- | --- | --- | --- | --- |
| | OBLIGATOIRES | | FACULTATIFS | | MÉTAYERS et petits fermiers | | |
| | n'ayant pas élevé 3 enfants jusqu'à 16 ans. | ayant élevé 3 enfants jusqu'à 16 ans. | n'ayant pas élevé 3 enfants jusqu'à 16 ans. | ayant élevé 3 enfants jusqu'à 16 ans. | n'ayant pas élevé 3 enfants jusqu'à 16 ans. | ayant élevé 3 enfants jusqu'à 16 ans. | |
| Ain | » | » | » | » | » | » | » |
| Aisne | 21 | 2 | 6 | » | » | » | 26 |
| Allier | 3 | 1 | » | » | » | » | 4 |
| Alpes (Basses-) | 2 | » | 3 | » | » | » | 5 |
| Alpes (Hautes-) | 3 | 1 | 2 | » | » | » | 6 |
| Alpes-Maritimes | 4 | 1 | 2 | 1 | 1 | » | 9 |
| Ardèche | » | » | 3 | » | » | » | 3 |
| Ardennes | 8 | 3 | 3 | 1 | » | » | 15 |
| Ariège | 2 | » | 2 | » | » | » | 4 |
| Aube | 2 | 2 | 1 | » | » | » | 5 |
| Aude | 10 | 1 | 2 | 1 | » | » | 14 |
| Aveyron | 5 | » | » | » | » | » | 5 |
| Bouches-du-Rhône | 24 | 4 | 8 | » | » | » | 26 |
| Calvados | 14 | 2 | 3 | » | » | » | 19 |
| Cantal | 5 | 1 | 1 | » | » | » | 7 |
| Charente | 5 | 1 | 1 | o | » | » | 7 |
| Charente-Inférieure | 12 | 8 | 10 | 1 | » | » | 23 |
| Cher | 8 | 4 | 2 | 2 | » | » | 16 |
| Corrèze | 1 | » | 2 | » | » | » | 3 |
| Corse | 3 | » | 1 | » | » | » | 4 |
| Côte-d'Or | 20 | 1 | 3 | 1 | » | » | 25 |
| Côtes-du-Nord | 4 | 1 | 1 | » | » | » | 6 |
| Creuse | 1 | » | 2 | 1 | » | » | 4 |
| Dordogne | 5 | 1 | » | » | » | » | 6 |
| Doubs | 3 | 3 | 3 | » | » | » | 8 |
| Drôme | 6 | 2 | 4 | » | » | » | 12 |
| Eure | 5 | 2 | » | » | » | » | 7 |
| Eure-et-Loir | 14 | 1 | 3 | 1 | » | » | 19 |
| Finistère | 5 | » | 2 | » | » | » | 7 |
| Gard | 9 | 3 | 1 | 1 | » | » | 14 |
| Garonne (Haute-) | 14 | » | 2 | » | » | » | 16 |
| Gers | 12 | » | 4 | » | » | » | 16 |
| Gironde | 17 | 1 | 4 | 1 | » | » | 23 |
| Hérault | 14 | 2 | 1 | » | » | » | 17 |
| Ille-et-Vilaine | 2 | 1 | » | » | » | » | 3 |
| Indre | 12 | 3 | » | » | 1 | 1 | 17 |
| Indre-et-Loire | 3 | » | 2 | » | » | » | 5 |
| Isère | 15 | 1 | 3 | 1 | » | » | 18 |
| Jura | 2 | 2 | 5 | » | » | » | 9 |
| Landes | 1 | 1 | » | » | 1 | » | 3 |
| Loir-et-Cher | 8 | 5 | 3 | 1 | » | » | 16 |
| Loire | 4 | » | » | » | » | » | 0 |

| DÉPARTEMENTS. | NOMBRE D'ASSURÉS | | | | | | TOTAL. |
| --- | --- | --- | --- | --- | --- | --- | --- |
| | OBLIGATOIRES | | FACULTATIFS | | MÉTAYERS et petits fermiers | | |
| | n'ayant pas élevé 3 enfants jusqu'à 16 ans. | ayant élevé 3 enfants jusqu'à 16 ans. | n'ayant pas élevé 3 enfants jusqu'à 16 ans. | ayant élevé 3 enfants jusqu'à 16 ans. | n'ayant pas élevé 3 enfants jusqu'à 16 ans. | ayant élevé 3 enfants jusqu'à 16 ans. | |
| Loire (Haute-) | » | » | » | 1 | » | » | 1 |
| Loire-Inférieure | 12 | 2 | 1 | » | » | » | 15 |
| Loiret | 7 | 3 | 4 | » | » | » | 14 |
| Lot | 5 | » | 1 | » | 1 | » | 7 |
| Lot-et-Garonne | 13 | 2 | 6 | » | » | 1 | 22 |
| Lozère | » | 1 | » | » | » | » | 1 |
| Maine-et-Loire | 11 | » | 4 | 2 | » | » | 17 |
| Manche | 6 | 1 | 1 | » | » | » | 8 |
| Marne | 14 | 6 | 4 | 2 | » | » | 26 |
| Marne (Haute-) | 7 | 7 | 2 | 1 | » | » | 17 |
| Mayenne | 1 | » | » | » | » | » | 1 |
| Meurthe-et-Moselle | 10 | 4 | 4 | » | » | » | 18 |
| Meuse | 2 | 1 | 4 | 1 | » | » | 8 |
| Morbihan | 1 | » | 1 | » | » | » | 2 |
| Nièvre | 8 | » | 1 | » | » | » | 9 |
| Nord | 24 | 17 | 3 | 1 | » | » | 55 |
| Oise | 2 | » | » | » | » | » | 2 |
| Orne | 5 | 2 | 1 | » | » | » | 7 |
| Pas-de-Calais | 6 | 2 | 4 | » | » | » | 12 |
| Puy-de-Dôme | 17 | 3 | 1 | » | » | » | 21 |
| Pyrénées (Basses-) | 1 | » | 2 | » | » | » | 3 |
| Pyrénées (Hautes-) | 9 | 1 | 2 | » | » | » | 12 |
| Pyrénées-Orientales | 4 | » | 1 | » | » | » | 5 |
| Rhin (Haut-) [Territoire de Belfort] | » | 1 | » | 1 | » | » | 2 |
| Rhône | 10 | 2 | 5 | » | 1 | » | 18 |
| Saône (Haute-) | » | » | » | » | » | » | » |
| Saône-et-Loire | 113 | 19 | 2 | » | » | » | 134 |
| Sarthe | 4 | » | 1 | » | » | » | 5 |
| Savoie | » | » | 1 | » | » | » | 1 |
| Savoie (Haute-) | » | 1 | 1 | » | » | » | 2 |
| Seine | 137 | 12 | 10 | 1 | » | » | 160 |
| Seine-Inférieure | 15 | 18 | 2 | » | » | » | 35 |
| Seine-et-Marne | 12 | 1 | 2 | » | » | » | 15 |
| Seine-et-Oise | 30 | 9 | 1 | » | » | » | 40 |
| Sèvres (Deux-) | 4 | 1 | 1 | » | » | » | 6 |
| Somme | 8 | » | » | 1 | » | » | 9 |
| Tarn | 8 | 1 | 4 | 1 | » | » | 14 |
| Tarn-et-Garonne | 3 | 1 | 1 | 1 | » | » | 6 |
| Var | 18 | » | 8 | » | » | » | 26 |
| Vaucluse | 4 | » | 3 | 3 | » | » | 10 |
| Vendée | 4 | 1 | 3 | 1 | » | » | 9 |
| Vienne | 1 | 1 | » | » | » | » | 2 |
| Vienne (Haute-) | 4 | 3 | 3 | 1 | » | 1 | 12 |
| Vosges | 3 | 2 | 2 | » | » | » | 7 |
| Yonne | 3 | 1 | » | » | » | » | 4 |
| TOTAUX | 801 | 181 | 191 | 31 | 5 | 3 | 1.272 |

*NOMBRE, par département et par catégorie, des assurés dont la retraite a été liquidée après délivrance d'un titre spécial du 1er janvier au 31 décembre 1926.*

| DÉPARTEMENTS. | NOMBRE D'ASSURÉS | | | | | | TOTAL. |
| --- | --- | --- | --- | --- | --- | --- | --- |
| | OBLIGATOIRES | | FACULTATIFS | | MÉTAYERS et petits fermiers | | |
| | n'ayant pas élevé 3 enfants jusqu'à 16 ans. | ayant élevé 3 enfants jusqu'à 16 ans. | n'ayant pas élevé 3 enfants jusqu'à 16 ans. | ayant élevé 3 enfants jusqu'à 16 ans. | n'ayant pas élevé 3 enfants jusqu'à 16 ans. | ayant élevé 3 enfants jusqu'à 16 ans. | |
| Ain | 3 | » | » | » | » | » | 3 |
| Aisne | 16 | 3 | 6 | 1 | » | » | 26 |
| Allier | 1 | » | 2 | » | » | » | 3 |
| Alpes (Basses-) | » | » | 1 | » | » | » | 1 |
| Alpes (Hautes-) | » | » | 1 | » | » | » | 1 |
| Alpes-Maritimes | 3 | 1 | 1 | 1 | » | » | 6 |
| Ardèche | 1 | » | » | » | » | » | 1 |
| Ardennes | 1 | » | 2 | » | » | » | 3 |
| Ariège | 2 | » | 1 | 1 | » | » | 4 |
| Aube | » | » | » | » | » | » | » |
| Aude | 7 | 2 | 3 | » | » | » | 12 |
| Aveyron | 2 | » | 5 | » | » | » | 5 |
| Bouches-du-Rhône | 5 | » | 3 | » | » | » | 8 |
| Calvados | 3 | » | 3 | » | » | » | 11 |
| Cantal | 4 | 4 | » | » | » | » | 8 |
| Charente | 2 | » | 3 | 2 | » | » | 7 |
| Charente-Inférieure | 6 | 1 | 5 | 2 | » | » | 14 |
| Cher | 2 | » | 1 | 3 | » | » | 6 |
| Corrèze | 1 | » | » | » | » | » | 1 |
| Corse | 1 | » | 1 | » | » | » | 2 |
| Côte-d'Or | 13 | 3 | 12 | 1 | » | » | 29 |
| Côtes-du-Nord | 1 | » | 2 | » | » | » | 3 |
| Creuse | 2 | 2 | 3 | 2 | » | » | 9 |
| Dordogne | 5 | 1 | 1 | » | » | » | 7 |
| Doubs | 5 | 1 | 1 | 1 | » | » | 8 |
| Drôme | » | » | 1 | » | » | » | 1 |
| Eure | 6 | » | 2 | » | » | » | 3 |
| Eure-et-Loir | 6 | 3 | 1 | 1 | » | » | 11 |
| Finistère | » | » | » | » | » | » | » |
| Gard | 3 | 1 | 5 | » | » | » | 9 |
| Garonne (Haute-) | 6 | 2 | 1 | » | 1 | » | 9 |
| Gers | 5 | 1 | 3 | » | » | » | 9 |
| Gironde | 10 | 1 | 6 | » | » | » | 17 |
| Hérault | 7 | 1 | 1 | » | » | » | 9 |
| Ille-et-Vilaine | » | 1 | 2 | 3 | » | » | 4 |
| Indre | 5 | 4 | 4 | » | » | » | 13 |
| Indre-et-Loire | 1 | 1 | 2 | » | » | » | 4 |
| Isère | 8 | 1 | 2 | 1 | » | » | 12 |
| Jura | 7 | 1 | 3 | » | 1 | » | 11 |
| Landes | » | 2 | 1 | » | » | » | 3 |
| Loir-et-Cher | 7 | 2 | 4 | » | » | » | 11 |
| Loiret | 2 | 1 | 1 | » | » | » | 3 |

| DÉPARTEMENTS. | NOMBRE D'ASSURÉS | | | | | | TOTAL. |
|---|---|---|---|---|---|---|---|
| | OBLIGATOIRES | | FACULTATIFS | | MÉTAYERS et petits fermiers | | |
| | n'ayant pas élevé 3 enfants jusqu'à 16 ans. | ayant élevé 3 enfants jusqu'à 16 ans. | n'ayant pas élevé 3 enfants jusqu'à 16 ans. | ayant élevé 3 enfants jusqu'à 16 ans. | n'ayant pas élevé 3 enfants jusqu'à 16 ans. | ayant élevé 3 enfants jusqu'à 16 ans. | |
| Loire (Haute-) | 1 | | 1 | | | | 2 |
| Loire-Inférieure | 3 | | | | | | 3 |
| Loiret | 5 | 4 | 1 | 2 | | | 12 |
| Lot | 1 | | 3 | 1 | | | 5 |
| Lot-et-Garonne | 11 | | 2 | 1 | | | 14 |
| Lozère | | | | | | | |
| Maine-et-Loire | 2 | 1 | | 1 | | | 4 |
| Manche | 2 | 2 | 2 | | | | 6 |
| Marne | 3 | 1 | | 1 | | | 5 |
| Marne (Haute-) | 10 | 2 | 2 | | | | 14 |
| Mayenne | 2 | | 2 | 1 | | | 5 |
| Meurthe-et-Moselle | 2 | | | 1 | | | 3 |
| Meuse | 1 | 1 | 2 | 1 | | | 5 |
| Morbihan | 1 | | | | | | 1 |
| Nièvre | 1 | | 1 | | | | 2 |
| Nord | 11 | 5 | 1 | | | | 17 |
| Oise | 4 | 2 | 2 | | | | 8 |
| Orne | 1 | | 1 | | | | 2 |
| Pas-de-Calais | 4 | | 3 | | | | 7 |
| Puy-de-Dôme | 7 | | 2 | | | | 9 |
| Pyrénées (Basses-) | 4 | 1 | | | | | 5 |
| Pyrénées (Hautes-) | 1 | | 1 | | | | 2 |
| Pyrénées-Orientales | 5 | | | | | | 5 |
| Rhin (Haut-) [Territoire de Belfort] | | | | | | | |
| Rhône | 10 | | 2 | 1 | | | 13 |
| Saône (Haute-) | 3 | 1 | 2 | | | | 6 |
| Saône-et-Loire | 40 | 22 | | 1 | | | 63 |
| Sarthe | 5 | 1 | 2 | | | | 3 |
| Savoie | | | | | | | |
| Savoie (Haute-) | 1 | | 1 | | | | |
| Seine | 76 | 7 | 6 | | | | 82 |
| Seine-Inférieure | 6 | 1 | 1 | | | | 8 |
| Seine-et-Marne | 13 | 5 | 2 | | | | 18 |
| Seine-et-Oise | 10 | 3 | | 1 | | | 24 |
| Sèvres (Deux-) | 1 | | | 1 | | | 2 |
| Somme | 5 | 2 | 2 | 1 | | | 10 |
| Tarn | 4 | | 3 | 1 | | | 8 |
| Tarn-et-Garonne | | | 3 | 1 | | | 3 |
| Var | 4 | 1 | 5 | | | | 11 |
| Vaucluse | 6 | 1 | 2 | 1 | | | 9 |
| Vendée | 11 | 3 | 1 | | | | 15 |
| Vienne | 1 | | 2 | | | | 3 |
| Vienne (Haute-) | 2 | | | | | | 2 |
| Vosges | | 1 | 6 | 1 | | | 8 |
| Yonne | 1 | 1 | | | | | 2 |
| Totaux | 439 | 103 | 158 | 34 | | | 734 |

Nombre, *par département et par année de naissance, des assurés obligatoires qui, du 1ᵉʳ janvier au 31 décembre 1926, ont obtenu par anticipation la liquidation de leur retraite entre 55 et 59 ans.*

| DÉPARTEMENTS. | ASSURÉS n'ayant pas élevé 3 enfants jusqu'à 16 ans. | ASSURÉS ayant élevé 3 enfants jusqu'à 16 ans. | TOTAL. | 1867. | 1868. | 1869. | 1870. | 1871. |
|---|---|---|---|---|---|---|---|---|
| Ain | 8 | 2 | 10 | . | 2 | . | 2 | 6 |
| Aisne | 5 | 4 | 9 | 1 | 3 | 1 | 2 | 2 |
| Allier | 3 | 3 | 6 | 2 | 1 | 1 | 1 | 1 |
| Alpes (Basses-) | . | . | . | . | . | . | . | . |
| Alpes (Hautes-) | . | . | . | . | . | . | . | . |
| Alpes-Maritimes | . | . | . | . | . | . | . | . |
| Ardèche | 4 | 3 | 7 | . | . | . | 4 | 3 |
| Ardennes | 4 | 1 | 5 | 1 | . | 1 | 2 | 1 |
| Ariège | . | . | . | . | . | . | . | . |
| Aube | 5 | 1 | 6 | . | . | . | 1 | 5 |
| Aude | 3 | . | 3 | . | . | . | 3 | . |
| Aveyron | 5 | . | 5 | 1 | 1 | 1 | 2 | . |
| Bouches-du-Rhône | 25 | 2 | 27 | 8 | 1 | 3 | 14 | 1 |
| Calvados | 7 | . | 7 | 1 | . | 2 | 2 | 2 |
| Cantal | 5 | 1 | 6 | 1 | 1 | . | 2 | 2 |
| Charente | . | 1 | 1 | . | 1 | . | . | . |
| Charente-Inférieure | 8 | . | 8 | . | . | 1 | 3 | 4 |
| Cher | 2 | . | 2 | . | . | . | 1 | 1 |
| Corrèze | 3 | . | 3 | . | 1 | 1 | . | 1 |
| Corse | 7 | 1 | 8 | 1 | . | 2 | 3 | 2 |
| Côte-d'Or | 4 | 1 | 5 | . | 1 | . | 1 | 3 |
| Côtes-du-Nord | 7 | 1 | 8 | 1 | . | 1 | 4 | 2 |
| Creuse | . | . | . | . | . | . | . | . |
| Dordogne | 4 | . | 4 | . | 2 | 1 | 1 | . |
| Doubs | 16 | 6 | 22 | 1 | 1 | 6 | 7 | 7 |
| Drôme | 10 | 2 | 12 | 3 | 1 | . | 3 | 5 |
| Eure | 5 | 2 | 7 | . | 1 | . | 1 | 5 |
| Eure-et-Loir | 8 | 2 | 10 | 2 | 1 | 2 | 1 | 4 |
| Finistère | 7 | 3 | 10 | 2 | 1 | 2 | 2 | 3 |
| Gard | 7 | 1 | 8 | 1 | . | 2 | 4 | 1 |
| Garonne (Haute-) | 6 | . | 6 | . | 1 | . | 4 | 1 |
| Gers | 3 | . | 3 | . | . | 2 | 1 | . |
| Gironde | 8 | . | 8 | . | 1 | 2 | 3 | 2 |
| Hérault | 1 | . | 1 | . | . | . | 1 | . |
| Ille-et-Vilaine | 10 | 3 | 13 | 4 | . | 1 | 4 | 6 |
| Indre | 3 | . | 3 | . | 1 | . | 1 | 1 |
| Indre-et-Loire | 5 | . | 5 | 1 | . | . | 2 | 2 |
| Isère | 16 | 1 | 17 | 2 | 1 | 1 | 10 | 3 |
| Jura | 8 | 4 | 12 | . | 1 | 2 | 3 | 6 |
| Landes | 1 | 1 | 2 | . | . | 1 | . | 3 |
| Loir-et-Cher | 3 | 1 | 4 | . | . | 1 | . | 3 |
| Loire | 16 | 3 | 19 | 2 | 2 | 3 | 7 | 5 |

| DÉPARTEMENTS. | ASSURÉS | | TOTAL. | ANNÉES DE NAISSANCE. | | | | |
| --- | --- | --- | --- | --- | --- | --- | --- | --- |
| | n'ayant pas élevé 3 enfants jusqu'à 16 ans. | ayant élevé 3 enfants jusqu'à 16 ans. | | 1867. | 1868. | 1869. | 1870. | 1871. |
| Loire (Haute-) | 5 | 1 | 7 | » | » | 1 | 4 | 2 |
| Loire-Inférieure | 17 | 1 | 18 | » | 1 | » | 10 | 7 |
| Loiret | 4 | » | 4 | » | » | 1 | 2 | 1 |
| Lot | 3 | 1 | 4 | » | » | » | 1 | 3 |
| Lot-et-Garonne | 5 | 1 | 6 | » | » | 1 | 4 | 1 |
| Lozère | 2 | 1 | 3 | » | 1 | » | 1 | 1 |
| Maine-et-Loire | 7 | » | 7 | » | » | 2 | 2 | 3 |
| Manche | 2 | » | 2 | » | » | 2 | » | » |
| Marne | 7 | 3 | 10 | » | » | 2 | 4 | 3 |
| Marne (Haute-) | 11 | 1 | 12 | 4 | » | 1 | 2 | 5 |
| Mayenne | 2 | » | 2 | » | » | 1 | » | 1 |
| Meurthe-et-Moselle | 11 | 5 | 16 | 1 | 1 | 1 | 7 | 6 |
| Meuse | 4 | 1 | 5 | » | 1 | 1 | 4 | 2 |
| Morbihan | 2 | 1 | 3 | » | 1 | » | 1 | 1 |
| Nièvre | 5 | 4 | 9 | » | 1 | 3 | 2 | 3 |
| Nord | 35 | 5 | 40 | 4 | 4 | 5 | 13 | 14 |
| Oise | 10 | 1 | 11 | » | 1 | 1 | 3 | 6 |
| Orne | 2 | 1 | 3 | 2 | » | » | » | 1 |
| Pas-de-Calais | 13 | 3 | 16 | 2 | 1 | 3 | 6 | 4 |
| Puy-de-Dôme | 11 | » | 11 | » | 1 | 1 | 8 | 1 |
| Pyrénées (Basses-) | 1 | » | 1 | » | » | 1 | » | » |
| Pyrénées (Hautes-) | 1 | » | 1 | » | » | » | 1 | » |
| Pyrénées-Orientales | 2 | » | 2 | » | 1 | » | 1 | » |
| Rhin (Haut-) [Terr. de Belfort] | » | 1 | 1 | » | 1 | » | » | » |
| Rhône | 28 | 4 | 32 | 2 | 3 | 6 | 8 | 13 |
| Saône (Haute-) | 4 | » | 4 | 1 | » | » | 2 | 1 |
| Saône-et-Loire | 11 | 2 | 13 | 2 | 2 | 5 | 5 | 1 |
| Sarthe | 7 | » | 7 | 1 | 1 | 1 | 2 | 2 |
| Savoie | 5 | 1 | 6 | » | » | » | 2 | 4 |
| Savoie (Haute-) | 5 | 1 | 6 | » | » | » | 2 | 3 |
| Seine | 32 | 2 | 34 | 5 | 2 | 2 | 11 | 14 |
| Seine Inférieure | 19 | 4 | 23 | 1 | 2 | 5 | 8 | 7 |
| Seine-et-Marne | 9 | 3 | 12 | 2 | 1 | » | 6 | 3 |
| Seine-et-Oise | 7 | 1 | 8 | 1 | 1 | » | 6 | » |
| Sèvres (Deux-) | 4 | 1 | 5 | » | » | 1 | 1 | 3 |
| Somme | 8 | 1 | 9 | » | 1 | 1 | 3 | 4 |
| Tarn | 3 | » | 3 | » | » | » | 2 | 1 |
| Tarn-et-Garonne | 1 | 2 | 3 | » | » | » | 2 | 1 |
| Var | 3 | 1 | 4 | 1 | 1 | 2 | » | » |
| Vaucluse | 1 | 1 | 2 | » | » | » | 2 | » |
| Vendée | 4 | » | 4 | » | » | 1 | 1 | 2 |
| Vienne | » | 1 | 1 | » | » | » | » | 1 |
| Vienne (Haute-) | 1 | » | 1 | 1 | » | » | » | » |
| Vosges | 7 | 3 | 10 | » | » | 2 | 4 | 4 |
| Yonne | 6 | 1 | 7 | 1 | » | 1 | 2 | 3 |
| TOTAUX | 570 | 110 | 680 | 67 | 54 | 96 | 243 | 220 |

**NOMBRE, par département, des mineurs ayant reçu l'allocation de l'État, du 1ᵉʳ janvier au 31 décembre 1926.**

| DÉPARTEMENTS. | MINEURS n'ayant pas élevé 3 enfants jusqu'à 16 ans. | MINEURS ayant élevé 3 enfants jusqu'à 16 ans. | TOTAL. |
|---|---|---|---|
| Ain | 5 | » | 5 |
| Aisne | » | » | » |
| Allier | 24 | 9 | 33 |
| Alpes (Basses-) | 3 | » | 3 |
| Alpes (Hautes-) | » | » | » |
| Alpes-Maritimes | » | » | » |
| Ardèche | 2 | 1 | 3 |
| Ardennes | 3 | » | 3 |
| Ariège | 5 | » | 5 |
| Aube | » | » | » |
| Aude | » | » | » |
| Aveyron | 62 | 12 | 74 |
| Bouches-du-Rhône | 17 | 1 | 18 |
| Calvados | 1 | » | 1 |
| Cantal | 5 | 3 | 8 |
| Charente | » | » | » |
| Charente-Inférieure | » | » | » |
| Cher | » | 1 | 1 |
| Corrèze | » | » | » |
| Corse | » | » | » |
| Côte-d'Or | » | » | » |
| Côtes-du-Nord | » | » | » |
| Creuse | 9 | 2 | 11 |
| Dordogne | 7 | 2 | 9 |
| Doubs | 2 | 1 | 3 |
| Drôme | » | » | » |
| Eure | » | » | » |
| Eure-et-Loir | » | » | » |
| Finistère | » | » | » |
| Gard | 72 | 16 | 88 |
| Garonne (Haute-) | » | 1 | 1 |
| Gers | » | » | » |
| Gironde | » | » | » |
| Hérault | 5 | 2 | 7 |
| Ille-et-Vilaine | 1 | » | 1 |
| Indre | » | » | » |
| Indre-et-Loire | » | » | » |
| Isère | 9 | » | 9 |
| Jura | » | » | » |
| Landes | » | » | » |
| Loir-et-Cher | » | » | » |
| Loire | 126 | 31 | 157 |
| Loire (Haute-) | 13 | 6 | 19 |
| Loire-Inférieure | » | » | » |
| Loiret | » | » | » |

| DÉPARTEMENTS | MINEURS n'ayant pas élevé 3 enfants jusqu'à 16 ans. | MINEURS ayant élevé 3 enfants jusqu'à 16 ans. | TOTAL. |
|---|---|---|---|
| Lot | » | » | » |
| Lot-et-Garonne | » | » | » |
| Lozère | » | » | » |
| Maine-et-Loire | 2 | 1 | 3 |
| Manche | » | » | » |
| Marne | 2 | » | 2 |
| Marne (Haute-) | » | » | » |
| Mayenne | 2 | 2 | 4 |
| Meurthe-et-Moselle | 12 | 6 | 18 |
| Meuse | 4 | 1 | 5 |
| Morbihan | » | » | » |
| Nièvre | 10 | 2 | 12 |
| Nord | 119 | 61 | 180 |
| Oise | 1 | » | 1 |
| Orne | 4 | » | 4 |
| Pas-de-Calais | 216 | 95 | 311 |
| Puy-de-Dôme | 26 | 19 | 45 |
| Pyrénées (Basses-) | » | » | » |
| Pyrénées (Hautes-) | » | » | » |
| Pyrénées-Orientales | » | 3 | 3 |
| Rhin (Haut-) [Territoire de Belfort] | » | » | » |
| Rhône | 8 | 7 | 15 |
| Saône (Haute-) | 1 | 2 | 3 |
| Saône-et-Loire | 41 | 20 | 61 |
| Sarthe | » | » | » |
| Savoie | » | 1 | 1 |
| Savoie (Haute-) | » | » | » |
| Seine | 3 | » | 3 |
| Seine-Inférieure | 2 | » | 2 |
| Seine-et-Marne | » | » | » |
| Seine-et-Oise | 1 | 1 | 2 |
| Sèvres (Deux-) | » | » | » |
| Somme | » | » | » |
| Tarn | 43 | 13 | 56 |
| Tarn-et-Garonne | » | » | » |
| Var | 1 | » | 1 |
| Vaucluse | » | » | » |
| Vendée | 1 | » | 1 |
| Vienne | » | » | » |
| Vienne (Haute-) | » | » | » |
| Vosges | » | » | » |
| Yonne | » | » | » |
| **TOTAL** | **870** | **322** | **1.192** |

# RENSEIGNEMENTS STATISTIQUES

### (SUITE)

*Nombre, par département et par année de naissance, des mineurs*

| DÉPARTEMENTS. | TOTAL. | 1845. | 1846. | 1847. | 1848. | 1849. | 1850. | 1851. | 1852. | 1853. | 1854. |
|---|---|---|---|---|---|---|---|---|---|---|---|
| Ain | 5 | » | » | » | » | » | » | » | » | » | » |
| Aisne | » | » | » | » | » | » | » | » | » | » | » |
| Allier | 33 | » | » | » | » | » | » | » | » | » | » |
| Alpes (Basses-) | 3 | » | » | » | » | » | » | » | » | » | » |
| Alpes (Hautes-) | » | » | » | » | » | » | » | » | » | » | » |
| Alpes-Maritimes | » | » | » | » | » | » | » | » | » | » | » |
| Ardèche | 3 | » | » | » | » | » | » | » | » | » | » |
| Ardennes | 3 | » | » | » | » | » | » | » | » | » | » |
| Ariège | 5 | » | » | » | » | » | » | » | » | » | » |
| Aube | » | » | » | » | » | » | » | » | » | » | » |
| Aude | » | » | » | » | » | » | » | » | » | » | » |
| Aveyron | 70 | » | » | » | » | » | 1 | » | » | » | » |
| Bouches-du-Rhône | 18 | » | » | » | » | » | » | » | » | 2 | 1 |
| Calvados | 1 | » | » | » | » | » | » | » | » | » | » |
| Cantal | 8 | » | » | » | » | » | » | » | » | » | » |
| Charente | » | » | » | » | » | » | » | » | » | » | » |
| Charente-Inférieure | » | » | » | » | » | » | » | » | » | » | » |
| Cher | 1 | » | » | » | » | » | » | » | » | » | » |
| Corrèze | » | » | » | » | » | » | » | » | » | » | » |
| Corse | » | » | » | » | » | » | » | » | » | » | » |
| Côte-d'Or | » | » | » | » | » | » | » | » | » | » | » |
| Côtes-du-Nord | » | » | » | » | » | » | » | » | » | » | » |
| Creuse | 11 | » | » | » | » | » | » | » | » | » | » |
| Dordogne | 9 | » | » | » | » | » | » | » | » | » | 1 |
| Doubs | 3 | » | » | » | » | » | » | » | » | » | » |
| Drôme | » | » | » | » | » | » | » | » | » | » | » |
| Eure | » | » | » | » | » | » | » | » | » | » | » |
| Eure-et-Loir | » | » | » | » | » | » | » | » | » | » | » |
| Finistère | » | » | » | » | » | » | » | » | » | » | » |
| Gard | 88 | » | » | » | » | » | » | 2 | » | » | » |
| Garonne (Haute-) | 1 | » | » | » | » | » | » | » | » | » | » |
| Gers | » | » | » | » | » | » | » | » | » | » | » |
| Gironde | » | » | » | » | » | » | » | » | » | » | » |
| Hérault | 7 | » | » | » | » | » | » | » | » | » | » |
| Ille-et-Vilaine | 1 | » | » | » | » | » | » | » | » | » | » |
| Indre | » | » | » | » | » | » | » | » | » | » | » |
| Indre-et-Loire | » | » | » | » | » | » | » | » | » | » | » |
| Isère | 9 | » | » | » | » | » | » | » | » | » | » |
| Jura | » | » | » | » | » | » | » | » | » | » | » |
| Landes | » | » | » | » | » | » | » | » | » | » | » |
| Loir-et-Cher | » | » | » | » | » | » | » | » | » | » | » |
| Loire | 157 | » | » | 1 | 2 | » | 1 | » | » | 3 | » |

*ayant reçu l'allocation de l'État, du 1er janvier au 31 décembre 1926.*

DE NAISSANCE.

| 1855. | 1856. | 1857. | 1858. | 1859. | 1860. | 1861. | 1862. | 1863. | 1864. | 1865. | 1866. | 1867. | 1868. | 1869. | 1870. | 1. |
|---|---|---|---|---|---|---|---|---|---|---|---|---|---|---|---|---|
| » | 1 | » | » | » | 1 | » | » | » | 1 | 1 | » | » | » | » | 1 | » |
| » | » | 1 | » | » | 1 | » | » | » | » | 1 | 3 | 5 | 1 | 5 | 7 | 9 |
| » | » | » | » | » | » | » | » | » | » | » | 1 | » | » | 1 | » | » |
| » | » | » | » | » | » | » | » | » | » | » | » | » | » | » | 1 | 2 |
| » | » | » | » | » | » | » | » | » | » | » | » | » | » | » | 2 | 1 |
| » | » | » | » | » | 1 | » | 1 | » | » | 2 | 1 | » | » | » | » | 1 |
| » | » | » | » | » | » | » | » | » | » | » | » | » | » | » | » | » |
| » | » | 1 | » | 4 | 1 | 3 | 3 | 5 | 5 | 7 | 9 | 10 | 3 | 7 | 17 | 3 |
| » | » | » | » | » | » | 1 | 1 | » | 1 | 2 | 4 | » | 2 | 1 | 2 | 1 |
| » | » | » | » | » | » | » | » | » | » | » | » | 1 | » | 1 | 1 | 2 |
| » | » | » | » | » | » | » | » | » | » | » | » | 1 | » | » | » | » |
| » | » | » | » | » | » | » | » | » | » | » | » | » | » | » | » | » |
| » | » | » | » | » | » | » | » | » | 1 | 2 | » | 1 | 2 | 1 | 3 | 1 |
| » | » | » | » | » | » | » | » | » | » | » | 7 | » | » | » | 1 | » |
| » | » | » | » | » | » | » | » | » | » | 2 | 1 | » | » | » | » | » |
| » | » | » | » | » | » | » | » | » | » | » | » | » | » | » | » | » |
| » | » | » | » | » | » | » | » | » | » | » | » | » | » | » | » | » |
| » | » | » | » | » | » | » | » | » | » | » | » | » | » | » | » | » |
| 3 | » | » | 3 | 1 | 1 | 2 | 2 | 1 | 3 | 6 | 4 | 6 | 12 | 13 | 27 | 10 |
| » | » | » | 1 | » | » | » | » | 1 | » | » | » | » | » | » | » | » |
| » | » | » | » | » | » | » | » | 1 | » | » | 1 | » | » | » | 5 | » |
| » | » | » | » | » | » | » | » | » | » | » | 1 | 1 | » | » | » | » |
| » | » | » | » | » | 1 | » | 1 | » | » | » | 2 | 1 | » | 4 | » | » |
| » | » | 4 | 7 | 4 | 3 | 3 | 6 | 8 | 7 | 6 | 22 | 13 | 18 | 11 | 30 | 11 |

| DÉPARTEMENTS. | TOTAL | ANNÉES | | | | | | | | | |
|---|---|---|---|---|---|---|---|---|---|---|---|
| | | 1845. | 1846. | 1847. | 1848. | 1849. | 1850. | 1851. | 1852. | 1853. | 1854. |
| Loire (Haute-) | 19 | | | | | | | | 1 | | |
| Loire-Inférieure | » | | | | | | | | | | |
| Loiret | » | | | | | | | | | | |
| Lot | » | | | | | | | | | | |
| Lot-et-Garonne | » | | | | | | | | | | |
| Lozère | » | | | | | | | | | | |
| Maine-et-Loire | 3 | | | | | | | | | | |
| Manche | » | | | | | | | | | | |
| Marne | 2 | | | | | | | | | | |
| Marne (Haute-) | » | | | | | | | | | | |
| Mayenne | 4 | | | | | | | | | | |
| Meurthe-et-Moselle | 18 | | | | | | 1 | | 1 | | |
| Meuse | 5 | | | | | | | | | | |
| Morbihan | » | | | | | | | | | | |
| Nièvre | 12 | | | | | | | | | | |
| Nord | 180 | | | | | | | | | 1 | |
| Oise | 1 | | | | | | | | | | |
| Orne | 4 | | | | | | | | | | |
| Pas-de-Calais | 311 | | | | | | | 4 | 4 | | 3 |
| Puy-de-Dôme | 45 | | | | | | | | 2 | | |
| Pyrénées (Basses-) | » | | | | | | | | | | |
| Pyrénées (Hautes-) | » | | | | | | | | | | |
| Pyrénées-Orientales | 3 | | | | | | | | | | |
| Rhin (Haut-) [Territoire de Belfort] | » | | | | | | | | | | |
| Rhône | 15 | | | | | | | | | | |
| Saône (Haute-) | 3 | | | | | | | | | | |
| Saône-et-Loire | 61 | | | | | 1 | | | 6 | | |
| Sarthe | » | | | | | | | | | | |
| Savoie | 1 | | | | | | | | | | |
| Savoie (Haute-) | » | | | | | | | | | | |
| Seine | 3 | | | | | | | | | | |
| Seine-Inférieure | 2 | | | | | | | | | | |
| Seine-et-Marne | » | | | | | | | | | | |
| Seine-et-Oise | 2 | | | | | | | | | | |
| Sèvres (Deux-) | » | | | | | | | | | | |
| Somme | » | | | | | | | | | | |
| Tarn | 56 | | | | | | | | | | |
| Tarn-et-Garonne | » | | | | | | | | | | |
| Var | 1 | | | | | | | | | | |
| Vaucluse | » | | | | | | | | | | |
| Vendée | 1 | | | | | | | | | | |
| Vienne | » | | | | | | | | | | |
| Vienne (Haute-) | » | | | | | | | | | | |
| Vosges | » | | | | | | | | | | |
| Yonne | » | | | | | | | | | | |
| Totaux | 1.192 | | | | | | 1 | | 1 | 6 | 5 |

DE NAISSANCE.

| 1855. | 1856. | 1857. | 1858. | 1859. | 1860. | 1861. | 1862. | 1863. | 1864. | 1865. | 1866. | 1867. | 1868. | 1869. | 1870. | 1871. |
|---|---|---|---|---|---|---|---|---|---|---|---|---|---|---|---|---|
| » | » | » | » | » | » | » | 1 | 2 | » | 2 | 1 | » | 3 | 2 | 4 | 3 |
| » | » | » | » | » | » | » | » | » | » | » | » | » | » | » | » | » |
| » | » | » | » | » | » | » | » | » | » | » | » | » | » | » | » | » |
| » | » | » | » | » | » | » | » | » | » | » | » | » | » | » | » | » |
| » | » | » | » | » | » | » | » | » | » | » | 1 | » | » | 1 | » | 1 |
| » | » | » | » | » | » | » | » | » | » | » | » | » | » | » | » | » |
| » | » | » | » | » | » | » | » | » | » | » | 1 | 1 | » | » | » | 2 |
| » | 1 | » | » | » | » | » | » | » | » | 2 | 2 | » | 2 | » | 5 | 2 |
| » | » | » | » | » | 1 | » | 1 | » | » | 1 | » | » | 1 | » | » | » |
| » | » | » | » | » | » | » | » | » | » | 2 | 1 | 1 | 2 | » | 1 | 4 |
| » | 2 | 1 | » | 1 | 6 | 3 | 4 | 5 | 9 | 13 | 13 | 15 | 15 | 22 | 48 | 22 |
| » | » | » | » | » | » | » | » | » | » | » | » | 1 | » | » | 1 | 1 |
| 1 | 1 | 2 | 3 | 4 | 11 | 17 | 11 | 17 | 12 | 35 | 26 | 31 | 20 | 20 | 48 | 43 |
| 1 | » | » | » | » | » | 1 | » | 2 | 2 | 2 | 4 | 6 | 5 | 10 | 7 | 4 |
| » | » | » | » | » | » | » | » | » | » | » | » | » | » | » | » | » |
| » | » | » | » | » | » | » | » | » | » | » | » | 1 | » | » | » | 1 |
| » | » | » | » | » | » | » | » | » | » | » | » | » | 3 | » | » | » |
| » | » | » | » | » | » | » | » | » | » | » | » | » | » | 1 | » | 1 |
| » | » | 1 | » | » | » | » | » | » | » | » | » | » | » | » | » | » |
| » | » | » | » | » | » | » | » | » | » | 1 | » | » | » | 1 | » | » |
| » | » | » | » | » | 1 | » | » | 1 | » | » | » | » | » | » | » | » |
| » | » | » | » | » | 1 | 1 | 1 | 2 | » | 4 | 6 | 11 | 6 | 8 | 9 | 8 |
| » | » | » | » | » | » | » | » | » | » | » | » | » | » | » | » | » |
| » | » | » | » | » | » | » | » | » | » | » | 1 | » | » | » | 1 | » |
| » | » | » | » | » | » | » | » | » | » | » | » | » | » | » | » | » |
| » | » | » | » | » | » | » | » | » | » | » | » | » | » | » | » | » |
| » | » | » | » | » | » | » | » | » | » | » | » | » | » | » | » | » |
| » | » | » | » | » | » | » | » | » | » | » | » | » | » | » | » | » |
| » | » | » | » | » | » | » | » | » | » | » | » | » | » | » | » | » |
| » | » | » | » | » | » | » | » | » | » | » | » | » | » | » | » | » |
| 2 | 5 | 9 | 12 | 14 | 28 | 39 | 33 | 50 | 45 | 103 | 121 | 112 | 110 | 120 | 233 | 143 |

STATISTIQUE *par département des allocations au décès*

| DÉPARTEMENTS. | NOMBRE D'ASSURÉS dont le décès a donné lieu à liquidation d'allocations au décès. | | | | | NOMBRE DES ALLOCATIONS au pro | | | | |
| | Total. | Obli. générale. | Facultatifs. | Hommes. | Femmes. | Épouses survivantes sans enfant de moins de 16 ans. | | | Enfants de de 16 | |
| | | | | | | Veuves. | Femmes divorcées. | Total. | 1 enfant, 200f. | 2 enfants, 250f. |
|---|---|---|---|---|---|---|---|---|---|---|
| Ain | 28 | 24 | 4 | 28 | · | 20 | · | 20 | 5 | · |
| Aisne | 54 | 51 | 3 | 49 | 5 | 29 | · | 20 | 9 | 7 |
| Allier | 39 | 37 | 2 | 39 | · | 28 | · | 28 | 7 | 2 |
| Alpes (Basses-) | 11 | 4 | 7 | 11 | · | 4 | · | 4 | 4 | · |
| Alpes (Hautes-) | 8 | 8 | · | 8 | · | 2 | · | 2 | 1 | 2 |
| Alpes-Maritimes | 24 | 21 | 3 | 22 | 2 | 9 | · | 9 | 10 | 5 |
| Ardèche | 27 | 20 | 7 | 27 | · | 19 | · | 19 | 7 | 4 |
| Ardennes | 69 | 65 | 4 | 69 | · | 38 | · | 38 | 18 | 6 |
| Ariège | 11 | 9 | 2 | 11 | · | 10 | · | 10 | 1 | · |
| Aube | 33 | 28 | 5 | 32 | 1 | 18 | · | 18 | 7 | 4 |
| Aude | 42 | 42 | · | 34 | 8 | 20 | · | 20 | 14 | 5 |
| Aveyron | 22 | 18 | 4 | 21 | 1 | 12 | · | 12 | 3 | 7 |
| Belfort (Territoire de) | 34 | 34 | · | 30 | 4 | 17 | · | 17 | 11 | 4 |
| Bouches-du-Rhône | 91 | 87 | 4 | 86 | 5 | 49 | · | 49 | 25 | 14 |
| Calvados | 23 | 22 | 1 | 22 | 1 | 15 | · | 15 | 4 | 3 |
| Cantal | 19 | 17 | 2 | 18 | 1 | 10 | · | 10 | 7 | 1 |
| Charente | 36 | 31 | 5 | 34 | 2 | 20 | · | 20 | 10 | 3 |
| Charente-Inférieure | 23 | 19 | 4 | 18 | 5 | 16 | · | 10 | 5 | 2 |
| Cher | 35 | 31 | 4 | 31 | 4 | 19 | · | 19 | 12 | · |
| Corrèze | 16 | 11 | 5 | 15 | 1 | 8 | · | 8 | 1 | 4 |
| Corse | 33 | 24 | 9 | 24 | 9 | 16 | · | 16 | 6 | 6 |
| Côte-d'Or | 63 | 55 | 8 | 60 | 3 | 34 | · | 34 | 16 | 7 |
| Côtes-du-Nord | 32 | 28 | 4 | 32 | · | 8 | · | 8 | 8 | 7 |
| Creuse | 4 | 3 | 1 | 4 | · | 1 | · | 1 | 2 | · |
| Dordogne | 22 | 19 | 3 | 21 | 1 | 10 | · | 10 | 4 | 5 |
| Doubs | 112 | 108 | 4 | 106 | 6 | 62 | · | 62 | 17 | 17 |
| Drôme | 68 | 52 | 16 | 61 | 7 | 37 | · | 37 | 19 | 5 |
| Eure | 48 | 46 | 2 | 45 | 3 | 25 | · | 25 | 12 | 3 |
| Eure-et-Loir | 31 | 28 | 3 | 30 | 1 | 22 | · | 22 | 6 | 1 |
| Finistère | 75 | 66 | 9 | 69 | 6 | 32 | · | 32 | 16 | 14 |
| Gard | 89 | 35 | 4 | 37 | 2 | 27 | · | 27 | 7 | 3 |
| Garonne (Haute-) | 49 | 46 | 3 | 48 | 1 | 34 | · | 34 | 8 | 3 |
| Gers | 10 | 10 | · | 10 | · | 9 | · | 9 | 1 | · |
| Gironde | 91 | 88 | 3 | 90 | 1 | 57 | · | 57 | 18 | 8 |
| Hérault | 31 | 29 | 2 | 30 | 1 | 21 | · | 21 | 6 | 3 |
| Ille-et-Vilaine | 37 | 37 | · | 31 | 6 | 18 | · | 18 | 16 | 1 |
| Indre | 29 | 28 | 1 | 27 | 2 | 18 | · | 18 | 5 | 3 |
| Indre-et-Loire | 23 | 19 | 3 | 21 | 1 | 18 | · | 18 | 1 | · |
| Isère | 141 | 120 | 21 | 129 | 12 | 80 | · | 80 | 35 | 14 |
| Jura | 65 | 54 | 11 | 61 | 4 | 35 | · | 35 | 14 | 11 |
| Landes | 35 | 25 | 10 | 30 | 5 | 21 | · | 21 | 5 | 2 |
| Loir-et-Cher | 20 | 18 | 2 | 20 | · | 7 | · | 7 | 8 | 3 |

*liquidées du 1ᵉʳ janvier au 31 décembre 1926.*

| LIQUIDÉES FIT DE moins ans. — 3 enfants et plus, 300ᶠ. | Total. | TOTAL. GÉNÉRAL. | MONTANT TOTAL des allocations en décès liquidées. | NOMBRE DE BÉNÉFICIAIRES. Veuves ou femmes divorcées sans enfant de moins de 16 ans. | Enfants de moins de 16 ans. | Total. | INTERVENTION du juge art. 163 du règlᵗ d'admⁿ publique. | ALLOCATIONS COMPLÉMENTAIRES après revision. Nombre. | Montant. fr. c. | ALLOCATIONS RÉDUITES après liquidation de pension. Nombre. | Montant. fr. c. |
|---|---|---|---|---|---|---|---|---|---|---|---|
| 3 | 8 | 28 | 4.900 | 20 | 16 | 36 | | | | | |
| 6 | 22 | 51 | 9.700 | 29 | 41 | 70 | | | | 3 | 221 68 |
| 1 | 10 | 38 | 6.400 | 23 | 14 | 42 | | | | 1 | 100 00 |
| 2 | 6 | 16 | 2.000 | 4 | 11 | 15 | | | | 1 | 117 20 |
| 2 | 5 | 7 | 1.600 | 2 | 18 | 20 | | 1 | 150 00 | | |
| | 15 | 24 | 4.600 | 9 | 20 | 29 | | | | | |
| 1 | 8 | 27 | 4.550 | 19 | 10 | 29 | | | | | |
| 6 | 30 | 68 | 12.600 | 38 | 48 | 86 | | | | 1 | 134 50 |
| | 1 | 11 | 1.700 | 10 | 1 | 11 | | | | | |
| 2 | 13 | 31 | 5.700 | 18 | 23 | 41 | 2 | 2 | 200 00 | | |
| 2 | 21 | 41 | 7.650 | 20 | 30 | 50 | 1 | | | 1 | 108 34 |
| | 10 | 22 | 4.150 | 12 | 17 | 29 | | | | | |
| 2 | 17 | 34 | 6.350 | 17 | 26 | 43 | | | | | |
| | 39 | 88 | 15.850 | 49 | 53 | 102 | | 1 | 100 00 | 2 | 148 34 |
| 1 | 8 | 23 | 4.100 | 15 | 13 | 28 | | | | 4 | |
| 1 | 9 | 19 | 3.450 | 10 | 12 | 22 | | | | | |
| 5 | 16 | 36 | 6.650 | 20 | 25 | 45 | | | | | |
| 6 | 13 | 23 | 4.800 | 10 | 28 | 38 | | | | | |
| 2 | 14 | 33 | 5.850 | 19 | 19 | 38 | | | | 2 | 150 03 |
| 3 | 8 | 16 | 3.300 | 8 | 18 | 26 | | | | | |
| 5 | 17 | 33 | 6.600 | 16 | 33 | 49 | | | | | |
| 3 | 26 | 60 | 10.950 | 34 | 42 | 76 | | | | 3 | 458 70 |
| 8 | 23 | 31 | 6.950 | 8 | 47 | 55 | | | | 1 | 118 60 |
| | 2 | 3 | 550 | 1 | 2 | 3 | | | | 1 | 117 00 |
| 8 | 12 | 22 | 4.450 | 10 | 23 | 33 | | | | | |
| 14 | 48 | 110 | 21.150 | 62 | 103 | 165 | | 1 | 50 00 | 1 | 83 84 |
| 6 | 30 | 67 | 12.400 | 37 | 48 | 85 | 1 | 1 | 50 00 | | |
| 8 | 23 | 48 | 9.300 | 25 | 43 | 68 | | | | | |
| 2 | 9 | 31 | 5.350 | 22 | 14 | 36 | | | | | |
| 13 | 43 | 75 | 15.400 | 32 | 83 | 115 | 1 | | | | |
| | 10 | 37 | 6.200 | 27 | 14 | 41 | | | | 2 | 195 01 |
| 2 | 13 | 47 | 8.050 | 34 | 20 | 54 | | | | 2 | 200 01 |
| | 1 | 10 | 15.50 | 9 | 1 | 10 | | | | | |
| 3 | 20 | 86 | 16.050 | 57 | 43 | 100 | | | | 5 | 403 69 |
| | 9 | 30 | 5.100 | 21 | 12 | 33 | | | | 1 | 125 00 |
| 2 | 19 | 37 | 6.750 | 18 | 25 | 43 | | | | | |
| 1 | 9 | 27 | 4.750 | 16 | 18 | 36 | | | | 2 | 241 68 |
| 2 | 3 | 21 | 3.500 | 18 | 11 | 29 | | | | 1 | 83 34 |
| 10 | 59 | 139 | 25.500 | 80 | 96 | 176 | | | | 2 | 729 17 |
| 3 | 23 | 63 | 11.700 | 35 | 47 | 82 | | | | 2 | 273 34 |
| 7 | 14 | 35 | 6.700 | 21 | 30 | 51 | | | | | |
| 2 | 15 | 20 | 4.600 | 7 | 20 | 27 | | | | | |

| DÉPARTEMENTS | NOMBRE D'ASSURÉS DONT LE DÉCÈS A DONNÉ LIEU à liquidation d'allocations au décès. | | | | | NOMBRE DES ALLOCATIONS (au pro...) — Épouses survivantes sans enfant de moins de 16 ans. | | | Enfants de... de 18 | |
|---|---|---|---|---|---|---|---|---|---|---|
| | Total. | Obli-gatoires. | Facul-tatifs. | Hommes. | Femmes. | Veuves. | Femmes divorcées. | Total. | 1 enfant, 200f. | 2 enfants, 250f. |
| Loire | 92 | 88 | 4 | 90 | 2 | 66 | » | 66 | 13 | 7 |
| Loire (Haute-) | 16 | 16 | » | 14 | 2 | 7 | » | 7 | 5 | 2 |
| Loire-Inférieure | 119 | 119 | » | 115 | 4 | 69 | » | 69 | 20 | 18 |
| Loiret | 46 | 42 | 4 | 43 | 3 | 26 | » | 26 | 11 | 3 |
| Lot | 17 | 13 | 4 | 17 | » | 10 | » | 10 | 4 | 3 |
| Lot-et-Garonne | 22 | 21 | 1 | 19 | 3 | 11 | » | 11 | 8 | 3 |
| Lozère | 21 | 15 | 6 | 18 | 3 | 10 | » | 10 | 3 | 3 |
| Maine-et-Loire | 54 | 49 | 5 | 50 | 4 | 32 | » | 32 | 12 | 3 |
| Manche | 42 | 36 | 6 | 36 | 6 | 19 | » | 19 | 9 | 7 |
| Marne | 57 | 54 | 3 | 52 | 5 | 31 | » | 31 | 12 | 7 |
| Marne (Haute-) | 59 | 53 | 6 | 56 | 3 | 27 | » | 27 | 13 | 11 |
| Mayenne | 16 | 15 | 1 | 16 | » | 12 | » | 12 | » | 3 |
| Meurthe-et-Moselle | 273 | 270 | 3 | 263 | 10 | 125 | » | 125 | 69 | 42 |
| Meuse | 49 | 42 | 7 | 48 | 1 | 27 | » | 27 | 13 | 3 |
| Morbihan | 27 | 24 | 3 | 27 | » | 7 | » | 7 | 8 | 8 |
| Nièvre | 33 | 31 | 2 | 30 | 3 | 22 | » | 22 | 6 | 4 |
| Nord | 303 | 294 | 9 | 294 | 9 | 187 | » | 187 | 64 | 25 |
| Oise | 77 | 72 | 5 | 72 | 5 | 49 | » | 49 | 15 | 5 |
| Orne | 39 | 39 | » | 37 | 2 | 23 | » | 23 | 11 | » |
| Pas-de-Calais | 52 | 48 | 4 | 49 | 3 | 24 | » | 24 | 12 | 8 |
| Puy-de-Dôme | 76 | 72 | 4 | 74 | 2 | 40 | » | 60 | 14 | 11 |
| Pyrénées (Basses-) | 36 | 30 | 6 | 34 | 2 | 22 | » | 22 | 7 | 4 |
| Pyrénées (Hautes-) | 15 | 11 | 4 | 12 | 3 | 9 | » | 9 | 5 | » |
| Pyrénées-Orientales | 13 | 13 | » | 13 | » | 8 | » | 8 | 3 | » |
| Rhône | 195 | 187 | 8 | 186 | 9 | 131 | » | 131 | 36 | 14 |
| Saône (Haute-) | 37 | 29 | 8 | 30 | 7 | 11 | » | 11 | 15 | 8 |
| Saône-et-Loire | 146 | 135 | 11 | 142 | 4 | 64 | » | 64 | 44 | 15 |
| Sarthe | 41 | 37 | 4 | 37 | 4 | 30 | » | 30 | 8 | 1 |
| Savoie | 29 | 21 | 8 | 29 | » | 12 | » | 12 | 8 | 4 |
| Savoie (Haute-) | 26 | 21 | 5 | 26 | » | 11 | » | 11 | 5 | 4 |
| Seine | 330 | 326 | 4 | 320 | 10 | 226 | » | 226 | 59 | 25 |
| Seine-Inférieure | 146 | 145 | 1 | 138 | 8 | 78 | » | 78 | 30 | 15 |
| Seine-et-Marne | 66 | 63 | 3 | 62 | 4 | 42 | » | 42 | 13 | 7 |
| Seine-et-Oise | 92 | 86 | 6 | 88 | 4 | 60 | » | 60 | 20 | 6 |
| Sèvres (Deux-) | 24 | 19 | 5 | 24 | » | 17 | » | 17 | 2 | 3 |
| Somme | 64 | 60 | 4 | 63 | 1 | 41 | » | 41 | 9 | 6 |
| Tarn | 37 | 34 | 3 | 35 | 2 | 22 | » | 22 | 9 | 3 |
| Tarn-et-Garonne | 16 | 15 | 1 | 16 | » | 9 | » | 9 | 6 | 1 |
| Var | 31 | 29 | 2 | 29 | 2 | 19 | » | 19 | 6 | 4 |
| Vaucluse | 18 | 12 | 6 | 18 | » | 8 | » | 8 | 5 | 4 |
| Vendée | 17 | 16 | 1 | 16 | 1 | 13 | » | 13 | 3 | » |
| Vienne | 23 | 20 | 3 | 21 | 2 | 14 | » | 14 | 3 | 3 |
| Vienne (Haute-) | 8 | 8 | » | 7 | 1 | 6 | » | 6 | 1 | » |
| Vosges | 166 | 155 | 11 | 151 | 15 | 76 | » | 76 | 44 | 21 |
| Yonne | 52 | 42 | 10 | 50 | 2 | 35 | » | 35 | 8 | 6 |
| Total | 4.520 | 4.144 | 376 | 4.258 | 262 | 2.737 | » | 2.737 | 1.062 | 515 |

| LIQUIDÉES DIT DE 1 moins ans. — 3 enfants et plus, 300f. | Total. | TOTAL GÉNÉRAL | MONTANT TOTAL des allocations au décès liquidées. | NOMBRE DE BÉNÉFICIAIRES — Veuves ou femmes divorcées sans enfant de moins de 16 ans. | Enfants de moins de 16 ans. | Total. | INTERVENTION au jour de paix art. 163 du règl. d'adm.n publique. | ALLOCATIONS complémentaires après revision. — Nombre. | Montant. | ALLOCATIONS réduites après liquidation de pension. — Nombre. | Montant. |
|---|---|---|---|---|---|---|---|---|---|---|---|
| | | | | | | | | | fr. c. | | fr. c. |
| 3 | 23 | 80 | 15.150 | 66 | 38 | 104 | » | 2 | 200 00 | 1 | 108 34 |
| 2 | 9 | 16 | 3.150 | 7 | 15 | 22 | » | » | » | » | » |
| 9 | 47 | 116 | 21.850 | 69 | 82 | 151 | » | » | » | 3 | 254 17 |
| 5 | 19 | 45 | 8.350 | 26 | 32 | 58 | » | » | » | 1 | 140 84 |
| » | 7 | 17 | 3.050 | 10 | 16 | 20 | » | » | » | » | » |
| » | 11 | 22 | 4.000 | 11 | 14 | 25 | » | » | » | » | » |
| 5 | 11 | 21 | 4.350 | 10 | 38 | 48 | » | » | » | » | » |
| 6 | 21 | 53 | 9.750 | 32 | 37 | 69 | » | 1 | 100 00 | » | » |
| 7 | 23 | 42 | 8.500 | 19 | 40 | 68 | » | » | » | » | » |
| 7 | 26 | 57 | 10.900 | 31 | 55 | 86 | » | » | » | » | » |
| 7 | 31 | 58 | 11.500 | 27 | 62 | 89 | » | » | » | 1 | 196 25 |
| 1 | 4 | 16 | 2.850 | 12 | 9 | 21 | » | » | » | » | » |
| 30 | 141 | 266 | 52.050 | 125 | 256 | 381 | 1 | 3 | 575 00 | 4 | 443 68 |
| 4 | 20 | 47 | 8.600 | 27 | 31 | 58 | » | » | » | 2 | 153 35 |
| 4 | 20 | 27 | 5.850 | 7 | 37 | 44 | » | » | » | » | » |
| » | 10 | 32 | 5.500 | 22 | 14 | 36 | » | » | » | 1 | 108 34 |
| 15 | 104 | 291 | 51.600 | 187 | 170 | 357 | » | 1 | 100 00 | 11 | 970 32 |
| 7 | 27 | 76 | 13.700 | 49 | 43 | 92 | » | » | » | 1 | 100 00 |
| 5 | 16 | 39 | 7.150 | 23 | 26 | 49 | » | » | » | » | » |
| 6 | 26 | 50 | 9.800 | 24 | 51 | 75 | » | » | » | 2 | 320 76 |
| 8 | 33 | 73 | 13.950 | 40 | 61 | 101 | » | » | » | 3 | 188 02 |
| 3 | 14 | 36 | 6.600 | 22 | 24 | 46 | » | » | » | » | » |
| 1 | 6 | 15 | 2.650 | 9 | 11 | 20 | » | » | » | » | » |
| » | 3 | 11 | 1.500 | 8 | 3 | 11 | » | » | » | 2 | 175 01 |
| 6 | 56 | 187 | 32.150 | 131 | 82 | 213 | » | » | » | 8 | 757 40 |
| 3 | 26 | 37 | 7.550 | 11 | 40 | 51 | » | » | » | » | » |
| 14 | 73 | 137 | 26.350 | 64 | 123 | 187 | » | 4 | 250 00 | 5 | 654 04 |
| 2 | 11 | 41 | 6.950 | 30 | 15 | 45 | » | » | » | » | » |
| 5 | 17 | 20 | 5.900 | 12 | 36 | 48 | » | » | » | » | » |
| 5 | 14 | 25 | 5.150 | 11 | 30 | 41 | » | » | » | 1 | 81 25 |
| 13 | 95 | 321 | 55.350 | 226 | 151 | 377 | » | » | » | 9 | 820 79 |
| 14 | 59 | 137 | 25.650 | 78 | 110 | 188 | 1 | 3 | 150 00 | 6 | 575 71 |
| 4 | 24 | 66 | 11.850 | 42 | 39 | 81 | » | » | » | » | » |
| 4 | 30 | 90 | 15.700 | 60 | 45 | 105 | » | » | » | 2 | 200 67 |
| 1 | 6 | 23 | 4.000 | 17 | 12 | 29 | » | » | » | 1 | 123 30 |
| 6 | 21 | 62 | 11.250 | 41 | 39 | 80 | » | » | » | 2 | 115 35 |
| 3 | 15 | 37 | 6.750 | 22 | 24 | 46 | » | » | » | » | » |
| » | 7 | 16 | 2.800 | 9 | 8 | 17 | » | » | » | » | » |
| 1 | 11 | 30 | 5.350 | 19 | 18 | 37 | » | » | » | 1 | 179 38 |
| 1 | 10 | 18 | 3.500 | 8 | 13 | 21 | » | » | » | » | » |
| 1 | 4 | 17 | 2.850 | 13 | 6 | 19 | » | » | » | » | » |
| 3 | 9 | 23 | 4.350 | 14 | 18 | 32 | » | » | » | » | » |
| 1 | 2 | 8 | 1.400 | 6 | 4 | 10 | » | » | » | » | » |
| 19 | 83 | 160 | 31.150 | 76 | 143 | 210 | » | » | » | 6 | 530 72 |
| 2 | 16 | 51 | 8.950 | 35 | 30 | 65 | » | » | » | 1 | 32 50 |
| 380 | 1.955 | 4.692 | 865.200 | 2.737 | 3.372 | 6.109 | 7 | 20 | 1.725 00 | 108 | 10.809 17 |

*STATISTIQUE, par catégorie professionnelle, des assurés dont*
*du 1ᵉʳ janvier*

ASSURÉS OBLIGA

| DÉPARTEMENTS. | TOTAL. | I. Agriculture, forêts et pêche. | II. Industries extractives. | III. Alimentation. | IV. Produits chimiques. | V. Industrie du papier. | VI. Cuirs et peaux. | VII. Industries textiles. | VIII. Travail des étoffes. | IX. Industrie du bois. | X. Mixtes. |
|---|---|---|---|---|---|---|---|---|---|---|---|
| Ain | 24 | 2 | » | » | 1 | » | » | 11 | » | 2 | 3 |
| Aisne | 51 | 9 | » | 5 | » | » | » | 5 | » | 3 | 13 |
| Allier | 37 | 9 | » | » | » | » | » | » | » | » | 23 |
| Alpes (Basses-) | 4 | 2 | » | » | » | » | » | » | » | » | » |
| Alpes (Hautes-) | 8 | 1 | » | 1 | » | 1 | » | » | » | 1 | » |
| Alpes-Maritimes | 21 | 1 | » | » | » | » | 1 | » | » | » | 2 |
| Ardèche | 20 | 8 | » | » | » | 1 | 2 | 2 | » | » | » |
| Ardennes | 65 | 9 | » | 1 | » | » | » | 5 | » | 8 | 22 |
| Ariège | 9 | » | » | » | 1 | » | » | » | » | 2 | 5 |
| Aube | 29 | 2 | » | 2 | » | » | » | 5 | » | 2 | 2 |
| Aude | 42 | 23 | » | » | » | » | » | 1 | 1 | 2 | 2 |
| Aveyron | 18 | 2 | » | » | » | » | » | » | » | » | 3 |
| Belfort (Territoire de) | 34 | » | 1 | » | » | » | » | 9 | 2 | » | 14 |
| Bouches-du-Rhône | 87 | 5 | » | 9 | 2 | » | » | » | 2 | 5 | 12 |
| Calvados | 22 | 1 | 1 | » | » | » | » | » | 1 | 2 | 4 |
| Cantal | 17 | » | » | 1 | » | » | 1 | » | 2 | 1 | 2 |
| Charente | 31 | 1 | » | » | » | 4 | 1 | » | » | 9 | 4 |
| Charente-Inférieure | 19 | 5 | » | 3 | » | » | » | » | » | » | 1 |
| Cher | 31 | 2 | 1 | » | » | » | » | 1 | » | » | 2 |
| Corrèze | 11 | 1 | 1 | 2 | » | » | » | » | 1 | 1 | » |
| Corse | 21 | 14 | » | » | » | » | » | » | » | » | » |
| Côte-d'Or | 55 | 13 | 1 | 1 | 1 | » | » | 1 | » | 6 | 7 |
| Côtes-du-Nord | 28 | 9 | 1 | 1 | » | » | 1 | » | » | 2 | 1 |
| Creuse | 3 | » | » | » | » | » | » | » | » | » | » |
| Dordogne | 19 | 3 | » | » | » | 1 | 1 | » | » | 1 | 1 |
| Doubs | 108 | 3 | » | » | » | 5 | » | » | 1 | 7 | 73 |
| Drôme | 52 | 27 | » | 2 | » | » | 1 | » | » | 2 | 10 |
| Eure | 46 | 8 | » | 2 | » | 3 | 5 | 4 | 2 | 2 | 5 |
| Eure-et-Loir | 28 | 9 | 2 | » | » | 2 | 1 | 1 | 1 | » | 2 |
| Finistère | 66 | 19 | » | 3 | » | » | 1 | » | 1 | 5 | 10 |
| Gard | 35 | 5 | » | » | 2 | » | 2 | 1 | 4 | 1 | 2 |
| Garonne (Haute-) | 46 | 7 | » | 2 | 3 | 1 | » | » | 1 | » | 7 |
| Gers | 10 | 2 | » | » | » | » | » | » | » | » | 1 |
| Gironde | 88 | 11 | 1 | 5 | 1 | » | 1 | » | 4 | 11 | 10 |
| Hérault | 29 | 13 | » | » | » | » | » | » | 2 | 2 | 3 |
| Ille-et-Vilaine | 37 | 7 | » | » | » | 1 | 2 | » | 1 | 2 | 7 |
| Indre | 28 | 9 | » | 1 | » | » | » | 1 | » | 1 | 5 |
| Indre-et-Loir | 19 | 5 | » | 2 | » | 4 | » | » | » | 3 | » |
| Isère | 120 | 16 | 2 | 1 | 1 | 13 | 6 | 10 | 3 | 4 | 29 |
| Jura | 54 | 6 | 2 | 1 | 1 | » | » | » | » | 9 | 10 |
| Landes | 25 | 1 | » | 1 | » | » | » | » | » | » | 4 |
| Loir-et-Cher | 18 | 7 | » | 1 | 1 | » | 3 | » | » | » | 1 |

*le décès a donné lieu à la liquidation d'allocations au décès au 31 décembre 1926.*

| TOIRES. | | | | | | ASSURÉS FACULTATIFS. | | | | | | | | |
| XI. Pierres à feu. | XII. Industrie du bâtiment. | XIII. Transport. | XIV. Soins personnels. | XV. Salariés des professions libérales. | XVI. Salariés de l'État, des départements et des communes. | TOTAL. | FERMIERS. | MÉTAYERS. | ARTISANS. | CULTIVATEURS. | PETITS PATRONS. | FEMMES d'assurés. | MEMBRES de la famille. | SALARIÉS gagnant plus de 10.000 par an. |
|---|---|---|---|---|---|---|---|---|---|---|---|---|---|---|
| » | » | 3 | » | » | 1 | 4 | » | » | » | 4 | » | 1 | » | » |
| » | 2 | 5 | 1 | 3 | 7 | 3 | » | » | » | » | 2 | 1 | » | » |
| » | 1 | 2 | 1 | » | 1 | 2 | » | 1 | » | 2 | » | » | » | » |
| 1 | » | » | » | » | 1 | 7 | » | » | 1 | 5 | 1 | » | » | » |
| » | » | 3 | » | » | 1 | » | » | » | » | » | » | » | » | 2 |
| » | 2 | 3 | » | 7 | 5 | 3 | » | » | » | 1 | » | » | » | » |
| 1 | 2 | 1 | 1 | » | 2 | 7 | » | 1 | » | 6 | 2 | » | » | » |
| » | 5 | 4 | » | 8 | » | 4 | » | » | 1 | 1 | 1 | » | » | » |
| 1 | » | 9 | » | » | 2 | 2 | » | » | » | 1 | 3 | » | » | » |
| » | 5 | 2 | 1 | 3 | 2 | » | » | » | 1 | » | 1 | » | » | » |
| » | 1 | 8 | » | 4 | » | 4 | » | » | » | 3 | » | » | » | » |
| » | 1 | 3 | » | 4 | » | 4 | » | » | » | 1 | 2 | » | » | 1 |
| 3 | 6 | 15 | » | 25 | 3 | 4 | » | » | » | 1 | 1 | » | » | » |
| » | 2 | 2 | » | 5 | 4 | 1 | » | » | » | 2 | 1 | » | » | » |
| » | 2 | 2 | » | 2 | 4 | 2 | » | » | » | 2 | » | » | » | » |
| 4 | 2 | 2 | 2 | » | » | 5 | » | » | 1 | 2 | » | » | » | » |
| 1 | 1 | 6 | 1 | 1 | » | 4 | » | 1 | 1 | 1 | 1 | 1 | » | » |
| 3 | 1 | 14 | 1 | 4 | 2 | 4 | » | 1 | 2 | 1 | 1 | 1 | » | » |
| » | » | 2 | » | » | 3 | 5 | » | 1 | » | 4 | 1 | » | » | » |
| 4 | » | 9 | » | » | 1 | 9 | » | » | 1 | 7 | 1 | » | » | » |
| 1 | 7 | 12 | 2 | 5 | 2 | 6 | 1 | 1 | » | 5 | » | » | » | 5 |
| » | 1 | 1 | » | 2 | 2 | 4 | 1 | » | 2 | » | 1 | » | » | » |
| 1 | 2 | 1 | » | 2 | 1 | 3 | 1 | 1 | » | 1 | » | » | » | » |
| 2 | 3 | 2 | » | 6 | 6 | 4 | » | » | » | 3 | 1 | » | » | » |
| » | 1 | 1 | 2 | 4 | 2 | 16 | 1 | » | 1 | 12 | 2 | 1 | » | » |
| 1 | 4 | 5 | » | 4 | 6 | 2 | » | » | 1 | » | 1 | 1 | » | » |
| 1 | 3 | 3 | » | 1 | 2 | 3 | » | » | » | » | 2 | 1 | » | » |
| » | 2 | 9 | 1 | 6 | 9 | 9 | » | 1 | 3 | 3 | 2 | » | » | » |
| » | » | 8 | 1 | 4 | 5 | 4 | » | » | » | 3 | » | 1 | » | » |
| » | 3 | 8 | 2 | 7 | 5 | 3 | » | 1 | » | 1 | 1 | » | » | » |
| 3 | 4 | 14 | 3 | 15 | 5 | 3 | » | » | » | 2 | 1 | » | » | » |
| » | 2 | » | » | 5 | 2 | 2 | » | » | 1 | » | 1 | » | » | » |
| 3 | 1 | 3 | 2 | 4 | 7 | » | » | » | 1 | » | » | » | » | » |
| » | 1 | 4 | 2 | 2 | 2 | 1 | » | » | 1 | » | » | » | » | » |
| 2 | » | 1 | » | 1 | 2 | 3 | » | » | » | 2 | » | 1 | » | » |
| 3 | 6 | 6 | 1 | 11 | 8 | 21 | 1 | » | 2 | 16 | 2 | » | » | » |
| 5 | 2 | 7 | 3 | 3 | 5 | 11 | 1 | » | 1 | 7 | 2 | » | » | » |
| » | 5 | » | 4 | 4 | 6 | 10 | » | 5 | 1 | 4 | » | » | » | » |
| 2 | » | 1 | » | 1 | 1 | 2 | » | » | » | 2 | » | 1 | » | » |

ASSURÉS OBLIGA[toires]

| DÉPARTEMENTS. | TOTAL. | I. Agriculture, forêts et pêche. | II. Industries extractives. | III. Alimentation. | IV Produits chimiques. | V. Industrie du papier. | VI. Cuirs et peaux. | VII. Industries textiles. | VIII. Travail des étoffes. | IX. Industrie du bois. | X. Métaux. |
|---|---|---|---|---|---|---|---|---|---|---|---|
| Loire | 88 | 0 | » | 4 | » | » | » | 1 | 4 | 2 | 34 |
| Loire (Haute-) | 10 | 0 | » | » | » | » | 2 | 1 | 1 | » | 5 |
| Loire-Inférieure | 119 | 1 | » | 3 | 2 | » | 6 | » | 3 | 17 | 16 |
| Loiret | 42 | 3 | » | 4 | » | 1 | » | » | 1 | 4 | 8 |
| Lot | 17 | 5 | » | » | » | » | » | » | » | 1 | » |
| Lot-et-Garonne | 21 | 3 | » | » | » | » | » | » | » | » | 9 |
| Lozère | 15 | 10 | » | » | » | » | » | 1 | » | » | 1 |
| Maine-et-Loire | 49 | 4 | » | 3 | 2 | 1 | 1 | 3 | 1 | 1 | 5 |
| Manche | 36 | 1 | » | 3 | » | 1 | 1 | » | 1 | 1 | 3 |
| Marne | 54 | 13 | » | 7 | » | » | » | 3 | 1 | 1 | 2 |
| Marne (Haute-) | 53 | 0 | » | » | » | » | » | » | 1 | 1 | 28 |
| Mayenne | 15 | 2 | 1 | » | 2 | » | » | » | 1 | » | 5 |
| Meurthe-et-Moselle | 270 | 11 | 2 | 9 | 1 | 8 | 6 | 2 | 7 | 9 | 142 |
| Meuse | 42 | 2 | » | 2 | » | » | » | » | » | 2 | 4 |
| Morbihan | 24 | 3 | » | 2 | » | » | » | » | 2 | 1 | 5 |
| Nièvre | 31 | 11 | » | » | » | » | 1 | » | » | 3 | 5 |
| Nord | 291 | 20 | » | 0 | » | 2 | 2 | 64 | 8 | 15 | 53 |
| Orne | 72 | 16 | » | 2 | 1 | » | 3 | » | 2 | 8 | 6 |
| Oise | 30 | 1 | » | » | » | » | » | 4 | » | 1 | 10 |
| Pas-de-Calais | 48 | 6 | 1 | 2 | » | 3 | 1 | 2 | 1 | 1 | 10 |
| Puy-de-Dôme | 72 | 16 | » | 1 | 12 | 3 | » | » | » | 2 | 19 |
| Pyrénées (Basses-) | 30 | 5 | » | » | » | » | » | » | 1 | 3 | 3 |
| Pyrénées (Hautes-) | 11 | 1 | » | » | » | » | » | » | » | » | 4 |
| Pyrénées-Orientales | 13 | 5 | » | » | » | » | » | » | » | 2 | » |
| Rhône | 187 | 7 | » | 3 | 2 | 2 | 2 | 19 | 9 | 11 | 38 |
| Saône (Haute-) | 29 | 2 | » | 1 | » | 1 | » | 1 | » | » | 19 |
| Saône-et-Loire | 135 | 12 | 1 | 3 | » | » | » | » | » | 2 | 53 |
| Sarthe | 37 | 1 | » | » | » | 1 | 1 | » | 2 | 2 | 13 |
| Savoie | 21 | 3 | » | » | » | » | » | » | » | » | 7 |
| Savoie (Haute-) | 21 | 3 | » | » | » | » | 2 | » | » | 1 | 7 |
| Seine (Paris) | 326 | 5 | | 10 | 7 | 16 | 6 | 3 | 3 | 14 | 61 |
| Seine-Inférieure | 135 | 5 | 1 | 2 | » | 7 | 1 | 19 | 3 | 6 | 27 |
| Seine-et-Marne | 63 | 16 | 2 | 3 | 1 | » | 4 | 2 | » | 3 | 3 |
| Seine-et-Oise | 86 | 9 | » | 2 | 2 | 3 | 4 | 3 | 3 | 7 | 2 |
| Sèvres (Deux-) | 19 | 10 | » | » | » | » | 1 | » | » | 1 | 1 |
| Somme | 60 | 10 | » | » | 1 | » | 2 | 4 | 2 | 1 | 21 |
| Tarn | 31 | 4 | » | » | 1 | » | 2 | 2 | 1 | » | 8 |
| Tarn-et-Garonne | 15 | 3 | » | 1 | » | 2 | » | » | 1 | » | 1 |
| Var | 29 | 3 | » | » | 1 | » | 2 | » | 1 | 2 | 5 |
| Vaucluse | 12 | 3 | » | 1 | » | » | » | » | 1 | 3 | » |
| Vendée | 16 | 1 | » | 1 | » | 1 | » | » | » | 1 | » |
| Vienne | 20 | 2 | » | » | » | » | » | » | » | 3 | 3 |
| Vienne (Haute-) | 8 | » | » | » | » | » | » | » | » | 1 | » |
| Vosges | 155 | 13 | 2 | 5 | 4 | 3 | 2 | 54 | 5 | 9 | 10 |
| Yonne | 42 | 21 | 2 | » | » | » | 2 | » | 1 | 2 | 2 |
| TOTAUX | 4.444 | 564 | 26 | 124 | 53 | 91 | 83 | 251 | 95 | 210 | 990 |

| TOIRES. | | | | | | ASSURÉS FACULTATIFS. | | | | | | | | |
| --- | --- | --- | --- | --- | --- | --- | --- | --- | --- | --- | --- | --- | --- | --- |
| XI. Pierres à feu. | XII. Industrie du bâtiment. | XIII. Transport. | XIV. Soins personnels. | XV. Salariés des professions libérales. | XVI. Salariés de l'État, des départements et des communes. | TOTAL. | RENTIERS. | MÉNAGÈRES. | ARTISANS. | CULTIVATEURS. | PETITS PATRONS. | FEMMES d'assurés. | MEMBRES de la famille. | SALARIÉS gagnant plus de 10.000 par an. |
| 4 | 6 | 10 | » | 14 | 3 | 4 | » | » | 2 | 2 | » | » | » | » |
| » | » | » | » | 1 | 2 | 4 | » | » | » | » | » | » | » | » |
| 2 | 12 | 9 | » | 13 | 6 | » | » | » | » | » | » | » | » | » |
| 3 | 5 | 3 | 1 | 4 | 5 | 4 | 1 | » | » | » | 3 | » | » | » |
| » | » | » | 3 | 1 | 3 | 4 | 1 | » | » | 2 | 1 | » | » | » |
| 1 | 1 | 2 | 1 | » | 4 | 16 | » | » | » | 1 | 5 | » | » | » |
| » | 1 | 6 | 2 | » | 1 | 6 | » | » | 1 | 5 | » | » | » | » |
| 1 | 3 | 6 | 2 | 6 | 10 | 5 | 2 | » | » | » | 2 | 1 | » | » |
| 1 | » | 8 | 1 | 2 | 13 | 6 | » | » | 1 | 2 | 2 | 1 | » | » |
| 1 | 7 | 8 | 2 | 4 | 5 | 3 | » | » | » | 1 | 1 | 1 | » | » |
| » | 2 | 9 | » | 4 | 4 | 6 | » | » | 2 | 4 | » | » | » | » |
| » | » | 2 | » | » | 2 | 1 | » | » | 1 | 1 | » | » | » | » |
| 18 | 12 | 17 | 4 | 17 | 3 | 8 | » | » | » | 2 | 1 | » | » | » |
| » | » | 29 | 1 | 2 | » | 7 | » | » | 1 | 4 | 1 | 1 | » | 1 |
| » | 2 | 3 | » | 2 | 4 | 3 | » | » | 1 | 2 | » | » | » | » |
| 1 | 1 | 2 | 1 | 2 | 4 | 2 | » | » | 2 | » | » | » | » | » |
| 13 | 11 | 34 | 7 | 37 | 7 | 9 | 1 | » | 3 | » | 2 | » | » | 3 |
| 5 | 11 | 3 | 2 | 7 | 6 | 5 | » | » | 1 | 2 | 1 | 1 | » | » |
| 1 | » | 7 | » | 3 | 6 | » | » | » | » | » | » | » | » | » |
| 3 | 5 | 3 | 2 | 3 | 5 | 4 | » | » | 1 | 1 | 2 | » | » | » |
| » | 10 | 5 | » | » | 4 | 4 | » | » | 1 | 4 | » | » | » | » |
| » | 4 | 2 | 1 | 7 | 4 | 6 | » | 2 | 1 | 2 | 1 | » | » | » |
| » | » | » | » | 4 | 2 | 4 | » | » | » | 4 | » | » | » | » |
| » | » | » | » | 5 | 1 | » | » | » | » | » | » | » | » | » |
| » | 7 | 42 | 3 | 40 | 3 | 8 | » | 1 | 3 | 3 | 1 | » | » | » |
| 1 | 1 | 1 | » | » | 1 | 8 | » | » | 1 | 6 | » | 1 | » | » |
| 9 | 9 | 33 | 1 | 26 | 6 | 11 | » | 1 | » | 10 | » | » | » | » |
| 1 | 1 | 4 | 1 | 6 | 4 | 4 | » | » | 2 | 1 | 1 | » | » | » |
| » | » | 2 | » | 3 | 6 | 8 | » | » | » | 8 | » | » | » | » |
| 1 | 1 | » | » | 1 | 6 | 5 | » | » | » | 5 | » | » | » | » |
| » | 20 | 37 | 5 | 126 | 12 | 4 | » | » | » | » | 1 | 1 | » | 2 |
| 2 | 4 | 34 | 2 | 20 | 3 | 1 | » | » | » | 1 | » | » | » | » |
| 17 | » | 3 | 4 | 2 | 3 | 3 | » | » | » | 1 | 2 | » | » | » |
| 10 | 20 | 13 | 3 | 2 | 3 | 6 | » | » | » | 1 | 5 | 1 | » | » |
| » | 1 | » | 2 | 2 | 1 | 5 | » | » | » | 2 | 2 | » | » | » |
| » | » | 10 | 3 | 3 | 3 | 4 | » | » | » | 2 | 2 | » | » | » |
| 2 | 6 | 2 | 2 | 2 | 2 | 3 | » | » | » | 2 | 1 | » | » | » |
| 1 | » | 1 | 1 | 3 | 1 | 1 | » | » | » | 1 | » | » | » | » |
| » | 6 | 3 | » | 3 | 3 | 2 | » | » | » | 2 | » | » | » | » |
| » | 1 | 1 | » | 1 | 1 | 6 | » | » | 1 | 4 | 1 | » | » | » |
| 1 | 1 | 3 | 3 | 2 | 2 | 1 | 1 | » | » | » | » | » | » | » |
| » | 1 | 5 | 1 | 2 | 3 | 3 | » | » | » | 1 | 2 | » | » | » |
| 1 | 1 | 2 | » | 3 | » | » | » | » | » | » | » | » | » | » |
| 4 | 4 | 11 | 3 | 10 | 7 | 11 | 1 | » | 1 | 4 | 4 | » | » | 1 |
| 2 | 2 | 2 | » | 1 | 5 | 10 | » | » | » | 7 | 1 | 2 | » | » |
| 151 | 255 | 555 | 94 | 559 | 313 | 376 | 13 | 17 | 43 | 202 | 74 | 17 | » | 10 |

*NOMBRE, par département, des assurés obligatoires et facultatifs pour cause d'invalidité. (Application*

| DÉPARTEMENTS. | NOMBRE d'affaires soumises à la Commission consultative d'invalidité en 1926. | AFFAIRES sur lesquelles il a été statué en 1926. — TOTAL | Hommes. | Femmes. | ADMISSIONS. Hommes. | Femmes. | REJETS. Hommes. | Femmes. | ASSURÉS OBLIGATOIRES ayant bénéficié de la bonification. de 20f | de 30f | de 35f | de 40f | de 45f | de 50f | de 55f | de 60f |
|---|---|---|---|---|---|---|---|---|---|---|---|---|---|---|---|---|
| Ain | » | » | » | » | » | » | » | » | » | » | » | » | » | » | » | » |
| Aisne | 2 | 2 | 1 | 1 | 1 | 1 | » | » | 1 | » | » | » | » | » | » | » |
| Allier | » | » | » | » | » | » | » | » | » | » | » | » | » | » | » | » |
| Alpes (Basses-) | 1 | 1 | » | 1 | » | 1 | » | » | » | » | » | » | 1 | » | » | » |
| Alpes (Hautes-) | 1 | » | » | » | » | » | » | » | » | » | » | » | » | » | » | » |
| Alpes-Maritimes | » | » | » | » | » | » | » | » | » | » | » | » | » | » | » | » |
| Ardèche | 1 | » | » | » | » | » | » | » | » | » | » | » | » | » | » | » |
| Ardennes | » | » | » | » | » | » | » | » | » | » | » | » | » | » | » | » |
| Ariège | 1 | » | » | » | » | » | » | » | » | » | » | » | » | » | » | » |
| Aube | » | » | » | » | » | » | » | » | » | » | » | » | » | » | » | » |
| Aude | 1 | 1 | 1 | » | 1 | » | » | » | » | » | » | » | » | » | 1 | » |
| Aveyron | 4 | 2 | 2 | » | 2 | » | » | » | » | » | 1 | » | » | 1 | » | » |
| Belfort (Territ. de) | » | » | » | » | » | » | » | » | » | » | » | » | » | » | » | » |
| Bouches-du-Rhône | 4 | 4 | 4 | » | 4 | » | » | » | » | » | » | » | » | » | 1 | » |
| Calvados | 3 | 3 | 3 | » | 3 | » | » | » | » | » | » | » | » | » | 2 | 1 |
| Cantal | » | » | » | » | » | » | » | » | » | » | » | » | » | » | » | » |
| Charente | » | » | » | » | » | » | » | » | » | » | » | » | » | » | » | » |
| Charente-Inférieure | » | » | » | » | » | » | » | » | » | » | » | » | » | » | » | » |
| Cher | » | » | » | » | » | » | » | » | » | » | » | » | » | » | » | » |
| Corrèze | 1 | » | » | » | » | » | » | » | » | » | » | » | » | » | » | » |
| Corse | 3 | 1 | » | 1 | » | 1 | » | » | » | » | » | » | 1 | » | » | » |
| Côte-d'Or | 3 | 2 | 2 | » | 2 | » | » | » | » | » | 1 | » | » | » | 1 | » |
| Côtes-du-Nord | 3 | 2 | 1 | 1 | 1 | » | » | 1 | 1 | » | » | » | » | » | 1 | » |
| Creuse | » | » | » | » | » | » | » | » | » | » | » | » | » | » | » | » |
| Dordogne | » | » | » | » | » | » | » | » | » | » | » | » | » | » | » | » |
| Doubs | 1 | » | » | » | » | » | » | » | » | » | » | » | » | » | » | » |
| Drôme | 1 | » | » | » | » | » | » | » | » | » | » | » | » | » | » | » |
| Eure | 1 | 1 | 1 | » | 1 | » | » | » | » | » | » | » | » | » | 1 | » |
| Eure-et-Loir | » | » | » | » | » | » | » | » | » | » | » | » | » | » | » | » |
| Finistère | » | » | » | » | » | » | » | » | » | » | » | » | » | » | » | » |
| Gard | 3 | 3 | 3 | » | 1 | » | 2 | » | » | » | » | » | 1 | » | » | » |
| Garonne (Haute-) | 2 | 2 | » | 2 | » | 2 | » | » | » | » | » | » | 1 | » | 1 | » |
| Gers | » | » | » | » | » | » | » | » | » | » | » | » | » | » | » | » |
| Gironde | 1 | 1 | 1 | » | 1 | » | » | » | » | » | » | » | » | » | 1 | » |
| Hérault | 2 | 2 | 2 | » | 2 | » | » | » | » | » | » | » | » | » | 1 | 1 |
| Illé-et-Vilaine | 2 | 2 | 2 | » | 1 | » | 1 | » | » | » | » | » | » | » | 1 | » |
| Indre | 1 | 1 | » | 1 | » | 1 | » | » | » | » | » | » | » | » | » | » |
| Indre-et-Loire | » | » | » | » | » | » | » | » | » | » | » | » | » | » | » | » |
| Isère | 2 | 2 | 2 | » | 2 | » | » | » | » | » | » | » | » | » | 1 | 1 |
| Jura | 5 | 3 | 3 | » | 2 | » | 1 | » | » | » | » | » | » | » | » | 2 |
| Landes | » | » | » | » | » | » | » | » | » | » | » | » | » | » | » | » |
| Loir-et-Cher | » | » | » | » | » | » | » | » | » | » | » | » | » | » | » | » |
| Loire | 1 | 1 | 1 | » | 1 | » | » | » | » | » | » | » | 1 | » | » | » |

*ayant demandé, en 1926, la liquidation anticipée de leur pension de l'art. 9 de la loi du 5 avril 1910 modifiée.)*

| ASSURÉS FACULTATIFS | | | | | | | | | | | | | | | ASSURÉS décédés pendant l'instruction des demandes |
|---|---|---|---|---|---|---|---|---|---|---|---|---|---|---|---|
| AFFAIRES sur lesquelles il a été statué en 1926. | | | ADMISSIONS. | | REJETS. | | ASSURÉS FACULTATIFS ayant bénéficié de la bonification | | | | | | | | |
| TOTAL. | Hommes. | Femmes. | Hommes. | Femmes. | Hommes. | Femmes. | de 20f | de 30f | de 35f | de 40f | de 45f | de 50f | de 55f | de 60f | |
| » | » | » | » | » | » | » | » | » | » | » | » | » | » | » | » |
| » | » | » | » | » | » | » | » | » | » | » | » | » | » | » | » |
| » | » | » | » | » | » | » | » | » | » | » | » | » | » | » | » |
| » | » | » | » | » | » | » | » | » | » | » | » | » | » | » | » |
| 1 | 1 | » | 1 | » | » | » | » | » | » | » | » | » | » | 1 | » |
| » | » | » | » | » | » | » | » | » | » | » | » | » | » | » | » |
| 1 | » | 1 | » | 1 | » | » | » | » | » | 1 | » | » | » | » | » |
| » | » | » | » | » | » | » | » | » | » | » | » | » | » | » | » |
| 1 | » | 1 | » | 1 | » | » | » | » | » | 1 | » | » | » | » | » |
| » | » | » | » | » | » | » | » | » | » | » | » | » | » | » | » |
| » | » | » | » | » | » | » | » | » | » | » | » | » | » | » | » |
| 2 | 1 | 1 | 1 | 1 | » | » | » | » | » | » | » | » | » | 2 | » |
| » | » | » | » | » | » | » | » | » | » | » | » | » | » | » | » |
| » | » | » | » | » | » | » | » | » | » | » | » | » | » | » | » |
| » | » | » | » | » | » | » | » | » | » | » | » | » | » | » | » |
| » | » | » | » | » | » | » | » | » | » | » | » | » | » | » | » |
| » | » | » | » | » | » | » | » | » | » | » | » | » | » | » | » |
| » | » | » | » | » | » | » | » | » | » | » | » | » | » | » | » |
| » | » | » | » | » | » | » | » | » | » | » | » | » | » | » | » |
| » | » | » | » | » | » | » | » | » | » | » | » | » | » | » | » |
| 1 | » | 1 | » | 1 | » | » | » | » | » | » | » | » | 1 | » | » |
| 2 | 1 | 1 | 1 | » | » | 1 | » | » | » | » | » | 1 | 1 | » | » |
| 1 | 1 | » | 1 | » | » | » | » | » | » | » | » | » | 1 | » | » |
| 1 | » | 1 | » | 1 | » | » | » | » | » | » | » | » | 1 | » | » |
| » | » | » | » | » | » | » | » | » | » | » | » | » | » | » | » |
| » | » | » | » | » | » | » | » | » | » | » | » | » | » | » | » |
| 1 | 1 | » | 1 | » | » | » | » | » | » | » | » | » | 1 | » | » |
| 1 | 1 | » | 1 | » | » | » | » | » | » | » | » | » | » | 1 | » |
| » | » | » | » | » | » | » | » | » | » | » | » | » | » | » | » |
| » | » | » | » | » | » | » | » | » | » | » | » | » | » | » | » |
| » | » | » | » | » | » | » | » | » | » | » | » | » | » | » | » |
| » | » | » | » | » | » | » | » | » | » | » | » | » | » | » | » |
| » | » | » | » | » | » | » | » | » | » | » | » | » | » | » | » |
| » | » | » | » | » | » | » | » | » | » | » | » | » | » | » | » |
| » | » | » | » | » | » | » | » | » | » | » | » | » | » | » | » |
| » | » | » | » | » | » | » | » | » | » | » | » | » | » | » | » |
| » | » | » | » | » | » | » | » | » | » | » | » | » | » | » | » |
| » | » | » | » | » | » | » | » | » | » | » | » | » | » | » | » |
| » | » | » | » | » | » | » | » | » | » | » | » | » | » | » | » |
| 2 | » | 2 | » | 2 | » | » | » | » | » | » | » | » | 2 | » | » |
| » | » | » | » | » | » | » | » | » | » | » | » | » | » | » | » |
| » | » | » | » | » | » | » | » | » | » | » | » | » | » | » | » |
| » | » | » | » | » | » | » | » | » | » | » | » | » | » | » | » |

| DÉPARTEMENTS. | NOMBRE D'AFFAIRES soumises à la commission d'invalidité en 1926. | ASSURÉS OBLIGATOIRES — AFFAIRES sur lesquelles il a été statué en 1926 — TOTAL. | Hommes. | Femmes. | ADMISSIONS Hommes. | Femmes. | REJETS Hommes. | Femmes. | ASSURÉS OBLIGATOIRES ayant bénéficié de la bonification de 20f | de 30f | de 35f | de 40f | de 45f | de 50f | de 55f | de 60f |
|---|---|---|---|---|---|---|---|---|---|---|---|---|---|---|---|---|
| Loire (Haute-) | » | » | » | » | » | » | » | » | » | » | » | » | » | » | » | » |
| Loire-Inférieure | 1 | 1 | 1 | » | 1 | » | » | » | » | » | » | » | » | » | 1 | » |
| Loiret | » | » | » | » | » | » | » | » | » | » | » | » | » | » | » | » |
| Lot | 3 | 3 | 2 | 1 | 2 | 1 | » | » | » | » | » | » | » | » | 2 | » |
| Lot-et-Garonne | » | » | » | » | » | » | » | » | » | » | » | » | » | » | » | » |
| Lozère | » | » | » | » | » | » | » | » | » | » | » | » | » | » | » | » |
| Maine-et-Loire | 1 | » | » | » | » | » | » | » | » | » | » | » | » | » | » | » |
| Manche | » | » | » | » | » | » | » | » | » | » | » | » | » | » | » | » |
| Marne | 1 | 1 | 1 | » | 1 | » | » | » | » | » | » | » | » | » | 1 | » |
| Marne (Haute-) | 3 | 2 | 2 | » | 2 | » | » | » | » | » | » | » | » | » | 2 | » |
| Mayenne | » | » | » | » | » | » | » | » | » | » | » | » | » | » | » | » |
| Meurthe-et-Moselle | 1 | 1 | » | 1 | » | 1 | » | » | » | » | » | » | » | 1 | » | » |
| Meuse | 2 | 2 | 1 | 1 | 1 | » | » | 1 | » | » | » | » | » | » | » | » |
| Morbihan | » | » | » | » | » | » | » | » | » | » | » | » | » | » | » | » |
| Nièvre | » | » | » | » | » | » | » | » | » | » | » | » | » | » | » | » |
| Nord | 5 | 5 | 4 | 1 | 4 | 1 | » | » | » | » | » | » | » | » | 2 | » |
| Oise | 2 | 2 | 1 | 1 | 1 | 1 | » | » | » | » | » | » | » | » | 1 | » |
| Orne | » | » | » | » | » | » | » | » | » | » | » | » | » | » | » | » |
| Pas-de-Calais | 1 | 1 | 1 | » | 1 | » | » | » | » | » | » | » | 1 | » | » | » |
| Puy-de-Dôme | 1 | » | » | » | » | » | » | » | » | » | » | » | » | » | » | » |
| Pyrénées (Basses-) | 1 | 1 | » | 1 | » | » | » | 1 | » | » | » | » | » | » | » | » |
| Pyrénées (Hautes-) | » | » | » | » | » | » | » | » | » | » | » | » | » | » | » | » |
| Pyrénées-Orientales | » | » | » | » | » | » | » | » | » | » | » | » | » | » | » | » |
| Rhône | 4 | 4 | 2 | 2 | 2 | 2 | » | » | » | 1 | » | » | » | » | 1 | 1 |
| Saône (Haute-) | » | » | » | » | » | » | » | » | » | » | » | » | » | » | » | » |
| Saône-et-Loire | 6 | 5 | 5 | » | 5 | » | » | » | » | » | » | » | 1 | » | 1 | 2 |
| Sarthe | 1 | 1 | 1 | » | 1 | » | » | » | » | » | » | » | » | » | 1 | » |
| Savoie | » | » | » | » | » | » | » | » | » | » | » | » | » | » | » | » |
| Savoie (Haute-) | » | » | » | » | » | » | » | » | » | » | » | » | » | » | » | » |
| Seine { Paris | 10 | 10 | 4 | 6 | 4 | 5 | » | 1 | » | » | » | 1 | 1 | 2 | 4 | 1 |
| Seine { Banlieue | » | » | » | » | » | » | 2 | » | » | » | » | » | » | » | » | » |
| Seine-Inférieure | 5 | 4 | 2 | 2 | 2 | 2 | » | » | » | » | » | » | » | » | 1 | » |
| Seine-et-Marne | 1 | 1 | 1 | » | 1 | » | » | » | » | » | » | » | 1 | » | » | » |
| Seine-et-Oise | » | » | » | » | » | » | » | » | » | » | » | » | » | » | » | » |
| Sèvres (Deux-) | 1 | » | » | » | » | » | » | » | » | » | » | » | » | » | » | » |
| Somme | » | » | » | » | » | » | » | » | » | » | » | » | » | » | » | » |
| Tarn | » | » | » | » | » | » | » | » | » | » | » | » | » | » | » | » |
| Tarn-et-Garonne | 2 | 2 | 2 | » | 2 | » | » | » | » | » | » | » | » | » | 2 | » |
| Var | 1 | 1 | » | 1 | » | » | » | 1 | » | » | » | » | » | » | » | » |
| Vaucluse | » | » | » | » | » | » | » | » | » | » | » | » | » | » | » | » |
| Vendée | » | » | » | » | » | » | » | » | » | » | » | » | » | » | » | » |
| Vienne | 1 | 1 | 1 | » | 1 | » | » | » | » | » | » | » | » | » | 1 | » |
| Vienne (Haute-) | » | » | » | » | » | » | » | » | » | » | » | » | » | » | » | » |
| Vosges | » | » | » | » | » | » | » | » | » | » | » | » | » | » | » | » |
| Yonne | 1 | » | » | » | » | » | » | » | » | » | » | » | » | » | » | » |
| **TOTAUX** | 105 | 84 | 60 | 24 | 56 | 19 | 4 | 5 | 1 | 1 | 1 | 4 | 5 | 17 | 26 | 3 |

| | ASSURÉS FACULTATIFS. | | | | | | | | | | | | | | ASSURÉS DÉCÉDÉS pendant l'instruction des demandes. |
| AFFAIRES sur lesquelles il a été statué en 1924. TOTAL. | Hommes. | Femmes. | ADMISSIONS. Hommes. | Femmes. | REJETS. Hommes. | Femmes. | ASSURÉS FACULTATIFS ayant bénéficié de la bonification de 20f | de 30f | de 35f | de 40f | de 45f | de 50f | de 55f | de 60f | |
|---|---|---|---|---|---|---|---|---|---|---|---|---|---|---|---|
| » | » | » | » | » | » | » | » | » | » | » | » | » | » | » | » |
| » | » | » | » | » | » | » | » | » | » | » | » | » | » | » | » |
| » | » | » | » | » | » | » | » | » | » | » | » | » | » | » | » |
| » | » | » | » | » | » | » | » | » | » | » | » | » | » | » | » |
| 1 | 1 | » | 1 | » | » | » | » | » | » | » | » | » | 1 | » | » |
| » | » | » | » | » | » | » | » | » | » | » | » | » | » | » | » |
| 1 | » | 1 | » | 1 | » | » | » | » | » | » | » | » | 1 | » | » |
| » | » | » | » | » | » | » | » | » | » | » | » | » | » | » | » |
| » | » | » | » | » | » | » | » | » | » | » | » | » | » | » | 1 |
| » | » | » | » | » | » | » | » | » | » | » | » | » | » | » | » |
| » | » | » | » | » | » | » | » | » | » | » | » | » | » | » | 1 |
| » | » | » | » | » | » | » | » | » | » | » | » | » | » | » | » |
| 1 | 1 | » | 1 | » | » | » | » | » | » | » | » | » | 1 | » | » |
| » | » | » | » | » | » | » | » | » | » | » | » | » | » | » | » |
| » | » | » | » | » | » | » | » | » | » | » | » | » | » | » | 1 |
| » | » | » | » | » | » | » | » | » | » | » | » | » | » | » | » |
| 1 | 1 | » | 1 | » | » | » | » | » | » | » | » | » | 1 | » | » |
| » | » | » | » | » | » | » | » | » | » | » | » | » | » | » | » |
| » | » | » | » | » | » | » | » | » | » | » | » | » | » | » | » |
| 1 | 1 | » | 1 | » | » | » | » | » | » | » | » | » | 1 | » | 2 |
| » | » | » | » | » | » | » | » | » | » | » | » | » | » | » | » |
| 1 | 1 | » | 1 | » | » | » | » | » | » | » | » | » | 1 | » | » |
| » | » | » | » | » | » | » | » | » | » | » | » | » | » | » | » |
| » | » | » | » | » | » | » | » | » | » | » | » | » | » | » | » |
| » | » | » | » | » | » | » | » | » | » | » | » | » | » | » | » |
| » | » | » | » | » | » | » | » | » | » | » | » | » | » | » | » |
| » | » | » | » | » | » | » | » | » | » | » | » | » | » | » | » |
| » | » | 1 | » | 1 | » | » | » | » | » | » | » | » | 1 | » | » |
| 21 | 10 | 11 | 10 | 10 | » | 1 | » | » | » | 2 | » | 2 | 14 | 2 | 5 |

*STATISTIQUE, par âge et par catégories professionnelles, des assurés dont*
*au cours de l'année 1926. (Application*

ASSURÉS OBLIGA[TOIRES]

| ÂGES. | I. Agriculture, forêts et pêche. | II. Industries extractives. | III. Alimentation. | IV. Produits chimiques. | V. Industries du papier. | VI. Cuirs et peaux. | VII. Industries textiles. | VIII. Travail des étoffes, nettoyage. | IX. Industries du bois. | X. Métaux. | XI. Pierres et terres au feu. Taille et polissage. | XII. Industries du bâtiment. |
|---|---|---|---|---|---|---|---|---|---|---|---|---|
| 29 ans............ | | | | | | | | | | | 1 | |
| 35 — ........... | | | | | | | | | | | | |
| 37 — ........... | | | | | | | | | 1 | | | |
| 39 — ........... | | 1 | | | | | | | | | | |
| 41 — ........... | | | | | | 1 | | | | | | |
| 43 — ........... | | | | | | | | | | | | |
| 44 — ........... | | | | | | | | | | | | |
| 45 — ........... | | | | | | | | | | | | 1 |
| 46 — ........... | | | | | | | | | | | | |
| 47 — ........... | | | | | | | | | | | | |
| 48 — ......... | | | 1 | | | | | | | 1 | | |
| 49 — ......... | 1 | | | | | | | 1 | | 2 | | |
| 50 — ......... | | | | | | | | 1 | | 1 | | |
| 51 — ........ | 1 | | | | | | | | | 1 | | |
| 52 — ......... | | | | | | | | 1 | 2 | 1 | | |
| 53 — .......... | 1 | | | | | | 1 | | | 1 | | |
| 54 — .......... | 2 | | | | | | | | | | | |
| 55 — .......... | | | | | | | | 1 | | 1 | | |
| 56 — .......... | | | | | | | | | | 1 | | |
| 57 — ... | | | | | | | 1 | | 1 | | | |
| 58 — .......... | | | | | | | | | | | | |
| TOTAL........ | 5 | 1 | 1 | | | 1 | 2 | 4 | 4 | 8 | 1 | 1 |

*la retraite a été liquidée par anticipation pour cause d'invalidité de l'article 9 de la loi du 5 avril 1910 modifiée.)*

| | | TOIRES. | | | | ASSURÉS FACULTATIFS. | | | | | | | | |
| XIII. Transport et manutention. | XIV. Soins personnels. | XV. Commerce, banques. | XVI. Salariés des professions libérales. | XVII. Salariés de l'État, des départements et des communes. | TOTAL. | FERMIERS. | MÉTAYERS. | ARTISANS. | CULTIVATEURS. | PETITS PATRONS. | FEMMES d'assurés. | MEMBRES de la famille. | SALARIÉS gagnant plus de 12,000f par an. | TOTAL. |
|---|---|---|---|---|---|---|---|---|---|---|---|---|---|---|
|  |  |  | 1 |  | 1 |  |  |  |  |  |  |  |  |  |
|  |  | 1 |  |  | 1 |  |  |  |  |  |  |  |  |  |
|  |  |  |  |  | 1 |  |  |  |  |  |  |  |  |  |
|  |  |  |  |  | 1 |  |  |  |  |  |  |  |  |  |
| 1 |  |  |  |  | 2 |  |  |  |  |  |  |  |  |  |
| 1 |  |  |  |  | 1 |  |  |  |  |  |  |  |  |  |
| 1 |  |  |  |  | 1 |  |  |  |  |  |  |  |  |  |
| 1 |  |  |  |  | 2 |  |  |  |  |  |  |  |  |  |
| 1 | 1 |  |  | 1 | 3 |  |  |  |  |  |  |  |  |  |
| 1 |  |  |  | 1 | 2 |  |  |  |  |  |  |  |  |  |
|  |  |  |  |  | 2 |  |  |  |  |  |  |  |  |  |
|  | 1 | 3 |  |  | 4 |  |  |  |  |  |  |  |  |  |
| 1 |  |  |  | 1 | 4 |  |  |  |  |  | 2 |  |  | 2 |
| 2 | 1 |  |  |  | 6 |  |  |  |  |  | 1 |  |  | 1 |
| 1 |  |  |  | 1 | 5 |  |  | 1 |  |  |  |  |  | 1 |
|  |  |  |  | 1 | 5 |  |  |  |  |  | 1 |  |  | 1 |
| 1 | 1 |  | 1 |  | 5 |  |  |  |  | 1 |  |  |  | 1 |
| 2 |  |  |  |  | 4 |  |  |  | 6 | 1 | 1 |  |  | 8 |
| 2 |  |  |  |  | 3 |  |  |  | 1 | 2 |  |  |  | 3 |
|  |  |  |  | 1 | 3 |  |  |  |  | 1 |  |  |  | 1 |
|  | 2 |  |  |  | 2 |  |  |  | 1 | 1 |  |  |  | 2 |
| 12 | 6 | 4 | 2 | 6 | 58 |  |  | 1 | 8 | 6 | 5 |  |  | 20 |

Nombre, par département, des ouvriers mineurs ayant demandé, en 1926, la liquidation anticipée de leur pension pour cause d'invalidité. (Application de l'article 7 de la loi du 25 février 1914.)

| DÉPARTEMENTS. | NOMBRE d'affaires soumises à la commission consultative d'invalidité en 1926. | AFFAIRES sur lesquelles il a été statué en 1926. | | | ADMISSIONS. | | REJETS. | | OUVRIERS mineurs ayant bénéficié d'une bonification d'invalidité en 1926. | OUVRIERS mineurs décédés pendant l'instruction des demandes |
|---|---|---|---|---|---|---|---|---|---|---|
| | | TOTAL. | HOMMES. | FEMMES. | HOMMES. | FEMMES. | HOMMES. | FEMMES. | | |
| Allier............... | 1 | 1 | 1 | » | 1 | » | » | » | 1 | » |
| Pas-de-Calais........... | 1 | 1 | 1 | » | 1 | » | » | » | 1 | » |
| Saône (Haute-).......... | 1 | 1 | 1 | » | 1 | » | » | » | 1 | » |
| Totaux............... | 3 | 3 | 3 | » | 3 | » | » | » | 3 | » |



Statistique, par âge, des ouvriers mineurs dont la retraite a été liquidée par anticipation pour cause d'invalidité au cours de l'année 1926. (Application de l'article 7 de la loi du 25 février 1914.)

| ÂGES. | TOTAL. | HOMMES. | FEMMES |
|---|---|---|---|
| 51 ans................ | 2 | 2 | » |
| 53 — ................ | 1 | 1 | « |
| Total................ | 3 | 80 | » |

# TABLE DES MATIÈRES.

## CHAPITRE IV. — Liquidations.

# RENSEIGNEMENTS STATISTIQUES

## SUR L'APPLICATION DE LA LOI

## SUR LES RETRAITES OUVRIÈRES ET PAYSANNES.

### I. — ANNÉE 1925.

Imprimerie Nationale. — 25-638-1928.